Kerstin Labs

Die strafrechtliche Kronzeugenregelung – Legitimation einer rechtlichen Grauzone?

Kerstin Labs

Die strafrechtliche Kronzeugenregelung – Legitimation einer rechtlichen Grauzone?

Tectum Verlag

Kerstin Labs

Die strafrechtliche Kronzeugenregelung –
Legitimation einer rechtlichen Grauzone?

Zugl. Diss. Universität Trier 2015
ISBN: 978-3-8288-3720-1

Umschlagabbildung: © Sandra Labs
Druck und Bindung: CPI buchbücher.de, Birkach
Printed in Germany

Besuchen Sie uns im Internet
www.tectum-verlag.de

MIX
Papier aus verantwortungsvollen Quellen
FSC® C083411

Bibliografische Informationen der Deutschen Nationalbibliothek
Die Deutsche Nationalbibliothek verzeichnet diese Publikation in der Deutschen Nationalbibliografie; detaillierte bibliografische Angaben sind im Internet über http://dnb.ddb.de abrufbar.

VORWORT

Die vorliegende Arbeit wurde im Wintersemester 2014/2015 vom Fachbereich Rechtswissenschaften der Universität Trier als Dissertation angenommen.

Mein erster Dank gilt Herrn Prof. Dr. Zöller für die umfassende, stets ermutigende und aufbauende Betreuung der Arbeit und die Erstellung des Erstgutachtens. Besonders hervorheben möchte ich an dieser Stelle die hierzu aufgebrachte Geduld und den nicht unerheblichen Zeiteinsatz, den der Glaube an die Fertigstellung dieser Arbeit letztlich abverlangt hat.

Mein weiterer Dank richtet sich an Herrn Prof. Dr. Krey für die Erstellung des Zweitgutachtens. Ganz besonders herzlich will ich mich aber auch für die schöne und lehrreiche Zeit an seinem Lehrstuhl als graduierte Hilfskraft bedanken.

Meiner Schwester, Frau Sandra Labs, möchte ich danken für die Anfertigung der Zeichnung, die zur Gestaltung des Covers verwendet wurde. Ihr gebührt auch mein besonderer Dank dafür, dass sie immer an mich glaubt, mich stets ermutigt und für mich da ist.

Für die Unterstützung auf meinem bisherigen Lebensweg danke ich auch meinem Vater, Herrn Karl-Heinz Labs, seiner Ehefrau, Frau Jozefa Labs, und meinen Großmüttern Frau Ruth Labs und Frau Irmgard Wroblewski–Tutt, ihnen widme ich diese Arbeit.

Düsseldorf, im November 2015 Kerstin Labs

INHALTSVERZEICHNIS

EINLEITUNG

Lange Zeit schien es, als hätten die Strafverfolgungsbehörden angesichts der Erkenntnis, der modernen Kriminalität mit den altbewährten Methoden nicht mehr wirksam begegnen zu können, längst kapituliert. Während sich der internationale Terrorismus ausweitete, die Korruption die Wirtschaft vereinnahmte und sich organisierte kriminelle Tätergruppen zusammenfanden, schien die hiesige Kriminalitätsbekämpfung neueren Instrumentarien, die andernorts längst zum ständigen Repertoire der Strafverfolgungsbehörden gehören, gegenüber verschlossen zu sein. Für viele ist speziell die Kronzeugenregelung, die im anglo-amerikanischen Rechtssystem ganz selbstverständlich zum Instrumentarium der Strafverfolgungsbehörden zählt, bis zum heutigen Tag ein Fremdkörper beziehungsweise ein Systembruch im deutschen Straf- und Strafverfahrensrecht geblieben. Nach dem Auslaufen des lediglich bis zum Jahr 1999 geltenden Artikelgesetzes[1], das eine Kronzeugenregelung im Bereich der terroristisch motivierten Straftaten vorsah, führten derartige gesetzliche Bestimmungen, sieht man einmal von der praktisch bedeutsamen Kronzeugenreglung aus dem Bereich des Betäubungsmittelstrafrechts (§ 31 BtMG) ab, im deutschen Strafrechtssystem über Jahrzehnte hinweg lediglich ein Schattendasein in Gestalt von Spezialregelungen innerhalb besonderer Deliktsbereiche wie der Bildung krimineller und terroristischer Vereinigungen (vgl. § 129 Absatz 6 und § 129 a Absatz 7 StGB oder der Geldwäsche (vgl. § 261 Absatz 10 StGB a.F.).

Erst im September 2001, als „eine Gruppe von 19 entschlossenen Terroristen [...] den bislang verheerendsten Anschlag in der Geschichte der Menschheit begangen [hatte][...]kristallisierte sich für die westliche Welt ein vermeintlich neuer Gegner heraus: der islamisch geprägte Terrorismus."[2] Die Bevölkerung war verunsichert und forderte ein härteres Durch-

[1] Gesetz zur Änderung des Strafgesetzbuches, der Strafprozeßordnung und des Versammlungsgesetzes und zur Einführung einer Kronzeugenregelung bei terroristischen Straftaten vom 9. Juni 1989 (BGBl. I S. 1059).

[2] Zöller, Terrorismusstrafrecht, S. 1.

greifen für mehr Sicherheit, wodurch die Bundesrepublik Deutschland unter Druck geriet, schließlich wollte und konnte man nicht einräumen, „dass für diese neue Bedrohung keine wirklichen Handlungskonzepte vorbereitet und entwickelt worden waren."[3]

Während sich der gelegentlich auch übersteigerte Aktionismus des Gesetzgebers zunächst überwiegend darin erschöpfte, „zusätzliche Überwachungs- und Eingriffsbefugnisse sowie umfangreiche Sammlungen und Verknüpfungen von personenbezogenen Daten für Gefahrenabwehr-, Strafverfolgungs- und Nachrichtendienstbehörden nutzbar zu machen"[4] und die Bundesregierung „eher mehr Gesetze"[5] forderte, nahm – inspiriert durch die in anderen Ländern zur Terrorismusbekämpfung längst etablierten Kronzeugenregelungen – auch hierzulande die Diskussion über das Bedürfnis nach einer umfassenderen, d.h. einer allgemeinen und damit nicht auf bestimmte Deliktsbereiche beschränkten Kronzeugenregelung wieder langsam Fahrt auf.

Geleitet von der Erkenntnis, dass bei der Verfolgung terroristisch motivierter Straftaten eine „harte" Linie klassischer Abschreckung nur ein Weg unter vielen ist, zumal die eventuell mit einer solchen Politik einhergehende Beeinträchtigung der Werte westlicher Demokratien (wie z.B. die Einschränkung von Freiheitsrechten) sogar eine erfolgreiche Realisierung der Ziele des Terrorismus bedeutet, wurden alternative Maßnahmen wie beispielsweise die Einführung einer Kronzeugenregelung betrachtet.[6] Ausschlaggebend für die weitere Entwicklung war letztlich auch die Erkenntnis, dass es noch weitere Bereiche gibt, in denen die Strafverfolgungsbehörden auf die Mithilfe von Insidern angewiesen sind. Insbesondere bei der Bekämpfung der organisierten Kriminalität, einschließlich der schweren Wirtschaftskriminalität, stoßen die Strafverfolgungsbehörden in besonderem Maße auf Probleme im Rahmen der Beweisführung, da es vielfach nicht gelingt, in die abgeschotteten Strukturen einzudringen und die zur Aufklärung und Verhinderung schwerer Straftaten erforderlichen Erkenntnisse zu gewinnen.[7] So zeigen aktuelle Entwicklungen im Bereich der Wirtschaftskriminalität, dass die Wirksamkeit des Wirtschaftsstrafrechts trotz einer langen Tradition eher als gering zu bewerten ist.[8] Vielfach wird sogar in Frage gestellt, ob sich dieser Zustand „durch neue Vorschriften, schärfere

---

[3]Zöller, Terrorismusstrafrecht, S. 1.

[4]Zöller, Terrorismusstrafrecht, S. 1 f.

[5]Bundesinnenminister Hans-Peter Friedrich in Focus Online vom 28.01.2013 (http://www.focus.de/politik/deutschland/terrorbekaempfung-in-deutschland-friedrich-will-der-bedrohung-mit-mehr-gesetzen-begegnen_aid_907026.html).

[6]Entorf, Islamistischer Terrorismus, S. 19.

[7] BT-Drs. 16/6268, S. 1.

[8]Heinz, in: Gropp, Wirtschaftskriminalität und Wirtschaftsstrafrecht, 13, 15.

Strafen oder konsequentere Kontrollen merklich verändert."[9] Diese kritische Haltung liegt insbesondere darin begründet, dass es den Strafverfolgungsorganen erfahrungsgemäß nur schwerlich gelingt, „das Geflecht von „Beziehungen" zu durchschauen, Absprachen aufzuklären, Bestechungen auf die Spur zu kommen, schwarze Kassen zu finden."[10] Die Wirtschaftskriminalität ist längst zu einem unsichtbaren und vielschichtigen Feind avanciert, der nur bei guten Augen und glücklichen Umständen sichtbar wird.[11]

Die Strafverfolgungsbehörden sind daher insbesondere im Bereich der Terrorismusbekämpfung und der Wirtschaftskriminalität auf Hinweise von Personen, die selbst ins kriminelle Milieu verstrickt sind und über wertvolle Informationen zu Strukturen und Hintermännern verfügen, angewiesen[12]. Aussagewilligen Straftätern muss in größerem Umfang als bisher ein Anreiz zur Kooperation geboten werden, um die kriminellen Verflechtungen aufbrechen und ansonsten praktisch nicht erreichbare Ermittlungserfolge zu erzielen.[13] Das praktische Bedürfnis nach einer Neuerung zeigte sich auch darin, dass sich in der Rechtspraxis – zum Teil am Gesetz vorbei – Wege gefunden haben, die in rechtsstaatlich zweifelhafter Weise auf die Belohnung von Informanten und Zeugen abzielten.[14]

Gleichwohl sind sich die Experten aus der Praxis trotz der vom Grundsatz her schlüssigen theoretischen Überlegungen uneinig über die Erforderlichkeit einer Kronzeugenregelung und deren Umsetzung. Frühere empirische Untersuchungen[15] veranschaulichten, dass eine Kronzeugenregelung auch in der Praxis unterschiedlich beurteilt wird, wobei auffällig ist, dass Polizei, Staatsanwaltschaft und Strafrichter eine Kronzeugenregelung befürworteten, wohingegen sie unter den Strafverteidigern eher auf Ablehnung stieß. Dennoch gipfelte die anhaltende Diskussion über die Einführung von verschieden ausgestalteten Kronzeugenregelungsmodellen schließlich trotz teilweise erheblicher Bedenken in der Einführung des neuen § 46 b StGB durch das „Gesetz zur Änderung des Strafgesetzbuches – Strafzumessung bei Aufklärungs- und Präventionshilfe"[16], das am 01. September 2009 in Kraft trat. Mithilfe dieser Regelung soll zwischen den Aussagewilligen und den Strafverfolgungsbehörden ein Vertrauensverhältnis

---

[9]Kölbel, MschrKrim 91 (2008), 22.

[10]Volk, NJW 1996, 879.

[11]Hefendehl, ZStW (119) 2007, 817.

[12]BT-Drs. 16/6268, S.1.

[13]BT-Drs. 16/6268, S. 1.

[14]Jeßberger, Stellungnahme vor dem Rechtsausschuss vom 07.11.2001, 22, 24; vgl. auch Fezer, NStZ 2010, 177, 185.

[15]Mühlhoff/Mehrens, Das Kronzeugengesetz im Urteil der Praxis [1999].

[16] BGBl. I 2009 S. 2288.

aufgebaut werden, indem das Gesetz eine klare Verhandlungsgrundlage liefert, um das Handeln der Gerichte für den Aussagewilligen berechenbarer zu machen.[17] „Für kooperationsbereite Straftäter, die durch ihre Angaben wesentlich zur Aufklärung oder Verhinderung von schweren Straftaten beitragen, die wegen ihrer häufig konspirativen Begehungsweise ansonsten nur schwer aufklärbar sind, soll die Möglichkeit einer konkret bestimmten Strafmilderung und des Absehens von Strafe geschaffen werden, grundsätzlich unabhängig davon, welche Art von Straftat sie selbst begangen haben."[18] Auf diese Art und Weise kann der Anreiz, mit den Strafverfolgungsbehörden zu kooperieren, zumindest tendenziell erheblich gesteigert werden. Zudem werden durch eine gesetzliche Regelung in der Praxis längst existente Mechanismen endlich einem gesetzlich geordnetem Verfahren zugeführt, um zu gewährleisten, dass das angewandte Recht mit seinen normativen Grundlagen übereinstimmt.[19]

Trotz dieser Zielsetzung stieß auch die gesetzliche Neuregelung des § 46 b auf Kritik, sodass die rechtspolitische Diskussion über das Bedürfnis nach einer echten Kronzeugenregelung und ihre genaue gesetzliche Ausgestaltung bis heute nahezu unvermindert anhält. Diese Kritik führte letztlich sogar dazu, dass der Gesetzgeber, nur knapp vier Jahre nach Inkrafttreten des Gesetzes, den ursprünglich weiten Anwendungsbereich der Kronzeugenregelung durch das „Gesetz zur Beschränkung der Möglichkeit zur Strafmilderung bei Aufklärungs- und Präventionshilfe"[20], das am 01.08.2013 in Kraft trat, erheblich eingrenzte. Es stellt sich daher die Frage, ob die Einführung einer allgemeinen Kronzeugenregelung in der Form des § 46 b StGB alternativlos ist oder ob der Gesetzgeber – möglicherweise beflügelt durch die allgemeine gesellschaftliche Debatte über mehr Sicherheit – einen Schritt zu weit gegangen ist.

Vor diesem Hintergrund will sich die vorliegende Untersuchung der Problematik in einem umfassenden Sinne widmen:

Jede inhaltliche Auseinandersetzung mit dem Bedürfnis nach und der praktischen Ausgestaltung einer Kronzeugenregelung zur Kriminalitätsbekämpfung setzt zunächst Grundkenntnisse über die historischen Wurzeln dieses Rechtsinstituts voraus. Auch kommt man nicht umhin, sich mit der Kritik, die Kronzeugenregelungen im Allgemeinen entgegengebracht wird, zu befassen. Insoweit gilt es in einem *ersten* Teil das Wesen des Kronzeugen zu beleuchten, indem zunächst in den Abschnitten A. und B. die Begrifflichkeiten sowie deren historischer Ursprung dargestellt werden. Sodann

---

[17] BR-Drs., 896/02, S. 6.

[18] BT-Drs. 16/6268, S.1.

[19] Jeßberger, Stellungnahme vor dem Rechtsausschuss vom 07.11.2001, 22, 24; vgl. auch Fezer, NStZ 2010, 177, 185.

[20] BGBl. I 2013 S. 1497.

wird in den folgenden Abschnitten C. bis F. abstrakt überprüft, ob eine Kronzeugenregelung zur Erreichung eines legitimen Zwecks dient und hierzu auch erforderlich und geeignet ist. In diesem Zusammenhang ist darzustellen, ob es alternative Lösungsansätze gibt, um die Kriminalitätsbekämpfung in gleicher Weise zu stärken. Sodann ist zu prüfen, ob sich eine Kronzeugenreglung grundsätzlich in das bestehende Straf- und Strafverfahrensrecht einfügt, ohne dass wesentliche Kernbestandteile in rechtsstaatswidriger Weise verletzt würden. Dementsprechend werden im Abschnitt C. die möglichen Ziele einer solchen Regelung aufgezeigt. Im Rahmen des Abschnitts D., der sich mit der Eignung einer Kronzeugenregelung zur Zweckerreichung befasst, werden zunächst die Kriminalitätsbereiche, in denen mit den bisherigen Ermittlungsmethoden bislang nur unzureichende Ermittlungserfolge erzielt werden konnten, erläutert, um den möglichen Anwendungsbereich einer solchen Regelung abzustecken und darauf aufbauend ein entsprechendes Regelungsbedürfnis aufzuzeigen. Die Darstellung fokussiert sich auf die organisierten Kriminalität, den Terrorismus und die Wirtschaftskriminalität, da anhand dieser Kriminalitätsbereiche die Diskussion um das Erfordernis einer Kronzeugenregelung entbrannt ist. Die diesbezüglichen Ausführungen können und sollen selbstverständlich keine vollständige Analyse dieser Deliktsbereiche ersetzen; vielmehr wird akzentuiert veranschaulicht, weswegen gerade in diesen Kriminalitätsfeldern strukturelle Ermittlungsdefizite bestehen. Damit lassen sich zugleich potentielle Anknüpfungspunkte für eine Kronzeugenregelung bestimmen. Im Abschnitt E. wird sodann der Frage nachgegangen, weshalb eine Neuregelung zur Realisierung der dargelegten Ziele erforderlich ist. In diesem Zusammenhang geht es darum, artverwandte Ermittlungsmethoden, etwa den Einsatz Verdeckter Ermittler und V-Personen, darzustellen und diese von der Nutzung einer Kronzeugenregelung abzugrenzen. Im Anschluss daran wird zudem das Erfordernis einer gesetzlichen Normierung betrachtet. Es wird insbesondere zu überprüfen sein, ob die gewünschten Kronzeugeneffekte nicht auch durch die direkte oder entsprechende Anwendung bereits bestehender Normen erzielt werden können. Hierzu wird auf Vorschriften wie § 46 StGB, §§ 153 ff. StPO und § 257 c StPO eingegangen. Abschnitt F. widmet sich schließlich der umfassenden Kritik, die Kronzeugenregelungen generell entgegengebracht wird. In der gebotenen Kürze werden die möglicherweise betroffenen Grundprinzipien des deutschen Straf- und Strafverfahrensrechts dargestellt und die Vereinbarkeit mit einer Kronzeugenregelung beleuchtet. Da sich eine solche Regelung jedoch nicht isoliert von anderen korrespondierenden Regelungen und tatsächlichen Umständen betrachten lässt, widmet sich Abschnitt F. auch den bestehenden Rahmenbedingungen einer Kronzeugenregelung, insbesondere der Notwendigkeit eines effizienten Zeugenschutzes. Abschließend bedarf vor allem die Frage des Beweiswertes der Aussage eines Kronzeugen einer näheren Betrachtung. Schließlich lässt sich ein derartiges Ermittlungsinstrument nur rechtfertigen, wenn mit seiner

Hilfe tatsächlich bessere Erfolge für die Strafverfolgung erzielt werden können.

Angesichts der Tatsache, dass es in Deutschland mit dem Kronzeugengesetz von 1989[21] außerhalb des Strafgesetzbuches bereits eine Kronzeugenregelung gab, wird dieses Gesetz im *zweiten* Teil der Arbeit näher betrachtet. Dabei sollen neben der bloßen Darstellung die wesentlichen Besonderheiten und die speziell an der konkreten Ausgestaltung geübte Kritik aufgezeigt werden. Es wird insbesondere zu untersuchen sein, welche Schwachstellen der Regelung letztlich dazu geführt haben, dass das Kronzeugengesetz nicht mehr verlängert wurde. Letztlich dient diese Betrachtung jedoch auch dazu, anhand der Erfahrungen mit dem Kronzeugengesetz Ansätze für eine neue allgemeine Kronzeugenregelung herauszuarbeiten.

Im *dritten* Teil der Arbeit werden die vorhandenen „kleinen" Kronzeugenregelungen, § 31 BtMG, § 261 X StGB und § 129 VI StGB bzw. 129 VII StGB sowie artverwandte Instrumente in § 371 AO und der EU-Kartellrechtskronzeugenregelung[22] dargestellt. Dieser Abschnitt dient dazu, das Bewusstsein dafür zu schärfen, dass es bereits Kronzeugenregelungen gibt, die sich bereits – möglicherweise unbemerkt – in das bestehende Straf- und Strafverfahrensrecht einfügen. Letztlich lassen sich auch aus den Erfahrungen mit diesen Regelungen Schlüsse für die Etablierung einer neuen Kronzeugenreglung ziehen. Da dem Gesetzgeber bei der Ausgestaltung des geltenden § 46 b StGB tatsächlich § 31 BtMG zum Vorbild diente, werden dessen Wortlaut sowie die hierzu bislang ergangene Rechtsprechung detaillierter untersucht.

Schließlich widmet sich der *vierte* Teil dem neuen § 46 b StGB. Zum besseren Normverständnis werden zunächst die Tatbestandsvoraussetzungen sowie die daran anknüpfenden Rechtsfolgen dargestellt. Im Anschluss lassen sich die Besonderheiten der Regelung herausarbeiten und kritisch beleuchten. Ein Schwerpunkt wird aufgrund des ursprünglichen Verzichts des Gesetzgebers auf die Notwendigkeit eines Zusammenhangs zwischen der Bezugstat und der Kronzeugentat und die darauf entbrannte politische Diskussion auf das Erfordernis eines solchen Zusammenhangs gelegt.

Sodann wird anhand der Ergebnisse der Untersuchung im *fünften Teil* ein eigener Lösungsansatz entwickelt. Die Darstellung setzt zunächst an den bis dahin herausgearbeiteten Schwachstellen der Neuregelung des § 46 b StGB an. Es wird untersucht, ob sich diese Schwachstellen letztlich ausmerzen lassen, um eine praktikable Kronzeugenregelung zu schaffen, die

---

[21]Gesetz zur Änderung des Strafgesetzbuches, der Strafprozeßordnung und des Versammlungsgesetzes und zur Einführung einer Kronzeugenregelung bei terroristischen Straftaten vom 9. Juni 1989 (BGBl. I S. 1059).

[22]Mitteilung der Kommission über den Erlass und die Ermäßigung von Geldbußen in Kartellsachen (Amtsblatt C 298 vom 8.12.2006).

sich in das bestehende Straf- Strafverfahrensrecht einfügt. Die Untersuchung endet mit der Skizze eines Regelungsvorschlags, mit dessen Hilfe versucht wird, die zu begrüßenden Aspekte des § 46 b StGB mit den sich aus der Untersuchung ergebenden zwingenden Neuerungen zu vereinen.

Auf diese Art und Weise soll es erstmals unternommen werden, sowohl dem praktischen Erfordernis nach einer Kronzeugenregelung als auch den kritischen Anmerkungen hierzu Rechnung zu tragen. Letztlich soll eine Gesamtdarstellung des „Für und Wider" einer Kronzeugenregelung vorgelegt und zugleich eine Leitlinie für all diejenigen geschaffen werden, die sich mit der Frage der Erforderlichkeit einer Kronzeugenregelung im deutschen Strafverfahren beschäftigen. Der abschließende Regelungsentwurf verdeutlicht, dass es durchaus Wege gibt, eine Kronzeugenregelung ohne verheerende „Kollateralschäden" in unser Strafverfahren zu etablieren. Auch wenn dieser Regelungsentwurf sicherlich nicht alternativlos ist, so verbindet sich mit der Arbeit der Wunsch der Verfasserin, zumindest eine neue Diskussion zur Verortung der Kronzeugenregelung anzustoßen.

1. TEIL: DAS RECHTSINSTITUT DER KRONZEUGENREGELUNG

A. Begriffserläuterung

Der Begriff „Kronzeuge" entstammt dem englischen Rechtskreis, in welchem die Urteile nicht im Namen des Volkes, sondern im Namen der Krone ergehen. Derjenige, der sich der Anklage als Belastungszeuge zur Verfügung stellt, ist Zeuge der Krone.[23] Es handelt sich dabei in der Regel um einen tatbeteiligten Zeugen, der seine Mittäter belastet, um selbst nicht oder wegen einer weniger schwerwiegenderen Tat angeklagt zu werden.[24] Aufgrund dessen, das deutsche Urteile nicht im Namen der Krone, sondern im Namen des Volkes ergehen, trifft der eingebürgerte Begriff hierzulande nicht zu.[25] Er wird in der Rechtssprache verwendet und nicht mehr hinterfragt, wenngleich die Medien den Begriff teilweise auch für denjenigen Zeugen verwenden, der die Anklage stützt.[26] Der Kronzeuge selbst ist regelmäßig Zeuge im Sinne der StPO und zugleich zumeist Beschuldigter in einem anderen Verfahren.[27] Zwar wird die Zeugeneigenschaft erst durch die tatsächliche Inanspruchnahme als Zeuge im prozessualen Sinne begründet, gleichwohl ist die formelle Bezeichnung des Zeugen unabhängig von dem Auftreten in der Hauptverhandlung und bezeichnet letztlich eine Person, die etwas bezeugen kann.[28] Das Institut des Kronzeugen selbst „stellt keine eigene isolierte Form der Mitwirkung am Strafverfahren dar; es ist keine gesonderte Institution, sondern nur die Ausdehnung zweier sehr alter und wohl in jeder Rechtsordnung vorhandener Hilfen zur Rechtsfin-

---

[23]Vgl. Seebode in: Anwaltkommentar StGB, § 46 b Rn. 1; Beulke, Strafprozessrecht, Rn. 342; Bocker, Der Kronzeuge, S. 8.

[24]Beulke, Strafprozessrecht, Rn. 342.

[25]Redaktioneller Beitrag, DRiZ 2001, 253.

[26]Redaktioneller Beitrag, DRiZ 2001, 253.

[27]Mehrens, Die Kronzeugenregelung, S. 20.

[28]Rogall in: SK-StPO, Vor § 48 Rn. 29.

dung [...] nämlich des geständigen Täters und des Informanten."[29] Während der geständige Täter nur zur eigenen Sache aussagt, um eine gemäßigtere Strafe zu erlangen, liefert der Informant Auskünfte hinsichtlich fremder Taten, ohne selbst einer Straftat bezichtigt zu werden. „Ist der ein Geständnis Abgebende, wie man sagt ein Kronzeuge in eigener Sache, so ist umgekehrt der Kronzeuge sozusagen ein Gestehender in fremder Sache."[30] Eben dieses Geständnis hinsichtlich der überwiegend fremden Tat zu belohnen ist Zweck einer Kronzeugenregelung. Eine Kronzeugenregelung ermöglicht es den Strafverfolgungsorganen, einem Straftäter für die Preisgabe seines Wissens über andere Straftaten (sogenannter Bezugstaten) Zugeständnisse im Hinblick auf seine eigene Verfolgung beziehungsweise Bestrafung zu machen.[31] „Der Grundgedanke des Kronzeugeninstituts beruht auf dem „do ut des"-Prinzip mit der Folge, daß [sic] Raum für Absprachen im Strafprozeß [sic] geschaffen wird."[32] Nicht zwingend ist hierbei, dass der Kronzeuge Teilnehmer der Bezugstat ist. Vielmehr ist zwischen „internen", tatbeteiligten und „externen" Kronzeugen zu differenzieren.[33] Handelt es sich um einen Tatbeteiligten, so schließt seine Mitbeschuldigteneigenschaft zwar rein formell seine Zeugenfunktion aus, es erscheint dann jedoch sachdienlich, die Verfahren zu trennen, um den Kronzeugen als Zeugen zu vernehmen.[34] Sieht man gleichwohl von einer Verfahrenstrennung und der Zeugenvernehmung ab, kann derjenige, der in einem gemeinsamen Verfahren Angaben macht und seine Mitbeschuldigten belastet ohne Zeuge zu sein, als Kronzeuge behandelt werden. Eine Kronzeugenregelung verlangt trotz des Begriffs Kronzeuge nicht zwingend, dass derjenige, der als Kronzeuge fungiert, als Zeuge auftritt oder jedenfalls theoretisch Zeuge im technischen Sinn sein kann. Der Begriff Kronzeuge bezeichnet nicht notwendigerweise einen Zeugen im technischen Sinne, sondern meint allgemein einen Aufklärungsgehilfen.

Welcher Art die Zugeständnisse gegenüber dem Aufklärungsgehilfen sind, ist mannigfaltig und wird in unterschiedlichen Rechtsordnungen abweichend gehandhabt. Feststellen lässt sich jedoch, dass die Aufklärungshilfe vor der Aburteilung des Kronzeugen zumeist mit einem generellen Absehen von der Strafverfolgung honoriert wird oder aber lediglich Berücksichtigung auf Strafzumessungsebene findet.[35] Aufgrund des gegebenen Gestaltungsspielraums „lassen sich im Grunde alle Vorschriften über

[29]Middendorff, ZStW 85 (1973), 1102, 1115.

[30]Behrendt, GA 1991, 337, 357.

[31]Weigend in: Jescheck-FS, 1333, 1337.

[32]Rogall in: SK- StPO, Vor § 48 Rn. 29.

[33]Gropp/Schubert/Wörner in: Rechtliche Initiativen gegen organisierte Kriminalität, 69, 149; a.A. Kühne, Strafprozessrecht, Rn. 799.

[34]Bocker, Der Kronzeuge, S. 92; Jaeger, Der Kronzeuge, S. 70.

[35]Weigend in: Jescheck-FS, 1333, 1338.

die Einstellung des Verfahrens (§§ 153 ff.) zur Herbeiführung von Kronzeugeneffekten nutzen."[36] Zusammenfassend lässt sich der Kronzeuge daher anhand folgender Kriterien[37] definieren: Er ist eine Person, gegen die ein hinreichender Tatverdacht besteht, die ihres eigenen Vorteils wegen kooperationsbereit ist und deren Kooperationsbereitschaft regelmäßig auf Kosten Dritter, ebenfalls Tatverdächtiger, geht.

B. Historie

I. 16. Jahrhundert

Der Ursprung sämtlicher Ausprägungen der Figur des Kronzeugen findet sich im angloamerikanischem Rechtsraum, in England um 1600.[38] Bereits zur damaligen Zeit war jeder, der als Zeuge geladen war, aufgrund des „common law-Grundsatzes, dass [sic] die Öffentlichkeit ein Recht auf jedermanns Zeugnis habe"[39], zur Aussage verpflichtet. Allerdings ließ sich diese Bürgerpflicht seit Ende des 17. Jahrhunderts nur noch schwer durchsetzen, da dem Zeugen das Recht zugestanden wurde, seine Aussage zu verweigern, wenn er gezwungen würde, sich selbst zu belasten.[40] Dieser Konflikt, der sich im angloamerikanischen Rechtskreis herausgebildet hatte, machte es im Hinblick darauf, dass der Strafprozess bis heute auf ein Geständnis zugeschnitten ist, erforderlich, die Zeugen trotz des Auskunftsverweigerungsrechts zur Aussage zu bewegen.[41]

In der Konsequenz entwickelte sich das Instrument der Immunität, das es den Strafverfolgungsbehörden ermöglichte, den kooperativen Täter von der Strafverfolgung freizustellen. Gefährlich für den Kronzeugen waren die anfänglichen Immunitätsgewährungen vor allem deswegen, weil sie nicht gesetzlich festgelegt waren, sodass beispielsweise ein Kronzeuge in Schottland nur dann tatsächlich vor einer gesetzlichen Strafe sicher war, wenn er offiziell vom Vertreter der Anklage als solcher benannt wurde.[42] Weiterhin war die Immunität zwiespältig zu sehen, da das damalige Recht keine umfassende Immunität kannte und der Zeuge nur in Bezug auf diejenigen Delikte nicht bestraft werden konnte, zu denen man ihn explizit befragt hatte.[43]

---

[36] Rogall in: SK- StPO, Vor § 48 Rn. 28.; Kühne, Strafprozessrecht, Rn. 464.

[37] Gropp/Schubert/Wörner in: Rechtliche Initiativen gegen organisierte Kriminalität, 69, 151.

[38] Mushoff, KritV 2007, 366, 366; Oehler, ZRP 1987, 41.

[39] Oehler, ZRP 1987, 41.

[40] Oehler, ZRP 1987, 41.

[41] Oehler, ZRP 1987, 41, 42.

[42] Middendorff, ZStW 85 (1973), 1102, 1111.

[43] Middendorff, ZStW 85 (1973), 1102, 1111.

II. 17. und 18. Jahrhundert

Eine weitere frühe Ausprägung der Kronzeugenregelung war das noch im 18. Jahrhundert verwandte *approvement,* das es dem Angeklagten ermöglichte, in seinem laufenden Verfahren neben dem Geständnis der angeklagten Tat weitere Taten zu gestehen und in diesem Zusammenhang Mittäter zu benennen und deren Schuld zu beweisen.[44] Ein solches Geständnis durfte der Angeklagte jedoch nur dann ablegen, wenn das Gericht gewillt war, auf das Angebot einzugehen.[45] Das Instrument war sehr gefährlich für den Aussagenden, da er verpflichtet war, Beweis für die Schuld des von ihm Belasteten zu erbringen. Gelang es ihm nicht und der Belastete wurde letztendlich freigesprochen, wurde der Aussagende zum Tode verurteilt.[46] Nur dann, wenn der Belastete tatsächlich verurteilt werden konnte, wurde der Aussagende schließlich begnadigt.[47] Allerdings gab es auch dafür keine Gewähr, sodass es auch vorkam, dass ein Zeuge aussagte und letztlich nicht begnadigt wurde.[48] Die Aussage des Kronzeugen war für die Begnadigung dabei zwingend erforderlich.[49] Neben der genannten Praxis fanden sich in England auch einige geschriebene Vorschriften zur Begnadigung, denen im Wesentlichen gemeinsam war, dass die angestrebte Begnadigung nur erfolgte, wenn die Aussage des „Zeugen“ dazu führte, dass Mittäter verurteilt wurden.[50] Insoweit ist festzustellen, dass diese frühe Form der Kronzeugenregelung eine strikte Konnexität zwischen der angeklagten Tat und derjenigen Tat des Belasteten verlangte. Honoriert wurde letztlich nur die Offenbarung der Mittäterschaft an der angeklagten Tat. Reizvoll für den Aussagenden war jedoch, dass er die Möglichkeit hatte, im Rahmen dieses Geständnisses weitere Delikte einzuräumen, auf die sich die angestrebte Begnadigung, sofern sie gewährt wurde, erstreckte. Eine Grenze war der Einbeziehung jedoch zumeist insoweit gesetzt, als dass Mord und Hochverrat ausgenommen waren.[51]

Neben den klassischen Kronzeugenregelungen war es üblich, auch diejenigen Bürger, die sich nach Kenntnis der Behörden keines Verbrechens schuldig gemacht hatten, zum Informationsaustausch heranzuziehen. Demgemäß versprach man den Informanten eine Belohnung und soweit sie an der offenbarten Tat beteiligt waren, wurden sie vollumfänglich begna-

---

[44] Middendorff, ZStW 85 (1973), 1102, 1111.

[45] Middendorff, ZStW 85 (1973), 1102, 1111.

[46] Jung, Straffreiheit für den Kronzeugen, S. 30; Middendorff, ZStW 85 (1973), 1102, 1111.

[47] Middendorff, ZStW 85 (1973), 1102, 1112.

[48] Middendorff, ZStW 85 (1973), 1102, 1115.

[49] Middendorff, ZStW 85 (1973), 1102, 1112.

[50] Jung, Straffreiheit für den Kronzeugen?, S. 30 f; Mehrens, Die Kronzeugenregelung, S. 9; Middendorff, ZStW 85 (1973), 1102, 1112.

[51] Middendorff, ZStW 85 (1973), 1102, 1112.

digt.[52] Aufgrund vermehrter Kleindiebstähle ging man bereits im letzten Drittel des 18. Jahrhunderts auch in Preußen zu einer ähnlichen Praxis über.[53]

III. 19. Jahrhundert

Ende des 19. Jahrhunderts entwickelte sich in England zudem das sogenannte *plea bargaining* als frühe Form der Prozessabsprache. Diese Entwicklung ist darauf zurückzuführen, dass es dort zu der damaligen Zeit keinen ausgeprägten Polizei- beziehungsweise Strafverfolgungsapparat gab, um Beweise zu beschaffen, sodass man in erhöhtem Maße auf die Aussagebereitschaft Tatbeteiligter angewiesen war.[54] Demnach versprach man demjenigen eine gewisse Belohnung, der bereit war, mit den Strafverfolgungsbehörden zu kooperieren und auszusagen.[55]

Zur gleichen Zeit findet sich in den USA als erste gesetzlich normierte Regelung die *transactional immunity* von 1857, die es ermöglichte, Straftäter zu einer Aussage zu zwingen, indem man ihnen zusicherte, sie wegen keiner Straftat, die in der Aussage zu Tage gefördert wurde, strafrechtlich zu verfolgen.[56] Diese und auch die in England um 1900 gewährten Immunitäten waren nicht mehr auf bestimmte Straftaten beschränkt; vielmehr war man auch in England dazu übergegangen, die Immunität umfassend zu gewähren.[57] Die Immunität wurde kraft Gesetzes im Zeitpunkt der Selbstbelastung gewährt.[58] Da es dem Straftäter selbst überlassen blieb, zu welchen Delikten er Aussagen machte, uferte die Gewährung der Immunität schnell aus, was den Gesetzgeber erneut zum Handeln veranlasste.[59] 1862 ersetzte man in Folge die *transactional immunity* durch die sogenannte *use immunity*.[60] Die neue Regelung führte in ihrer Anwendung dazu, dass der Straftäter weiterhin zu einer belastenden Aussage gezwungen werden konnte, jedoch nicht mehr gegen jedwede Verfolgung immun war, sondern vielmehr lediglich dadurch vor Verfolgung geschützt wurde, dass seine Aussage selbst in Folgeprozessen gegen ihn nicht verwertet werden durf-

---

[52] Middendorff, ZStW 85 (1973), 1102, 1112.

[53] Vgl. im Einzelnen: Bocker, Der Kronzeuge, S. 13.

[54] Oehler, ZRP 1987, 41, 43.

[55] Oehler, ZRP 1987, 41, 43.

[56] Jaeger, Der Kronzeuge, S. 214 f.; Jung, Straffreiheit für den Kronzeugen?, S. 20 f.; Oehler, ZRP 1987, 41; Weigend in: Jescheck-FS, 1333, 1341.

[57] Middendorff, ZStW 85 (1973), 1102, 1111.

[58] Mehrens, Die Kronzeugenregelung, S. 13.

[59] Jaeger, Der Kronzeuge, S. 215; Jung, Straffreiheit für den Kronzeugen; S. 21; Mehrens, Die Kronzeugenregelung, S. 13; Weigend in: Jescheck-FS, 1333, 1341.

[60] Jaeger, Der Kronzeuge, S. 215; Weigend in: Jescheck-FS, 1333, 1341.

te.[61] Es bestand insoweit nur ein Beweisverwertungsverbot, das aber faktisch den Zeugen nicht mehr vor Strafverfolgung schützte.[62] Zudem trat die Immunität nicht mehr automatisch ein, sondern war abhängig von der Zusicherung des jeweiligen Richters.[63] 1892 erklärte der U.S. Supreme Court das Gesetz für verfassungswidrig, da es dem Zeugen sein in der Verfassung (5. Zusatzartikel der Verfassung) verankertes Aussageverweigerungsrecht nahm, ohne ihn vor entsprechender Strafverfolgung ausreichend zu schützen. Dies hatte zur Folge, dass fortwährend die *transactional immunity* wieder angewendet wurde.[64]

IV. 20. und 21. Jahrhundert

Erst im 20. Jahrhundert finden sich in den USA neue Reformbestrebungen dergestalt, dass die Immunität 1970 in § 6002 U.S. Code neu geregelt wurde.[65] Hierzu sah sich die Regierung veranlasst, da die *transactional immunity* einer Strafverfolgung selbst dann entgegenstand, wenn die Anklagebehörde unabhängig von der getätigten Aussage Kenntnis erlangte.[66] Fortan konnten Zeugen, die sich auf ihr Auskunftsverweigerungsrecht berufen, wieder ohne direkte Gewährung von Immunität zur Aussage gezwungen werden, allerdings unter der Bedingung, dass weder die Aussage selbst, noch alle Beweismittel, die aufgrund ihrer erhoben werden konnten, in Folgeprozessen verwendet werden. Letztlich wird durch das Gesetz der verfassungsmäßig zugesicherte Schutz des Zeugen vor Strafverfolgung gegenüber der *use immunity* durch ein eigens normiertes Fernwirkungsverbot sichergestellt. Man spricht hierbei von der *use and derived immunity*.[67] Prozessual stellt sich diese Regelung folgendermaßen dar: Sofern ein Zeuge seine Aussage unter Berufung auf sein Auskunftsverweigerungsrecht verweigert, steht es dem Staatsanwalt gemäß § 6003 b U.S. Code frei, beim zuständigen Richter einen Antrag auf Immunität zu stellen, falls er die Aussage für das öffentliche Interesse dienlich hält. Der Richter hat allerdings nur eine formelle Prüfungskompetenz, sodass er, sofern der Antrag formal korrekt gestellt wurde, diesem stattzugeben verpflichtet ist.[68] Folg-

---

[61] Jaeger, Der Kronzeuge, S. 215; Jeßberger, Kooperation und Strafzumessung, S. 172; Weigend in: Jescheck-FS, 1333, 1341.

[62] Mehrens, Die Kronzeugenregelung, S. 14.

[63] Mehrens, Die Kronzeugenregelung, S. 14.

[64] U.S. Supreme Court, Counselman v. Hitchcock, 142 U.S. 547 (1892); Oehler, ZRP 1987; 41, 42.

[65] Weigend in: Jescheck-FS, 1333, 1342.

[66] Oehler, ZRP 1987, 41, 42.

[67] Oehler, ZRP 1987, 41, 42.

[68] Weigend in: Jescheck-FS, 1333, 1342 f.

lich entscheidet nicht mehr der Angeklagte darüber, ob er Gebrauch von seinem Aussageverweigerungsrecht macht, sondern allein die Staatsanwaltschaft. Verweigert der Zeuge seine Aussage, so droht ihm gemäß § 401 III U.S. Code Beugehaft bis zu 18 Monaten oder sogar eine zusätzliche Kriminalstrafe.[69] Die Immunität zeichnet sich vor allem aber dadurch aus, dass sie im Verfahren gegen den Dritten, in dem der Kronzeuge als Zeuge auftritt, beantragt wird. Es handelt sich aber um einen Zeitpunkt, zu dem noch keine Straftaten des Aussagenden beziehungsweise dessen Beteiligung an den Taten des Dritten bekannt sind und noch kein entsprechendes Ermittlungsverfahren läuft. Vor diesem Hintergrund wird verständlich, dass der Zeuge gezwungen wird, auszusagen, da er zu dem Zeitpunkt kein Interesse an der Aussage hat. Faktisch dient diese spezielle Ausgestaltung dazu, das Auskunftsverweigerungsrecht auszuhebeln. Problematisch erweist sich das Immunitätsinstitut auch insofern, als die Immunität gewährt wird, ohne dass der Wert der Aussage bereits bekannt ist.[70] Die Staatsanwaltschaft verzichtet auf ihr Verfolgungsrecht ohne zu wissen, welche Delikte überhaupt im Raum stehen. Dies kann sehr leicht zu einer Fehlgewichtung führen, da häufig die Delikte des Zeugen diejenigen, die dem Angeklagten zur Last gelegt werden, an Schwere überwiegen, „sodass [sic] schließlich bei Fehleinschätzung der Mittäter des Mordes freikommt."[71] Dieser Aspekt führt dazu, dass die Immunität nur selten gewährt wird.[72] In England nutzt man das Instrument heute nur noch in Ausnahmefällen, wenn die Staatsanwaltschaft außer Stande ist, den Beweis zu führen.[73]

Im gesamten angloamerikanischen Rechtsraum lassen sich vor allem dann vermehrt Prozessabsprachen zwischen der Staatsanwaltschaft und dem Aussagenden, meist unter Zustimmung des Richters – *plea bargaining* finden, wenn feststeht, dass auch gegen den Aussagenden ermittelt beziehungsweise verhandelt wird.[74] Beinhaltet die Aussage Informationen über Dritte, so handelt es sich um ein *information bargaining*, das entsprechend honoriert wird. Insoweit stellt die Kronzeugenaussage letztlich nur einen Spezialfall der Prozessabsprache dar.[75] Auffällig ist, dass die Absprachen regelmäßig zur Offenlegung des Wissens über Hintermänner oder Tatbeteiligte verwandt werden, also ein Zusammenhang zur eigenen Tat besteht. Die Staatsanwaltschaft sichert dem späteren Kronzeugen Vergünstigungen zu, indem sie von der Verfolgung absieht oder nur wegen eines milderen

---

[69]Oehler, ZRP 1987, 41, 42.

[70]Jeßberger, Kooperation und Strafzumessung; S. 175 f.; Weigend in: Jescheck-FS, 1333, 1345.

[71]Oehler, ZRP 1987, 41, 42.

[72]Weigend in: Jescheck-FS, 1333, 1345.

[73]Middendorff, ZStW 85 (1973), 1102, 1123.

[74]Oehler, ZRP 1987, 41, 43.

[75]Vgl. Oehler, ZRP 1987, 41, 43; eine gesetzliche Regelung findet sich in den Federal Sentencing Guidelines § 3 B1.1- 1.3.

Deliktes anklagt.[76] Dies ist in den USA unproblematisch, da das Gericht nicht über den angeklagten Straftatbestand hinausgehen kann und der Staatsanwaltschaft grundsätzlich ein Ermessensspielraum zukommt.[77] Die versprochene Gegenleistung der Staatsanwaltschaft ist mannigfaltig, sodass grundsätzlich selbst diejenigen Verfahrensgegenstände, die nicht in die originäre Kompetenz der Staatsanwaltschaft fallen, wie beispielsweise Bewährungsauflagen oder Vollzugsbedingungen, ausgehandelt werden.[78] Das Gericht kann zudem vom gesetzlichen Strafrahmen abweichen und unter der veranschlagten Mindeststrafe bleiben.[79] Eine entsprechende Absprache findet in der Regel außerhalb der Verhandlung im Vorfeld des Prozesses gegen den Dritten statt. Dadurch begründet sich für den Aussagenden insofern eine Vorleistungspflicht, dass er seine Aussage im Vertrauen auf die versprochene Gegenleistung macht. Die Gegenleistung erfolgt jedoch in den meisten Staaten nur dann, wenn die Aussage durch nachfolgend gewonnene Beweismittel gestützt wird, aufgrund derer der Belastete tatsächlich verurteilt werden kann (*Corroboration-Erfordernis*).[80] Der Aussagende steht also in zweierlei Hinsicht unsicher dar: Zum einen muss er zwingend darauf hoffen, dass sich eine hinreichend sichere Beweisdecke bildet und zum anderen muss er dann, wenn dies vorliegt, darauf vertrauen, dass sich die Staatsanwaltschaft an die Absprache hält. Allerdings können die Staatsanwaltschaften zumindest dann, wenn entsprechende Zusagen schriftlich vorliegen, zur Gewährung der versprochenen Gegenleistung durch das Gericht angehalten werden.[81] Im Vergleich zur Gewährung der Immunität verhält sich das Problem der Ungewissheit im Rahmen der Absprache hier konträr, da in diesem Fall der Aussagende auf die Erfüllung der Gegenleistung vertrauen muss; während die Staatsanwaltschaft den Wert der Aussage kennt.[82]

Auch wenn es kaum genauere Nachweise gibt, lassen sich in Deutschland schon früh zahlreiche Beispiele für die Zusammenarbeit der Strafverfolgungsbehörden mit Kriminellen finden, um weitere Täter zu ermitteln und zu verurteilen, wenn auch in Form informeller Praktiken.[83] Bedingt durch die mit diesen informellen Praktiken einhergehenden Schwierigkeiten, die im Wesentlichen darin bestanden, dass die bestehenden Instrumen-

---

[76]Middendorff, ZStW 85 (1973), 1102, 1118; Weigend in: Jescheck- FS, 1333, 1346.

[77]Jaeger, Der Kronzeuge; S. 200; Jeßberger, Kooperation und Strafzumessung, S.182; Trüg, ZStW 120 (2008), 331, 342; Weigend in: Jescheck- FS, 1333, 1346.

[78]Trüg, ZStW 120 (2008), 331, 343.

[79]Trüg, ZStW 120 (2008), 331, 353.

[80]Hoyer, JZ 1994, 233, 238.

[81]U.S. v. Carter, 454 F. 2 d 426; Weigend in: Jescheck- FS, 1333, 1347.

[82]Oehler, ZRP 1987, 41, 43.

[83]Kühne, Strafprozessrecht, Rn. 799; Middendorff, ZStW 85 (1973), 1102, 1117; Stern, StraFo 2002, 185.

tarien zu begrenzte Verhandlungsspielräume boten, wurde schon Anfang des 20. Jahrhunderts eine gesetzliche Regelung gefordert, um insbesondere die Anreizwirkung für die potentiellen Kronzeugen zu erhöhen.[84]Allerdings erhielt der Kronzeuge offiziell erst 1982 Einzug in das deutsche Recht, wenngleich er, entgegen den angloamerikanischen Vorbildern, nicht obligatorisch als Zeuge der Anklage vor Gericht auftreten muss.[85] Die entsprechende Kodifikation findet sich in § 31 BtMG. Eine Ausweitung ins Kernstrafrecht blieb zunächst aus. Zudem wurde die gezielte Einführung einer entsprechenden Regelung zur Terrorismusbekämpfung schon in den 1980er Jahren kontinuierlich diskutiert und schließlich auch 1989 in Form eines Artikelgesetzes[86] kodifiziert, das zuletzt bis zum 31.12.1999 befristet und danach nicht mehr verlängert wurde.[87]

Obwohl die Kronzeugenregelung damit abgeschafft war, blieb sie politisch weiterhin von Interesse. Dies ist darauf zurückzuführen, dass faktisch nur ein Gesetz abgeschafft wurde, während sich längst eine flexiblere informelle Kronzeugenpraxis praeter legem in der Rechtsprechung etabliert hatte.[88] Die Landesregierung Bayerns legte bereits im Jahre 2000 einen Gesetzesentwurf[89] im Bundesrat vor, der materiell rechtlich diverse kleine Kronzeugenregelungen vorsah. In dieselbe Richtung zielten auch die Entwürfe, die im Januar 2004 die CDU/CSU Fraktion[90] und letztendlich im März 2004 der Bundesrat auf Initiative der Länder Bayern und Niedersachsen[91] in den Bundestag einbrachten.[92] Die Gesetzesinitiative aus dem Bundesrat aus dem Jahr 2004 wurde abgelehnt. Auf Rechtsfolgeseite sahen die diskutierten Entwürfe eine Berücksichtigung auf der Strafzumessungsebene vor. Vorschläge, den Kronzeugen beispielsweise zu begnadigen, fanden hingegen keine Resonanz, da die Privilegierung nicht aus reiner Gutmütigkeit erfolgen soll, sondern als Gegenleistung für erbrachte Leistungen.[93] Erst der Gesetzesentwurf der Bundesregierung[94] aus dem Jahre 2007 führte zur Kodifikation einer allgemeinen Kronzeugenregelung.

---

[84]Stern, StraFo 2002, 185.

[85]BGBl. I 1981; S. 681, 690 f.; Gropp/Schubert/Wörner in: Rechtliche Initiativen gegen organisierte Kriminalität, 69, 151; Hoyer, JZ 1994, 233, 234.

[86]BGBl. I 1989 S. 1059.

[87]Bußmann Matt/Renzikowski, StGB,§ 46 b Rn. 1; Hoyer, JZ 1994, 233, 234; König, NJW 2009, 2481, 2482.

[88]Stern, StraFo 2002, 185, 187.

[89]BT-Drs. 15/2333.

[90]BT-Drs. 15/2333.

[91]BT-Drs. 15/2771.

[92]Vgl. Kneba, Die Kronzeugenregelung, S. 24; König, NJW 2009, 2481, 2482.

[93]Bocker, Der Kronzeuge, S. 79.

[94]BT-Drs. 16/6268.

C. Legitimer Zweck

Zur umfassenden Beleuchtung des Kronzeugeninstituts erscheint es notwendig, zunächst die Hintergründe zu betrachten, die letztlich zu einer Kodifikation dieses Institutes führten.

I. Zielsetzung der angloamerikanischen Regelungen

Wie der geschichtliche Überblick zeigt, entstammt das Kronzeugeninstitut dem angloamerikanischen Rechtsraum, sodass zunächst der Fokus auf jenen Rechtskreis gelegt werden muss.

Die Deliktsbereiche, in denen die US-amerikanischen Strafverfolgungsbehörden auf das Kronzeugeninstitut zurückgreifen, sind mannigfaltig. So tritt dieses Rechtsinstitut häufig zur Aufklärung von Korruption, Wirtschaftskriminalität, Rauschgifthandel sowie bei „opferlosen", vom organisierten Verbrechen beherrschten Delikten, in Erscheinung.[95] Gerade in den genannten Bereichen sowie im Rahmen terroristischer Straftaten stößt die Polizei häufig auf interne Abschottung der Tätergruppen und -pyramiden sowie auf das Fehlen individueller Opfer, die der Strafverfolgung Informationen aus erster Hand liefern könnten.[96] Das US-amerikanische System macht es aber zwingend erforderlich, möglichst zahlreiche glaubwürdige Belastungszeugen bereits vor Erhebung der Anklage zu liefern, da dort die Anklage von der „grand jury" erhoben wird.[97] Nur wenn die Jury einen dringenden Tatverdacht bejaht, wird diese Anklage erheben. Um dies zu erreichen, muss die Staatsanwaltschaft gerade in den genannten Deliktsbereichen Zeugen beschaffen. Da das US-amerikanische System den Zeugen vom Hörensagen als nur mittelbaren Zeugen prinzipiell ablehnt, führt zumeist auch die Einschaltung Verdeckter Ermittler/ Personen nicht zum Ziel, sofern diese nicht vor Gericht enttarnt werden sollen.[98] Gelingt es der Staatsanwaltschaft, Zeugen zu benennen, genügt selbst das zumeist nicht, um eine weiterführende Aussage zu erhalten, da auch in den USA ein umfassendes Aussageverweigerungsrecht besteht, sofern der Zeuge verpflichtet wäre, sich selbst zu belasten (privilege against self-incrimination).[99] Dies ist vor allem deswegen ein großes Hindernis, weil das Privileg großzügig gehandhabt wird. Die Aussage darf selbst dann verweigert werden, wenn auch nur die geringste Gefahr dafür besteht, dass die Aussage zu einer Strafverfolgung des Zeugen führen könnte oder aber ge-

---

[95] Weigend in: Jescheck-FS, 1333, 1338.

[96] Weigend in: Jescheck-FS, 1333, 1332.

[97] Weigend in: Jescheck-FS, 1333, 1339.

[98] Weigend in: Jescheck-FS, 1333, 1338 f.

[99] Jeßberger, Kooperation und Strafzumessung; S. 167; Oehler, ZRP 1987; 41; Weigend in: Jescheck-FS, 1333, 1338.

eignet erscheint, weitere Beweise aufzudecken, worauf sich der Verdacht einer Straftat gründen könnte.[100] Genau dies zu umgehen ist primäres Ziel des Kronzeugeninstituts.[101] Gewährt man dem Kronzeugen Straffreiheit, so steht die Verfassung einem Aussagezwang nicht mehr entgegen, da jede Strafverfolgung des Aussagenden somit ausgeschlossen ist. Insoweit besteht keine Gefahr der Selbstbelastung.

Festzuhalten bleibt, dass die Einführung des Kronzeugen im angloamerikanischen Rechtsraum dem Zweck dient, organisierte Täterstrukturen aufzubrechen und das Defizit des Zeugen vom Hörensagen durch die Schaffung unmittelbarer Zeugen auszugleichen.

II. Zielsetzung der Übernahme in anderen Nationen

Betrachtet man hingegen andere Nationen, die das Kronzeugeninstitut übernommen haben, so fällt auf, dass dort die Terrorismusbekämpfung dominierendes Motiv ist. So führte Nordirland den Kronzeugen (supergrass) ein, um die innere Struktur der Terrororganisationen zu schwächen.[102] Ähnlich stellt sich das Bild dar, wenn man die Motivationslage Italiens betrachtet, wo trotz des Inquisitionsprozesses seit 1979 eine Kronzeugenregelung besteht.[103] Die dortigen Regelungen ermöglichen u.a. demjenigen einen Strafrabatt, der die äußerste Folge der Tat verhindert und seine Mittäter verrät.[104] Straffreiheit wird gewährt, wenn sich der Täter von einer kriminellen Vereinigung trennt und jede ihm bekannte Information über die Organisation preisgibt.[105] Letztlich zeigt auch das Beispiel Italien, dass das Mittel des Kronzeugen dazu dient, feste Täterstrukturen aufzubrechen, um Hintermänner und andere Beteiligte zu fassen. Während im angloamerikanischen Recht hauptsächlich die Schaffung verwertbarer Beweise im Vordergrund steht, zielen diese Regelungen vorwiegend auf eine bloße Informationsbeschaffung ab.

III. Zielsetzung der Übernahme in unsere Rechtsordnung

Welchem Zweck dient nun aber die Einführung einer Kronzeugenregelung in unserem Rechtskreis? Eine vermeintlich pauschale Antwort findet sich in der Koalitionsvereinbarung der CDU, CSU und der SPD aus dem Jahre

---

[100] Weigend in: Jescheck-FS, 1333, 1340.

[101] Jeßberger, Kooperation und Strafzumessung; S 170; Jung, Straffreiheit für den Kronzeugen?, S. 18; Kneba, Die Kronzeugenregelung; S. 26; Oehler, ZRP 1987, 41, 42.

[102] Denny, ZStW 103 (1991), 269, 281; Lammer, ZRP 1989, 248, 249, Oehler, ZRP 1987, 41, 43.

[103] Mehrens, Die Kronzeugenregelung, S. 173.

[104] Oehler, ZRP 1987, 41, 43 f.

[105] Oehler, ZRP 1987, 41, 44.

2005[106], die das Kronzeugeninstitut als Mittel zur Eindämmung und Bekämpfung des internationalen Terrorismus sieht. Wäre dies zutreffend, so drängt sich die Sichtweise auf, dass die Einführung der Kronzeugenregelung lediglich eine Reaktion auf den aktuell aus dem Ausland stammenden Terrorismus darstellt: „Dem Import des Übels soll dann der Import des probaten Gegenmittels folgen."[107] Die wiederkehrenden Diskussionen über die Einführung von verschieden ausgestalteten Kronzeugenregelungen zeigen jedoch, dass sie auch hier dazu dienen sollen, durch die gesteigerte Motivation von Zeugen zur Aussage größere Ermittlungserfolge zu erzielen. Dies ist insbesondere im Bereich organisierter Verbrechensstrukturen erforderlich, die sich den Strafverfolgungsbehörden gegenüber verschließen.[108] Schließlich ist ein Strafprozess mit dem Ziel, die materielle Wahrheit zu erforschen, auf den Zeugen als eines der wichtigsten Beweismittel angewiesen, da er in der Regel nicht durch ein anderes Beweismittel ersetzt werden kann.[109] Besonders „in einer Zeit, in der sich die Öffentlichkeit auch in Deutschland zunehmend von Straftaten mit terroristischem Hintergrund bedroht fühlt, in der organisierte Kriminalität, nicht zuletzt in Form schwerer Wirtschaftskriminalität an Bedeutung gewinnt, [...] gelingt es den Strafverfolgungsbehörden nicht mit Ermittlungsmaßnahmen von außen [...] in die weitgehend abgeschotteten Netzwerke bandenmäßig verbundener Täterkreise einzudringen und die besonders zur Aufklärung schwerer Straftaten erforderlichen Erkenntnisse zu gewinnen."[110] Daher sind die Strafverfolgungsbehörden auf die Mitwirkung von Personen aus dem entsprechenden Milieu angewiesen. Eine Mitwirkung kann in der Regel erzielt werden, wenn „dem aussagebereiten Insider ein Anreiz zur Kooperation mit den Ermittlungsbehörden gegeben [wird], der schwerer wiegt als die Treue zu den Mitgliedern der eigenen Organisation, als die Angst vor deren Rache und nicht zuletzt als die Gefahr eigener weiterer Strafverfolgung."[111] Mithilfe einer Kronzeugenregelung „kann [zumindest] ein Vertrauensverhältnis aufgebaut werden, da eine klare Verhandlungsgrundlage besteht und das Handeln der Gerichte voraussehbarer wird."[112]

So steigt zumindest tendenziell der Anreiz, mit den Strafverfolgungsbehörden zu kooperieren.

Teilweise wird der Zweck der Regelungen allerdings auch darin gesehen, das, was längst alltägliche Gerichtspraxis geworden ist, einer gesetzli-

---

[106]Koalitionsvertrag von CDU, CSU und SPD vom 18.11.2005.

[107]Weigend in: Jescheck-FS, 1333, 1333.

[108] Seebode in: Anwaltkommentar StGB, § 46 b Rn. 5.

[109]Senge in KK, Vorbemerkungen zu § 48 Rn. 1; Schroth, NJW 2009, 2916, 2919.

[110]Frank/Titz, ZRP 2009, 137, 138.

[111]BR-Drs., 896/02, S. 6; Frank/Titz, ZRP 2009, 137, 138.

[112]BR-Drs., 896/02, S. 6.

chen Regelung zuzuführen.[113] Schließlich haben die Erfahrungen gezeigt, dass das deutsche Rechtssystem geneigt ist, die normativen Strukturen selbständig durch prozessuale Mittel an die Systembedingungen anzupassen, wenn die bestehenden Probleme nicht von der Politik gesehen und einer Lösung zugeführt werden.[114] Insbesondere im Bereich der Aufklärungshilfe steht zu befürchten, dass das Instrumentarium von der Rechtsprechung durch eine extensive Ausdehnung des Anwendungsbereichs des § 46 II StGB eingeführt zu werden droht.[115] Dies zeigt auch ein Blick auf das Kronzeugengesetz von 1989, welches auch erst erlassen wurde, nachdem die Gewährung des Kronzeugenrabattes bereits Einzug in den Gerichtssaal gehalten hatte.[116] „Ein Bedürfnis für ein Tätigwerden des Gesetzgebers ergibt sich danach weniger daraus, dass die Honorierung von Aufklärungs- und Präventionshilfe in bestimmten Kriminalitätsbereichen, etwa zur Bekämpfung der Organisierten Kriminalität, überhaupt erst ermöglicht werden müsste. Handlungsbedarf besteht in erster Linie deswegen, weil sich in der Praxis zum Teil am Gesetz vorbei Wege gefunden haben, die in rechtsstaatlich zweifelhafter Weise auf die Belohnung des Kronzeugen abzielen. Zweck einer Kronzeugenregelung muss daher [auch] sein, die bestehende Praxis zu kanalisieren und ihr eine gesetzliche Grundlage zu geben."[117] Andernfalls würde das angewandte Recht nicht mehr mit seinen normativen Grundlagen übereinstimmen. „Das wäre nicht nur ein „Schönheitsfehler" oder das sog. „geringste Übel". Vielmehr wäre dies ein Einfallstor für verfahrensfremde, pragmatisch-ergebnisbezogene Maßstäbe (wie „sachgerecht"). Dann wäre evident, dass sich die Strafjustiz selbst einen irreparablen Schaden zugefügt hat."[118] Der legitime Zweck einer Normierung ist somit nicht allein darin zu sehen, ein neues Instrumentarium zu schaffen, sondern vielmehr auch darin, die bereits bestehende Praxis in ein rechtsstaatliches Gewand zu kleiden. Dies dient vor allem der Wahrung der Gewaltenteilung. Nicht der Richter beziehungsweise die Strafverfolgungsorgane sollen Recht setzen, sondern die Legislative.

Auch mit Blick auf das angestrebte Ziel, Kooperationsanreize zu setzen, ist eine ausdrückliche Regelung erforderlich, da auf diesem Wege dem richterlichen Ermessen regelmäßig größere Spielräume im Bereich der Honorierung eingeräumt werden können. Ohne eine eigene gesetzliche Grundlage stößt das richterliche Ermessen aufgrund der gesetzlich festge-

---

[113] Weigend in: Jescheck-FS, 1333, 1349.

[114] Fezer, NStZ 2010, 177, 185; Kölbel, MschrKrim 91 (2008) 22, 26; Stern, StraFo 2002, 185.

[115] Vgl. BR-Drs., 896/02, S. 6.

[116] Stern, StraFo 2002, 185.

[117] Jeßberger, Stellungnahme vor dem Rechtsausschuss vom 07.11.2001, 22, 24; vgl. auch Fezer, NStZ 2010, 177, 185.

[118] Fezer, NStZ 2010, 177, 185.

legten Strafrahmen an seine Grenzen.[119] Auch die Wahrung des Grundsatzes eines fairen Verfahrens erfordert letztlich eine Normierung, da andernfalls derjenige, der sich bereit zeigt zu kooperieren, der möglichen Willkür der Strafverfolgungsbehörden ausgesetzt ist, was sicherlich auch eine begrenzte Kooperationsbereitschaft bedingt.[120]

D. Geeignetheit

Nachdem der Zweck der mit einer Kronzeugenregelung und ihrer Normierung erreicht werden soll feststeht, stellt sich die Frage, ob sich eine solche Regelung überhaupt eignet, um zu einer wesentlichen Verbesserung der Strafverfolgung im Bereich der organisierten Kriminalität, dem Wirtschaftsstrafrecht und der terroristisch motivierten Straftaten beizutragen. Ein Mittel ist nach den Grundsätzen einer Verhältnismäßigkeitsprüfung dann als geeignet anzusehen, wenn der angestrebte Zweck zumindest gefördert wird.[121] Das Problem der Verhältnismäßigkeit im verfassungsrechtlichen Sinne stellt sich im Bereich der Kronzeugenregelung zwar streng genommen nicht, da es sich letztlich aus Sicht des Kronzeugen um eine Begünstigung handelt und gerade nicht um einen Eingriff in seine Grundrechte. Eine scheinbar zu milde Bestrafung ist kein Grundrechtseingriff. Es stellt sich die Frage der Verhältnismäßigkeit jedoch mit Blick auf einen Eingriff in die wesentlichen Maximen des Strafverfahrens. Eine Kronzeugenregelung ist vom Grundsatz her unserem Strafprozess fremd, so dass ihre Normierung jedenfalls in unser bisheriges vom Legalitätsprinzip geleitetes System eingreift. Ob der damit verbundene Eingriff erfolgen kann, lässt sich vor diesem Hintergrund daher entsprechend der Grundsätze einer Verhältnismäßigkeitsprüfung überprüfen. Auch eine Kronzeugenregelung kann nur dann legitimiert werden, wenn sie grundsätzlich zur Zweckerreichung geeignet ist und es keine Verfahrensweise gibt, die weniger stark in den Strafprozess eingreift und dieselbe Steigerung der Effizienz der Strafverfolgung ermöglicht.

I. Festlegung des Betrachtungsmaßstabes

Zunächst ist festzulegen, nach welchem Maßstab die Bewertung der Eignung des Instituts der Kronzeugenregelung erfolgen kann. Dabei ist hervorzuheben, dass es eine unumstößliche Beantwortung der Frage nicht

---

[119]BT-Drs. 16/13094, S. 1, 2; Maier in: MüKo, StGB, § 46 b Rn. 3; Wolters in: SK-StGB § 46 b Rn. 5; Kneba, Die Kronzeugenregelung, S. 50; Peglau, ZRP 2001, 103; Stern, StraFo 2002, 185.

[120]Stern, StraFo 2002, 185.

[121]BVerfGE 30, 316; Grzeszick in: Maunz/Dürig, GG, Artikel 20 Rn. 112; Pieroth/Schlink, Grundrechte, Rn. 293.

geben kann, da der Erfolg der Strafverfolgungsbehörden immer von unzähligen Faktoren abhängig ist und sich nur schwer rekonstruieren lässt, ob bestimmte Erfolge tatsächlich auf der Anwendung einer Kronzeugenregelung beruhen. „Solange empirische Untersuchungen über die Steigerung der Aussagebereitschaft von Straftätern aufgrund der Kronzeugenregelung fehlen und eine soziologische Erhebung über diese Frage aus naheliegenden Gründen nicht durchführbar ist, kann diese [Frage] nicht unter Berufung auf Erkenntnisse über beobachtete menschliche Verhaltensregelmäßigkeiten" beantwortet werden.[122] Sicherlich wird man aber sagen können, dass eine Kronzeugenregelung zumindest einen „hinlänglich vernünftigen Grund" zur Aussage abgibt, wobei vergegenwärtigt werden muss, dass „bekanntlich Menschen nicht immer und ausschließlich durch Vernunftgründe zu ihren Handlungen bewogen zu werden pflegen."[123] Ferner wird zu berücksichtigen sein, dass es das allgemeine Institut der Kronzeugenregelung an sich nicht gibt, vielmehr aber unterschiedlichste Regelungsmodelle zu finden sind, die alle unterschiedliche Vor- und Nachteile bieten. Faktisch kann eine Kronzeugenregelung nur dann als effektiv erachtet werden, wenn der potentielle Kronzeuge aufgrund der in Aussicht gestellten Privilegierung aussagt, weil er diese Handlungsoption nach Abwägung als vorzugswürdig erachtet.[124] Vielfach wird es der potenzielle Kronzeuge jedoch nicht mit seinem Gewissen vereinbaren können, seine Komplizen zu verraten oder aber sich aus irrationalen Gründen zur Aussage zu entschließen, sodass letztlich nicht pauschal von einer Ansprechbarkeit im Sinne einer Kosten- und Nutzenanalyse ausgegangen werden kann.[125] Zudem wäre selbst dann, wenn man davon ausgeht, dass eine Entscheidung zur Aussage rational getroffen wird, zu bedenken, dass die abzuwägenden Faktoren in ihrer Wertigkeit subjektiv vom potentiellen Zeugen bestimmt werden. So kann beispielsweise Überzeugungstätern nicht ohne Weiteres unterstellt werden, dass die „Furcht vor Strafe einen Täter verhaltensbestimmend abschreckt."[126] Ob eine solche Regelung tatsächlich wirksam ist, kann daher nicht abschließend beantwortet werden. Vielmehr geht es in der Diskussion stets um Prognosen, die auf gewisse Indikatoren gestützt werden können.[127]

---

[122] Eichenhofer, RuP 1978, 226, 227.

[123] Eichenhofer, RuP 1978, 226, 227.

[124] Eichenhofer, RuP 1978, 226, 227.

[125] Vgl. Eichenhofer, RuP 1978, 226, 227.

[126] Eichenhofer, RuP 1978, 226, 227.

[127] Hassemer, StV 1986, 550.

II. Bekämpfung der organisierten Kriminalität

Vielfach diskutiert wird die Eignung des Instituts der Kronzeugenregelung zur Bekämpfung und Aufklärung der organisierten Kriminalität.

1. Begriffserläuterung

Aufgrund der Tatsache, dass es nur wenig empirische Untersuchungen in diesem Bereich gibt und es daher kaum möglich ist, jene Phänomene abschließend zu umschreiben, die unter den Begriff gefasst werden sollen, existiert keine allgemein gültige Definition der organisierten Kriminalität.[128] Das organisierte Verbrechen zeichnet sich vor allem dadurch aus, dass eine körperschaftliche Struktur vorliegt, wodurch die Bestandsdauer und die Willensbildung losgelöst von einzelnen Individuen erfolgen.[129] In der Regel treten die Hauptpersonen nicht selbst in Erscheinung, sondern setzen beliebig austauschbare Randpersonen ein.[130] Die Täter machen sich die „Struktur- und Organisationsprinzipien des Wirtschaftens und von Märkten"[131] zunutze. Als typische Deliktsgruppen können hier in erster Linie „Drogendelikte, Zuhälterei, Prostitution und Menschenhandel, Schutzgelderpressung, Einschleusen illegaler Migranten, KFZ-Diebstähle; Schmuggel von Zigaretten; illegaler Waffenhandel, illegales Glücksspiel, illegales Beseitigen von hochgiftigen Abfällen; Subventionsbetrügereien zum Nachteil der Europäischen Union"[132] genannt werden. Hieraus resultieren auf Opferseite massive volkswirtschaftliche Schäden.[133] So belief sich der verursachte volkswirtschaftliche Schaden im Jahr 2012 auf 1,1 Milliarden Euro.[134] Die organisierte Kriminalität lässt sich zusammengefasst als „gewinnmotivierte und gewinnorientierte Kriminalität"[135] umschreiben, insbesondere weil man in diesem Bereich auf Täter trifft, die sich in der Regel aus persönlichem Gewinnstreben heraus dem organisierten Verbrechen zugewandt haben und die Strukturen für sich nutzen, ohne aber einer darüber stehenden Ideologie anzuhängen.[136] Primäres Ziel ist Gewinnmaximierung, wobei

---

[128] Nack in: KK, § 110 a Rn. 3; Mehrens, Die Kronzeugenregelung, S. 48.

[129] Hoyer, JZ 1994, 233, 234.

[130] Nack in: KK, § 110a Rn. 3.

[131] Kanther in: Deutschland, BKA Forschungsreihe, Bd. 43, 39, 41.

[132] Kanther in: Deutschland, BKA Forschungsreihe, Bd. 43, 39, 41; vgl. auch Nack in: KK, § 110 a Rn. 4.

[133] Krey, JR 1998, 1.

[134] Organisierte Kriminalität Bundeslagebild 2012, S. 4.

[135] Kanther in: Deutschland, BKA Forschungsreihe, Bd. 43, 39, 41.

[136] Vgl. Hoyer, JZ 1994, 233, 234.

es regelmäßig nicht auf die Begehung bestimmter Delikte ankommt.[137] „Die Täter verschaffen sich den gewünschten Profit mithin nicht durch die Taten selbst, sondern durch die Vermarktung der illegalen Güter; für die Täter ist also der wirtschaftliche Wert der illegalen Waren entscheidend, nicht etwa die Waren als solche."[138]

2. Die Kronzeugenregelung als probates Mittel zur Relativierung bestehender Unzulänglichkeiten der Strafverfolgung

Trotz des Fehlens einer Ideologie entwickelt sich ein eigenes Milieu jenseits unser Rechtsordnung,[139] das den Zugriff auf den Einzelnen erschwert und die Zahl potentieller unbeteiligter Zeugen massiv reduziert.[140] Zudem ermöglicht der Zugriff auf den Einzelnen nicht zwingend die Aufdeckung und Zerschlagung der bestehenden Strukturen, da jeder Einzelne zwar Teil des organisierten Netzwerkes ist, jedoch als Person innerhalb der Organisation individuell motiviert agiert. Aus der Ichbezogenheit des Einzeltäters resultiert eine erhebliche Gefährdung der Funktionsfähigkeit der Strafverfolgungsorgane durch Bedrohung von Zeugen und Bestechung der Polizeibeamten.[141] Allerdings liegt in diesem Aspekt auch die Vermutung begründet, dass der Einzelne, der auf seinen eigenen Vorteil bedacht ist, schneller bereit ist, aus dieser Motivation heraus für eine lockende Vergünstigung seine Sympathisanten zu verraten. Insbesondere im Bereich der Vermögensdelikte, die sich dadurch auszeichnen, dass der Täter in Bereicherungsabsicht handelt, findet sich eine höhere Ansprechbarkeit für eine Kronzeugenregelung.[142] Diese Vermutung scheint vor allem deswegen begründet, weil der egoistische Einzeltäter eher einen anderen verraten würde, als sich selbst. Ein eigenes Geständnis des Beschuldigten sowie Belastungszeugen finden sich in Strafverfahren der organisierten Kriminalität sehr selten.[143] Zudem „ist zu erwarten, daß [sic] ein Personenkreis, der im wesentlichen Gemeinsamkeiten wie Gewinnstreben oder Machtausdehnung aufweise, anfälliger für das „Herausbrechen" einzelner Mitglieder ist, als wenn die Mitglieder einer Organisation durch ideologische Wurzeln und Grundüberzeugungen aneinander gebunden sind."[144] Gleichwohl wird

---

137 Kanther in: Deutschland, BKA Forschungsreihe, Bd. 43, 39, 41; Mehrens, Die Kronzeugenregelung, S. 50.

138 Mehrens, Die Kronzeugenregelung, S. 51.

139 Kanther in: Deutschland, BKA Forschungsreihe, Bd. 43, 39, 41.

140 Mühlhoff/Pfeiffer, ZRP 2000, 121, 122.

141 Vgl. Nack in: KK, § 110 a Rn. 3; Krey, JR 1998, 1, 2.

142 Hoyer, JZ 1994, 233, 235.

143 Krey, JR 1998, 1, 2.

144 Breucker, Die Bewährung der Kronzeugenregelung in der gerichtlichen Praxis, S. 183.

ein Kronzeugeninstitut trotz der grundsätzlich anzunehmenden Ansprechbarkeit des Einzeltäters im Bereich der organisierten Kriminalität dort an seine Grenzen stoßen, wo der eigene Entscheidungsspielraum des Einzelnen von Repressalien der Gruppe determiniert ist. Dies liegt überwiegend darin begründet, dass die Angst gegenüber der Aussagebereitschaft überwiegt. Demgemäß müssen in diesem Bereich Instrumente gefunden werden, um die Aussagebereitschaft der Belastungszeugen zu steigern und die Angst vor Vergeltungsschlägen herabzusetzen. Dies gilt umso mehr, als dass sich innerhalb der organisierten Kriminalität vielfach Großverfahren mit Auslandsbezügen finden, hinsichtlich derer sich eine umfassende Aufklärung mit bisherigen Mitteln als schwierig gestaltet.[145] „Die Verbrechensbekämpfung im Bereich der organisierten Kriminalität kann in hohem Maße davon abhängen, in welchem Umfang und mit welcher Akzeptanz die Wahrnehmung von Zeugen, deren unmittelbare Vernehmung in der Hauptverhandlung mit hohen Risiken für sie selbst [...] verbunden ist, dem Strafgericht in verwertbarer Weise zugänglich gemacht werden kann."[146] Zudem erweist es sich bei der Zeugengewinnung als problematisch, dass häufig lediglich die Randfiguren des Geschehens, die in die Fänge der Ermittler geraten, die selbst nicht über das erforderliche Insiderwissen in Bezug auf die Aufgaben und die Zusammensetzung der Organisation verfügen.[147] Daher ist der Ermittlungsfortschritt, der durch die erlangten Aussagen erzielt werden kann, im Ergebnis doch eher als gering einzustufen. Zudem ist zu berücksichtigen, dass aufgrund der auf persönliche Vorteile ausgerichteten Täterstruktur zwar eine erhöhte Ansprechbarkeit für eine Kronzeugenregelung gegeben ist, aber gerade diese Motivationslage Zweifel am Wahrheitsgehalt der Aussage aufkommen lässt.[148] Schließlich ist zu befürchten, dass sich die Aussage mehr am eigenen Vorteil als an der Wahrheit orientiert.[149] „Zusammengefaßt [sic] ergibt sich, daß [sic] die Verhinderung und Verfolgung organisiert begangener Straftaten nicht das einzige Ziel ist, dem die Einführung besonderer Ermittlungsmaßnahmen dienen soll und kann. Man kann es auch etwas zugespitzt umgekehrt formulieren: Die Bekämpfung organisiert begangener Straftaten dient dazu, besondere Ermittlungsmaßnahmen einzuführen, die zwar auch der Bekämpfung organisiert begangener Straftaten dienen können, die jedoch in wesentlich weiterem Umfang der Bekämpfung auch sonstiger Schwerkriminalität dienen sollen."[150] Gleichwohl scheint sich das Institut des Kronzeugen im Bereich der organisierten Kriminalität zumindest dann als pro-

[145]BR-Drs. 896/02, S. 6.

[146]Diemer in: Nehm-FS, 257.

[147]Kanther in: Deutschland, BKA Forschungsreihe, Bd. 43, 39, 41.

[148]Breucker, Die Bewährung der Kronzeugenregelung in der gerichtlichen Praxis, S. 184.

[149]Breucker, Die Bewährung der Kronzeugenregelung in der gerichtlichen Praxis, S. 184.

[150]Gropp/Schubert/Wörner in: Rechtliche Initiativen gegen organisierte Kriminalität, 69, 88.

bates Mittel zur Gewinnung von Belastungszeugen zu erweisen, wenn es um die Aufklärung von egoistisch motivierten Taten geht und die Zeugen hinreichend geschützt werden.[151]

III. Terrorismusbekämpfung

1. Begriffserläuterung

Zur Betrachtung der Eignung des Kronzeugeninstituts zur Bekämpfung von Terrorismus muss zunächst kurz geklärt werden, was unter den Begriff überhaupt zu fassen ist. Der Begriff selbst ist äußerst vielfältig, da sich immer wieder neue Erscheinungsformen herausbilden und sich der Begriff selbst nicht umfassend definieren lässt.[152] Dies resultiert daraus, dass „Terrorismus – auch wenn der Begriff über Jahrtausende hinweg bestehen mag – [...] doch immer ein Kind seiner Zeit [ist]."[153] So stellt der Terror unserer Zeit beispielsweise aus Sicht militanter Organisationen in der arabischen und islamischen Welt die wirkungsvollste Kampfform in der Auseinandersetzung mit der westlichen Welt dar und ist heute zu einer tödlichen Bedrohung im Irak, in Afghanistan, im Nahen Osten, in Teilen Afrikas und in Südostasien avanciert.[154] Der Umfang dieser Kampfform lässt sich in keiner Weise fassen, da sowohl die Mittel als auch die Tätergruppen mannigfaltig sind.[155] Während traditionelle Gruppierungen streng hierarchisch gegliedert waren, zeichnet sich der moderne Terrorismus vielfach durch eine dezentrale Struktur ohne fassbare Führungsspitzen aus.[156] So stellte *Schäuble* als damaliger Innenminister fest, dass sich terroristische Gruppierungen vielfach erst spontan zusammenfänden und alle potentiellen Täter nicht mal im Ansatz bekannt seien.[157] Zudem zeichnet sich der Terrorismus in seiner Reinform durch seine Ortlosigkeit aus.[158] Während traditionelle Terroristen noch überwiegend einem umgrenzten überschaubaren Personenkreis entstammten und ihre Aktivität zumeist auf ein einzelnes Gebiet fokussiert war, finden sich beispielsweise für den islamistischen Terrorismus

---

[151]Vgl. Krey, JR 1998, 1, 2.

[152]Hetzer, IRP - Rechtspolitisches Forum Nr. 38, 4, 11; 17; Stock in: Internationales Handbuch der Kriminologie II, S. 339; Von Bubnoff, NJW 2002, 2672.

[153]Zöller, Terrorismusstrafrecht, S. 209; vgl. auch Stock in: Internationales Handbuch der Kriminologie II, S.339.

[154]Hetzer, IRP - Rechtspolitisches Forum Nr. 38, 4, 11 f.

[155] Von Bubnoff, NJW 2002, 2672; 2672.

[156]Zöller, Terrorismusstrafrecht, S. 92.

[157]Schäuble in: Spiegel Nr. 28 vom 09.07.2007, 31, 31; vgl. Thamm, Das Netzwerk des Terrors, S. 116 f.

[158]Diebitz, ARSP 91 (2005), 558, 559.

weltweit Anhänger, die an jedem Ort der Welt agieren.[159] Gleichwohl knüpft die Methodik des neuen Terrorismus erkennbar „an die klassische Tradition des Terrorismus an: mit besonders spektakulären Mitteln werden wenig spektakuläre Ziele verfolgt."[160] Hierin wird eine gemeinsame Linie gesehen, da es sich jedenfalls um eine besondere Form der Gewaltanwendung mit im weitesten Sinne politischer Zielsetzung handelt.[161] Die genauen Hintergründe, Absichten und Situationen, aus denen heraus terroristische Handlungen resultieren, sind hingegen vielfältig und daher kaum fassbar.[162] So zeichnet sich der islamistische Terrorismus als Inbegriff des modernen Terrorismus gerade durch ein hohes Maß an Wandlungs- und Anpassungsfähigkeit und damit einhergehend durch seine Unberechenbarkeit aus, er hält mit der Globalisierung Schritt und macht sich moderne Technologien zu Nutze.[163] Während traditionelle Gruppierungen ihre Opfer mit Bedacht ausgewählt haben, spielt die Opferauswahl in modernen Formen des Terrorismus keine Rolle mehr.[164] Zumeist trägt der Terrorismus seinen Telos in sich selbst und ist einzig darauf ausgerichtet Schrecken zu verbreiten, sodass die Motive allenfalls „nachträgliche Bemäntelungen" darstellen, die letztlich „als oberflächliche Kaschierungen der Freude am Schrecken" anzusehen sind. [165]

Die Versuche, den Terrorismusbegriff zu umschreiben, zeigen, dass es keinen wissenschaftlich fassbaren Begriff gibt. Einen wissenschaftlichen Terrorismusbegriff kann es jedoch auch nur geben, „wenn klar ist, welche Ökonomien und Strategien der Gewalt damit bezeichnet werden und worin die Unterschiede zu anderen politisch-militärischen Strategien liegen.[166] So unterscheidet sich der Terrorismus beispielsweise von einem bloßen Attentat durch die willkürliche Opferauswahl. Während das Attentat gezielt gegen einen zumeist Prominenten gerichtet ist, zielt die terroristische Tat „auf alle und jeden, auf die ganze Gesellschaft" ab. „[D]as Attentat ist [...] deshalb nur Mittel zum Zweck."[167] Während der Amok zunächst darauf gerichtet ist, einen bestimmten Bereich aus der näheren privaten Umgebung des Täters zu zerstören, zielt der Terrorismus durch die von vornherein willkürliche Opferauswahl einzig darauf, den öffentlichen Raum zu

---

[159]Vgl. Fröba, Die Reichweite des § 129a StGB, S. 24 f.; Zöller, Terrorismusstrafrecht, S. 93.

[160]Hetzer, IRP - Rechtspolitisches Forum Nr. 38, 4, 16.

[161]Hetzer, IRP - Rechtspolitisches Forum Nr. 38, 4, 17.

[162]Hetzer, IRP - Rechtspolitisches Forum Nr. 38, 4, 17.

[163]Münkler in: Weidenfeld, Herausforderung Terrorismus – Die Zukunft der Sicherheit, S.42.

[164]Zöller, Terrorismusstrafrecht, S. 95.

[165]Diebitz, ARSP 91 (2005), 558, 560.

[166]Hetzer, IRP - Rechtspolitisches Forum Nr. 38, 4, 19; vgl. Pfahl-Traughber, Kriminalistik 2003, 202, 204.

[167]Diebitz, ARSP 91 (2005), 558, 560.

zerstören.[168] Doch auch die Abgrenzung lässt weitestgehend im Unklaren, was letztlich Terrorismus ist, so wird lediglich deutlich, dass der Begriff jedenfalls kein Synonym für jede Art der politischen Gewaltanwendung ist.[169] Bisher konnte daher keine brauchbare wissenschaftliche Definition herausgebildet werden.[170] Als Arbeitsdefinition kann folgende Definition dienen: „Terrorismus [ist] ein interpretationsbedürftiger Sammelbegriff für eine Vielzahl unterschiedlicher menschenverachtender Verbrechen, die mit höchster krimineller Energie verübt werden."[171] Zum Teil will man als Terrorismus nur diejenigen Taten ansehen, die auf die Verbreitung von Panik, Angst und Schrecken gerichtet sind und darüber hinaus jedweder Zielsetzung entbehren.[172] Diese Einschränkung erscheint jedoch deswegen verfehlt, weil sich terroristisch motivierte Taten gerade dadurch auszeichnen, dass sie aus Sicht des Täters einer höheren Zielsetzung dienen. Wesentliches Merkmal einer terroristischen Handlung ist letztlich die absolute Willkür, „wenn nicht jeder ein mögliches Opfer wäre, würde der terroristische Effekt verpuffen."[173] In Deutschland nimmt man an, dass derzeit die unmittelbarste Gefahr für die Sicherheit Deutschlands von internationalen, planvoll handelnden, in länderübergreifenden Netzwerken verbundenen Terroristen ausgeht, die durch Angriffe auf zivile Ziele mit Symbolcharakter, die eine hohe Anzahl von Toten und Verletzten fordern und dadurch auf die größtmögliche mediale Wirkung und Einschüchterung der Menschen und des staatlichen Gemeinwesens abzielen, ausgeht.[174] „Terror muß [sic] sich in der Öffentlichkeit vollziehen und prominente Opfer passen deshalb gelegentlich in eine terroristische Strategie, weil sein demonstrativer Charakter den terroristischen Effekt wesentlich stützt."[175] Der moderne Terrorismus lebt von seiner medialen Verbreitung, die im Idealfall durch Gleichzeitigkeit der Bildberichterstattung potenziert wird.[176]

2. Unzulänglichkeit der derzeitigen Strafverfolgung

Aus den bisherigen Entwicklungen kann geschlossen werden, dass sich die Probleme, die aus dem militanten Terrorismus resultieren, sicherlich nicht

---

168 Diebitz, ARSP 91 (2005), 558, 561.

169 Pfahl-Traughber, Kriminalistik 2003, 202, 204.

170 Vgl. zu der Problematik umfassend Zöller, Terrorismusstrafrecht, S. 99 ff.

171 Hetzer, IRP - Rechtspolitisches Forum Nr. 38, 4, 59.

172 Diebitz, ARSP 91 (2005), 558, 560.

173 Diebitz, ARSP 91 (2005), 558, 562.

174 Hetzer; IRP-Rechtspolitisches Forum Nr. 38, 4, 52; Von Bubnoff, NJW 2002, 2672.

175 Diebitz, ARSP 91 (2005), 558, 560.

176 Diebitz, ARSP 91 (2005), 558, 569; vgl. auch Fröba, Die Reichweite des § 129a StGB, S. 58f; Von Bubnoff, NJW 2002, 2672.

mit militärischen Mitteln lösen lassen.[177] Ebenso kristallisiert sich heraus, dass sich der internationale Terrorismus nicht umfassend „mit den klassischen Mitteln der Polizei" bekämpfen lässt.[178] Vielmehr „[zeigt] sich, dass polizeiliche und militärische Mittel nur an Symptomen kurieren."[179] Letztlich darf jedoch das Postulat der Terrorismusbekämpfung nicht dazu führen, dass man die Ahndung der einzelnen Straftat als ureigenes Ziel der Strafverfolgung aus dem Blick verliert. Sicherlich ist ein terroristischer Anschlag kein einfach gelagerter Fall, da die einzelnen Taten vielfach in ihrem Ausmaß an Militäranschläge erinnern.[180] Das Ausmaß und die dahinterstehende Ideologie führen nicht dazu, dass die Tat selbst ihren Charakter als Straftat verliert. Die Methoden der Strafverfolgung eignen sich per se nicht zur Bekämpfung des Terrorismus, sondern dienen in diesem Zusammenhang einzig der Ahndung einzelner terroristisch motivierter Taten. Die These *Hetzers*, dass „die Vielzahl der durch Terroristen vernichteten Menschenleben, der hohe Sachschaden und die sozialpsychologischen, politischen und wirtschaftlichen Folgen besonders zerstörerischer Anschläge [...] rechtsstaatlich verfasste Staaten an die Grenzen ihrer justizförmigen Leistungsfähigkeit geführt" habe[181], vermag daher nicht zu überzeugen. Das Phänomen Terrorismus wird sich nicht mit den einfachen Methoden der Strafverfolgung bekämpfen lassen. Vor dem Hintergrund seiner langen Tradition wird es terroristisch motivierte Taten immer geben. Gleichwohl können einzelne terroristisch motivierte Taten grundsätzlich mit bewährten Strafverfolgungsmethoden verfolgt werden. Ziel der Strafverfolgung ist es nicht ganze Kriminalitätsfelder zu eliminieren. Auch im Bereich des Terrorismus kann daher nur gefordert werden, die einzelnen terroristisch motivierten Straftaten mit den verfügbaren Strafverfolgungsmethoden zu verfolgen. Aufgrund der Vielzahl und des Ausmaßes der einzelnen Taten erscheint es jedoch unabdingbar, die Methoden der wirksamen Strafverfolgung der aktuellen Sicherheits- und Bedrohungslage anzupassen. Der nahezu übertriebene Aktionismus des Gesetzgebers im Bereich des materiellen Terrorismusstrafrechts konnte dem Terrorismus bislang nicht wirksam begegnen. „Solange der Gesetzgeber nicht klar zu der Frage Stellung bezieht, was er unter »Terrorismus« versteht, kann er zwangsläufig keine stringenten Konzepte zum strafrechtlichen Umgang mit diesem Phänomen entwickeln."[182] Eine griffige Definition des Terrorismus wird sich jedoch nicht finden lassen, so dass Bemühungen im Bereich des materiellen Strafrechts nicht zielführend sind, zumal die bestehenden Straftatbestände eine

---

[177]Hetzer, IRP - Rechtspolitisches Forum Nr. 38, 4, 11.

[178]Schäuble in: Spiegel Nr. 28 vom 09.07. 2007, 31, 32.

[179]Hetzer, IRP - Rechtspolitisches Forum Nr. 38, 4, 12.

[180]Hetzer, IRP - Rechtspolitisches Forum Nr. 38, 4, 14.

[181]Hetzer, IRP - Rechtspolitisches Forum Nr. 38, 4, 59.

[182]Zöller, StV 2012, 364, 373; vgl. auch von Bubnoff, NJW 2002, 2672.

Vielzahl der terroristischen Taten erfassen. Vielmehr ist es angezeigt, die Methoden der Strafverfolgung insbesondere die Beweisgewinnung zu verbessern.

3. Die Kronzeugenregelung als probates Mittel ?

Insoweit gilt es terroristisch motivierte Straftaten mit adäquaten Mitteln zu verfolgen, die derart gewählt werden sollten, dass wir „nicht die Arbeit der Terroristen [...] tun und unsere freiheitliche Gesellschaft und ihre Werteordnung selber [...] beseitigen."[183] Der Kampf gegen den Terrorismus setzt umfassende Kenntnis der Strukturen und Entscheidungsabläufe innerhalb der nach außen abgeschotteten Gruppierungen voraus, sodass Wege gefunden werden müssen, eben diese Kenntnis zu erlangen.[184] „Hier kommt der Nutzung von Insiderwissen und der Schaffung von rechtsfolgen- bzw. strafbezogenen Offenbarungsanreizen Bedeutung zu, die dem Aufklärungshelfer für Präventionsbeiträge und Ermittlungshilfe in Aussicht gestellt werden."[185] Dieser Ansatz bedeutet eine Abkehr von der klassischen Anti-Terror-Abschreckungsstrategie hin zu einer Anti-Terrorstrategie, die darauf ausgerichtet ist, den Terroristen die Abwendung von der terroristischen Vereinigung beispielsweise „durch „Exit-Options" wie zum Beispiel eine Kronzeugenregelung" attraktiver zu gestalten.[186] Eine derartige Anti-Terrorstrategie setzt jedoch die Bereitschaft des Täters zur Kooperation gegen Strafnachlass voraus, die vielfach nicht gegeben ist. Schließlich „hat es die Aussicht auf schnöden Strafnachlaß [sic] bei Terroristen ohnehin schwer, gegen die „Strahlkraft" politischer Ideale anzukommen, gilt es doch dabei, zwischen der Rolle des Märtyrers und der das Verräters zu wählen."[187] Daher ist vielmehr zu befürchten, dass sich entsprechende Gruppierungen in Kenntnis des Kooperationswillens der Strafverfolgungsbehörden enger zusammenschließen und sich weiter abschotten.[188] Hinzu kommt, dass Terroristen eine Ideologie verfolgen, die im Wesentlichen die Ablehnung sowohl des Staates und seiner Strukturen als auch der herrschenden Moral beinhaltet,[189] und gerade keinen persönlichen Vorteil erstreben, sodass diejenigen Aspekte, die im Bereich der Vermögensdelikte für die Ansprechbarkeit der Täter für eine Kronzeugenregelung gesprochen haben, im Bereich des Terrorismus nicht durchgreifen. Zudem scheinen

---

[183] Zypries in: Die Zeit Nr. 29 vom 12.07.2007, S. 4 ff.

[184] Vgl. Breidling, Stellungnahme vor dem Rechtsausschuss vom 07.11.2001, 1, 5 f.; Von Bubnoff, NJW 2002, 2672.

[185] Von Bubnoff, NJW 2002, 2672.

[186] Entorf, Islamistischer Terrorismus, S. 13.

[187] Hoyer, JZ 1994, 233, 234; vgl. auch Hassemer StV 1986, 550, 551; Stern StraFo 2002, 185, 188.

[188] Hassemer, StV 1986, 550, 551.

[189] Diebitz, ARSP 91 (2005), 558, 565.

„Terroristen ihre Kraft und Entschlossenheit aus auch wahnhaft verdichteten Ideen [zu] beziehen, die gegen physische Gewalt resistent sind und eine normalpsychologische Konditionierung (Angst vor Entdeckung und Strafe, Kosten-Nutzen-Analysen, etc.) ausschließen."[190] Vielfach handelt es sich auch um Menschen, die mit sich selbst und der Welt abgeschlossen haben, deren Bereitschaft zu terroristischen Taten Ausdruck jener Verzweiflung ist, weswegen gerade diese Täter nicht mehr erreichbare, in sich verschlossene Menschen darstellen.[191]

Vor diesem Hintergrund lässt sich die grundsätzliche Eignung einer Kronzeugenregelung zur Verfolgung terroristisch motivierter Straftaten schwer beurteilen. Auch die Auswertung bisheriger praktischer Erfahrung gibt keinen Aufschluss. Es lässt sich nicht einmal verlässlich feststellen, ob die Ermittlungserfolge im Bereich des Terrorismus in seiner traditionellen Ausprägung nicht viel mehr auf der Verbesserung der Ermittlungsmethoden beruhten als darauf, dass sich vermehrt Kronzeugen zur Aussage bereitfanden.[192] In gleicher Weise lässt sich hinterfragen, ob diejenigen, die letztlich aussagten, durch die in Aussicht gestellten Vergünstigungen motiviert waren, oder ob nicht vielmehr andere Umstände, wie beispielsweise die Änderungen der eigenen Ziele und des Lebenswandels maßgeblich waren.[193] Zusammenfassend lässt sich eine tatsächliche Steigerung der Effizienz empirisch weder be- noch widerlegen.[194] Daher kann aus der Praxis der alten Kronzeugenregelung im Kampf gegen den traditionellen Terrorismus, unabhängig von der fehlenden Vergleichbarkeit der unterschiedlichen Terrorformen, schon mangels verlässlicher Daten nicht auf die Effizienz einer Kronzeugenregelung im Bereich des Terrorismus geschlossen werden. Gleichwohl scheinen die Erfahrungen in Bezug auf die alte Kronzeugenregelung zumindest das Kernargument der generellen Unglaubwürdigkeit des Terroristen als Überzeugungstäter in seiner Funktion als Kronzeuge zu entkräften, da die tatsächlich erfolgte Aussage überwiegend als glaubhaft angesehen wurde.[195] Daraus kann geschlossen werden, dass zumindest dann, wenn sich jemand zur Aussage bereitfindet, die Kronzeugenaussage ein verlässliches Beweismittel darstellt. Allerdings bleibt die Ansprechbarkeit der Überzeugungstäter fraglich, wenngleich die egoistisch motivierte Kooperation das Bekenntnis zum Rechtsstaat und zu rechtmäßigen Verhalten gerade nicht abverlangt.

---

[190]Hetzer, IRP -Rechtspolitisches Forum Nr. 38, 4, 59.

[191]Diebitz, ARSP 91 (2005), 558, 571.

[192]Hoyer, JZ 1994, 233, 234.

[193]Hoyer, JZ 1994, 233, 234.

[194]Jeßberger, Stellungnahme vor dem Rechtsausschuss des Bundestages vom 07.11.2001, 22, 23.

[195]Breucker, Die Bewährung der Kronzeugenregelung in der gerichtlichen Praxis, S. 182.

Letztlich kann die Frage, ob sich das Institut des Kronzeugen zur Bekämpfung des internationalen Terrorismus eignet, nicht abschließend beantwortet werden. Dies gilt insbesondere mit Blick darauf, dass es ohnehin zweifelhaft ist, ob es überhaupt möglich ist dem Terrorismus mit den Mitteln der Strafverfolgung wirksam zu begegnen.[196] Festzuhalten bleibt jedoch, dass es durchaus Fälle gab, in denen die Ursächlichkeit des Kronzeugeninstituts zur partiellen Eindämmung des Terrorismus denkbar war, sodass das Institut zumindest potentiell geeignet zu sein scheint.[197] Dies gilt insbesondere, weil das Eindringen in die Terrorismusszene mit den vorhandenen Ermittlungsmethoden schier unmöglich ist und sich entsprechende Erkenntnisse nur über Aussagen von Insidern gewinnen lassen.[198] Die Kronzeugenregelung ist daher sicherlich nicht als Allheilmittel zu begreifen, erweitert jedoch als „Kompromiss zwischen abstrakten Grundsätzen und praktischen Notwendigkeiten der Strafverfolgung" das rechtsstaatliche Instrumentarium zur Gewährleistung einer effektiven Strafverfolgung.[199] Schließlich kann „bereits die Aufdeckung einzelner Strukturen im organisierten kriminellen und terroristischen Bereich einen wichtigen Erfolg darstellen."[200] Dem steht auch nicht entgegen, dass der Terrorismus scheinbar ein politisches Problem darstellt, dem allein auf politischem Terrain begegnet werden kann,[201] da politische Motive vielfach nur vordergründig vorhanden und bestimmte Täterkreise politisch nicht ansprechbar sind. Demnach ist die politische Auseinandersetzung mitnichten die effektivste.[202] Es kann nicht von der Regierung erwartet werden, dem Druck durch terroristische Gruppen nachzugeben, um die Sicherheit zu gewährleisten. Vielmehr müssen alle drei Staatsgewalten zusammenwirken und ein Fundament für die Gewährleistung von Sicherheit schaffen.[203] Sofern ein austariertes Verhältnis zwischen den drei Staatsgewalten besteht, ist die Annahme abwegig,[204] dass durch den Erlass von Gesetzen der politische Handlungsspielraum derart beschnitten würde, dass es nahezu ausgeschlossen ist, dem Terrorismus wirksam zu begegnen. Solange „Terroristen als Straftäter im Sinne des Strafgesetzbuches eingestuft werden können, bleiben Justiz und Strafverfolgungsbehörden zuständig",[205] sodass es dies-

[196]Vgl. Von Bubnoff, NJW 2002, 2672; Kühl, NJW 1987, 737.

[197]Vgl. Lackner/Kühl, StGB, § 46 b Rn. 1.

[198]Von Bubnoff, NJW 2002, 2672; 2674.

[199]Zypries, RuP 2006, 5, 5.

[200]Mühlhoff/Pfeiffer, ZRP 2000, 121, 123.

[201]So etwa Bocker, Der Kronzeuge, S. 82.

[202]A. A. Bocker, Der Kronzeuge, S. 82.

[203]Vgl. Kühl, NJW 1987, 737.

[204]Bocker, Der Kronzeuge, S. 82.

[205]Zöller, Terrorismusstrafrecht, S. 107.

bezüglich auch dem Gesetzgeber obliegt, den Strafverfolgungsbehörden geeignete Instrumentarien bereit zu stellen. Erst dann, wenn sich der Terrorismus ausschließlich als politisches Phänomen darstellt, erfordert dessen Bekämpfung ausschließlich politische Auseinandersetzungen. Betrachtet man jedoch „sämtliche Handlungsweisen, die gemeinhin im Rahmen des Phänomens Terrorismus diskutiert werden“, so ist ihnen gemeinsam, dass es sich letztlich immer um Straftaten, also Verstöße gegen nationale und internationale Strafrechtsordnungen handelt.[206] „Es gilt, sich auf das Wesensmerkmal der Straftat im Sinne nationaler und internationaler Kriterien zu besinnen und terroristische Akte als solche zu verfolgen.“[207] Dann erscheint es legitim, weitere Instrumentarien zur Strafverfolgung zu etablieren, die eben auch zur Aufklärung solcher Taten dienen, die in ihrer Gesamtschau als Terrorismus bezeichnet werden können. Aufgrund dessen, dass sich der Begriff des Terrorismus nicht fassen lässt, sollte eine Kronzeugenregelung jedoch davon absehen, den Begriff als solchen zu gebrauchen. „Schließlich besteht der Kernbereich dessen, was in einer Gesellschaft zu einer gewissen Zeit als Terrorismus zu verstehen ist - unabhängig von einer präzisen Begriffsbestimmung – aus der Zusammenfassung einzelner Verhaltensweisen zu einer übergeordneten Sinneinheit durch einen verbindenden (meist politisch oder religiös bestimmten) ideologischen Zweck.“[208] Bei der Verfolgung jener Taten „ist eine „harte“ Linie klassischer Abschreckung nur ein Weg unter vielen, zumal eine eventuell mit einer solchen Politik einhergehende Beeinträchtigung der Werte westlicher Demokratien (wie z.B. Einschränkung von Freiheitsrechten) sogar eine erfolgreiche Realisierung der Ziele des Terrorismus bedeutet. Es gilt daher auch alternative Maßnahmen zu beachten.“[209]

IV. Bekämpfung der Wirtschaftskriminalität

1. Skizzierung der Wirtschaftskriminalität und deren Bekämpfung

Obwohl einzelne Erscheinungsformen der Wirtschaftskriminalität in Europa seit über zweittausend Jahren bekannt sind und die Versuche, dieser mit Mitteln des Strafrechts Herr zu werden, auf eine ebenso lange Tradition zurückblicken, sind eine unzureichende Prävention, lückenhafte strafrechtliche Verfolgung und eine wenig effektive Ahndung zu beklagen.[210] Aktuelle Entwicklungen im Bereich der Wirtschaftskriminalität zeigen, dass die

[206] Zöller, Terrorismusstrafrecht, S. 130.

[207] Zöller, Terrorismusstrafrecht, S. 130.

[208] Zöller, Terrorismusstrafrecht, S. 133.

[209] Entorf, Islamistischer Terrorismus, S. 19.

[210] Heinz, in: Gropp, Wirtschaftskriminalität und Wirtschaftsstrafrecht, 13, 15.

Wirksamkeit des Wirtschaftsstrafrechts eher als gering einzuschätzen ist.[211] Vielfach wird sogar in Frage gestellt, ob sich dieser Zustand „durch neue Vorschriften, schärfere Strafen oder konsequentere Kontrollen merklich verändert."[212] Dies gilt vor allem deswegen, weil sich das Wirtschaftsstrafrecht häufig „als sperrig erweist - sei es wegen komplex konstruierter Normen, der Notwendigkeit spezialisierten Wirtschaftswissens oder wegen seiner verfahrenstechnischen Komplikationen (Beschuldigte mit hohem Verteidigungspotenzial, Beweisschwierigkeiten usw.)"[213] Man geht sogar davon aus, dass das Strafrecht im Bereich der Wirtschaftskriminalität nicht nur gefordert, sondern in Teilen sogar überfordert zu sein scheint.[214] Dies liegt ferner darin begründet, dass es den Strafverfolgungsorganen nur schwerlich gelingt „das Geflecht von „Beziehungen" zu durchschauen, Absprachen aufzuklären, Bestechungen auf die Spur zu kommen, schwarze Kassen zu finden."[215] *Hefendehl* umschreibt die Wirtschaftskriminalität sogar als unsichtbaren und vielschichtigen Feind, der nur bei guten Augen und glücklichen Umständen sichtbar werde.[216] Diese Vielschichtigkeit des Wirtschaftsstrafrechts macht es jedoch auch dem Gesetzgeber unmöglich, das strafbare Verhalten tatbestandlich bestimmt zu umschreiben.[217] Vielfach sind Wirtschaftsstraftäter rechtlich gut beraten und legen es beständig drauf an, die noch bestehenden Lücken im Gesetz für sich auszunutzen.[218] Faktisch ist die Wirtschaftskriminalität dem doch eher wenig flexiblen Gesetzgeber immer mindestens einen Schritt voraus. Wirtschaftsstraftäter verlieren sich in ihrer Unauffälligkeit, da sie in der Regel sozial- und wirtschaftlich integriert und akzeptiert sind.[219] Strafnormen und auch deren Anwendung werden innerhalb der Wirtschaft zwar registriert, stellen jedoch keine verbindliche Entscheidungsdeterminante dar, sondern bilden, je nachdem wie die Entdeckungswahrscheinlichkeit und die Sanktionsintensität einzuschätzen sind, wegen der drohenden ökonomischen Folgen eine von vielen Entscheidungsgrößen.[220] „Sicher dürfte sein, dass das Wirtschaftssystem seine spezifischen Gesetze, seinen Eigensinn hat, in den das Strafrechtssystem nicht so einfach intervenieren kann, ohne Kollateralschä-

---

[211]So auch Bock, Criminal Compliance, S. 63 ff.; Kölbel, MschrKrim 91 (2008), 22.

[212]Kölbel, MschrKrim 91 (2008), 22.

[213]Kölbel, MschrKrim 91 (2008), 22, 26.

[214]Hassemer, ZRP 2009, 221; Heinz, in: Gropp, Wirtschaftskriminalität und Wirtschaftsstrafrecht, 13, 29.

[215]Volk, NJW 1996, 879.

[216]Hefendehl, ZStW (119) 2007, 817.

[217]Heinz, in: Gropp, Wirtschaftskriminalität und Wirtschaftsstrafrecht, 13, 29.

[218]Heinz, in: Gropp, Wirtschaftskriminalität und Wirtschaftsstrafrecht, 13, 29.

[219]Vgl. Bock, Criminal Compliance, S. 65.

[220]Hefendehl, ZStW (119) 2007, 817; Heinz, in: Gropp, Wirtschaftskriminalität und Wirtschaftsstrafrecht, 13, 29; Kölbel, MschrKrim 91 (2008), 22, 28.

den anzurichten."[221] Dies ist insbesondere dem Umstand geschuldet, dass im Bereich der Wirtschaft die Grenze zwischen Geschäftstüchtigkeit und Kriminalität verschwimmt.[222] Aus den Unternehmensstrukturen resultiert daher „nicht nur eine delinquenzfördernde, sondern auch eine die Abwehr von Delinquenz sowie schließlich die Aufklärung erschwerende Wirkung."[223] Maßgeblich für die Normeinhaltung durch die Wirtschaftssubjekte ist stets eine Kosten-Nutzenanalyse. Eine strafrechtlich untersagte Transaktion unterbleibt demnach in der Regel nur deshalb, weil die Vorteile aus ökonomischer Sicht als gering einzustufen sind beziehungsweise weil die Deliktsbegehungsnachteile, beispielsweise die strafrechtliche Sanktion oder die zivilrechtliche Haftung, den Nutzen überwiegen.[224] In gleicher Weise wird auch das Anzeigeverhalten innerhalb der abgeschlossenen Wirtschaftsstrukturen rein ökonomisch determiniert, sodass nur dann eine Anzeige erfolgt, wenn die Ermittlung geeignet erscheint, die Schadensbegrenzung zu fördern: eine Anzeige unterbleibt, wenn man den Fall intern regeln kann.[225] Eine umfassende Bereitschaft zur Kooperation wird sich daher regelmäßig nicht finden. Den Strafverfolgungsbehörden stehen im Bereich der Wirtschaftskriminalität „die Waffen des allgemeinen Strafrechts, also vor allem die Rechte auf Ermittlung und Zwangsausübung, die Eingriffe in Freiheit und Eigentum, in Grundrechte des Wohnens oder der informationellen Selbstbestimmung"[226] zur Verfügung. Deren unbedachter Einsatz auf dem unvertrauten Terrain der Prozesse ökonomischer Logik verursacht jedoch Kollateralschäden[227] und ist insoweit nicht zielführend. Es ist stets zu gewärtigen, „dass staatsanwaltliche Ermittlungsmaßnahmen nicht nur den Geschäftsablauf und den Betriebsfrieden in erheblichem Umfang beeinträchtigen, sondern eine negative Öffentlichkeitswirkung entfalten, die so weit reichen kann, dass der Börsenwert eines Unternehmens sinkt. So spricht jedenfalls vieles für eine geräuschlose, interne Aufarbeitung der Vergangenheit gefolgt von einer kontrollierten Abwicklung der aus deren Ergebnissen resultierenden Folgen gemeinsam mit den zuständigen Behörden."[228] Letztlich sollte daher das Ziel der Ermittlungsbehörden sein, die Kooperationsbereitschaft der Unternehmen notfalls zwangsweise zu steigern, um eine umfassende Kontrolle zu erreichen. Daher wurde der Ermittlungsdruck durch die Staatsanwaltschaften massiv unter anderem durch

---

[221]Hassemer, ZRP 2009, 221.

[222]Heinz, in: Gropp, Wirtschaftskriminalität und Wirtschaftsstrafrecht, 13, 29

[223]Hefendehl, ZStW (119) 2007, 817.

[224]Kölbel, MschrKrim 91 (2008), 22, 29.

[225]Köbel, MschrKrim 91 (2008), 22, 29 f.

[226]Hassemer, ZRP 2009, 221.

[227]Vgl. Hassemer, ZRP 2009, 221.

[228]Sahan/Berndt, BB 2010, 647, 651; Vgl. auch Bock, Criminal Compliance, S. 67 f.

den kontinuierlichen Ausbau der Wirtschaftsdezernate erhöht.[229] Für das Unternehmen hat sich dadurch der Faktor der unfreiwilligen Entdeckung erhöht, sodass dies die unternehmerische Entscheidung zu Gunsten normkonformen Verhaltens steigern kann. „Seit dem „Warnschuss" durch den Fall Siemens[230] wird bei Unternehmen ein für korruptionsrelevante Sachverhalte geschärftes Bewusstsein erwartet, sodass die Höhe der in diesem Bereich verhängten Sanktionen zugenommen hat. Gleichwohl ist man sich darüber einig, dass es allein mit den bisherigen Mitteln des Strafrechts nicht gelingen kann, die aufkeimende, moderne und schnelllebige Wirtschaftskriminalität zu kontrollieren, vielmehr muss versucht werden daneben wirksame alternative Kontrollmöglichkeiten zu etablieren.[231] Die bisherige Erfahrung zeigt, dass Staatsanwaltschaften zu erheblichen Zugeständnissen bereit sind, wenn Unternehmen von sich aus, das heißt insbesondere vor der Einleitung eines entsprechenden Ermittlungsverfahrens, helfen, problematische Sachverhalte aufzudecken.[232] Ziel im Bereich der Wirtschaftskriminalität muss sein, jene Bereitschaft der Unternehmen, präventiv strafrechtsrelevantes Verhalten zu unterbinden und vergangene Sachverhalte kooperativ mit den Strafverfolgungsbehörden aufzuarbeiten, zu steigern. Dies kann nur durch Schaffung entsprechender Anreize für die Unternehmen erreicht werden.

2. Compliance als Mittel strafrechtlicher Selbstkontrolle

Die Strafverfolgungsbehörden sind im Bereich der Wirtschaftskriminalität in hohem Maße auf die Mithilfe der Unternehmen angewiesen. Daher erhofft man sich, den Auftrag der Kriminalitätsbekämpfung beziehungsweise der Prävention weitestgehend auf die Unternehmen, die fortan für die Normkonformität ihrer Aktivitäten Sorge tragen sollen, zu übertragen.[233] Tatsächlich bildet sich nunmehr „in Gestalt von *„business ethics"* und *„corporate compliance"* eine strafrechtliche Selbstkontrolle der Wirtschaft heraus."[234] Dabei wird unter dem Begriff der *„corporate compliance"* das „Handeln in Übereinstimmung mit dem geltenden Recht oder [die] Einhaltung von Gesetzen und Regeln, von denen Unternehmen betroffen sind, ver-

---

[229]Heinz in: Gropp, Wirtschaftskriminalität und Wirtschaftsrecht, 13, 31; Sahan/Berndt, BB 2010, 647, 650.

[230]BGHSt 55, 266 ff.

[231]Heinz, in: Gropp, Wirtschaftskriminalität und Wirtschaftsstrafrecht, 13, 30; Ransiek in: Gropp, Wirtschaftskriminalität und Wirtschaftsstrafrecht, 203, 205.

[232]Sahan/Berndt, BB 2010, 647, 650.

[233]Kölbel, MschrKrim 91 (2008), 22 f.; Krause, StraFo 2011, 437, 438; Ransiek in: Gropp, Wirtschaftskriminalität und Wirtschaftsstrafrecht, 203, 205.

[234]Kölbel, MschrKrim 91 (2008), 22.

standen."[235] Dieses Verständnis legt auch der Corporate Governance Kodex nahe, der als *Compliance* die Beachtung externer und unternehmensinterner Vorgaben mit zwingendem Charakter für das Unternehmen fasst.[236] Faktisch handelt es sich letztlich um einen „bislang nur partiell verrechtlichten Bereich von Verhaltensstandards."[237] Dies aber bringt es mit sich, dass sich die Frage danach, was sich hinter dem Begriff *Compliance* genau verbirgt, nicht abschließend beantworten lässt.[238] Sicherlich wird man aber sagen können, dass die *Compliance* letztlich Maßnahmen zur Prävention, zur Aufdeckung begangener Taten, sowie die unternehmensseitigen Reaktionsmöglichkeiten regeln.[239]

Die Bereitschaft zur Etablierung derartiger Verhaltensstandards im Unternehmen ist allerdings eine ökonomische Reaktion auf die bestehende Unzulänglichkeit des Wirtschaftsstrafrechts, da die Unternehmensdelinquenz in ihrem aktuellen Ausmaß ein erhebliches Schadens-, Haftungs- oder Störungsrisiko für das Unternehmen bedeutet.[240] Es handelt sich somit im Kern um unternehmensgesteuerte Regelungen zur Absenkung unternehmensrelevanter Wirtschaftsdelinquenz. Das jeweilige Unternehmen ist jedoch darauf bedacht, dass man „die betrieblichen Abläufe zunehmend auch in Europa explizit an compliance-Programmen aus[richtet] und versucht, durch zusätzliche Unternehmenseinheiten und interne Verfahren (Schulungen, Instruktionen, Umgestaltung und Überwachung von Entscheidungsprozessen, Androhung von Strafanzeigen und arbeitsrechtlichen Sanktionen) bei möglichst vielen Unternehmensaktivitäten eine möglichst hohe Übereinstimmung mit den (straf-) gesetzlichen Regelungen sicherzustellen."[241] Zum Teil werden seitens des Unternehmens auch Verhaltensrichtlinien *(rules of conduct; business ethics)* erlassen, die neben enthaltenen grundlegenden Werten und Moralvorschriften zum Teil konkrete Verhaltensweisen abverlangen und insoweit lediglich Strafvorschriften wiedergeben.[242] Dadurch etabliert sich „eine Form der privaten vorbeugenden Strafnormdurchsetzung."[243] Allerdings führt die wirtschaftliche Betrachtung des Unternehmens aufgrund der zumeist vagen wirtschaftlichen Vorteile, die

---

[235] Kort, NZG 2008, 81; Vgl. auch Koch, WM 2009, 1013; Krause, StraFo 2011, 437, 438; Vogt, NJOZ 2009, 4206.

[236] Kort, NZG 2008, 81, 83.

[237] Kort, NZG 2008, 81, 82.

[238] Krause, StraFo 2011, 437.

[239] Bussmann/Salvenmoser, NStZ 2006, 203, 208 f; Lampert in Hauschka, Corporate Compliance, § 9 Rn. 7 ff.

[240] Kölbel, MschrKrim 91 (2008) 22, 31.

[241] Kölbel, MschrKrim 91 (2008) 22, 31.

[242] Kölbel, MschrKrim 91 (2008) 22, 31.

[243] Ferell/LeClaire/Ferell, Journal of Business Ethics 17 (1998), 353, 356; Hefendehl, ZStW (119) 2007, 817, 838; Kölbel, MschrKrim 91 (2008) 22, 31.

gegebenenfalls lediglich in der besseren Außendarstellung und Reputation des Unternehmens liegen, wohl eher nicht zu einer flächendeckenden konsequenten Instrumentalisierung strafrechtsbezogener Binnenkontrollen.[244]

Dieser Umstand aber bedingt es, dass die Bereitschaft der Unternehmen zur strafrechtlichen Selbstkontrolle mit der Bereitschaft des Staates, diese entsprechend zu honorieren, wächst.[245] Letztlich wird durch die Honorierung entsprechender *Compliance*-Programme das fehlende Bindeglied zwischen der unternehmensinternen und der strafrechtlichen Verfolgung entsprechender Taten geschaffen, sodass sich die Etablierung eines solchen Systems nunmehr auch strafrechtlich spürbar positiv niederschlägt.[246] Entsprechende Überlegungen liegen dem Bonusmodell zugrunde, welches in den USA bereits etabliert ist. Diesem Modell zufolge sollen diejenigen Unternehmen, die zwar durch entsprechende interne Maßnahmen deliktischem Verhalten vorgebeugt haben, bei dennoch vorkommenden Zuwiderhandlungen eine bevorzugte Behandlung genießen, wohingegen diejenigen Unternehmen, die deliktisches Verhalten tolerieren, gesteigerte Strafen zu erwarten haben.[247] Demgemäß können die betroffenen Unternehmen mit einem Strafrabatt rechnen beziehungsweise kann die Staatsanwaltschaft die Anklage aufschieben (*deferred prosecution agreement*) oder von der Anklageerhebung in Gänze absehen (*charge decision*).[248] Eine solche Vergünstigung kann jedoch unter anderem nur dann erwartet werden, wenn die *Compliance* als effektiv eingestuft wird und eine Kooperation mit der Regierung vorgesehen ist.[249] Letztlich werden die Unternehmen faktisch für ihre Kooperation im Bereich der Kriminalitätsprävention belohnt, wodurch eine erhöhte Bereitschaft der Unternehmen zum Erlass entsprechender *Compliance*-Regelungen erzielt werden soll. Der Staat verzichtet daher auf seinen Strafanspruch und belohnt dafür die Bereitschaft des Unternehmens, ein System der strafrechtlichen Selbstkontrolle zu etablieren. Das Unternehmen, das in den USA selbst im Rahmen der Unternehmensstrafe bestraft werden kann, erhält für die Etablierung des Systems eine Vergünstigung. Das dargestellte Bonussystem in den USA kommt auch nur dann zur Anwendung, wenn das interne Kontrollsystem bereits vor der deliktischen Handlung, die dem Verfahren gegen das Unternehmen selbst zugrunde liegt, bestanden hat. Entsprechend sieht auch Section 7 des UK Bribery Act (Antikorruptionsgesetz des Vereinigten Königreichs) vor, dass der Nachweis eines wirksamen Compliance Systems zur Straffreiheit des Unternehmens führt.

---

[244]Kölbel, MschrKrim 91 (2008) 22, 32; Krause, StraFo 2011, 437, 439.

[245]Kölbel, MschrKrim 91 (2008) 22, 32; Krause, StraFo 2011, 437, 445.

[246]Krause, StraFo 2011, 437, 446; Zimmer/Heymann, BB 2010, 1853, 1855.

[247]Ferell/LeClaire/Ferell, Journal of Business Ethics 17 (1998), 353, 356.

[248]Kölbel, MschrKrim 91 (2008) 22, 32.

[249]Ferell/LeClaire/Ferell, Journal of Business Ethics 17 (1998), 353, 358.

Eine Übertragung eines solchen Systems zur Steigerung der Attraktivität von *Compliance* in unser Rechtssystem erweist sich bereits vom Grundkonzept her als schwierig, da unser Rechtssystem die Unternehmensstrafe nicht kennt.[250] Gleichwohl bietet auch unser Rechtssystem Raum zur Berücksichtigung erfolgreicher und wirksamer *Compliance*- Programme. Insbesondere könnte die Vorhaltung entsprechender Programme als Unrecht reduzierender Faktor im Bereich der Unternehmensgeldbuße gemäß § 30 OWiG oder der Individualgeldbuße gemäß § 17 Absatz 3 OWiG berücksichtigt werden.[251] Teilweise wird auch die Berücksichtigung im Bereich des Strafrechts sowie des Strafprozessrechts diskutiert.[252] So sei zu erwägen, die Vorhaltung der Systeme bei der Bemessung des Verfallbetrages über § 73 c Absatz 1 StGB mildernd zu berücksichtigen oder die Errichtung von Compliance-Systemen in die Opportunitätserwägungen im Rahmen der §§ 153 ff. StPO einfließen zu lassen. Eine entsprechende Vergünstigung kann im Strafrecht bzw. im Strafprozessrecht jedoch nicht dem Unternehmen gewährt werden, sondern denjenigen natürlichen Personen, die sich letztlich vor Gericht verantworten müssen. Dies aber erscheint bedenklich, da teilweise diejenigen, die vorsätzlich gegen die internen Regelungen verstoßen haben bzw. wissentlichen einen entsprechenden Verstoß zuließen, allein deshalb einen Strafrabatt erhielten, weil es entsprechende Regelungen im Unternehmen gibt. Die Attraktivität solcher internen Regelungen für das Unternehmen würde durch ein solches Belohnungssystem nicht signifikant gesteigert. Das Unternehmen selbst profitiert davon nicht, da die Tatsache, dass die entsprechenden Entscheidungsträger und Mitarbeiter wissen, dass in dem Unternehmen interne Regelungen bestehen, eher die Bereitschaft zum Verstoß bzw. zu unternehmensinternen Absprachen fördern kann. Es würde allein die Vorhaltung eines scheinbar wirksamen Systems belohnt, ohne dass dieses System tatsächlich zur Vermeidung bzw. Aufdeckung entsprechender Taten im Unternehmen genutzt wird. Mithin müssen andere Methoden gefunden werden, um die Kooperationsbereitschaft der einzelnen Mitarbeiter und auch der Unternehmen mit den Strafverfolgungsbehörden zu steigern.

Die verstärkte Etablierung einer strafrechtlichen Selbstkontrolle in den Unternehmen ist sinnvoll, da so zumindest die Bereitschaft der Beteiligten, strafrechtlich in Erscheinung zu treten, reduziert werden kann. Insoweit ist daher in einem ersten Schritt zu überlegen, wie man zu einer umfassenden Einführung entsprechender Systeme in den Unternehmen gelangen kann, um ein etabliertes System strafrechtlich nutzen zu können. In einem zweiten Schritt wird zu überlegen sein, ob ein derartiges System ausreicht oder

---

[250] Kölbel, MschrKrim 91 (2008), 22, 35.

[251] Dann, CCZ 2010, 30, 34; Krause, StraFo 2011, 437, 445.

[252] Bock, Criminal Compliance, S. 361; Krause, StraFo 2011, 437, 446; Sanden, wistra 1995, 283, 286.

ob nicht weitere kooperative Instrumente zur Steigerung der Effizienz der Kriminalitätsbekämpfung erforderlich sind.

Angedacht wird das sogenannte *Zwangsmodell*, das den Erlass von Rechtsnormen vorsieht, die das Unternehmen verpflichten, ein solches internes System zu installieren und ein entgegengesetztes Verhalten mit Bußgeldern zu sanktionieren.[253] Weiterhin finden sich vielfach Regelungen, die es den Unternehmen zwar frei stellen, ein solches System zu etablieren, ihnen jedoch auferlegen, entsprechend getroffene Maßnahmen bekannt zu geben, sogenanntes *soft-law-Model.*[254] Letzteres bietet dem Unternehmen keinen direkten wirtschaftlichen Vorteil, allerdings könnte das *Compliance*-Engagement zu einer besseren Reputation des Unternehmens beitragen und somit insbesondere einem börsennotierten Unternehmen dienlich sein.[255] In Deutschland ist man dem *soft-law-Modell* gefolgt und hat in § 161 AktG zumindest für die Aktiengesellschaft eine Erklärung zum Corporate Governance Kodex normiert, die den Vorstand und den Aufsichtsrat verpflichtet, sich mit den Empfehlungen der „Regierungskommission Deutscher Corporate Governance Kodex" auseinander zu setzen und öffentlich zu erklären, ob und inwieweit dem Kodex entsprochen wurde. Eine nähere Ausgestaltung dieser Pflichten findet sich beispielsweise in § 25 a Absatz 1 KWG; § 33 WpHG und § 52 a BImSchG. Gesetzlich festgeschrieben ist entsprechend dem *soft-law-Modell* jedoch auch in den Spezialgesetzen keine Sanktionsmöglichkeit. Dem Vorstand und dem Aufsichtsrat droht jedoch ein erhebliches Risiko, persönlich zivilrechtlich in Anspruch genommen zu werden.[256] Zudem können die Verantwortlichen, Vorstand und Aufsichtsrat, wenn kein zureichendes Risikomanagement installiert war, gegebenenfalls nach § 266 StGB strafrechtlich zur Verantwortung gezogen werden, sodass letztlich in gewisser Weise Sanktionsmöglichkeiten bestehen.[257] Eine umfassende Verpflichtung außerhalb der spezialgesetzlichen Regelungen zum Erlass eines *Compliance*-Systems lässt sich jedoch aus den Spezialgesetzen nicht herleiten.[258] Eine weitgehende Verlagerung der Strafverfolgung auf die Unternehmensführung, scheitert daher schon aufgrund fehlender Umsetzung in der Fläche.

Derartige *ethics/compliance*-Programme fördern als rechtsergänzende Strategien die Wirksamkeit des Strafrechts können jedoch auch bei flächendeckender Ausweitung eigene strafrechtliche bzw. strafprozessuale Maß-

[253]Kölbel, MschrKrim 91 (2008) 22, 32.

[254]Kölbel, MschrKrim 91 (2008) 22, 32 f.

[255]Vgl. Kölbel, MschrKrim 91 (2008) 22, 33.

[256]Krause, StraFo 2011, 437, 438; Preussner/Pananis, BKR 2004, 347, 351.

[257]Michalke, StV 2011, 245, 247;Preussner/Pananis, BKR 2004, 347, 348.

[258]Kort, NZG 2008, 81, 84; Krause, StraFo 2011, 437, 438; Vgl. umfassend zum Meinungstand: Bachmann in: Gesellschaftsrecht in der Diskussion, S. 65 ff.

nahmen keineswegs ersetzen.[259] Dies gilt vor allem, weil die Wirtschaft zwar durch derartige Regelungen zu strafrechtsorientierter Selbstbeobachtung und -kontrolle angeregt wird, die Umsetzung aber intern nach eigenen wirtschaftlichen Maßstäben erfolgt, was zwangsläufig zu einer gewissen Diskrepanz zwischen den strafrechtlichen Zielen und dem, was die Selbstkontrolle zu bewirken im Stande ist, führt.[260] Faktisch bestimmt im Rahmen dieser Kontrollmechanismen „das Unternehmensinteresse [...], wie deliktsvorbeugende und aufklärende Interventionen gestaltet und gegenüber wem sie durchsetzungsfähig sind."[261] Dies aber führt zwangsläufig dazu, dass die Ausgestaltung der Regelungen vom jeweiligen Betrieb abhängt und deren Durchsetzung dann, wenn dies ökonomisch betrachtet sinnvoll erscheint, nach Belieben des Unternehmens ausgesetzt wird, zumal „Selbstkontrollsysteme [dazu neigen] geringfügige Regelverletzungen angesichts ihrer unmittelbaren Folgenlosigkeit und betrieblicher Zwänge zu tolerieren und zu normalisieren."[262] Entsprechend ist zu befürchten, dass die Wirtschaftssubjekte im Hinblick auf die Hinzuziehung der Strafverfolgungsbehörden zurückhaltend agieren werden, zumal bestehende Codizes außerstaatliche Deliktsuntersuchungen vorsehen und die betreffenden Mitarbeiter ausdrücklich dazu auffordern, Hinweise ausschließlich an die im Unternehmen vorgesehenen Stellen weiterzuleiten.[263] Dies bedingt, dass die Unternehmensführung weitestgehend von Verantwortlichkeit freigestellt wird und sich infolgedessen das Sanktionsrisiko nach unten auf die „einfachen" Mitarbeiter verlagert.[264] Demgemäß kann die private Selbstkontrolle allein nicht zu einer signifikanten Erhöhung der Aufklärung und Verhinderung der Wirtschaftskriminalität führen. Allerdings sollte die aufgezeigte Entwicklung weiter gefördert werden, da die Ausnutzung des bestehenden Wirtschaftssystems zur Prävention und Aufklärung im Wirtschaftsstrafrecht „eine zusätzliche Ressource, die die gängige polizeiliche Strafnormdurchsetzung ergänzt und nicht substituiert, bildet."[265] Zur Etablierung eines gerechten und effizienten Wirtschaftsstrafrechts bedarf es eines Einblickes in die wirtschaftlichen Abläufe des Unternehmens,[266] sodass die angestrebte Kooperation unabdingbare Voraussetzung für die Effizienz der Strafverfolgung ist. Es sollte daher weiter versucht werden, das bestehende

[259]Vgl. Bock, Crimininal Compliance, S. 26; Kölbel, MschrKrim 91 (2008), 22, 33; Krause, StraFo 2011, 437, 439; Ransiek in: Gropp, Wirtschaftskriminalität und Wirtschaftsstrafrecht, 203, 212.

[260]Vgl. Köbel, MschrKrim 91 (2008) 22, 33; Krause, StraFo 2011, 437, 438.

[261]Kölbel, MschrKrim 91 (2008) 22, 34.

[262]Kölbel, MschrKrim 91 (2008) 22, 34; vgl. auch Krause, StraFo 2011, 437, 438.

[263]Kölbel, MschrKrim 91 (2008) 22, 34.

[264]Kölbel, MschrKrim 91 (2008) 22, 34.

[265]Kölbel, MschrKrim 91 (2008) 22, 35.

[266]Vgl. Hassemer, ZRP 2009, 221.

System der *Compliance* insoweit an die Bedürfnisse der Strafverfolgung anzupassen, als dass ein verbindliches, für alle Unternehmen geltendes „transparentes und faires Musterprogramm," das unter anderem klare Vorgaben für die Strafanzeigeerstattung macht, etabliert würde.[267] Dies aber setzt voraus, dass eine Zuwiderhandlung der Unternehmen, wie es das *Zwangsmodell* vorsieht, auch sanktioniert würde.[268]

Der Appell an die Freiwilligkeit ist in diesem Bereich nicht zielführend, da sich häufig betriebswirtschaftlich betrachtet der Ertrag durch die Einführung der *Compliance* in einem bloßen Imagefaktor des Unternehmens erschöpft.[269] Auch sind Unternehmen vielfach nicht dazu bereit, in Präventions- und Kontrollmaßnahmen zu investieren.[270]

Festzuhalten bleibt also, dass die *Compliance* als Selbstkontrolle der Unternehmen sicherlich einen Beitrag zur Bekämpfung der Wirtschaftskriminalität leistet, aber aufgrund der genannten Defizite gerade nicht dazu in der Lage ist, die staatliche Aufgabe in diesem Bereich zu substituieren. Weiterhin macht diese Entwicklung deutlich, dass die Strafverfolgungsbehörden in diesem undurchsichtigen Bereich auf die Mitwirkung der Unternehmen angewiesen sind. Sicherlich könnte es sinnvoll sein, die Systeme zu vereinheitlichen und den Unternehmen sanktionsbewehrt aufzuzwingen, allerdings stellt dies den Informationsfluss von der Chefetage nach außen nicht hinreichend sicher, da wenige Mitarbeiter strafrechtlich relevantes Verhalten der Vorgesetzten ohne Not zur Anzeige bringen würden. Insbesondere dem seinerseits einer Straftat beschuldigten Mitarbeiter wird wenig daran gelegen sein, „seine Kollegen oder den Vorgesetzen bei den Ermittlungsbehörden anzuzeigen. Vielmehr [ist] der beschuldigte Mitarbeiter bislang im Regelfall daran interessiert, eine Eskalation zu vermeiden."[271] Auch ließe sich eine derartige Verpflichtung nicht so ohne weiteres aufstellen, da bislang vollkommen ungeklärt ist, wie ein wirksames Überwachungs- und Kontrollsystem aussehen könnte.[272] Aufgrund der Vielschichtigkeit der Wirtschaftskriminalität erscheint es eher zweifelhaft, dass es gelingen wird, ein standardisiertes Pflichtenprogramm vorzugeben.[273] Die vollständige Eindämmung und Bekämpfung der Wirtschaftskriminalität durch die Etablierung eines *Compliance- Systems* ist eine Utopie.[274] Selbst ein perfektes System würde nicht zur Verhinderung und Aufdeckung sämtli-

[267]Kölbel, MschrKrim 91 (2008) 22, 35.

[268]Kölbel, MschrKrim 91 (2008) 22, 35.

[269]Krause, StraFo 2011, 437, 439.

[270]Krause, StraFo 2011, 437, 440.

[271]Sahan/Berndt, BB 2010, 647, 650.

[272]Krause, StraFo 2011, 437, 438.

[273]Krause, StraFo 2011, 437, 438 ff..

[274]Vgl. auch Krause, StraFo 2011, 437, 445.

cher Straftaten führen. Es müssen daher auch Anreize für die Unternehmen geschaffen werden, auch im suboptimalen Fall des „Normbruchs trotz Compliance" die Befolgung der bestehenden unternehmensinternen Regularien einzuhalten[275] und bestenfalls mit den Strafverfolgungsbehörden zu kooperieren.

3. Der Kronzeuge als probates Mittel ?

„Die Wirtschaftskriminalität ist sowohl ein Feld für die Kooperation als Täter als auch ein solches für die Kooperation als Opfer."[276] Daher sollte man bestehende Möglichkeiten nutzen, um eine Kooperation der Mitarbeiter der Unternehmen mit den Strafverfolgungsbehörden zu erzielen. Auf diese Weise kann eine Symbiose zwischen Strafverfolgung und Wirtschaft erreicht werden.[277] Die Einbeziehung der Unternehmen und ihrer Mitarbeiter in die Bekämpfung der Wirtschaftskriminalität ist daher für den Staat wesentlich.[278] Notwendig ist die Steigerung des Informationsflusses nicht nur innerhalb des Unternehmens selbst, sondern vom Unternehmen hin zu den Strafverfolgungsbehörden. Entsprechende Hinweise dürfen nicht in der jeweiligen Chefetage des Unternehmens versiegen, sondern müssen nach außen gelangen, um strafrechtlich relevantes Verhalten adäquat sanktionieren zu können. Dazu aber müssen Wege gefunden werden, um die Kooperation den betroffenen Mitarbeitern attraktiv zu machen. Das *Compliance*-System ermöglicht es in der Regel den Mitarbeitern, Hinweise an die Chefetage weiterzugeben, ohne mit arbeitsrechtlichen Sanktionen rechnen zu müssen. Dies genügt dem Mitarbeiter aber gerade dann nicht mehr, wenn er sich selbst „auf den schmalen Grat zwischen Mitwisser und Täter"[279] begeben hat. Schließlich drohen beispielsweise dem Vorstand und dem Aufsichtsrat dann, wenn sich das Risikomanagement als unzureichend herausstellt, gegebenenfalls „neben kündigungs- und arbeitsrechtlichen Konsequenzen auch strafrechtliche Folgen unter dem Blickwinkel der Untreue."[280] Daher wird der betreffende Mitarbeiter ein erhebliches Interesse daran haben, selbst nicht vollumfänglich strafrechtlich zur Verantwortung gezogen zu werden. Aus dem genannten Grund bietet es sich für den Staat beispielsweise an, einem Mitarbeiter, der Hinweise an die Strafverfolgungsbehörde weiterleitet, mit einem Strafrabatt zu entlohnen, sofern er sich selbst vor Gericht wegen einer Straftat zu verantworten hat. Auf diese

---

[275]Krause, StraFo 2011, 437, 445.

[276]Hefendehl, ZStW 2007, 817, 819.

[277]Vgl. Berthel, in: Gropp, Wirtschaftskriminalität und Wirtschaftsstrafrecht, 51, 52.

[278]Bock, Criminal Compliance, S. 26.

[279]Göpfert/Merten/Siegrist, NJW 2008, 1704.

[280]Michalke, StV 2011, 245, 247; Preussner/Pananis, BKR 2004, 347, 356.

Art und Weise kann auch dazu beigetragen werden, dass beispielsweise aus dem Konkurrenzunternehmen entsprechende Hinweise zu strafrechtlich relevantem Verhalten innerhalb des Managements an die Strafverfolgungsbehörde gelangen. Auch die Unternehmensleitung selbst kann ein erhebliches Interesse an der Verhinderung und Aufklärung unternehmensbezogener Straftaten haben, da vielfach das Unternehmen und die Unternehmensführung in der Öffentlichkeit unreflektiert mit den Taten in Verbindung gebracht werden.[281] Aufgrund eines erheblichen Eigeninteresses der Unternehmen an der Reputation des Unternehmens können Unternehmen den Staat bei der Verhinderung und Aufklärung unternehmensbezogener Straftaten wesentlich unterstützen.[282] Es obliegt dem Gesetzgeber, zur Steigerung der Effizienz kriminalitätsbekämpfender Maßnahmen im Bereich der Wirtschaftskriminalität „rechtliche Anreize zu setzen, die das wirtschaftliche Eigeninteresse kanalisieren und in den Dienst des Rechts zu stellen."[283] Daher liegt sowohl im Bereich schwerer Wirtschaftskriminalität als auch im Hinblick auf unternehmensbezogene Wirtschafts- beziehungsweise Korruptionskriminalität ein Anwendungsbereich für eine Kronzeugenregelung.[284] Durch die Etablierung einer Kronzeugenregelung innerhalb der Wirtschaftskriminalität würde zudem externer Druck auf die Unternehmensführung dahingehend ausgeübt, dass nunmehr aktiv dafür Sorge getragen würde, strafrechtlich relevante Vorgänge aus der Vergangenheit aufzuklären.[285] Eine „Kronzeugenregelung setzt nun für einen beschuldigten Mitarbeiter konkrete Anreize, andere Beschäftigte seines Unternehmens gegenüber den Ermittlungsbehörden zu belasten, indem sie hierfür Strafmilderung oder gar Straffreiheit in Aussicht stellt.[...] Dadurch wird jeder Mitarbeiter, der von korruptionsrelevanten Vorfällen im Unternehmen Kenntnis hat, zu einem unkalkulierbaren Risiko für das Unternehmen."[286] Dies nicht zuletzt aufgrund unternehmerischer Grundentscheidungen (*Zero Tolerance*), die die straffällig gewordenen Täter zwingen, sich angesichts der drohenden Strafanzeige selbst anzuzeigen und Wissen über Straftaten anderer aus seinem beruflichen Umfeld zu offenbaren, um die drohende Strafe abzumildern.[287] Schließlich würde die Gefahr der Aufklärung signifikant durch die erhöhte Anzahl potentieller Informanten gesteigert.[288] Auf diese Art und Weise könnte auch die Bereitschaft zur Begehung entsprechender

[281]Bock, Criminal Compliance, S. 26.

[282]Bock, Criminal Compliance, S. 26.

[283]Bock, Criminal Compliance, S. 27.

[284]Peglau, wistra, 2009, 409; vgl. auch BT-Drs. 16/6268 S. 1 ; Maier in: MüKo, StGB, § 46 b Rn. 3; Schönke/Schröder/Kinzig, StGB § 46 b Rn. 1.

[285]Sahan/Berndt, BB 2010, 647, 649.

[286]Sahan/Berndt, BB 2010, 647, 650.

[287]Dann, CCZ 2010, 30.

[288]Vgl. Kaspar, ZRP 2011, 159; Sahan/Berndt, BB 2010, 647, 650.

Delikte reduziert werden. „Denn Kontrolle und Überwachung reduzieren Tatgelegenheiten und erhöhen die Entdeckungswahrscheinlichkeit begangener Straftaten."[289] „Je mehr sich Personen der Unterstützung durch Andere in ihrer Umgebung sicher sind, sei es durch Billigung oder aktive Hilfen, desto häufiger begehen sie entsprechende Delikte."[290] Durch die Schaffung potenzieller Informanten würde daher betriebsinterner Wirtschaftskriminalität der Nährboden entzogen. „Mitarbeiter, die im Zusammenhang mit ihrer eigenen Tätigkeit über den „Flurfunk" oder während Kantinengesprächen Anhaltspunkte für unternehmerische Unregelmäßigkeiten „aufsaugen" sind keine Seltenheit. Personen, die sich von jeder Besprechung einen Aktenvermerk machen und diese Dokumentation als „private Lebensversicherung" bezeichnen, sind ebenfalls real existierende Phänomene. In vielen Unternehmen schlummert daher Wissen, das im Fall seiner Offenlegung hohe Wellen schlagen würde."[291] „Gerade im Bereich der Wirtschaftskriminalität mit seinem notorisch großen Dunkelfeld sind hier Erfolge zu erwarten, die vom selbstverständlich handlungsleitenden Eigennutz des Kronzeugen bzw. „Whistleblowers" nicht entwertet werden."[292] Grundsätzlich kann der Mitarbeiter auch aufgrund seiner arbeitsrechtlichen Pflichten zur Verschwiegenheit, zur Loyalität, zur Interessenwahrnehmung und zur Schadensabwendung an der Kooperation mit den Strafverfolgungsbehörden nicht gehindert sein. Mit den Pflichten in einem Rechtsstaat ist es nicht vereinbar, wenn aus der Wahrnehmung staatsbürgerlicher Pflichten zivilrechtliche Nachteile folgen.[293] Die Pflicht, Straftaten anzuzeigen, ist in § 138 StGB normiert, sodass insoweit die Kooperation mit den Strafverfolgungsbehörden möglich sein muss. „Auch die Wahrnehmung staatsbürgerlicher Rechte im Strafverfahren kann – soweit nicht wissentlich unwahre oder leichtfertig falsche Angaben gemacht werden – im Regelfall aus rechtsstaatlichen Gründen nicht dazu führen, daraus einen Grund für eine fristlose Kündigung herzuleiten."[294] Dies gilt selbst dann, wenn der Mitarbeiter freiwillig zur Staatsanwaltschaft geht und entsprechend Mitteilung macht.[295] Liegt eine Straftat vor, die die Anwendung einer Kronzeugenregelung rechtfertigt, wird regelmäßig das öffentliche Aufklärungsinteresse das Interesse des Arbeitgebers überwiegen, sodass der Arbeitnehmer direkt mit den Strafverfolgungsbehörden kooperieren kann, ohne arbeitsrechtliche Konsequenzen zu fürchten.[296] Weil sich die Unternehmensgeld-

---

[289] Krause, StraFo 2011, 437, 439.

[290] Bussmann/Salvenmoser, NStZ 2006, 203, 207.

[291] Dann, CCZ 2010, 30, 31.

[292] Kaspar, ZRP 2011, 159.

[293] BVerfG, NJW 2001, 3474; BVerfG, NJW 1987, 1929.

[294] BVerfG, NJW 2001, 3474; vgl. auch BVerfG, NJW 1987, 1929.

[295] BVerfG, NJW 2001, 3474.

[296] Dann, CCZ 2010, 30, 33.

buße gemäß § 30 OWiG maßgeblich am Grad der individuellen Vorwerfbarkeit orientiert, können sich strafmildernde Kronzeugenaussagen des Verantwortlichen auch insoweit positiv auswirken.[297] „Im Übrigen rechtfertigt es der Rechtsgedanke des § 46 b StGB, die einem Unternehmen zuzurechnenden Aufklärungs- und Kooperationsmaßnahmen mit einem Verzicht auf eine Unternehmensgeldbuße zu honorieren."[298] Auf diese Art und Weise könnte man dem Erfordernis der erweiterten strafrechtlichen Selbstkontrolle im Wege des Bonussystems Nachdruck verleihen. Faktisch könnte daher durch ein Kronzeugenmodell ein austariertes System zwischen betrieblicher *Compliance* und staatlicher Kronzeugenpraxis erzielt werden.

Die Etablierung einer Kronzeugenregelung im Bereich des Wirtschaftsstrafrechts ist letztlich der nächste Schritt zur Steigerung der Effizienz der Strafverfolgung, der unmittelbar an die bisherigen Erfolge durch die bestehen *Compliance*-Systeme anknüpft und diese sinnvoll ergänzt.

V. Zusammenfassung

Die Betrachtung der Eignung einer Kronzeugenregelung zur Verbesserung der Strafverfolgung im Bereich der organisierten Kriminalität, der Terrorismusbekämpfung und der Wirtschaftskriminalität hat gezeigt, dass sich keine pauschale Aussage dahingehend treffen lässt, dass eine Kronzeugenregelung in diesen Bereichen per se zu einer signifikanten Verbesserung der Strafverfolgung führt oder umgekehrt überhaupt nicht zielführend ist. Vielmehr konnte herausgearbeitet werden, dass eine Kronzeugenregelung in den genannten Kriminalitätsbereichen zumindest geeignet ist, die bisherigen Strafverfolgungsmethoden sinnvoll zu ergänzen. Gerade die untersuchten Kriminalitätsbereiche zeichnen sich im hohen Maße durch ihren Wandel und ihre Schnelllebigkeit aus, so dass die Strafverfolgungsorgane gefordert sind, ihre Methoden entsprechend anzupassen und insbesondere im Bereich der Informationsgewinnung flexibel und strategisch zu agieren. Eine schnelle Reaktion erfordert einen gesicherten Zufluss an belastbaren Informationen. Derzeit scheitert die Strafverfolgung in aller Regel daran, dass es den Strafverfolgungsbehörden nicht gelingt, durch den Einsatz vorhandener Ermittlungsmethoden die notwendigen Informationen zu erhalten. Dies liegt nicht selten darin begründet, dass der Einsatz der Ermittlungsmethoden in aller Regel ein zielgerichteter Einsatz aufgrund eines Anfangsverdachtes ist. Gerade an einem Anfangsverdacht wird es aber dann fehlen, wenn sich die Straftaten im Bereich abgeschotteter Netzwerke abspielen. So dringen beispielsweise im Bereich der Wirtschaftskriminalität Informationen nur selten nach außen, da es vielfach im Unternehmensinte-

---

[297] Dann, CCZ 2010, 30, 34.

[298] Dann, CCZ 2010, 30, 34.

resse liegt, bestimmte Straftaten zu tolerieren. Nur selten ist es Mitarbeiterinnen und Mitarbeitern daran gelegen, Unregelmäßigkeiten oder Straftaten innerhalb der Führungsebene aufzudecken und dadurch das Ansehen innerhalb des Unternehmens oder sogar die eigene Arbeitsstelle zu gefährden. Dies führt nicht selten dazu, dass trotz einer hohen Zahl potenzieller Informanten die notwendigen Informationen nicht nach außen dringen. Ein Mitarbeiter oder eine Mitarbeiterin wird jedoch dann, wenn sie/er persönlich Schaden zu nehmen droht, die eigenen Interessen über das Unternehmensinteresse stellen. Dieser Umstand lässt darauf schließen, dass gerade im Bereich der Wirtschaftskriminalität grundsätzlich eine hohe Kooperationsbereitschaft besteht, die durch eine sinnvoll ausgestaltete Kronzeugenregelung aktiviert werden kann. Auch im Bereich des Terrorismus sind die Strafverfolgungsbehörden in besonderem Maße auf Informationen angewiesen, da sich der Terrorismus an jedem beliebigen Ort ohne zwingend erkennbares Motiv ereignet. Jeder kann Täterin oder Täter sein. Aufgrund der Ideologie, die vielfach hinter einer terroristisch motivierten Straftat steht, werden einige überzeugte Täterinnen und Täter eine Kooperation mit den Strafverfolgungsbehörden ablehnen. Gleichwohl ist nicht auszuschließen, dass sich Einzelne von den Ideologien lösen und sich kooperationsbereit zeigen. Dies gilt insbesondere mit Blick auf die Vielfältigkeit der terroristischen Erscheinungsformen und der zunehmenden Rekrutierung noch ungefestigter Jugendlicher ohne sichere Perspektive. Auch im Bereich der organisierten Kriminalität erscheint eine Kronzeugenregelung erfolgsversprechend, um die notwendige Kooperationsbereitschaft der potentiellen Informanten zu erzielen. Dies liegt darin begründet, dass es sich in aller Regel um Netzwerke handelt, die sich aus austauschbaren egoistisch motivierten Einzeltätern zusammensetzen. Die hohe Fungibilität innerhalb der Organisation und die persönliche Motivation des Einzelnen begründen eine gesteigerte Ansprechbarkeit des Einzeltäters. Im Falle der Entdeckung ist ein egoistisch orientierter Einzeltäter angesichts der drohenden Strafe in aller Regel bereit, für einen Strafrabatt Informationen an die Strafverfolgungsbehörden weiterzugeben.

Ein Anreiz zur Kooperation mit den Strafverfolgungsbehörden, wie ihn eine Kronzeugenregelung bietet, ist insbesondere dann zur Verbesserung der Strafverfolgung geeignet, wenn es sich um Straftaten im Bereich von (global) vernetzten Täterstrukturen handelt, die sich ohne Insiderwissen kaum aufdecken lassen. Die Strafverfolgungsbehörden sind daher gerade in diesen Bereichen auf eine Kooperation mit den entsprechenden Wissensträgern angewiesen, um frühzeitig aufgrund einer belastbaren Informationsdecke mit den vorhandenen Methoden agieren zu können.

E. Erforderlichkeit

Zudem müsste die Regelung auch erforderlich sein. Dies ist dann der Fall, wenn sie das mildeste unter den gleich wirksamen Mitteln zur Zweckerreichung darstellt.[299] Eine Kornzeugenregelung soll im Wesentlichen dazu beitragen, Straftaten aus dem Bereich der organisierten Kriminalität, der Wirtschaftskriminalität und des Terrorismus effektiver zu verfolgen. Mit einer Kronzeugenregelung geht zwangsweise ein gewisser Eingriff in das bestehende Strafverfolgungssystem einher, so dass zu klären ist, ob ein derartiges Novum zur Verbesserung der Strafverfolgung erforderlich ist oder ob nicht beispielsweise allein durch eine effizientere Anwendung der bestehenden Strafverfolgungsinstrumente eine Steigerung der Effizienz der Strafverfolgung erzielt werden kann. Dies ist insbesondere dann der Fall, wenn bereits ohne eine gesetzlich verankerte Kronzeugenregelung die Honorierung der Aufklärungshilfe möglich ist oder aber vorhandene Ermittlungsmethoden wie beispielsweise der Einsatz Verdeckter Ermittler und Vertrauenspersonen dieselbe Informationsbeschaffung ermöglichen.

I. § 46 StGB

Möglicherweise, so wird eingewandt, bedarf es einer gesonderten Kronzeugenregelung nicht, da es den Gerichten auch gelungen sei im Rahmen der Strafzumessungserwägungen nach den Grundsätzen des § 46 StGB sachgerechte Strafen zu finden, wenn ein Angeklagter über seine eigene Tatbeteiligung hinaus Aufklärungshilfe geleistet habe.[300] Schließlich werde, so die Befürworter dieser Ansicht, dem Nachtatverhalten in Anwendung des Resozialisierungsgesichtspunktes bei der Strafzumessung regelmäßig besonderes Gewicht beigemessen.[301] Um den Anreiz zur Kooperation zu verdeutlichen, genüge es daher, § 46 II StGB um das Fallbeispiel der tat- beziehungsweise täterbezogenen Aufklärungshilfe zu ergänzen.[302] In dieselbe Richtung gehen auch diejenigen Bestrebungen, die auf die Ergänzung des § 46 II StGB verzichten und die Aufklärungshilfe zumindest im Bereich der organisierten Kriminalität unter Berufung auf § 46 II StGB als günstiges Nachtatverhalten honorieren und somit faktisch Analogien zu den bisherigen kleinen Kronzeugenregelungen begründen.[303] Zum Teil wird auch erwogen, die Aufklärungshilfe dann, wenn sich der Richter von der Werthaltigkeit der Aussage überzeugt hat, unter Annahme eines ansonsten gesetz-

---

[299] Grzeszick in: Maunz/Dürig, GG, Artikel 20 Rn. 113.

[300] Frank/Titz, ZRP 2009, 137, 139.

[301] Frank/Titz, ZRP 2009, 137, 139; Lammer, JZ 1992, 510, 516; Peglau, ZRP 2001, 103, 105; Roxin/Schünemann, Strafverfahrensrecht, § 14 Rn. 19.

[302] Frank/Titz, ZRP 2009, 137, 139.

[303] Sieber/Bögel, Logistik der organisierten Kriminalität, S. 345.

lich nicht vorgesehenen minder schweren Falls zu berücksichtigen und die Strafe entsprechend gemäß §§ 46, 49 I StGB zu mildern.[304] Diese Ansichten verkennen jedoch, dass sich nicht jedes beliebige Verhalten des Täters nach der Tatbegehung auf seine Bestrafung auswirkt. Es ist vielmehr zumindest erforderlich, dass das maßgebliche Verhalten die Tatschuld oder das Präventionsbedürfnis positiv beeinflusst.[305] Dies folgt daraus, dass § 46 StGB streng genommen nur eine Vergünstigung für tat- oder täterbezogenes Verhalten zulässt. Grundsätzlich wird dem Nachtatverhalten lediglich ein mittelbarer Einfluss auf die Schuld zugestanden, indem man es als Indiz für ihren Umfang heranzieht.[306] Regelmäßig wird sich ein zeitlich nachfolgendes kooperatives Verhalten nicht auf die Schuld zum Tatzeitpunkt auswirken. Auch werden sich nur selten aus dem Aussageverhalten Rückschlüsse darauf ziehen lassen, dass der Täter auch zur Tatzeit eine weniger rechtsfeindliche Gesinnung pflegte als ursprünglich angenommen.[307] Insbesondere dasjenige Nachtatverhalten, das sich in der bloßen Belastung eines Anderen erschöpft, kann dann nicht mehr maßgeblich berücksichtigt werden, wenn die Tat des Anderen überhaupt nicht im Zusammenhang mit der eigenen Tat steht. Dann aber ist es undenkbar, dass allein durch die Aufklärungshilfe die eigene Tat derart in ein günstigeres Licht gerückt würde, dass die Anwendung des § 46 II StGB angebracht schiene.[308] „Freilich lassen sich auch aus der prozessualen Kooperation die verminderte Präventionsbedürftigkeit und die erhöhte Präventionszugänglichkeit des Täters [...] dann folgern, wenn mit dem Geständnis – sei es in eigener oder wie beim Kronzeugen in fremder Sache – eine einsichtige und reumütige Haltung des Angeklagten einhergeht; unter spezialpräventiven Gesichtspunkten bedarf der reuige Delinquent weniger der Strafe als der „verstockte" Täter, der den Normbruch nach wie vor für richtig hält."[309] Die bloße Tatsache allein, dass jemand als Kronzeuge fungiert, kann jedoch nicht ausschlaggebend für ein vermindertes Strafbedürfnis. Maßgeblich bleibt auch in Fällen der Kooperation die Frage, ob das Nachtatverhalten von Unrechtseinsicht und Reue geprägt ist.[310] Nur dann kann faktisch auch die Kooperation im Rahmen der allgemeinen Strafzumessungserwägungen berücksichtigt werden.

---

[304] Montag, DRiZ 2004, 103; so auch Roxin/Schünemann, Strafverfahrensrecht, § 14 Rn. 19, die einen Verweis auf § 49 Absatz 1 StGB für erforderlich halten.

[305] Jeßberger, Kooperation und Strafzumessung, S. 65.

[306] Vgl. BGH, NStZ 1981, 257; BGH, NJW 1971, 1758.

[307] Vgl. Jeßberger, Kooperation und Strafzumessung, S. 66 f.; Kneba, Die Kronzeugenregelung, S. 126.

[308] Mehrens, Die Kronzeugenregelung, S. 36; Mushoff, KritV 2007, 359, 379.

[309] Jeßberger, Kooperation und Strafzumessung, S. 69.

[310] Jeßberger, Kooperation und Strafzumessung, S. 69.

Die Bezugnahme auf § 46 StGB kann auch im Hinblick auf die möglicherweise erwünschten Rechtsfolgen nicht genügen, da § 46 StGB zwingend voraussetzt, dass es zu einer Strafzumessung kommt. Es ist allein durch die Bezugnahme auf § 46 StGB nicht möglich, von einer Bestrafung beziehungsweise von der Anklageerhebung abzusehen. Zudem lässt die alleinige Ausweitung der Anwendung des § 46 StGB grundsätzlich die Unterschreitung der gesetzlichen Mindeststrafen nicht zu, sodass beispielsweise dann, wenn die Mindeststrafe bei zwei Jahren liegt, eine Strafaussetzung zur Bewährung, an der dem potentiellen Kronzeugen sicherlich gelegen sein wird, nicht in Betracht kommt.[311] Demnach stößt man insbesondere dann an Grenzen, wenn das Gesetz hohe Mindeststrafen oder gar lebenslange Freiheitsstrafen androht.[312] Dies belegen vor allem die Fälle, bezüglich derer das damalige sehr umstrittene Kronzeugengesetz bemüht wurde, namentlich um ein von der absoluten Strafandrohung für Mord abweichendes Urteil zu erreichen.[313] Auch im Hinblick auf Mord kann das Nachtatverhalten zur Unverhältnismäßigkeit der lebenslangen Freiheitsstrafe führen.[314] Dies könnte man beispielsweise annehmen, wenn der Täter schulderheblich aus uneigennützigen Motiven sein Wissen preisgibt.[315] Allerdings lässt die bisherige Rechtslage eine Privilegierung des aussagenden Mörders in Einzelfällen allenfalls dann zu, wenn die Aussage in gewisser Weise Wiedergutmachungscharakter hat und die Strafe über § 46 a StGB analog i. V. m. § 49 I StGB gemildert werden kann.[316] Auch die Feststellung des BVerfG, dass grundsätzlich der Tatrichter gehalten ist, die lebenslange Freiheitsstrafe für schuldangemessen zu erachten, davon jedoch bei Vorliegen außergewöhnlicher Umstände, die der Gesetzgeber nicht berücksichtigt hat, absehen könne,[317] zeigt, dass gerade in diesem Bereich der Gesetzgeber zur Regelung entsprechender Umstände aufgerufen ist.[318] Eine entsprechende Regelung ist jedoch bislang ausgeblieben.

Man muss sich daher vor Augen führen, dass die Bezugnahme auf § 46 StGB in der jetzt geltenden Fassung faktisch auf Rechtsfolgenseite nur einen sehr begrenzten Handlungsspielraum zulässt. Erheblicher gesetzgeberischer Handlungsbedarf bestünde auch auf Tatbestandseite, wollte man die Aufklärungshilfe dort eingliedern, weil derzeit faktisch der Anwendungs-

---

[311] Wolters in: SK-StGB, § 46 b Rn. 5; Peglau, ZRP 2001, 103.

[312] Peglau, wistra, 2009, 409, 410; ders. ZRP 2001, 103.

[313] BT-Drs. 16/13094, S. 1, 2; Maier in: MüKo, § 46 b Rn. 3; Wolters in: SK-StGB, § 46 b Rn. 5; Börgers, JR 2004, 139, 141; Kneba, Die Kronzeugenregelung, S. 50; Peglau, ZRP 2001, 103; Stern, StraFo 2002, 185.

[314] Börgers, JR 2004, 139, 142.

[315] Börgers, JR 2004, 139, 141.

[316] Börgers, JR 2004, 139, 141.

[317] BVerfGE 54, 100, 111.

[318] Börgers, JR 2004, 139, 145.

bereich des § 46 II StGB massiv gegen seinen Wortlaut ausgedehnt würde. Im Ergebnis wäre eine vollständige Novellierung des § 46 StGB erforderlich, ohne dass die gewünschten Kronzeugeneffekte erzielbar sind. Zudem bliebe die Aufklärungshilfe im Rahmen der Strafzumessung weiterhin ein Fremdkörper, der sich nicht in die dort bislang normierten Strafmilderungsgründe eingliedern ließe. Der Gesetzgeber ist daher aufgefordert, durch die separate Normierung der Aufklärungshilfe zu vermeiden, „dass über den Umweg des § 46 Abs. 2 StGB die Aufklärungshilfe „auf kaltem Wege" außerhalb einer gesetzlichen Ausnahmeregelung eingeführt wird."[319] Zudem erscheint es fragwürdig, wie es dem Angeklagten gelingen sollte, im Rahmen des laufenden Verfahrens Angaben zu anderen Taten, die nicht im Zusammenhang zu seiner eigenen Tat stehen, zu machen. Faktisch wäre die Aufklärungshilfe dann auf diejenigen Täter beschränkt, die Angaben zu ihren Mittätern machen. Die Aufklärungshilfe in einer umfassenderen Form kann daher nicht unter § 46 StGB fallen. Zudem haben die Erfahrungen gezeigt, dass die Hoffnung auf Gnade nur wenige Straftäter dazu veranlasst hat, ihr Insiderwissen preiszugeben.[320] Eine eigenständige Normierung der Kronzeugenregelung ist daher erforderlich, um einen neuen Strafmilderungsgrund zu formalisieren, die Milderungsmöglichkeiten zu erweitern und dadurch letztlich den Anreiz zur Kooperation zu verstärken.[321]

II. Verdeckte Ermittler

Eine gesetzlich normierte Methodik, die es den Strafverfolgungsbehörden ermöglicht, in abgeschottete Täterstrukturen einzudringen, bildet der Einsatz Verdeckter Ermittler. Zu klären ist daher, ob es neben dem Verdeckten Ermittler einer eigenständigen Figur des Kronzeugen bedarf.

1. Rechtliche Einordnung

Diese Methodik wurde im Rahmen des Gesetzes zur Bekämpfung des illegalen Rauschgifthandels und anderer Erscheinungsformen der organisierten Kriminalität (OrgKG) vom 15.07.1992[322] in den §§ 110 a ff. StPO kodifiziert. Hiernach sind Verdeckte Ermittler Beamte des Polizeidienstes, die unter einer ihnen auf Dauer angelegte veränderte Identität (Legende) ermit-

[319] BR-Drs. 896/02, S. 6.

[320] Peglau, wistra, 2009, 409, 410.

[321] BT-Drs. 16/6268 S. 1 f.; Maier in: MüKo, StGB, § 46 b Rn. 3; Frank/Titz, ZRP 2009, 137, 139; Kaspar, ZRP 2011, 159.

[322] BT-Drs. 12/989.

teln. Allerdings wurden Verdeckte Ermittler bereits vor der gesetzlichen Regelung mit Billigung der Judikatur eingesetzt.[323]

2. Umfang und Grenzen der Befugnisse des Verdeckten Ermittlers in der Praxis

Der Einsatz Verdeckter Ermittler zeichnet sich dadurch aus, dass Polizeibeamte zielgerichtet eingesetzt werden können, um bestimmte Informationen zu Tage zu fördern.[324] Die Zugehörigkeit des Verdeckten Ermittlers zum Polizeidienst führt in aller Regel dazu, dass den Aussagen ein besonders hoher Verlässlichkeitsgrad beigemessen wird.[325] Auch kann durch die Zugehörigkeit zum Polizeidienst eine wirksame, notfalls disziplinarrechtliche Dienstaufsicht und damit einhergehend eine effiziente Führung des Verdeckten Ermittlers gewährleistet werden.[326] Allerdings birgt die Zugehörigkeit zum Polizeidienst auch Nachteile im Hinblick auf die Informationsbeschaffung. Dies gilt insbesondere, weil eine umfassende Informationsbeschaffung ein tiefes Eindringen in entsprechende Kreise erfordert, was nur durch das Anerkenntnis innerhalb des Milieus als Sympathisant erreicht werden kann.[327] Die scheinbare Zugehörigkeit zum entsprechenden Milieu erfordert wiederum ein „Mitmachen" bei den Aktivitäten der Gruppe.[328] Handelt es sich um Straftaten, ist der verdeckte Ermittler aufgrund seines Amtes an einer Beteiligung gehindert und läuft schnell Gefahr, seine Authentizität gegenüber dem Milieu zu verlieren, wodurch er den umfassenden Einblick ins Milieu verliert.[329] Der Einsatz eines Verdeckten Ermittlers ist daher aufgrund des massiv eingeschränkten Aktionsradius kaum möglich.[330] Sicherlich stehen dem Verdeckten Ermittler in Ausnahmesituationen Rechtfertigungs- und Entschuldigungsgründe zur Seite, jedoch kann und darf die Bekämpfung von Kriminalität mit Kriminalität nicht Ziel einer effizienten Strafverfolgung sein.[331]

Diese Problematik stellt sich dann nicht mehr, wenn man die Informationen nicht dadurch bezieht, dass man im Vorfeld einen Ermittler in das

---

[323] BVerfGE 57, 250, 284; BGHSt 32, 115, 120; Bockemühl in: KMR StPO, § 110 a Rn. 1; Krey, IRP-Rechtspolitisches Forum, Nr. 9 (2003), S. 15.

[324] Nack in: KK, § 110 a Rn. 5; Meyer-Goßner, StPO, § 110 a Rn. 2; Pfeiffer, StPO, § 110 a Rn. 1; Sieber/Bögel, Logistik der organisierten Kriminalität, 345.

[325] Sieber/Bögel, Logistik der organisierten Kriminalität, 345.

[326] BT-Drs. 12/989, S. 42; Nack in: KK, § 110 a Rn. 5.

[327] Sieber/Bögel, Logistik der organisierten Kriminalität, 341.

[328] Sieber/Bögel, Logistik der organisierten Kriminalität, 341.

[329] Nack in: KK, § 110 c Rn. 6; Sieber/Bögel, Logistik der organisierten Kriminalität, 345.

[330] Breidling, Stellungnahme vor dem Rechtsausschuss vom 07.11.2001, 1, 6 f.

[331] Schaefer, Organisierte Kriminalität aus Sicht der Justiz, 107, 118.

Milieu einschleust, sondern jemanden aus der Szene als Informanten gewinnt. Insoweit bietet die Kronzeugenregelung ein umfassenderes Informationsspektrum. Zudem ist der Einsatz des Verdeckten Ermittlers aufgrund des erhöhten Verwaltungsaufwandes (Beschaffung falscher Dokumente, wie Personalausweis, Führerschein, EC-Karten u. a.), der mit erheblichen Kosten verbunden ist, eher selten.[332] Nicht außer Acht zu lassen ist die erhebliche Gefährdung der entsprechenden Ermittler, die mit dem Einsatz in der „Szene" einhergeht.[333] Weiterhin stellt der Einsatz eines Verdeckten Ermittlers einen staatlichen Eingriff in die Rechte derjenigen Bürger dar, wegen derer der Einsatz erfolgt, weswegen ein solcher Einsatz auch prozessual nicht unproblematisch ist. Daher bedarf die Anordnung eines Verdeckten Ermittlers gemäß § 110 b I StPO stets der Zustimmung der Staatsanwaltschaft und sein Einsatz, der mit dem Betreten einer Wohnung verbunden ist, gemäß § 110 b I Nr. 2 StPO oder sich gemäß § 110 b I Nr.1 StPO gegen einen bestimmten Beschuldigten richtet, sogar der Zustimmung eines Richters. Aufgrund dessen stellt der Verdeckte Ermittler auch quantitativ kein umfassendes Informationsbeschaffungsmittel dar. Zudem beinhaltet § 110 a I 3 StPO eine Subsidiaritätsklausel, wonach die Anordnung des Einsatzes eines Verdeckten Ermittlers als ultima ratio zu verstehen ist.[334] Ein Blick in § 110 a I StPO verdeutlicht auch, dass dieses Instrumentarium einen begrenzten Anwendungsbereich hat und daher keineswegs als allgemeines Instrument der Verbrechensbekämpfung verstanden werden kann. So stößt der Einsatz eines Verdeckten Ermittlers bereits dann an seine Grenzen, wenn der Einsatz mit erheblichem Spezialwissen beispielsweise aus der Wirtschaft verbunden wäre beziehungsweise wenn das Einschleusen des Ermittlers faktisch kaum umzusetzen ist, wenn sich etwa im Bereich des Terrorismus die Tätergruppen spontan zusammenfinden. Auch im Bereich der organisierten Kriminalität wird der Einsatz eines Verdeckten Ermittlers vielfach daran scheitern, dass sich die entsprechenden Gruppierungen durch ethnisch abgeschottete Strukturen kennzeichnen lassen, was zumindest die Auswahl der Ermittler massiv eingrenzt.[335]

3. Verdeckter Ermittler und Kronzeuge

Diese Betrachtung verdeutlicht umso mehr, dass die Existenz des Verdeckten Ermittlers den Anwendungsbereich eines Kronzeugen weder sachlich noch verfahrenstaktisch umfasst. Dies gilt insbesondere mit Blick darauf, dass der Einsatz des Verdeckten Ermittlers als klassische Strafverfol-

---

[332] Krey, IRP-Rechtspolitisches Forum, Nr. 9 (2003), S. 15.

[333] Meyer-Goßner, StPO, § 110 a Rn. 5; Krey, IRP-Rechtspolitisches Forum, Nr. 9 (2003), S. 15 f.

[334] Bockemühl in: KMR StPO, § 110 a Rn. 28; Rudolphi in: SK-StPO, § 110 a Rn. 9.

[335] Breidling, Stellungnahme vor dem Rechtsausschuss vom 07.11.2001, 1, 6; vgl. Krey, JR 1998, 1, 2.

gungsmaßnahme einen Anfangsverdacht einer Katalogtat zwingend erfordert,[336] während der Kronzeuge in der Regel Angaben zu solchen Taten macht, die den Ermittlungsbehörden gänzlich oder zumindest teilweise noch unbekannt sind. Langfristige Vorfeldermittlungen durch einen Verdeckten Ermittler ohne konkreten Ermittlungsauftrag sind daher unzulässig.[337] Zur Prävention ist der Verdeckte Ermittler somit schon von der Grundstruktur her nicht geeignet. Der Kronzeuge hingegen ermöglicht den Strafverfolgungsbehörden eine Informationsbeschaffung, die sowohl zur Aufklärung als auch zur Verhinderung noch bevorstehender Straftaten geeignet ist. Der Gebrauch eines Kronzeugen ist lediglich mit einem Strafverfolgungsverzicht verbunden, greift also nicht in Grundrechte Dritter ein, während der Einsatz des Verdeckten Ermittlers regelmäßig einen aktiven Grundrechtseingriff bedeutet.[338] Aufgrund dessen, dass ein erhebliches Interesse der Strafverfolgungsbehörde am dauerhaften Einsatz eines Verdeckten Ermittler besteht, wird dieser in der Regel gerade nicht als Zeuge vor Gericht auftreten, sondern gemäß § 96 i. V. m. § 110 b III StPO gesperrt werden, um seine Identität aus Sicherheitsgründen geheim zu halten.[339] Dies aber führt dazu, dass letztlich nur ein Beweis von geringerem Wert vorliegt, da der Kerngehalt der Aussage lediglich durch Beweissurrogate in das Verfahren eingeführt werden kann.[340] In Betracht kommen namentlich die Vernehmung des Führers des Verdeckten Ermittlers als Zeugen vom Hörensagen oder die Verlesung des polizeilichen Protokolls über die Vernehmung des Verdeckten Ermittlers selbst. Der Kronzeuge stellt somit eine weniger einschneidende Maßnahme und zugleich ein sicher verfügbares Beweismittel dar.[341]Auch dieser Aspekt zeigt, dass durchaus Raum für den Kronzeugen besteht, da der Einsatz Verdeckter Ermittler „jedenfalls für den Bereich des operativen Einsatzes in terroristischen Vereinigungen nicht geeignet und wohl hierfür auch nicht konzipiert ist."[342] Der Sache nach unterscheidet sich der Kronzeuge auch dadurch vom Verdeckten Ermittler, dass die Strafverfolgungsbehörden von seiner Existenz erst im Rahmen von Ermittlungen erfahren, wohingegen der Verdeckte Ermittler gezielt zu ei-

---

[336]BGHSt 42, 103, 106; Nack in: KK, § 110 a Rn. 13; Bockemühl in: KMR StPO, § 110 a Rn. 22 f.; Meyer-Goßner, StPO, § 110 a Rn. 4; Pfeiffer, StPO, § 110 a Rn.1.

[337]BGHSt 42, 103, 106; Bockemühl in: KMR StPO, § 110 a Rn. 22 f.; Schäfer in: Löwe-Rosenberg, § 110 a Rn. 20; Meyer-Goßner, StPO, § 110 a Rn. 4.

[338]Jaeger, Der Kronzeuge, S. 44.

[339]BT-Drs. 12/989 S. 42; Bockemühl in: KMR StPO, § 110 b Rn. 28; Meyer-Goßner, StPO, § 110 b Rn. 4; Krey, IRP-Rechtspolitisches Forum, Nr. 9 (2003), S. 21.

[340]BVerfG, NStZ 1981, 357, 360; Bockemühl in: KMR StPO, § 110 b Rn. 35; Krey, IRP-Rechtspolitisches Forum, Nr. 9 (2003), S. 22; derselbe, JR 1998, 1, 4.

[341]So auch Jeßberger, Kooperation und Strafzumessung, S. 99.

[342]Breidling, Stellungnahme vor dem Rechtsausschuss vom 07.11.2001, 1, 6.

nem deutlich früheren Zeitpunkt eingesetzt wird.[343] Während der Kronzeuge aufgrund der in Aussicht gestellten Vergünstigung kooperiert, nimmt der Verdeckte Ermittler regelmäßig seine Dienstpflichten wahr.

III. Verdeckte Personen

Möglicherweise lassen sich Kronzeugeneffekte über die Rechtsfigur der V-Person erzielen, sodass diesbezüglich keine explizite Regelung für den Kronzeugen erforderlich ist. Dies erscheint problematischer, da der Einsatz von V-Personen bis heute nicht gesetzlich geregelt ist. Insbesondere finden die §§ 110 a ff. StPO auf die V-Person keine Anwendung.[344] Allerdings ließe diese Feststellung den Schluss zu, dass dann, wenn sich herausstellte, dass der Kronzeuge letztlich der Sache nach einer V-Person entspricht, es scheinbar einer Regelung nicht bedarf, da die Tätigkeit der V-Personen trotz fehlender gesetzlicher Grundlage seitens der Rechtsprechung und der Bundesregierung als zulässig angesehen wird.[345]

1. Rechtliche Einordnung

Die V-Person findet sich in den *Gemeinsamen Richtlinien der Justizminister-/senatoren und der Innenminister-/senatoren der Länder über die Inanspruchnahme von Informanten sowie über den Einsatz von Vertrauenspersonen (V-Personen) und Verdeckten Ermittlern im Rahmen der Strafverfolgung* wonach sich eine V-Person gemäß Punkt I. 2.2. wie folgt definiert:

> *V-Person ist eine Person, die, ohne einer Strafverfolgungsbehörde anzugehören, bereit ist, diese bei der Aufklärung von Straftaten auf längere Zeit vertraulich zu unterstützen und deren Identität geheim gehalten wird.*

2. Umfang und Grenzen der V-Person in der Praxis

Der maßgebliche Unterschied zum Verdeckten Ermittler besteht demzufolge in der Angehörigkeit zu einer deutschen Strafverfolgungsbehörde. Während der Verdeckte Ermittler regelmäßig den Strafverfolgungsbehörden angehört, handelt es sich bei der V-Person zumeist um Angehörige des Milieus, die für die Strafverfolgungsbehörden „arbeiten". Gegen die V-Person sind häufig Strafverfahren anhängig, was jedoch nicht zwingend der Fall ist.[346] Die entsprechende Person hat zumeist einen ganz gezielten

[343] Mehrens, Die Kronzeugenregelung, S. 29.

[344] BGH, NStZ 1995, 513; Nack in: KK, § 110 a Rn. 9; Bockemühl in: KMR StPO, § 110 a Rn. 8; Schäfer in: Löwe-Rosenberg, § 110 a Rn. 11; Meyer-Goßner, StPO, § 110 a Rn. 4 a.

[345] Zuletzt BGH, NStZ 2011, 596.

[346] Mehrens, Die Kronzeugenregelung, S. 30.

Ermittlungsauftrag, den sie unter der Führung der Polizeibeamten ausführen muss.[347] Grundsätzlich erhält die V-Person als Vergütung Sach- oder Geldleistungen. Ist gegen sie ein Strafverfahren anhängig, so kommen jedoch ähnlich dem Kronzeugen auch strafrechtliche Vergünstigungen in Betracht.[348] Insoweit kann sich die V-Person allerdings „allenfalls Vorteile erhoffen, die aufgrund der strafprozessualen Einstellungsvorschriften oder aber den allgemeinen Strafzumessungsvorschriften gewährt werden können."[349] Die V-Person agiert regelmäßig unter einer Legende, schließlich wird auch sie gezielt von den Strafverfolgungsbehörden eingesetzt und gehört im Zweifel nicht (mehr) der entsprechenden Szene an. Einfacher gestaltet sich der Einsatz der V-Person anstelle eines Verdeckten Ermittlers insoweit, als es sich gerade nicht um einen strafverfolgungspflichtigen Beamten handelt, sodass der Aktionsraum etwas größer ist. Zudem ermöglicht der Einsatz einer V-Person die Einschleusung eines Angehörigen der entsprechenden ethnischen Gruppierung.[350] Allerdings setzt ihr Einsatz ebenso wie derjenige eines Verdeckten Ermittlers voraus, dass den Strafverfolgungsbehörden das auszuforschende Milieu bereits im Vorfeld bekannt ist, was gerade im Bereich des Terrorismus vielfach nicht der Fall sein wird. Nicht übersehen werden darf, dass die Strafverfolgungsbehörden auch durch den gezielten Einsatz einer Privatperson im Milieu faktisch in die Grundrechte der durch diese verdeckte Maßnahme betroffenen Personen eingreifen.[351] Insoweit erscheint es wenig überzeugend, dass eine gesetzliche Regelung des Einsatzes allein deswegen entbehrlich sein soll, weil die V-Person letztlich nur als Zeuge im Strafverfahren agiert, sodass sich ihre Legitimation in den Vorschriften über Zeugen findet.[352] Die entsprechenden Vorschriften der Strafprozessordnung treffen Regelungen zum Zeugen im Strafprozess, setzen also voraus, dass es Personen gibt, die aufgrund bereits erlangter Kenntnis Zeugnis ablegen können. Aussagen darüber, woher die einzelne Person die Kenntnis erlangt hat bzw. haben darf, werden gerade nicht getroffen. Insofern kann der gezielte Einsatz von Privatpersonen im Umfeld des Beschuldigten durch die Strafverfolgungsbehörden nicht pauschal über die Vorschriften, die den Zeugen betreffen, legitimiert werden,

347 Krey, JR 1998, 1, 3.

348 Mehrens, Die Kronzeugenregelung, S. 30.

349 Mehrens, Die Kronzeugenregelung, S. 31.

350 Krey, JR 1998, 1, 4.

351 BVerfG, StV 2000, 233, 243; Bockemühl in: KMR StPO, § 110 a Rn. 9; Rudolphi in: SK-StPO, § 110 a Rn. 14; Roxin/Schünemann, Strafverfahrensrecht, § 38, Rn. 9.

352 Bockemühl in: KMR StPO, § 110 a Rn. 9; Schäfer in: Löwe-Rosenberg, § 110 a Rn. 11; Rudolphi in: SK-StPO, § 110 a Rn. 14; Hetzer, Kriminalistik 2001, 690; Krey, IRP-Rechtspolitisches Forum, Nr. 9 (2003) S. 19; Roxin/Schünemann, Strafverfahrensrecht, § 38, Rn. 9; so aber BT-Drs. 12/989, S. 41; Wohlers in: SK-StPO §161 Rn. 16. Beulke, Strafprozessrecht, Rn. 424; Lesch, JA 2000, 725.

insbesondere dann nicht, wenn mit dem Einsatz der V-Person Grundrechtseingriffe einhergehen.[353]

3. V-Person und Kronzeuge

Geht man jedoch entgegen der hier vertretenen Auffassung davon aus, dass eine gezielte Informationsbeschaffung durch Zeugenbeweis regelmäßig von den Vorschriften über Zeugen gedeckt und ein damit verbundener Grundrechteingriff auf Grund der Ermittlungsgeneralklausel § 161 I 1 i.V.m. § 163 I 2 StPO erfolgen kann, stellt sich die Frage, ob die Informationsbeschaffung durch einen Kronzeugen dann nicht erst Recht ohne gesonderte Regelung erfolgen kann. Der Kronzeuge ist ein freiwilliger unabhängiger Informant, der in aller Regel zum Zeitpunkt der Kontaktaufnahme zu den Strafverfolgungsbehörden bereits über relevante Informationen verfügt. Er wird anders als der Verdeckte Ermittler oder die V-Person nicht gezielt eingesetzt und geführt. In der Tat handelt es sich daher um einen bloßen Zeugen im Strafprozess.

Allerdings zielt eine Kronzeugenregelung gerade nicht darauf ab, die Informationsbeschaffung durch einen Kronzeugen zu legitimieren, sondern darauf die Preisgabe bereits erlangter Informationen unter anderem mit einem gesetzlich nicht vorgesehenen Strafrabatt zu honorieren. Vor diesem Gesichtspunkt tritt auch zugleich der maßgebliche Unterschied zu Tage, der den Kronzeugen von der V-Person unterscheidet: Der Kronzeuge ist selbst Beschuldigter einer Straftat und kooperiert mit den Strafverfolgungsbehörden, um sich einen Strafrabatt zu verschaffen, wohingegen die V-Person selbst in der Regel nicht aktuell einer Straftat bezichtigt wird, sondern als Unverdächtige gegen Entgelt für die Strafverfolgungsbehörden tätig wird. Während die Entgeltzahlung für den Einsatz als V-Person in der Regel auf vertraglicher Grundlage erfolgt, lässt sich die Gewährung eines Strafrabattes gerade nicht vertraglich zu sichern. Mit der Begünstigung ist zwingend ein zumindest gradueller Strafverzicht verbunden. Ein solcher muss wegen des damit einhergehenden Eingriffs in das Legalitätsprinzip gesetzlich geregelt werden. Einen Strafverzicht ohne gesetzliche Regelung kann es nicht geben. Dass der Kronzeuge nicht aufgrund eines Vertragsverhältnisses tätig wird, zeigt sich auch daran, dass das Kooperationsverhältnis der V-Person mit den Strafverfolgungsbehörden in der Regel auf Dauer angelegt ist, während der Kronzeuge normaler Weise nur einmalig tätig wird.[354] Der Kronzeuge wird im Gegensatz zur V-Person nicht gezielt rekrutiert und mit Geld entlohnt, sodass kein Anstellungsverhältnis begründet wird. Vielmehr tritt der Kronzeuge, der bereits über interessante

---

[353]Duttge, JZ 1996, 556; Kreuzer, In: Schreiber- FS, 236; Krey, IRP-Rechtspolitisches Forum, Nr. 9 (2003), S. 19; Roxin/Schünemann, Strafverfahrensrecht, § 38, Rn. 9.

[354]Bocker, Der Kronzeuge, S. 10 f.

Informationen verfügt, freiwillig an die Strafverfolgungsbehörde heran. Die Preisgabe der Informationen schuldet er mangels eines Anstellungsverhältnis gerade nicht. Insbesondere zur Beschaffung solcher Informationen, deren Ursprung den Ermittlungsbehörden nicht einmal bekannt ist, ist das Kronzeugeninstitut neben der V-Person unerlässlich, da das Einschleusen einer V-Person regelmäßig eine gewisse Kenntnis interner Abläufe und Strukturen voraussetzt. Diese Kenntnis wird insbesondere im Bereich des Terrorismus sowie der Wirtschaftskriminalität regelmäßig fehlen. Zudem erscheint es nahezu abwegig, dass sich namhafte Unternehmensangehörige finden lassen, die für eine Geldentlohnung im marginalen Bereich als V-Person tätig werden. Insoweit eignet sich eine V-Person im Bereich der Wirtschaftskriminalität nicht zur umfassenden Informationsbeschaffung. Im Ergebnis kann sich jedoch herausstellen, dass sich der Kronzeuge im Anschluss an seine Informationsweitergabe als V-Person zur Verfügung stellt. In diesem Fall ermöglicht die Kronzeugenregelung nicht nur eine einmalige Informationsgewinnung, sondern auch die Rekrutierung einer neuen V-Person. Eine Kronzeugenregelung bietet daher im Ergebnis weit mehr an Informationsgewinnung als der gezielte Einsatz einer V-Person. Während die V-Person erst aufgrund bereits vorhandener Erkenntnisse von den Strafverfolgungsbehörden zur weiteren Ermittlung angeleitet werden muss, liefert ein Kronzeuge den Strafverfolgungsbehörden überwiegend gänzlich neue Informationen. Zudem lassen sich vielfach interessante Informanten nicht als V-Person gewinnen. Neben der Möglichkeit V-Personen einzusetzen ist daher der Zugriff auf Informationen von Kronzeugen für die Verbesserung der Strafverfolgung von Nöten. Diesem Bedürfnis kann man jedoch nicht dadurch gerecht werden, dass der Kronzeuge ähnlich wie die V-Person ausschließlich über die Vorschriften über Zeugen geregelt wird. Der Kronzeuge ist im Strafverfahren in der Regel Zeuge und gibt Informationen preis, die er als Privatperson erlangt hat. Demnach liegt eine Legitimation über die Regelung zum Zeugen sogar näher als bei der V-Person. Gleichwohl lässt sich insbesondere die Anreizwirkung, die eine Kronzeugenregelung erzielen soll, nicht allein über die bestehenden Praktiken in Bezug auf die V-Person erreichen, da zur Gewährung attraktiver Strafrabatte als Honorar aufgrund des Legalitätsprinzips eine entsprechende Regelung erforderlich ist.

IV. Deal

„Jede Kronzeugenregelung stellt eine Form konsensualer Erledigung des gegen den Kronzeugen selbst gerichteten Strafverfahrens dar. Für seine Mitwirkung an der Aufklärung oder Verhinderung der Taten anderer wird er entsprechend seiner Vereinbarung mit der Justiz in seinem eigenen Verfahren belohnt."[355] Insofern ist auch zu untersuchen, ob nicht der Regelungsbereich der Prozessabsprache Raum für eine Kronzeugenregelung schafft, sodass es einer gesonderten Normierung nicht bedürfte.

1. Rechtliche Einordnung und Inhalt

Die Prozessabsprache ist „eine Vereinbarung zwischen Gericht, Staatsanwaltschaft und Angeklagtem (für den sein Verteidiger die Verhandlungsführung übernimmt) über die Höhe der zu erwartenden Strafe bei Ablegung eines Geständnisses."[356] Absprachen im Strafprozess sind heute, fast genau 135 Jahre nach Inkrafttreten der Strafprozessordnung am 01.10.1879 Alltag an den Gerichten, obwohl die Absprache lange Zeit praktiziert wurde, ohne dass der Gesetzgeber sich veranlasst sah, die alltägliche Praxis in gesetzliche Formen zu gießen.[357] „Das hat Gräben zwischen Prozesstheorie und Praxis einerseits und der höchstrichterlichen Rechtsprechung und dem Tagesgeschäft der Instanzgerichte andererseits gerissen, aber zumindest ein weithin akzeptiertes Faktum geschaffen."[358] Dennoch ließ eine fundierte, demokratisch legitimierte gesetzliche Regelung trotz dringendem Erfordernis viele Jahre auf sich warten und fand erst 2009 Einzug in unsere Strafprozessordnung, obgleich der Große Senat bereits 2005 in Form eines Appells an den Gesetzgeber die Notwendigkeit formuliert hatte.[359]

Den Kern der gesetzlichen Neuregelung[360] bildet § 257 c StPO.[361] Diese Regelung zielt im Wesentlichen darauf ab, klare Vorgaben im Hinblick auf Verfahren, Inhalt und Folgen fest zu legen und dadurch Transparenz, Überprüfbarkeit, Kontrolle und eine gleichmäßige Rechtsanwendung durch die Instanzgerichte zu gewährleisten.[362] Entsprechend der bisherigen Praxis regelt die Vorschrift die Verständigung aller Verfahrensbeteiligten, ist jedoch weithin gerichtszentriert ausgestaltet.[363] Demnach kann das Gericht, sofern die Verfahrensbeteiligten einigungswillig sind, „unter freier – freilich aus dem Inbegriff der bisherigen Sachverhandlung (§ 261 StPO) zu schöpfender – Würdigung aller Umstände und unter Beachtung der allge-

---

[355] Behrendt, GA 1991, 337, 342.

[356] Murmann, ZIS 2009, 526; vgl. Meyer-Goßner, StPO, § 257 c Rn. 3.

[357] Beulke, Strafprozessrecht, Rn. 394; Fezer, NStZ 2010, 177; Jahn/Müller, NJW 2009, 2625, 2626; Roxin/Schünemann, Strafverfahrensrecht, § 17 Rn. 7; § 44 Rn. 59; Schünemann, Heldrich- FS, 1177 ff.

[358] Jahn/Müller, NJW 2009, 2625, 2626.

[359] BGH, NJW 2005, 1440, 1447.

[360] BGBl I 2009, S. 2353.

[361] Beulke, Strafprozessrecht, Rn. 394.

[362] BRAK – Stellungnahme Nr. 25/2005, S.2; Fischer, StraFo 2009, 177, 187; Schlothauer, StraFo 2011, 487, 488.

[363] Velten in: SK-StPO, § 257 c, Rn. 20.

meinen Strafzumessungsregeln der §§ 46, 46 a StGB eine Strafober- und Untergrenze angeben (§ 257 c III 2 StPO). Die Verständigung selbst kommt dann nach Gewährung rechtlichen Gehörs bindend zu Stande, wenn Angeklagter und Staatsanwaltschaft dem Vorschlag zustimmen, § 257c III 4 StPO."[364] Neben den Regelungen des formellen Ablaufes findet sich eine enumerative Aufzählung der einer Absprache zugänglichen Gegenstände.

Demnach ist eine Absprache zulässig über die Rechtsfolgen, die Inhalt eines Strafurteils oder eines dazugehörigen Beschlusses sein können, das Prozessverhalten der Verfahrensbeteiligten sowie über sonstige verfahrensbezogene Maßnahmen im gegenständlichen Erkenntnisverfahren.

Gemäß § 257 c II 3 StPO sind Absprachen hinsichtlich des Schuldspruchs und der Maßregeln der Besserung und Sicherung unzulässig.[365] Hierdurch werden der Zulässigkeit der Absprache klare Grenzen gesetzt werden, wenngleich Verstöße hiergegen keine unmittelbare Auswirkung auf das Urteil haben.[366]

Auf Seiten des verständigungsbereiten Angeklagten soll nach § 257 c II S. 2 StPO ein Geständnis Bestandteil der Absprache sein. Dieses Geständnis stellt jedoch anders als das *guilty plea* keine den Prozess beendende Verfügung über den Prozessgegenstand dar, sondern gilt lediglich als Beweismittel.[367] Dieser Gesichtspunkt hat wesentliche Auswirkungen, „während es im amerikanischen Strafprozeßrecht [sic] entsprechend der Rechtsnatur des *guilty plea* als einer Verfügungserklärung keine konstruktiven Schwierigkeiten macht, ein widerrufenes *guilty plea* als ein nullum zu behandeln und dem Verurteilten ein Recht zum Widerruf für den Fall einer Enttäuschung seiner berechtigten Erwartung auf ein bestimmtes Strafmaß einzuräumen, kann das in der deutschen Praxis als Beweismittel verwertete Geständnis zwar frei widerrufen, dadurch aber nicht aus der Welt und das heißt: aus der freien Würdigung des gesamten Beweisergebnisses eliminiert werden."[368] Der kooperationsbereite Angeklagte läuft daher regelmäßig Gefahr, seine prozessuale Lage zu verschlechtern, indem er sich eine Strafe einhandelt, die er möglicherweise ohne sein Geständnis nicht erhalten hätte.[369] Allerdings genügt im Hinblick auf ein Geständnis „eine „schlanke" geständige Einlassung auch im Sinne eines nur pauschal eingeräumten Tatvor-

---

[364] Eschelbach in: BeckOK, StPO, § 257 c Rn. 30; vgl. auch BGH, NStZ 2011, 592; Jahn/Müller, NJW 2009, 2625, 2628.

[365] BGH, StV 2009, 233.

[366] Schlothauer, StraFo 2011, 487, 488 f.

[367] Roxin/Schünemann, Strafverfahrensrecht, § 17 Rn. 8.

[368] Schünemann in: Verhandlungen des 58. Juristentages, B9, B41; vgl. Meyer-Goßner, StPO, § 257 c Rn. 28; Velten in: SK-StPO § 257 c, Rn. 38; Roxin/Schünemann, Strafverfahrensrecht, § 17 Rn. 24.

[369] Wolfslast, NStZ 1990, 409, 415.

wurfs [...], wenn mit dieser Schilderung der anklagegegenständliche Sachverhalt für Gericht und Staatsanwaltschaft nachvollziehbar eingeräumt wird."[370] Von einer gesetzlichen Vorgabe wurde bewusst abgesehen, gleichwohl besteht Einigkeit dahingehend, dass ein bloßes prozessuales Zugeständnis nicht ausreicht.[371] Das Vertrauen des vorleistungspflichtigen Angeklagten, wird insoweit geschützt, als dass § 257 c IV 1 StPO „explizit von einer rechtlichen Bindung des Gerichts an seine Zusage" ausgeht.[372] Das Gericht darf sich jedoch von der getroffenen Absprache lösen, wenn entweder *rechtlich oder tatsächlich bedeutsame Umstände übersehen worden sind oder sich neu ergeben und das Gericht deswegen zur Überzeugung gelangt, dass der in Aussicht gestellte Strafrahmen nicht mehr tat- und schuldangemessen ist* oder *das Prozessverhalten des Angeklagten nicht der gerichtlichen Prognose entspricht*. Dadurch soll verhindert werden, dass das Gericht wider besseres Wissen ein unangemessenes Urteil fällen muss.[373] Diese Lösungsmöglichkeit trägt dem Umstand Rechnung, dass die Absprache auf weniger gesicherten Erkenntnissen beruht, als eine endgültige gerichtliche Entscheidung.[374] Neben der grundsätzlichen Bindung des Gerichts an die Absprache wird der vorleistungspflichtige Angeklagte gemäß § 257 c IV S. 3 StPO auch dadurch geschützt, dass ein Geständnis des Angeklagten, das dieser im Vertrauen auf die getroffene Absprache abgelegt hat, dann nicht verwertet werden darf, wenn die Absprache nicht befolgt wird.[375] Inwieweit dem hierin begründeten Beweisverwertungsverbot ausnahmsweise aufgrund der gebotenen Verfahrensfairness Fernwirkung zukommt, bleibt abzuwarten, wird aber wohl abzulehnen sein.[376]

Problematisch erweist sich in Bezug auf die Verständigung insbesondere[377] der künstlich hervorgerufene Zwang zum Geständnis, da die Androhung einer möglicherweise überzogenen Freiheitsstrafe die Freiheit der

---

[370]Jahn/Müller, NJW 2009, 2625, 2626, vgl. auch BT-Drs. 16/12310, S. 14; BGH, NJW 2005, 1440, 1442.

[371]BT-Drs. 16/12310, S. 14; BGH, NJW 2005, 1440, 1442; OLG Celle, StV 2011, 341; Eschelbach in: BeckOk, StPO, § 257 c Rn. 9; Beulke, Strafprozessrecht, Rn. 395 a; Jahn/Müller, NJW 2009, 2625, 2629.

[372]BT-Drs. 16/12310, S. 14; Jahn/Müller, NJW 2009, 2625, 2626.

[373]Velten in: SK-StPO § 257 c, Rn. 37; Beulke, Strafprozessrecht, Rn. 396 a.

[374]Velten in: SK-StPO § 257 c, Rn. 37.

[375]BGH, StV 2009, 629; BGH, NJW-Spezial 2009, 617;BGH, StV 2011, 77, 78; Velten in: SK-StPO, § 257 c, Rn. 31; Beulke/Swoboda, JZ 2005, 67, 73.

[376]Vgl. zum Streitstand: Meyer-Goßner, StPO, § 257 c Rn. 28; Velten in: SK-StPO § 257 c, Rn. 51; Beulke, Strafprozessrecht, Rn. 396 c; Jahn/Müller, NJW 2009, 2625, 2629; Schlothauer/Weider, StV 2009, 600, 605.

[377]Aus Raumgründen soll an dieser Stelle nicht auf die umfangreiche Kritik eingegangen werden. Vielmehr befasst sich die Darstellung lediglich mit dem „Kooperationszwang", der auch der Kronzeugenregelung als Unterform der prozessualen Verständigung immanent ist. Vgl. zur Kritik zusammenfassend m. w. N. Beulke, Strafprozessrecht, Rn. 394 f.

Willensentschließung des Angeklagten in unzulässiger Weise beeinträchtigt und einen Verstoß gegen § 136 a StPO begründen kann.[378] Angesichts der möglichen vermuteten, angedrohten oder konkret in Aussicht gestellten Strafen, wird sich der Angeklagte einem hohen Druck ausgesetzt fühlen, der nicht selten in der Zustimmung zur Verständigung mündet.[379] Letztlich ist die auftretende Zwangssituation jedoch nur dann problematisch, wenn sie über das normale mit einem Strafprozess verbundene Maß hinausgeht, wenn also der angekündigte Strafrabatt erheblich unter der normalen zu erwartenden Strafe liegt, weil der Richter den Boden schuldangemessenen Strafens verlässt.[380] Der Betroffene gesteht vielfach nur, um einer möglicherweise lebenslangen Freiheitsstrafe zu entgehen oder noch eine Strafaussetzung zur Bewährung zu erreichen.[381] „Umgekehrt sehen Gerichte eine langwierige Beweisaufnahme und komplexe Probleme rechtlicher und tatsächlicher Art auf sich zu kommen, wenn es ihnen nicht gelingt, den Angeklagten durch das Angebot eines für ihn akzeptablen Verfahrensergebnisses zu einem Geständnis zu bewegen."[382] Dieser Umstand bedingt, dass das Geständnis möglicherweise aufgrund der massiven Druckausübung auf den Angeklagten gemäß § 136 a StPO unverwertbar ist oder aber faktisch aufgrund der erhöhten Fehleranfälligkeit nur einen geringen Beweiswert hat. Daher verbietet sich eine zu große Sanktionsschere, um den Druck, der auf dem Betroffenen lastet, erheblich zu verringern.[383] Überdies muss ein Geständnis, das aus der Verlockung der Strafmilderung resultiert, besonders geprüft werden, um den Anforderungen der Amtsaufklärungspflicht im deutschen Strafprozess zu genügen.[384] Die Amtsaufklärungspflicht und damit einhergehend das Prinzip der materiellen Wahrheit steht nicht zur Disposition der Parteien.[385] Auf ein solches Konsensprinzip wurde ganz bewusst verzichtet.[386] Es mag zutreffen, dass Abspracheverfahren faktisch „nur als eine Option für denjenigen Beschuldigten geschaffen werden, dem nicht an einer vollständigen beziehungsweise weitgehenden Ermittlung der materiellen Wahrheit gelegen ist, sondern der es vorzieht, Strafe in einem bestimmten Umfang zu akzeptieren, und insoweit bereit ist,

---

[378]Fischer, StraFo 2009, 177, 182; Kempf, StV 2009, 269, 272; vgl. auch Schlothauer, StraFo 2011, 487.

[379]Fischer, StraFo 2009, 177, 182; Roxin/Schünemann, Strafverfahrensrecht, § 14 Rn. 1; Schlothauer, StraFo 2011, 487, 492.

[380]BVerfG, NJW 1987, 2662, 2663.

[381]Schlothauer, StraFo 2011, 487.

[382]Schlothauer, StraFo 2011, 487 f.

[383]BGH, NJW 2005, 1440, 1442.

[384]Kempf, StV 2009, 269, 272.

[385]Vgl. BT-Drs. 16/12310, S. 13; BGH, NJW 2005, 1440, 1442; a. A. Ignor, BRAK-Mitt. 2/2008, 50, 51.

[386]Beulke, Strafprozessrecht, Rn. 395; Fezer, NStZ 2010, 177; Jahn/Kett-Straub, StV 2010, 271.

auf den Schutz des Prinzips der materiellen Wahrheit in gewissem Umfang- zu verzichten,"[387] jedoch darf das Gericht sich nicht aufgrund des erklärten Verzichtes des Beschuldigten seiner Pflicht zur Amtsaufklärung entziehen, was § 257 c I 2 StPO explizit klarstellt.[388] Das Prinzip der materiellen Wahrheit schützt nicht nur den Beschuldigten, sondern garantiert die Funktionsfähigkeit einer rechtsstaatlichen Strafrechtspflege und ist daher nicht dispositiv. Auch nach erfolgter Verständigung ist das Gericht zur Aufklärung und Darlegung des erwiesenen Sachverhaltes im Urteil nach Maßgabe des § 267 I 1 StPO verpflichtet.[389] Im Urteil ist auszuführen, warum das Geständnis die getroffenen Feststellungen trägt, indem der Inhalt des Geständnisses wiedergegeben und die vorliegenden Übereinstimmungen mit dem Akteninhalt bzw. anderen Beweismitteln dokumentiert werden.[390] Nicht von der Hand zu weisen ist, dass damit auch der Nutzen der Absprachepraxis hierzulande wesentlich geringer ist, da es die Pflicht zur Amtsaufklärung verbietet, wegen eines Schuldeingeständnisses auf die Beweisaufnahme beziehungsweise die Hauptverhandlung in Gänze zu verzichten. Letztlich besteht der Vorteil seitens der Justiz einzig darin, den zeitlichen Aufwand zumindest zu beschränken und einen unsicheren Ausgang des Verfahrens zu vermeiden.[391] Daher zielt die Absprache im deutschen Strafprozess von der Grundidee her nicht darauf ab, die Erforschung der Wahrheit vollständig durch das Geständnis zu ersetzen. Dies gilt insbesondere mit Blick darauf, dass sich die Wahrheitsfindung durch den Deal ohnehin als zwiespältig erweist. Zum einen wird postuliert, dass die Absprache der umfassenden Wahrheitsfindung dient, zum anderen wird dies in Frage gestellt, da die Wahrheit faktisch nicht mehr aufgeklärt wird und man sich zumeist damit begnügt, dass etwas strafbar sein könnte.[392] Tatsächlich entspricht das *plea bargaining* als Ursprung der Prozessabsprache dem bloßen Anerkenntnis des Angeklagten unter Verzicht auf die Beweisaufnahme, das unter Zusicherung einer zuvor ausgehandelten Strafe erfolgte.[393] Vor diesem Hintergrund scheint die Befürchtung der unzureichenden Wahrheitsaufklärung berechtigt. Allerdings verbietet der Amtsaufklärungsgrundsatzes nach § 244 II StPO den Verzicht auf die Erhebung weiterer Beweise, wenn begründete Zweifel am tatsächlichen Geschehensablauf oder an der rechtlichen Bewertung bestehen.[394] Das Gericht ist stets gehal-

---

[387] Ignor, BRAK-Mitt. 2/2008, 50, 51; vgl. auch Schlothauer, StraFo 2011, 487, 498.

[388] BGH, StV 2012, 133; BGH StV 2011, 647; BGH, StV 2009, 232.

[389] BGH, StV 2012, 60; BGH, StV 2011, 608.

[390] OLG Celle, StV 2011, 341.

[391] Ransiek, ZIS 2008, 116, 119.

[392] Vgl. Meyer-Goßner, StPO, § 257 c Rn. 3; Kempf, StV 2009, 269, 273.

[393] Ransiek, ZIS 2008, 116, 117.

[394] BGH, NJW 2005, 1440, 1442; Ransiek, ZIS 2008, 116, 119.

ten, die Akten vollständig zu lesen und zu bewerten.[395] Diese Überprüfung ist ein Minus zur Beweisaufnahme, obgleich die Wahrscheinlichkeit einer belohnungsbedingten Falschaussage gegeben ist.[396] Es ist daher stets zu prüfen, ob ein rechtsstaatlicher Mindeststandard gewahrt ist und der Amtsaufklärungsgrundsatz als grundlegendes Prinzip immer noch irgendwo irgendwie Geltung beansprucht.[397] „Der Richter darf sich also beispielsweise nicht mit einem Geständnis des Angeklagten begnügen, das dieser gegen die Zusage oder das In-Aussicht-Stellen einer Strafmilderung abgelegt hat, obwohl er sich beim gegebenen Verfahrensstand im Hinblick auf das Ziel der Wahrheitserforschung und der schuldangemessenen, gerechten Ahndung der Tat zu weiterer Beweiserhebung hätte gedrängt sehen müssen."[398] Bei korrekter Normanwendung lässt sich die Prozessabsprache mit dem Amtsermittlungsgrundsatz vereinbaren.[399] Die gesetzliche Regelung der Verständigung hat zumindest nach bisheriger Erfahrung erheblich dazu beigetragen, den Missbrauch der informellen Absprachen einzudämmen.[400] Dem tragen auch die Dokumentations- und Mitteilungspflichten in §§ 202 a; 212 und § 243 IV StPO Rechnung.[401]

2. Kronzeuge und Deal

Aufgrund dessen, dass die Absprache lediglich das Geständnis des Angeklagten hinsichtlich der eigenen Tat, die Gegenstand des laufenden Verfahrens ist, honorieren soll, kann die Kronzeugenaussage allein nicht Inhalt der Absprache im Sinne des § 257 c StPO sein, obgleich der Kronzeuge im angloamerikanischen Rechtsraum als Unterfall der Absprache geregelt ist. Zwar scheint der Wortlaut der Norm etwas anderes zu suggerieren, da § 257 c II 2 StPO lediglich vorsieht, dass Gegenstand der Absprache ein Geständnis sein soll, gleichwohl erscheint kein anderes Prozessverhalten denkbar, das die konsensuale Festlegung der Rechtsfolgen erlaubt.[402] Der Kronzeuge jedenfalls kann nichts zum gegenständlichen Sachverhalt bei-

---

[395] BGHSt 50, 40, 49; BGH, StV 2012, 133; BGH StV 2011, 647; BGH, StV 2009, 232; Velten in: SK-StPO, § 257 c,Rn. 34.

[396] Velten in: SK-StPO, § 257 c, Rn. 34; Ransiek, ZIS 2008, 116, 120.

[397] BVerfG, NJW 1987, 2662, 2663; Fezer, NStZ 2010, 177, 184.

[398] BVerfG, NJW 1987, 2662, 2663; so auch Taubald, Konsensuale Erledigung, S. 73.

[399] Vgl. Velten in: SK-StPO, § 257 c, Rn. 33; Fezer, NStZ 2010, 177, 184; Schlothauer, StraFo 2011, 487, 498; gleichwohl wird vielfach bezweifelt, dass die Rechtsprechung dieser Vorgabe gerecht werden kann, vgl. beispielhaft Fezer, NStZ 2010, 177, 181; Fischer, StraFo 2009, 177, 181; Roxin/Schünemann, Strafverfahrensrecht § 44 Rn. 65; Trüg, StV 2010, 528.

[400] Schlothauer, StraFo 2011, 487, 498.

[401] Schlothauer, StraFo 2011, 487, 497.

[402] So jedenfalls überzeugend Meyer-Goßner, StPO, § 257 c, Rn. 16; Beulke, Strafprozessrecht, Rn. 395 a.

tragen. Dagegen, dass auch die bloße Kronzeugenaussage als prozessuales Wohlverhalten im Rahmen des § 257 c StPO gewürdigt werden kann, spricht letztlich die konkrete Ausgestaltung des § 46 b StGB. Diese Regelung mit wesentlich höheren Anforderungen, beispielsweise einer Präklusionsregelung, würde nahezu vollständig leerlaufen. Der tatsächlich verbleibende Anwendungsbereich würde sich allein auf diejenigen Fälle beschränken, in denen eine Absprache im Rahmen der gesetzlichen Strafrahmen und konkret vorgesehenen Möglichkeiten nicht den gewünschten Effekt erzielen kann. Zu nennen sind beispielhaft Fälle, in denen das Gesetz zwingend eine Mindestfreiheitsstrafe von über zwei Jahren vorsieht, aber eine Bewährungsstrafe erzielt werden soll, oder aber diejenigen Fälle, in denen das Gesetz lebenslange Freiheitsstrafe androht. Auch eine Einstellung des Verfahrens nach § 153 b StPO ließe sich ohne Rückgriff auf § 46 b StGB nicht erreichen. Dass die eigens für den Bereich der Aufklärungshilfe geschaffene Regelung letztlich nur die Honorierung in den genannten Fällen erfassen soll, ist nicht denkbar. Auch die Absprache würde ihren Sinn, den Prozess beschleunigt zu erledigen, verfehlen. Solange kein Geständnis vorliegt, kann und darf unter Berücksichtigung der Amtsaufklärungspflicht die Beweisaufnahme nicht beschränkt werden. Ließe man eine derartige Verfahrensbeendigung zu, müsste man letztlich in der Konsequenz die Absprache ebenso wie das *plea bargaining* als Verfügung über den Prozessgegenstand begreifen. Gegenstand des *plea bargaining* ist nicht das Geständnis des Angeklagten, sondern nur ein bloßes Schuldbekenntnis, *guilty plea*.[403] Die Prozessordnung erfordert daher nicht, dass die tatsächliche Grundlage in der Hauptverhandlung überprüft wird, sondern dass der Richter lediglich zu prüfen hat, ob das Schuldbekenntnis freiwillig erfolgte.[404] Bei Vorliegen eines solchen Schuldbekenntnisses ist die Hauptverhandlung als solche entbehrlich.[405] Demnach stellt das *guilty plea* faktisch eine Verfügung über den Prozessgegenstand dar.[406] Die Absprache im angloamerikanischen Raum dient nicht vordergründig der Findung der materiellen Wahrheit, sondern vielmehr der Verfahrenserledigung. Im amerikanischen Rechtssystem findet grundsätzlich eine Formalisierung der Wahrheit statt.[407] Dort, wo die Wahrheit prozessual ausgestaltet wird, empfindet man das gefundene Ergebnis als gerecht.[408] Der dortige Parteiprozess zielt daher von vornherein nur darauf ab, eine neue Wahrheit herzustellen und nicht die Wahrheit zu ermitteln.[409] Hieraus wird verständlich, dass

[403]Kempf, StV 2009, 269, 272.

[404]Kempf, StV 2009, 269, 272.

[405]Trüg, ZStW 120 (2008), 331, 341.

[406]Roxin/Schünemann, Strafverfahrensrecht, § 17 Rn. 8.

[407]Trüg, ZStW 120 (2008), 331, 347.

[408]Trüg, ZStW 120 (2008), 331, 347.

[409]Trüg, ZStW 120 (2008), 331, 349.

auch die Kronzeugenaussage, die zur Prozessbeendigung führt, Gegenstand der Absprache im angloamerikanischen Rechtskreis sein kann. Dass dies im deutschen Strafprozess nicht gewollt ist, ergibt sich aus § 257 c I S. 2 StPO. Richtigerweise ist daher ein Geständnis wesentliche Voraussetzung der Prozessabsprache, zumindest aber wird man aufgrund der Ratio der Prozessabsprache ein prozessbezogenes Verhalten verlangen müssen. Es darf keine unsachgemäße Verknüpfung zwischen dem vom Beschuldigten abverlangten Verhalten und dem in Aussicht gestellten Vorteil geben.[410] „Ist der ein Geständnis Abgebende, wie man sagt ein Kronzeuge in eigener Sache, so ist umgekehrt der Kronzeuge sozusagen ein Gestehender in fremder Sache."[411] Die vom eigenen Verfahren losgelöste Bezichtigung eines Dritten kann daher nicht sachgemäß mit einer Strafmilderung im laufenden Verfahren verknüpft werden. Eine Aussage, die keinen Bezug zum Verfahren hat, kann niemals den Verzicht oder die Beschränkung der Beweisaufnahme kompensieren. Die Anwendung einer Kronzeugenprivilegierung in Reinform beeinflusst anders als die Prozessabsprache nicht die Wahrheitsfindung im laufenden Verfahren, da regelmäßig die Kronzeugentat aufzuklären ist und sich nur darüber hinaus der Kronzeuge bereitfindet, zur Wahrheitsfindung hinsichtlich der Bezugstat Hilfe zu leisten. „Deshalb hat auch die Kronzeugenregelung wenig mit einem Prozessvergleich gemein, der eine Dispositionsbefugnis von gleichberechtigten Partnern auf Kosten der Wahrheit voraussetzt."[412]

Selbst wenn die Kronzeugenaussage allein nicht Bestandteil der Absprache sein kann, bedeutet dies jedoch nicht, dass es sich um grundlegend verschiedene Institute handelt, die sich überhaupt nicht miteinander vereinbaren ließen. Von zwei parallelen Instituten auszugehen, „trifft den Kern der Sache nicht ganz, denn beides schließt sich nicht aus, und Verständigung i.S. von § 257 c StPO ist nie Selbstzweck, sondern dient *stets* weitergehenden Zwecken."[413] Es steht dem Beschuldigten daher frei, im Rahmen der Absprache auch Angaben zu anderen Taten zu machen. Überdies kann auch explizit die Anwendung einer Kronzeugenregelung zum Gegenstand der Absprache gemacht werden.[414]

Im Ergebnis kann im Wege der Absprache ein Dritter belastet werden, wenngleich dies vielfach gerade kein Teil des Geständnisses ist, sondern sich als aliud erweist.[415] Der Berücksichtigung der getätigten Kronzeugenangaben im Rahmen der ausgehandelten Strafe sind jedoch durch die ge-

[410] BGHSt 49, 84, 87; Beulke, Strafprozessrecht, Rn. 395 a.

[411] Behrendt, GA 1991, 337, 357.

[412] Gropp/Schubert/Wörner in: Rechtliche Initiativen gegen organisierte Kriminalität, 69, 156.

[413] Fischer, StGB, § 46 b Rn. 4 b.

[414] Fischer, StGB, § 46 b Rn. 4 c.

[415] Schünemann in: Verhandlungen des 58. Juristentages, B9, B15.

setzlichen Strafrahmen Grenzen gesetzt. Demnach kann die begehrte Rechtsfolge ohne dass die Aufklärungshilfe gesondert normiert wird, nicht erreicht werden. Während die Prozessabsprache strikt an die bestehenden gesetzlichen Möglichkeiten gebunden ist, beinhaltet die Kronzeugenregelung regelmäßig einen eigenen Rechtsgrund für die Gewährung eines entsprechenden Vorteils.[416] Überdies bliebe die Aufklärungshilfe, sofern sie lediglich im Rahmen des § 257 c StPO berücksichtigt werden könnte, denjenigen verschlossen, die hinsichtlich der eigenen Tat gerade nicht absprachewillig sind. Das eigene Geständnis wäre dann zwingende Voraussetzung der Aufklärungshilfe, was schließlich die Anreizwirkung erheblich herabsetzen würde. Die Kronzeugenregelung geht nicht in der Prozessabsprache auf, wenngleich sie aufgrund dessen, dass ein Zeugenbeweis verfügbar wird, ebenso wie die Absprache zur Beschleunigung eines Verfahrens aufgrund konsensueller Möglichkeiten beiträgt. Die Prozessabsprache zielt auch in Deutschland auf die beschleunigte Verfahrensbeendigung ab, indem auf Basis eines Geständnisses ein schnelleres, für den Angeklagten in der Regel günstigeres Urteil ausgehandelt wird. Primäres Ziel einer Kronzeugenregelung ist regelmäßig nicht, das Verfahren gegen den Kronzeugen durch den Verzicht auf eine Beweisaufnahme zu beschleunigen. Eine Beschleunigung wird nur in den Fällen erreicht, in denen die Kronzeugentat aufgrund der getätigten Aussage eingestellt wird. Die Kronzeugenregelung dient daher in der Regel der Beschleunigung eines anderen Verfahrens und hinsichtlich der Kronzeugentat lediglich der Verhinderung der Ausschöpfung des Instanzenzuges durch Schaffung eines revisionsfesten Urteils gegen den Kronzeugen. Beiden Instrumentarien ist gemeinsam, dass es sich um konsensuale Maßnahmen mit Rechtsbefriedungsfunktion handelt. Durch die Vergünstigungen, die aufgrund einer Kronzeugenregelung erzielt werden, wird der Angeklagte gefälliger auf den Abschluss des laufenden Verfahrens hinwirken, was die Erlangung eines konsensfähigen und damit revisionssicheren Urteils wesentlich wahrscheinlicher macht. Eine entsprechende Tendenz wird sich auf Seiten des Gerichts einstellen, da es ansonsten vielfach dem Vorwurf, man habe die Voraussetzungen eines Kronzeugenprivilegs nicht ausgiebig geprüft, ausgesetzt wäre.[417] Demnach dient gerade auch die Belastung Dritter im Wege des Kronzeugenprivilegs ebenso wie die Prozessabsprache der Verfahrenserledigung. „Freilich ergibt sich aus der „Drittwirkung" der Aussage des Kronzeugen auch ein spezifischer Problembereich, zu dessen Lösung die Lehre vom Prozeßvergleich [sic] nicht unmittelbar etwas hergibt."[418] Die Regelung ist so ausgestaltet, dass die Belastung Dritter nicht allein Gegenstand der Absprache sein

[416]Mehrens, Die Kronzeugenregelung, S. 41.

[417]Vgl. Jaeger, Der Kronzeuge, S. 160.

[418]Behrendt, GA 1991, 337, 342.

kann, da der Katalog der Absprachegegenstände abschließend ist.[419] Zudem erweist sich die Integration der Kronzeugenregelung in die Absprache aufgrund der fehlenden Identität zwischen Nehmer und Geber seitens der Justiz als schwierig.[420] Während die Vorleistung, namentlich die Preisgabe der Informationen, im Ermittlungsverfahren erfolgt, soll „die Gegenleistung, also die Strafmilderung oder das Absehen von Strafe durch das Gericht, [...] durch einen „Vertragspartner" erfolgen, der dem Beschuldigten und der Verteidigung unter Umständen noch nicht einmal bekannt ist. Der Aufklärungsgehilfe „erkauft" sich eine vage Hoffnung, in zivilrechtlichen Kategorien ausgedrückt noch nicht einmal ein Anwartschaftsrecht, auf eine „Wohltat" des Richters. Aus dem „do ut des" der strafprozessualen Vereinbarung wird ein höchst ungewisses „do et spero" des Kronzeugen."[421] Es fehlt daher auch die erforderliche Vertragsparität zur formellen Integration des Kronzeugeninstituts in den Bereich der Absprache.

Im Ergebnis kann die Aufklärungshilfe daher Teil der Prozessabsprache sein. Kronzeugeneffekte ließen sich auf diese Weise in begrenzten Umfang für den geständigen Täter herbeiführen. Gleichwohl geht die Aufklärungshilfe nicht in der Prozessabsprache vollständig auf. Allerdings zeigt zumindest § 257 c StPO, also die Normierung der artverwandten Prozessabsprache, die zunehmende Bereitschaft unserer Rechtsordnung, den Grundsatz der strengen Inquisitionsmaxime in Richtung einer Konsensmaxime aufzuweichen.[422] Dadurch bereitet die Eingliederung der Absprachepraxis den Nährboden für die Öffnung unserer Rechtsordnung für konsensuelle Verfahrensmethoden wie das Institut des Kronzeugen.[423] „Damit erweist sich die rechtliche Realisierbarkeit des Vergleichsschemas im Strafverfahren nur als eine notwendige, nicht als eine hinreichende Bedingung für die Zulässigkeit einer Kronzeugenregelung im Strafrecht."[424] Überdies sollte man das Instrument der Absprache stets im Hinterkopf behalten, um bei erfolgter Aufklärungshilfe auf dessen Honorierung hinzuwirken.

V. §§ 153 ff. StPO

Dass das Prinzip der Erforschung der Wahrheit auch in unserem Strafprozess nicht unantastbar ist, zeigen die §§ 153 ff. StPO. Dort sieht das Gesetz diverse Durchbrechungen des Legalitätsprinzips vor, sodass sich hier sys-

---

419 Meyer-Goßner, StPO, § 257 c Rn. 18; Jahn/Müller, NJW 2009, 2625, 2628.

420 Malek, StV 2010, 200, 203.

421 Malek, StV 2010, 200, 203.

422 Vgl. Fezer, NStZ 2010, 177 ff.; Jahn/Müller, NJW 2009, 2625.

423 Vgl. Schönke/Schröder/Kinzig, StGB § 46 b Rn. 2; Behrendt, GA 1991, 337, 342.

424 Behrendt, GA 1991, 337, 357.

tematisch eine Kronzeugenregelung einsortieren ließe.[425] Die dortigen Tatbestände lassen sich in Fälle der Geringfügigkeit, der Befriedigung des Strafverfolgungsinteresses auf andere Weise sowie der entgegenstehenden vorrangigen staatlichen Interessen einteilen.[426] Bei oberflächlicher Betrachtung ließe sich daher argumentieren, dass sich die Kronzeugenregelung zumindest in die dritte Gruppe einfügt. „Unter Hinweis auf das in § 153 d StPO zu findende Güterabwägungsprinzip, das in § 153 e StPO niedergelegte Institut der tätigen Reue und die Verbindung dieser beiden Prinzipien in § 153 c StPO" bestätigt sich der Eindruck, dass auch die Kronzeugenregelung artverwandt mit den dort normierten Fällen ist.[427] Bei genauerer Betrachtung erweist sich die Einordnung der Aufklärungshilfe in den Regelungskomplex jedoch als unpassend: Während etwa § 153 d StPO wegen schwerwiegender Nachteile für die Staatssicherheit durch das Verfahren von Strafe absehen will,[428] werden mit dem Verfahren gegen den Kronzeugen selten Nachteile für die Staatssicherheit verbunden sein. Auch ließe sich schwer argumentieren, dass es nur die Einstellung des Kronzeugenverfahrens ermöglicht, durch die Angaben des Kronzeugen andere ansonsten drohende, die Staatssicherheit gefährdende Straftaten abzuwenden. § 153 e I S. 1 StPO hingegen verlangt Gefahren für die Sicherheit oder den Bestand der Bundesrepublik und honoriert letztlich die tätige Reue des Beschuldigten und gerade nicht die bloße Kooperation mit den Ermittlungsbehörden und den daraus resultierenden Fahndungserfolg.[429] Lediglich § 153 e I S. 2 StPO geht über die Privilegierung der tätigen Reue hinaus, indem ausdrücklich die Aufklärungshilfe honoriert werden soll.[430] Maßgeblich ist, dass der Täter sein gesamtes Wissen, das mit der Tat im Zusammenhang steht, den Strafverfolgungsbehörden offenbart.[431] Allerdings ist der Anwendungsbereich sehr begrenzt, da die Privilegierung neben der Offenbarungshandlung voraussetzt, dass eine Gefahr für den Bestand oder die Sicherheit der Bundesrepublik Deutschland oder die verfassungsgemäße Ordnung abgewendet wird.[432] Zudem erfährt diese kleine Kronzeugenregelung aufgrund ihres Wortlautes, der die Preisgabe des Wissens über Bestrebungen des Hochverrates, der Gefährdung des demokratischen Rechtstaats oder des Landesverrats und der Gefährdung der äußeren Sicherheit verlangt, eine weitere erhebliche Einschränkung, die sie insbesondere im

---

[425]Mehrens, Die Kronzeugenregelung, S. 38.

[426]Roxin/Schünemann, Strafverfahrensrecht, § 14 Rn. 5.

[427]Bocker, Der Kronzeuge, S. 87.

[428]BGB1 1968 I S. 741; Plöd in: KMR StPO, § 153 d Rn. 3; Weßlau in: SK-StPO, § 153 d Rn. 4; Roxin/Schünemann, Strafverfahrensrecht, § 14 Rn. 16.

[429]Bocker, Der Kronzeuge, S. 87.

[430]Beulke in: Löwe-Rosenberg, § 153 e Rn. 11; Weßlau in: SK-StPO, § 153 e Rn. 10.

[431]Weßlau in: SK-StPO, § 153 e Rn.10.

[432]Weßlau in: SK-StPO, § 153 d Rn. 10.

Bereich der Wirtschaftskriminalität, der organisierten Kriminalität sowie im Bereich der Terrorismusbekämpfung unbrauchbar macht.[433] Ein allgemeines Instrument zur umfassenden Verbesserung der Kriminalitätsbekämpfung ließe sich hier nur schwer verorten, da sich die Angaben eines Kronzeugen nur in den wenigsten Fällen auf Staatsschutzdelikte beziehen. Auch wird sich außerhalb gravierender Staatsschutzdelikte kaum jemals das Absehen von der Strafverfolgung rechtfertigen lassen. Auch lässt sich der Regelungsgegenstand einer Kronzeugenregelung nicht von § 153 StPO erfassen, da die Schuld eines Kronzeugen in vielen Fällen gerade nicht als gering anzusehen sein wird.[434] Eine Einordnung in den Bereich des § 153 a StPO erscheint nicht plausibel, weil bei der Einstellung nach § 153 a StPO gerade kein Unrecht zuweisender Schuldspruch erfolgt, sondern lediglich kursorisch geprüft wird, ob die Schwere der Schuld einer Einstellung entgegensteht.[435] Der Kronzeuge ist aber regelmäßig Beschuldigter einer gravierenden Straftat, die auch vollständig aufgeklärt wird. Es kann daher nicht auf einen Schuldspruch verzichtet werden, wenn die Schuld festgestellt ist. Überdies wird selbst bei kursorischer Prüfung die Schuld des Täters einer solchen Einstellung in der Regel widersprechen. Zudem fallen von vornherein diejenigen Beschuldigten aus dem Anwendungsbereich, die eines Verbrechens beschuldigt werden. Auch eine Einstellung nach § 153 b StPO kann nicht für eine Kronzeugenregelung genutzt werden. § 153 b StPO ermöglicht es der Staatsanwaltschaft, ein Verfahren einzustellen, wenn das Gericht von Strafe absehen könnte.[436] Das Gericht kann jedoch nur dann von Strafe absehen, wenn das Gesetz dies ausdrücklich vorsieht.[437] Eine Regelung, die für den Fall der Aufklärungshilfe ein Absehen von Strafe ermöglicht, würde erst durch eine entsprechende Normierung geschaffen. Demnach kann § 153 b StPO der Erforderlichkeit der Normierung einer Kronzeugenregelung denklogisch nicht entgegenstehen.[438]

Ferner finden sich in der Rechtswirklichkeit Bestrebungen, faktisch über eine extensive Auslegung des § 154 StPO eine Kronzeugenregelung zu schaffen.[439] § 154 StPO ermöglicht die Einstellung eines Verfahrens (§ 154 II StPO) beziehungsweise das Absehen von der Strafverfolgung (§ 154 I StPO), wenn ein Vergleich zwischen der aktuell zu verhängenden Strafe und der in einem anderen Verfahren zu erwartenden oder bereits verhäng-

---

[433]Beulke in: Löwe-Rosenberg, § 153 e Rn. 11.

[434]Jaeger, Der Kronzeuge, S. 58; Kneba, Die Kronzeugenregelung, S. 46 f.

[435]Schoreit in: KK, § 153 a Rn. 11; Weßlau in: SK-StPO, § 153 a Rn. 11; Roxin/Schünemann, Strafverfahrensrecht, § 14 Rn. 14; Peglau, ZRP 2001, 103, 104.

[436]Beulke in: Löwe-Rosenberg, § 153 b Rn. 1.

[437]Schoreit in: KK, § 153 b Rn. 1; Plöd in: KMR StPO, § 153 b Rn. 2; Weßlau in: SK-StPO, § 153 b Rn. 3.

[438]Vgl. auch Kneba, Die Kronzeugenregelung, S. 47.

[439]Vgl. Roxin/Schünemann, Strafverfahrensrecht, § 14 Rn. 8; Volk, NJW 1996, 879.

ten Strafe (Bezugssanktion) zu dem Ergebnis kommt, dass die jetzt zu verhängende Strafe beziehungsweise die zu erwartende Strafe nicht wesentlich ins Gewicht fällt.[440] Dies macht eine Abwägung im Einzelfall unter Berücksichtigung aller Umstände erforderlich.[441] Es ist sogar möglich, gravierende Taten einzustellen beziehungsweise von deren Verfolgung abzusehen, da keine mathematischen Grundregeln gelten.[442] So ist selbst das Absehen von einer lebenslangen Freiheitsstrafe nicht zwingend ausgeschlossen.[443] Es obliegt der Staatsanwaltschaft beziehungsweise dem Gericht anhand einer Prognose, die zu erwartenden Strafen im konkreten Einzelfall abzuschätzen.[444]

Will man sich das Einstellungsverfahren nach § 154 I StPO zur Herbeiführung von Kronzeugeneffekten zur Nutze machen, läuft dies in der Regel faktisch auf die Gewährung von Immunität hinaus.[445] Dem Beschuldigten wird eine Einstellung nach § 154 StPO bezüglich derjenigen Verfahren zugesagt, hinsichtlich derer er bereit ist, im laufenden Verfahren eine Aussage zu machen. Diese Verfahren werden dann mit Blick auf die im aktuellen Verfahren zu erwartende Strafe eingestellt beziehungsweise gemäß § 154 I StPO nicht verfolgt. Denkbar ist auch der umgekehrte Fall, dass der Beschuldigten Angaben zu anderen Taten macht und ihm im Hinblick auf die dort zu erwartende Strafe zugesichert wird, das laufende Verfahren einzustellen beziehungsweise von der Verfolgung abzusehen. Dem Beschuldigten steht es insoweit frei, zu welchen anderen eigenen Straftaten er Angaben machen möchte und in welchem Umfang er seine Mittäter und Gehilfen preisgibt. Problematisch ist aus Sicht des Beschuldigten insoweit jedoch, dass anders als bei der Immunität die zunächst gemäß § 154 StPO eingestellten Verfahren wieder einbezogen werden können.[446] Allerdings minimiert sich durch die getroffene Absprache das Risiko aus Sicht des Beschuldigten, während es den Strafverfolgungsorganen ermöglicht wird, das Verfahren zu konzentrieren und weitere Ermittlung einzuleiten. Daher scheint § 154 I StPO zumindest im Hinblick auf eigene Taten des Aussagenden ein Kronzeugenprivileg zu zulassen. Gleichwohl ist der Einstellung beziehungsweise dem Absehen von der Strafverfolgung insoweit eine Grenze gesetzt, als der Tatvorwurf der einzustellenden Taten unter Berücksichtigung der zur Einstellung in Betracht kommenden Taten gegenüber der erwarteten oder bereits verhängten Strafe nicht wesentlich ins Gewicht

---

[440] Plöd in: KMR StPO, § 154 Rn. 6; Beulke in: Löwe-Rosenberg, § 154 Rn. 2.

[441] Schoreit in: KK, § 154 Rn. 8; Beulke in: Löwe-Rosenberg, § 154 Rn. 14; Meyer-Goßner, StPO, § 154 Rn. 7; Weßlau in: SK-StPO, § 154 Rn. 16.

[442] Plöd in: KMR StPO, § 154 Rn. 6; Beulke in: Löwe-Rosenberg, § 154 Rn. 3.

[443] Schoreit in: KK, § 154 Rn. 9.

[444] Beulke in: Löwe-Rosenberg, § 154 Rn. 3; Schoreit in: KK, § 154 Rn. 4.

[445] Vgl. Roxin/Schünemann, Strafverfahrensrecht, § 14 Rn. 8.

[446] Volk, NJW 1996, 879.

fallen darf. Eine Abwägung zweier Taten setzt voraus, dass das Ausmaß der offenbarten Taten bereits zum Zeitpunkt der Zusicherung überschaubar ist.[447] Dies macht es erforderlich, dass bereits ein Anfangsverdacht gegen den Beschuldigten vorliegt, aufgrund dessen die Staatsanwaltschaft beurteilen kann, welchen Umfang die Schuld des Beschuldigten hat.[448] Allerdings kann die Staatsanwaltschaft bereits dann von der Verfolgung absehen, wenn sie aufgrund des bisherigen Kenntnisstandes davon ausgehen kann, dass die Einstellungsvoraussetzungen bei Bestätigung des Tatverdachts vorliegen werden.[449] Zielt die Zusage der Staatsanwaltschaft jedoch, wie es dem Wesen einer Kronzeugenregelung entspricht, darauf ab, Informationen über ihr noch gänzlich unbekannte Taten zu erhalten oder den Beschuldigten zu einem umfassenden Geständnis zu verleiten, so ist dieses Vorgehen nicht mehr von § 154 StPO umfasst.[450] Demnach kann rein formal betrachtet § 154 StPO aus Sicht des Beschuldigten keine taugliche Vertrauensgrundlage bieten, um ein umfassendes Geständnis abzulegen. Auch hinsichtlich der Staatsanwaltschaft erweist sich dieses Vorgehen nicht als gewinnbringend, da letztlich das Versprechen, das Verfahren nach § 154 StPO einzustellen, trotz Ermangelung der gesetzlichen Voraussetzungen einen gesetzlich nicht vorgesehenen Vorteil darstellt. So wäre ein etwaiges Geständnis weiterer Taten gemäß § 136 III 2 StPO unverwertbar.[451] Aufgrund dessen, das jedoch keine Fernwirkung besteht, könnte die Staatsanwaltschaft zumindest die weiteren Ermittlungsansätze verfolgen, was die Ausdehnung des § 154 StPO contra legem zu einem interessanten Instrument macht. Dadurch wird jedoch der Zweck des § 154 StPO entfremdet, da die Staatsanwaltschaft letztlich das laufende Verfahren instrumentalisiert, um idealerweise aufgrund der getätigten Aussage Ermittlungen gegen andere Täter aufzunehmen oder zu intensivieren, nicht hingegen wird vordergründig beabsichtigt, die Verfahrensmasse zu konzentrieren.[452] § 154 I StPO darf daher nicht derart extensiv ausgelegt werden, dass faktisch eine Kronzeugenregelung eingeführt würde.[453] Weil sich § 154 StPO als Ausnahme zum Legalitätsprinzip nicht weit genug durch die Strafverfolgungsbehörden dehnen lässt, ist es allenfalls dem Gesetzgeber gestattet, eine das Legalitätsprinzip durchbrechende Grundlage zu schaffen.[454] Aufgrund dessen, dass es derzeit keine Möglichkeit gibt, den Missbrauch des

---

[447]Volk, NJW 1996, 879, 880.

[448]Schoreit in: KK, § 154 Rn.22; Meyer-Goßner, StPO, § 154 Rn. 6; Volk, NJW 1996, 879, 880.

[449]BT-Drs. 8/ 976, S. 40; Beulke in: Löwe-Rosenberg, § 154 Rn. 29.

[450]Beulke, Strafprozessrecht, Rn. 140; Roxin/Schünemann, Strafverfahrensrecht, § 14 Rn. 8; Volk, NJW 1996, 879, 880.

[451]Volk, NJW 1996, 879, 880.

[452]Jaeger, Der Kronzeuge, 78 f.; Volk, NJW 1996, 879, 881.

[453]Volk, NJW 1996, 879, 881.

[454]Volk, NJW 1996, 879, 882.

§ 154 StPO zur Erzielung von Kronzeugeneffekten beziehungsweise zur Erlangung von Geständnissen zu kontrollieren, erweist sich das Institut als rechtstaatlich problematisch.[455] Dieser Umstand verdeutlicht umso mehr das Erfordernis nach einer gesetzlichen Grundlage für eine Kronzeugenregelung.

Über § 154 a StGB, der die Beschränkung der Strafverfolgung innerhalb einer prozessualen Tat ermöglicht,[456] lassen sich kaum sichtbare Kronzeugeneffekte erzielen. So wird den Strafverfolgungsbehörden selten daran gelegen sein innerhalb einer prozessualen Tat weitere materielle Taten unter Zusicherung der Beschränkung der Strafverfolgung aufzuklären. Etwas anderes mag in Bezug auf komplizierte Wirtschafts- und Steuerstrafverfahren gelten. Dann gilt jedoch zu § 154 StPO Gesagtes entsprechend, da auch § 154 a I StPO verlangt, dass die einzustellende materielle Tat nicht beträchtlich ins Gewicht fällt. Zudem muss der Aussagende damit rechnen, dass das Gericht gemäß § 154 a III S. 1 StPO die ausgeschiedenen Teile der Tat wieder einbezieht.

Faktisch genügen die §§ 153 ff. StPO nicht, um den Bedürfnissen der Strafrechtspflege Rechnung zu tragen, sodass sich nunmehr eine Grauzone herausgebildet hat, die einer gesetzlichen Regelung bedarf.[457] Tatsächlich würde sich eine neue Regelung dort einfügen.[458] Jedoch kann es nicht Ziel sein, nur die Fälle zu regeln, bei denen ein vollständiger Verfolgungsverzicht möglich scheint, da dies dem Ziel einer umfassenden Regelung zur Bekämpfung der Schwerkriminalität zuwiderliefe. Der angestrebte Zweck ließe sich nicht in gleicher Weise verwirklichen. „Es zeigt sich vielmehr wieder einmal in aller Deutlichkeit, daß [sic] klare strafprozessuale Möglichkeiten fehlen, eine legitime Schuldbegrenzung jenseits der vom Gesetzgeber für im wesentlichen Bagatellkriminalität gedachten §§ 153, 153a sowie jenseits der §§ 154, 154 a StPO vorzunehmen.“[459]

VI. Zusammenfassung

Das Erfordernis einer Kronzeugenregelung lässt sich nicht deswegen verneinen, weil bereits ausreichend andere ähnlich gelagerte Methoden zur Informationsbeschaffung bestehen. Insbesondere hat sich gezeigt, dass der Einsatz Verdeckter Ermittler und V-Personen nicht in gleicher Weise dazu geeignet ist, den Strafverfolgungsbehörden Zugang zu zwingend erforderlichen Informationen zu verschaffen. Der Einsatz Verdeckter Ermittler und

[455] Roxin/Schünemann, Strafverfahrensrecht, § 14 Rn. 8.

[456] BGH 32, 84, 87; Schoreit in: KK, § 154 a Rn. 6; Meyer-Goßner, StPO, § 154 a Rn. 1.

[457] BT-Drs. 14/5938, S. 10.

[458] Jaeger, Der Kronzeuge, S. 59.

[459] Wolfslast, NStZ 1990, 409, 414.

V-Personen kann aufgrund des damit einhergehenden Eingriffs in die Grundrechte der Betroffenen nur unter Einhaltung strenger teilweise gesetzlich festgeschriebener Voraussetzungen erfolgen. Demgemäß ist insbesondere ein Anfangsverdacht gegen eine bestimmte Person erforderlich. Ein Anfangsverdacht setzt jedoch seinerseits voraus, dass die Strafverfolgungsbehörden bereits über entsprechende Informationen verfügen. An dieser Informationsgrundlage fehlt es jedoch im Bereich der organisierten Kriminalität, der Wirtschaftskriminalität und des Terrorismus in aller Regel, da Informationen nur selten nach außen dringen. Zudem lässt sich der Einsatz von V-Personen und Verdeckten Ermittlern auch faktisch schwer umsetzen, da es häufig an geeigneten Beamten beziehungsweise bereitwilligen Personen fehlen wird. Während sich beispielsweise geeignete Beamte im Bereich der Terrorismusbekämpfung nur schwer finden lassen, da es ihnen beispielsweise an ethnologischen Merkmalen fehlt, lassen sich im Bereich der Wirtschaftskriminalität nur selten Personen finden, die bereit, sind für eine geringe Geldsumme für die Strafverfolgungsbehörden tätig zu werden. Die für einen verdeckten Einsatz eines Ermittlers erforderliche Legende macht den Einsatz zudem aufwändig und extrem kostenintensiv. Vor diesem Hintergrund ist daher grundsätzlich ein Kronzeuge als zusätzlicher Informant erforderlich. Zudem hat sich gezeigt, dass es jedoch zur Etablierung eines Kronzeugen auch einer Regelung bedarf. Insbesondere lassen sich die allgemeinen Strafzumessungsgründe nach § 46 StGB nicht derart auslegen, dass sich etwaige zugesicherte Strafrabatte als Honorar für den Kronzeugen über die Strafzumessung realisieren lassen. Die Kooperation mit den Strafverfolgungsbehörden ist zwar wünschenswert, ist jedoch kein tat-und schuldbezogenes Nachtatverhalten, das im Wege der Strafzumessung strafmildernd berücksichtigt werden kann. Nur selten ist die Kooperation von Reue und Einsicht geprägt. Zudem kann die Strafzumessung dann keine ausreichende Honorierung eines Kronzeugen gewährleisten, wenn diese eine Unterschreitung der gesetzlichen Mindeststrafen erfordert. Die Vorschriften der § 153 ff. StPO eignen sich ebenfalls nicht, um eine sinnvolle Variationsbereite zur Honorierung eines Kronzeugen zu bieten. Insbesondere ist der Anwendungsbereich dieser Vorschriften zu eng, da sie beispielsweise im Bereich der Verbrechen nur unter sehr begrenzten in der Regel nicht einschlägigen Voraussetzungen eingreifen. Zudem ermöglichen diese Vorschriften in aller Regel nur eine Einstellung des Verfahrens bzw. das Absehen von der Strafverfolgung. Ein Strafrabatt, wie er als Honorar für den Kronzeugen gewünscht ist, lässt sich über diesen Vorschriftenkatalog nicht herleiten. Auch § 257 c StPO bietet keine Grundlage zur Etablierung einer Kronzeugenregelung. Die Absprache im Strafprozess dient allein der beschleunigten Erledigung des Strafverfahrens. Honoriert wird daher nicht die eine andere Tat betreffende Kooperation des Angeklagten, sondern ein frühzeitiges Geständnis der angeklagten Tat. Preisgegebene Informationen, die eine andere Tat oder Mittäter betreffen können sich allenfalls zusätzlich begünstigend auf das ausgehandelte Strafmaß auswirken, sind jedoch nicht Gegenstand der eigentlichen Absprache. Zudem bietet die Absprache auch nur eine gewisse Varianz innerhalb des gesetzlich vorgegebenen Strafrahmens, so dass eine Unterschreitung der gesetzlichen Mindeststrafen nicht möglich ist. Gleichwohl zeigt die Normierung der Absprache, dass unser bestehendes System durchaus zugänglich ist für konsensuale Methoden ist. Eine Kronzeugenregelung ist eine sinnvolle Ergänzung der Absprache, geht jedoch von ihrem Regelungsgehalt darüber hinaus.

F. „Angemessenheit"

Fraglich ist zudem, ob die Schaffung einer Kronzeugenregelung auch vor dem Hintergrund eines damit möglicherweise verbundenen Eingriffs in unser bestehendes strafprozessuales System „angemessen" ist. Eine Kronzeugenregelung soll insbesondere zur Verbesserung der Strafverfolgung in bislang nur schwer zugänglichen Kriminalitätsbereichen dienen. Das bestehende System ist jedoch von strafprozessualen Maximen geprägt, die gerade nicht darauf abzielen eine flächendeckende Strafverfolgung um jeden Preis zu ermöglichen. [460] Vielmehr ist in jedem Fall sorgfältig zu prüfen, ob eine neue Methodik oder Maßnahme im Rahmen der Strafverfolgung mit diesen Grundsätzen vereinbar ist und sich in das rechtstaatliche System vertretbar einfügt. Die Ziele des Strafverfahrens sind jedoch mannigfaltig und teilweise in ihrer Zielsetzung konträr, so dass sie grundsätzlich gegeneinander abzuwägen sind.[461] Im Ergebnis muss eine Zielsetzung im Einzelfall zur Durchsetzung einer anderen zurücktreten.[462] Niemals aber darf eine gesetzliche Regelung außer Verhältnis zum angestrebten Zweck stehen. Insbesondere muss dafür Sorge getragen werden, dass die wesentlichen Grundprinzipien der Strafprozessordnung und des Rechtsstaates nicht massiv eingeschränkt werden, ohne dass einer Verhältnismäßigkeitsprüfung entsprechend, die wechselseitigen Interessen austariert würden. Der Staat ist verpflichtet, das Strafverfahren so zu gestalten, dass den Rechten und Interessen der Beteiligten sowie der Allgemeinheit hinreichend Rechnung getragen wird. Während der Staat der Allgemeinheit eine effektive Strafverfolgung schuldet, schuldet er auf der anderen Seite dem Beschuldigten ein ordnungsmäßiges Verfahren, das diesen vor übermäßigen und unverhältnismäßigen Eingriffen schützt.[463] Insbesondere muss dem Umstand Rechnung getragen werden, dass sich die Unschuldsvermutung im Laufe des Verfahrens bestätigt. Auch muss dem Missbrauch der strafpro-

---

[460]BVerfG, JZ 2011, 249,250; BGHSt 38, 215, 219 f; Beulke, Strafprozessrecht, Rn. 5.

[461]Beulke, Strafprozessrecht, Rn. 3.

[462]Beulke, Strafprozessrecht, Rn. 3.

[463]Beulke, Strafprozessrecht, Rn. 5.

zessualen Machtmittel durch Strafverfolgungsbehörden Einhalt geboten werden.[464] Daher soll nachfolgend untersucht werden, ob ein Kronzeugeninstitut insoweit unverhältnismäßig ist, als es in wesentliche Verfahrensmaximen in ungerechtfertigter Weise eingreift. „Grundgesetz und Strafprozessordnung wollen den staatlichen Strafanspruch nicht ver- oder behindern, sondern rechtsstaatlich ermöglichen und organisieren."[465] Diese Erkenntnis ist für die Kontrolle eines strafprozessualen Instruments hinsichtlich der Kompatibilität mit unserer Rechtsordnung von Bedeutung. Eine Kronzeugenregelung muss die wesentlichen Prinzipien des Strafverfahrens weitgehend bewahren und gleichzeitig der besseren Durchsetzung des staatlichen Strafanspruchs dienen.

I. Legalitätsprinzip

1. Rechtliche Einordnung

Bereits 1877 wurde in der Strafprozessordnung das Legalitätsprinzip kodifiziert, das gemäß § 152 II StPO der Staatsanwaltschaft eine unbedingte Strafverfolgungspflicht auferlegt.[466] Das Legalitätsprinzip ist ein wesentlicher Leitgedanke der Strafprozessordnung.[467] Der Staat hat insoweit nicht nur einen Strafverfolgungsanspruch, sondern eine indisponible Strafverfolgungspflicht, die, sofern ein hinreichender Tatverdacht vorliegt, in einem Anklagezwang mündet.[468] „Das Prinzip der Rechtsstaatlichkeit, die Pflicht des Staates, die Sicherheit seiner Bürger und deren Vertrauen in die Funktionsfähigkeit der staatlichen Institutionen zu schützen, und der Anspruch aller in Strafverfahren Beschuldigter auf Gleichbehandlung erfordern vielmehr grundsätzlich, daß [sic] der Strafanspruch durchgesetzt, also auch eingeleitete Verfahren fortgesetzt werden."[469] Dies ist insbesondere dem Umstand geschuldet, dass jedem betroffenen Bürger aufgrund dessen, dass wir das Faustrecht nicht mehr zulassen, ein Justizgewährleistungsanspruch zusteht.[470] Jeder Verzicht auf die Strafverfolgung in den gesetzlich nicht vorgesehenen Fällen ist grundsätzlich ein Pflichtverstoß.[471] Diese Verpflichtung widerspricht ganz offensichtlich der Möglichkeit von der Bestrafung eines Kronzeugen abzusehen, da Straftaten nicht verfolgt werden, obwohl sie verfolgbar wären. Die Beschränkung des Strafanspruch des Staats und

[464]Beulke, Strafprozessrecht, Rn. 5.

[465]Gusy, HRRS 11/2009, 489, 491.

[466]BVerfG, NStZ 1982, 430.

[467]Mushoff, KritV 2007, 369, 375.

[468]Beulke, Strafprozessrecht, Rn. 5; Roxin/Schünemann, Strafverfahrensrecht, § 14 Rn. 1.

[469]BVerfG, NJW 1987, 2662, 2663.

[470]Beulke, Strafprozessrecht, Rn. 3.

[471]Beulke in: Löwe-Rosenberg, § 152 Rn. 20.

damit auch des Schuldgrundsatzes im Rahmen einer Kronzeugenregelung wird bewusst instrumentalisiert, um die Effizienz bei der Verfolgung und Verhinderung anderer Straftaten zu steigern.[472] Eine Regelung, aufgrund derer ein Verzicht auf die gesetzlich vorgesehene Strafverfolgung erfolgt, legitimiert jedoch unabhängig von der hinter der Regelung stehenden Motivation einen Verstoß gegen das Legalitätsprinzip[473], der so zur Regel würde.

2. Legalitätsprinzip in der Praxis

Gegen einen gravierenden Konflikt der Kronzeugenregelung mit dem Legalitätsprinzip wird angeführt, dass beispielsweise § 31 BtMG nicht dazu geführt habe, dass zahlreiche Verfahren durch die Staatsanwaltschaft eingestellt worden seien.[474] Dies ist jedoch ein Scheinargument, da letztlich auch die Einstellung durch den Richter beziehungsweise das Absehen von Strafe oder von der Strafverfolgung eine Abkehr vom Legalitätsprinzip darstellen.[475] Das Legalitätsprinzip in seiner Reinform fordert, „daß [sic] bei vorhandenem Strafgesetz auch tatsächlich dem Gesetz entsprechend bestraft wird."[476] Der Rechtsstaat kann sich nur verwirklichen, wenn jeder Delinquent konsequent die für die verübte Straftat vorgesehene Strafe erhält.[477] Letztlich ist daher ein gradueller Eingriff in das Legalitätsprinzip immer schon dann anzunehmen, wenn gemilderte Strafen anstelle der gesetzlich vorgesehenen Strafen ausgesprochen werden.[478] Die Abkehr von der absoluten Straftheorie hat jedoch dazu geführt, dass das Legalitätsprinzip längst keinen unbedingten Geltungsanspruch mehr entfaltet.[479] Obwohl das Legalitätsprinzip zu Zeiten seiner Entstehung noch geleitet von dem Gedanken der umfassenden Strafgerechtigkeit war,[480] haben mittlerweile zahlreiche Opportunitätserwägungen in den Strafprozess Einzug erhalten.[481] Dieser Paradigmenwechsel ist dem Umstand geschuldet, dass auch die strafrechtliche Sanktion am Grundsatz der Verhältnismäßigkeit zu mes-

---

[472] Bußmann in: Matt/Renzikowski, StGB,§ 46 b Rn. 2.

[473] Vgl. Bußmann in: Matt/Renzikowski, StGB,§ 46 b Rn. 2.

[474] BT-Drs. 10/843, S. 25; Hoyer, JZ 1994, 233, 235.

[475] Hoyer, JZ 1994, 233, 235.

[476] Hoyer, JZ 1994, 233, 235.

[477] BVerfGE 46, 214, 222.

[478] Hoyer, JZ 1994, 233, 235.

[479] Roxin/Schünemann, Strafverfahrensrecht, § 14 Rn. 2.

[480] Beulke in: Löwe-Rosenberg, § 152 Rn. 12; Roxin/Schünemann, Strafverfahrensrecht, § 14 Rn. 2.

[481] Beulke in: Löwe-Rosenberg, § 152 Rn. 40; Mushoff, KritV 2007, 369, 375; Roxin/Schünemann, Strafverfahrensrecht, § 14 Rn. 2.

sen ist.[482] Es gibt keine Strafverfolgung um jeden Preis.[483] Demnach ermöglichen die §§ 153 ff. StPO beispielsweise den Verzicht auf Strafverfolgung im Hinblick auf Fälle geringer Schuld. Zudem sieht § 153 e StPO sogar die Einstellung schwerster mit lebenslänglicher oder höchster zeitiger Freiheitsstrafe bedrohter Delikte vor. „Wenn das im Rechtsstaatsprinzip enthaltene *Legalitätsprinzip* wirklich verlangen würde, daß [sic] das eingeleitete Verfahren bis zur vollständigen Durchsetzung des staatlichen Strafanspruches durchgesetzt werden, so wäre nicht nur die Vorschrift des § 154 verfassungswidrig; vielmehr würde sich die Strafrechtspflege sogar unter den realen Bedingungen der Verfahrensflut und überlangen Verfahrensdauer [...] selbst ad absurdum führen. Denn weil es unmöglich ist, das gesamte Aufkommen an formell registrierter Kriminalität bis zur lückenlosen Durchsetzung sämtlicher Strafansprüche organisatorisch zu bewältigen, könnte immer nur ein Teil des Verfahrens vollständig durchgeführt werden und dafür der andere Teil überhaupt nicht in Angriff genommen werden, was die Durchsetzung des Rechtsgüterschutzes in concreto zu einem Spiel des Zufalls machen und die Idee der Gleichbehandlung völlig ruinieren würde."[484] Diese Entwicklung zeigt, dass das Legalitätsprinzip nicht unantastbar ist. „Es steht vielmehr unter dem Gebot der Funktionstüchtigkeit der Strafrechtspflege, so dass es im Sinne einer bestmöglichen Ausnutzung der begrenzten Erledigungskapazitäten interpretiert werden muss."[485] Insoweit stellt sich die Frage, ob die Hürde des Legalitätsprinzips heutzutage nicht bedingt durch die Entwicklung des Strafprozesses deutlich niedriger anzusetzen ist.

3. Grenze des Legalitätsprinzips

Das Legalitätsprinzip sichert eine wirkungsvolle Strafrechtspflege, die zu gewährleisten staatliche Verpflichtung eines Rechtsstaates ist.[486] Die funktionierende Strafrechtspflege soll insoweit vor allem Präventionswirkung entfalten, indem Straftäter dadurch, dass jede Straftat akribisch verfolgt wird, aus Angst vor Strafverfolgung von weiteren Straftaten absehen.[487] Gleichwohl steht außer Frage, dass „nicht einmal für ein auf vollen Schuldausgleich gerichtetes Straf- und Strafverfahrensrecht [...] verlangt werden

---

[482] Roxin/Schünemann, Strafverfahrensrecht, § 14 Rn. 2.

[483] BVerfG, JZ 2011, 249,250; BGHSt 38, 215, 219 f; Beulke, Strafprozessrecht, Rn. 5.

[484] Schünemann in: Verhandlungen des 58. Juristentages, B 9, B 143 f; vgl. Beulke in: Löwe-Rosenberg, § 153 Rn. 1.

[485] Schünemann in: Verhandlungen des 58. Juristentages, B 92.

[486] BVerfGE 19, 342, 347; BVerfG, NJW 1987, 2662, 2663; BVerfG, NJW 1972, 2214, 2216; Hoyer, JZ 1994, 233, 235.

[487] Vgl. BGHSt 20, 264. 266 f; BGHSt 34, 150, 151, Krey/Esser, AT, Rn. 152; Hoyer, JZ 1994, 233, 236.

[kann], daß [sic] alles Unrecht und alle Schuld Strafe nach sich zieht, daß [sic] keine Tat ungesühnt bleibt."[488] Dabei sollte auch die zunehmende Überlastung der Justiz bedacht werden.[489] Um die Sicherheit der Bürger zu gewährleisten, dürfen die vorhandenen Ressourcen nicht unbedacht eingesetzt werden. Effiziente Strafverfolgung ist daher immer auch eine Frage der Prozessökonomie.[490] Prozessökonomie ist daher nichts schlechthin Illegitimes. „Sie liegt in vielfältiger Weise im öffentlichen Interesse: Kosten (für den Steuerzahler, also die „Allgemeinheit") werden gespart, Justizpersonal wird schneller frei für andere Aufgaben, die abschreckende Wirkung von Strafe entfaltet sich besser, je schneller gestraft wird, und es dient auch dem Rechtsfrieden, wenn ein Verfahren sich nicht übermäßig lange hinzieht."[491] Das Aufkommen neuer Verbrechensstrukturen erfordert konsensuale Maßnahmen. Das Gericht darf prozessökonomische Aspekte als Rechtfertigung bei der Wahl der Methode benutzen.[492] Dabei dürfen jedoch die Strafzwecke und die rechtsstaatlichen Grundsätze nicht übergangen werden.[493] Es muss ein ausgewogenes Verhältnis zwischen der Wahrung der Grundsätze und der Prozessökonomie erreicht werden. „Absprachen können damit als Chance begriffen werden, überholte und verzichtbare Vorstellungen und Strukturen zu ändern."[494]

Beurteilt man einen Eingriff in das Legalitätsprinzip durch eine Kronzeugenregelung vor diesem Hintergrund, so ist zwar zuzugestehen, dass bei Verzicht der Verfolgung des Kronzeugen das Legalitätsprinzip außer Acht gelassen wird, allerdings darf und sollte man den dahinter stehenden legitimen Zweck der umfassenderen Strafverfolgung nicht aus den Augen verlieren. Letztlich „wird der Verlust an Präventionswirkung, der gegenüber dem Kronzeugen durch dessen Schonung in Kauf genommen wird, per saldo (mehr als) kompensiert durch sonst nicht zu erzielende Präventionserfolge gegenüber anderen Straftätern."[495] Zudem sollte man sich vor Augen führen, dass das Grundgesetz fordert, eine Strafe nicht unter Ausblendung des verfolgten Zwecks sowie der Angemessenheit des eingesetzten Mittels nach dem Schuldprinzip festzusetzen. „Vielmehr muss sich die am Maßstab der verwirklichten Schuld bemessene Strafe zugleich anhand präventiver Zwecke rational begründen lassen."[496] Die Strafe dient nicht

---

[488] Wolfslast, NStZ 1990, 409, 413.

[489] BGH, NJW 2005, 1440, 1444; Taubald, Konsensuale Erledigung, S. 13.

[490] Vgl. Wolfslast, NStZ 1990, 409, 413.

[491] Wolfslast, NStZ 1990, 409, 413.

[492] Wolfslast, NStZ 1990, 409, 413; so auch BGH, NJW 2005, 1440, 1444; Taubald, Konsensuale Erledigung, S. 29.

[493] Vgl. Taubald, Konsensuale Erledigung, S. 174.

[494] Wolfslast, NStZ 1990, 409, 415.

[495] Hoyer, JZ 1994, 233, 236.

[496] Kaspar/Wengenroth, GA 2010, 453, 464.

ausschließlich einem gerechten Ausgleich der Schuld, sondern auch der Kriminaltitätsprävention.[497] Es gibt keinen Grundsatz der besagt, dass ein bestimmtes Maß an Strafe erforderlich ist, um die Schuld des Täters zu vergelten.[498] Dieser Gesichtspunkt wird zum Teil zum Anlass genommen, den Kronzeugen durch das Interesse des Staates an einer funktionierenden Strafrechtspflege zu legitimieren,[499] der er nach anderer Ansicht gerade zuwiderläuft. Diese Betrachtung offenbart die Ambivalenz des Begriffs „funktionsfähige Strafrechtspflege"[500] als Schwäche der Argumentationsschiene. Es stellt sich die Frage, ob es bereits an Funktionsfähigkeit mangelt, wenn unter Verzicht auf den individuellen Strafanspruch ein ganzes Kriminalitätsfeld bekämpft wird oder ob die Feldbekämpfung nicht vielmehr den Verzicht auf den individuellen Strafanspruch rechtfertigt. Letztlich wird man diese Frage nicht pauschal beantworten können, sodass sich ein allgemein gültiges Verbot eines Strafverzichtes nicht begründen lässt. Man wird sich auch nicht davor verschließen können, spezialpräventiv ausgerichtete Aspekte im Rahmen der Strafzumessung/Vollstreckung zu berücksichtigen, solange letztlich ein generalpräventives Minimum eingehalten wird.[501] Insbesondere sollte beachtet werden, dass der Anstieg strukturierten Verbrechens ein solches Umdenken mehr denn je erfordert. Schließlich erreicht eine am Einzelfall orientierte Bekämpfungsstrategie faktisch nur die jeweilige Ausführungsebene, was die Führungspersonen der jeweiligen Organisationen oder Gruppierung aufgrund der bestehenden Ersetzbarkeit regelmäßig unbeeindruckt lassen wird.[502] Eine effektive Kriminalitätsbekämpfung erfordert, dass letztlich die gesamte Struktur bekämpft wird und nicht der einzelne, der ähnlich der Köpfe der Hydra sofort wieder nachwächst.[503]

4. Legalitätsprinzip und Kronzeuge

Die bisherige Betrachtung berücksichtigt nicht, dass das Legalitätsprinzip nicht nur eine funktionierende, sondern gleichermaßen eine einheitliche Strafverfolgung gewährleisten soll.[504] Der Staat soll Straftaten immer und willkürfrei ahnden. Insoweit stellt die Privilegierung des Kronzeugen immer eine Ungleichbehandlung und damit einen Verstoß gegen den Gleich-

---

[497]BGHSt 24, 40, 42; Krey/Esser, AT, Rn. 151.

[498]BGHSt 24, 32, 133f; BGH 34, 150, 151 f; Kaspar, ZRP 2011, 159.

[499]Hoyer, JZ 1994, 233, 236.

[500]Bocker, Der Kronzeuge, S. 80 f.

[501]Vgl. Maier in: MüKo StGB, § 46 b Rn. 8; Kaspar/Wengenroth, GA 2010, 453, 465.

[502]Gehm, Lage und Lageentwicklung der Organisierten Kriminalität in Deutschland, 53, 62.

[503]Sieber, Die Logistik der Organisierten Kriminalität, 229, 274.

[504]Hassemer, StV 1986, 550, 552.

heitssatz i. S. d. Artikel 3 I GG gegenüber denjenigen Straftätern dar, die nicht in den Genuss des Kronzeugenprivilegs gelangen. Dies gilt vor allem dann, wenn die Kronzeugenregelung vorsieht, dass ein Aufklärungsbeitrag zu fordern ist, der über die bloße Bestätigung dessen, was den Strafverfolgungsbehörden bereits bekannt ist, hinausgeht.[505] Dann kommt es zu einem Geständniswettlauf, in dem die Chancen auf die Kronzeugenprivilegien innerhalb einer Vereinigung abnehmen, je nachdem, wann man sich zur Kooperation entscheidet.[506] Zudem hinge dann die Gewährung des Privilegs von Faktoren ab, die der Beschuldigte nicht beeinflussen kann, wie beispielsweise „dem Vorwissen der Polizei, der Aussagefreudigkeit anderer Tatbeteiligter und der Ermittlungsintensität bei der Überprüfung der Aussage."[507] Entsprechend lässt es der *BGH* in Bezug auf § 31 BtMG genügen, wenn der Aufklärungsgehilfe den Ermittlungsbehörden gerade keinerlei neue Erkenntnisse liefert, sondern lediglich dasjenige bestätigt, was die Behörden ohnehin schon wussten und dadurch eine sicherere Grundlage für den Tatnachweis schafft.[508] Zudem kann die Nichtanwendung einer Kronzeugenregelung in einem Verfahren mit mehreren Beschuldigten nicht deswegen abgelehnt werden, weil die einzelnen Beschuldigten nacheinander vernommen werden, da die Reihenfolge der Vernehmung rein zufällig ist.[509] Folglich ist unter Berücksichtigung dieser Rechtsprechung ein Geständniswettlauf nicht zu befürchten, so dass innerhalb des auserwählten Täterkreises eine Ungleichbehandlung nicht zu erwarten ist.

Problematischer erscheint hinsichtlich der Gleichbehandlung aller Delinquenten, dass die Auswahl des Kronzeugen grundsätzlich „nach Kriterien kriminalistischer Effizienz, nicht nach Kriterien der Strafgerechtigkeit erfolgen"[510] wird. Daraus kann und darf nicht gefolgert werden, dass Kronzeugen schlicht unzulässig sind. Vielmehr stellt sich in einem zweiten Schritt die Frage, ob die festgestellte Ungleichbehandlung willkürlich erfolgt, oder aber einem legitimen Zweck dient. Willkür kann dann nicht unterstellt werden, wenn die festgestellte Ungleichbehandlung auf sachlichen Erwägungen beruht. Kritischer stellt sich die Beurteilung hingegen dar, wenn eine Kronzeugenregelung von vornherein nur bestimmten Tätern aus bestimmten Deliktsbereichen offensteht. Hierzu wird jedoch zu Recht angemerkt, dass es dem Gesetzgeber obliegt zu entscheiden, in welchen Bereichen die Möglichkeit des Kronzeugen zur Sicherung einer effektiveren Strafverfolgung offen stehen sollte.[511] Insoweit ist es Ausprägung

---

505 So etwa BT-Drs. 16/6268, S. 10.

506 Volk, NJW 1996, 879, 881.

507 Weigend in: Jescheck-FS, 1333, 1337.

508 BT-Drs. 11/2834, S. 11.; BGH, StV 2001, 462.

509 Maier in: MüKo, StGB § 46 b Rn. 55.

510 Hassemer, StV 1986, 550, 552.

511 Hoyer, JZ 1994, 233, 236.

des gesetzgeberischen Gestaltungsspielraums, ob das Kronzeugenprivileg nur innerhalb eines bestimmten Deliktfeldes gewährt wird, oder ob die Tat des Kronzeugen sogar dem gleichen Lebenssachverhalt entstammen muss, wie diejenige Tat, die Inhalt der Aussage ist.[512] „Der Gesetzgeber kann ein Verhalten, das er als sanktionswürdig erachtet, durch eine Strafrechts- oder Ordnungswidrigkeitennorm ahnden. Dementsprechend ist es ihm auch nicht verwehrt, Straffreiheit für bestimmte Handlungen zu gewähren, einzelne Deliktsgruppen von einer generellen Regelung auszunehmen oder für bestimmte Tatbestände eine Sonderregelung zu treffen."[513] Sofern die vorgenommene Differenzierung auf plausiblen Gründen basiert, kann von Willkür keine Rede sein. „Die Verfassung stellt an den Gesetzgeber nicht den Anspruch im Einzelnen die zweckmäßigste, vernünftigste oder gerechteste Lösung zu finden, vielmehr obliegt es ihm, eine Entscheidung zu treffen, die im „Einklang mit der verfassungsrechtlichen Wertordnung steht und auch den ungeschriebenen Verfassungsgrundsätzen und Grundentscheidungen entspricht."[514] „Auch wer keinen zivilrechtlichen Schaden angerichtet hat, fällt nicht in den Anwendungsbereich des § 46 a Nr. 2 StGB – die Anreizfunktion, die beiden Normen innewohnt, läuft in diesen Fällen zwangsläufig ins Leere, ohne dass darin eine willkürliche Ungleichbehandlung zu sehen ist."[515] Macht das Gericht von einer solchen Regelung Gebrauch, ohne den eingeräumten Ermessensspielraum zu überschreiten, so ist auch in der tatsächlichen Anwendung der Norm kein Verstoß gegen den Gleichheitssatz zu sehen.[516] Vielmehr sind ungleiche Urteile zulässige Folge unseres freien Richterwesens.[517] Solange die getroffene Entscheidung im Einzelfall vertretbar ist, wird ein Verstoß gegen den Gleichheitssatz nicht anzunehmen sein.[518] Daher obliegt es einzig dem Gericht, die allgemeinen Gesetze gleich anzuwenden.[519] Dies hat aber die zwingende und auch richtige Folge, dass „die schuldangemessene Strafe nicht jeden Täter gleich trifft, sodass das „reine" Maß der Strafzumessungsschuld kein schematischer Maßstab für die schuldangemessene Strafe sein kann."[520]

Zusammengefasst ist ein Eingriff in das Legalitätsprinzip im Rahmen der Kronzeugenregelung unabdingbar, lässt sich jedoch mit der Eignung zur Verbesserung des Strafverfolgungsapparates rechtfertigen. Es besteht

[512] Hoyer, JZ 1994, 233, 236.

[513] BVerfG, wistra 1997, 297, 298.

[514] BVerfG, wistra 1997, 297, 298.

[515] Kaspar/Wengenroth, GA 2010, 453, 459.

[516] Vgl. Taubald, Konsensuale Erledigung, S. 67.

[517] Schäfer, Praxis der Strafzumessung, Rn. 477.

[518] Taubald, Konsensuale Erledigung, S. 68.

[519] Düring/Scholz in: Maunz/Düring, GG, Artikel 3 Rn. 397.

[520] Miebach in: MüKo, StGB, § 46 Rn. 30.

daher eine gewisse Konnexität zwischen dem Ausmaß der Beeinträchtigung des Legalitätsprinzips und dem Nutzen zur Effizienzsteigerung der Strafverfolgung, was sich vor allem daran zeigen lässt, dass bei geringerem Nutzen die Beeinträchtigung kaum noch zu rechtfertigen ist.[521] Das Ausmaß der Beeinträchtigung richtet sich nach der konkreten Ausgestaltung der Regelung. Sicherlich kann man festhalten, dass ein Verstoß gegen das Legalitätsprinzip dann nicht mehr anzumahnen ist, wenn die Anwendung einer Kronzeugenregelung einer schuld- und tatangemessenen Bestrafung nicht entgegensteht. In diesem Fall wird der Täter dem Gesetz entsprechend bestraft. Im Ergebnis muss daher eine Proportionalität zwischen Leistung des Kronzeugen und Gegenleistung des Staates erreicht werden.[522] Demgemäß muss eine Kronzeugenregelung immer so angewandt werden, dass neben der Bedeutung des Aufklärungsbeitrages des Kronzeugen immer auch das Gewicht seiner eigenen Tat bei der Höhe der Milderung berücksichtigt wird, sodass eine Gesamtabwägung stattfindet.[523] Dieses Erfordernis erweist sich jedoch insbesondere dadurch problematisch, dass sich vielfach die der Privilegierung zugrunde liegende Prognose erst im Nachhinein als unzutreffend erweisen wird. Die Privilegierung des Aussagenden erfolgt demnach auf unsicherer Grundlage. Stellt sich im Nachhinein heraus, dass die abgeurteilte Strafe nicht angemessen war, so wird gerade dieses Urteil dem Legalitätsprinzip nicht mehr gerecht. Insoweit wird zu fordern sein, dass eine Kronzeugenregelung derart ausgestaltet ist, dass das Gericht die Möglichkeit erhält, eine Prognoseentscheidung, die sich im Nachhinein als unzutreffend herausstellt, korrigieren zu können. Dies ist insbesondere erforderlich, wenn der Staat aufgrund der Kooperation mit den Verfahrensbeteiligten seinen Strafanspruch partiell zurücknimmt. Eine solche „Öffnungsklausel" enthält daher auch § 257 c IV StPO, der es dem Gericht ermöglicht, unter bestimmten Bedingungen von der Prozessabsprache abzuweichen, um letztlich zu einer angemessenen Strafe zu gelangen. Allerdings vermag die genannte Vorschrift auch dann keine Abhilfe mehr zu schaffen, wenn bereits ein rechtskräftiges Urteil vorliegt. Dieses Defizit ist im Rahmen der normalen Prozessabsprache hinnehmbar, da die Leistung des Angeklagten im Geständnis der dem Prozess zu Grunde liegenden Tat besteht. Dem Gericht sind daher in der Regel die wesentlichen Umstände aufgrund der Ermittlungen bekannt. Beim Kronzeugen hingegen sind möglicherweise noch keine Ermittlungen zur Prüfung seines geschuldeten „Gehilfenbeitrages" ergangen, sodass sich hier die Fälle häufen, in denen die Rechtskraft einem Korrektiv entgegensteht. Insoweit ist es dem Legalitätsprinzip geschuldet, eine Regelung so auszugestalten, dass effekti-

[521]Vgl. Hoyer, JZ 1994, 233, 236.

[522]Hoyer, JZ 1994, 233, 236.

[523]BT-Drs. 16/6268, S. 13; BVerfG, NJW 1993, 190, 191; Maier in MüKo, StGB, § 46 b Rn. 112; Schöne/Schröder/Kinzig, StGB, § 46 b Rn. 23.

ve Mittel vorgesehen werden, dem Missbrauch vorzubeugen.[524] Eine gut austarierte Regelung lässt sich daher mit dem Legalitätsprinzip vereinbaren, da sie letztlich „der Wahrheitsfindung und der Effizienz des Strafverfahrens, andererseits auch dem Schutz potentieller Opfer“[525] dient.

II. Öffentlichkeitsgrundsatz

„Der Öffentlichkeitsgrundsatz stammt aus dem reformierten Verfahren des 19. Jh. und zählt zu den Grundlagen des Strafverfahrens, ja zu den grundlegenden Einrichtungen des Rechtsstaats überhaupt. Seine wesentliche Bedeutung liegt darin, das öffentliche Vertrauen in die [Rechtsprechung] zu festigen, die Verantwortung der Rechtspflegeorgane zu heben und der Möglichkeit vorzubeugen, dass sachfremde Umstände auf das Gericht und damit auf das Urteil Einfluss gewinnen.“[526] Die Öffentlichkeit der Hauptverhandlung ist in Artikel 6 I S. 1, 2 EMRK sowie in § 169 GVG verankert und als wesentlicher Kontrollmechanismus nicht disponibel.[527] Dieser Grundstein des rechtsstaatlichen Strafverfahrens würde durch ein solches Kronzeugeninstitut tangiert, das eine nicht öffentliche Absprache im Bereich schwerwiegender Straftaten erlaubt. Dabei ist gerade im Bereich schwerwiegender Kriminalität das Prinzip der Öffentlichkeit zur Objektivierung und Kontrolle des Strafverfahrens unverzichtbar.[528] Eine massive Verletzung dieses Grundsatzes wird insbesondere durch eine Kronzeugenregelung zu Tage gefördert, die die entsprechende Absprache in frühe Verfahrensstadien vorverlagert.[529] Schließlich würde diese dann im Rahmen erster Ermittlungen, zumeist unter Ausschluss der Öffentlichkeit, im Vernehmungszimmer erfolgen.[530] Dies trifft zwar zu, der Öffentlichkeitsgrundsatz schützt jedoch nur die Öffentlichkeit der Hauptverhandlung. Das Vorverfahren ist grundsätzlich nicht als öffentliches Verfahren ausgestaltet, sodass faktisch der Grundsatz in seinem Kerngehalt nicht tangiert wird.[531] Dies gilt überdies, weil die Absprache, die zwischen den Strafverfolgungsbehörden und dem Kronzeugen getroffen wird, nicht verbindlich ist.[532]

---

[524] BR-Drs., 896/02, S. 6.

[525] BR-Drs., 896/02, S. 6; vgl. Kaspar, ZRP 2011, 159.

[526] Roxin/Schünemann, Strafverfahrensrecht, § 47 Rn. 1.

[527] Beulke, Strafprozessrecht, Rn. 27; Diemer in: KK, § 169 GVG Rn. 5.

[528] BRAK-Stellungnahme-Nr. 23/2006, S. 6; Hassemer, StV 1986, 550, 552; Mushoff, KritV 2007, 366, 376.

[529] Hassemer, StV 1986, 550, 552.

[530] König, NJW 2009, 2481, 2484.

[531] Baumann, NStZ 1987, 157, 158; Rothärmel, Abhörmaßnahmen und Kronzeugenregelung, S. 268.

[532] Maier in: Mako, StGB, § 46 b Rn. 9.

Dennoch wird befürchtet, „dass nach Anklageerhebung das Gericht in diesen Handel eingebunden wird."[533] Dies gelte vor allem dann, „wenn die Ermittlungen gegen den vom Kronzeugen Belasteten noch andauern und weder die vom Kronzeugen gegebenen Informationen noch der Stand der Ermittlungen wegen der Gefährdung des Ermittlungszwecks in öffentlicher Hauptverhandlung preisgegeben werden können."[534] Dem ist zuzustimmen, allerdings rechtfertigt der Ermittlungszweck dann den Ausschluss der Öffentlichkeit. Schließlich ist insoweit auf den Gesamtzusammenhang abzustellen, sodass letztlich der staatliche Auftrag zur umfassenden Aufklärung von Straftaten, die Einschränkung im Rahmen des Einzelverfahrens aufwiegt.

Problematisch gestaltet sich die Wahrung der Öffentlichkeit auch dann, wenn das Verfahren gegen den Kronzeugen eingestellt wurde, da dann überhaupt keine öffentliche Hauptverhandlung stattfindet, in der die Absprache thematisiert würde, obwohl die Aussage zur Einstellung des Verfahrens geführt und das Verfahren gegen den Belasteten beeinflusst hat.[535] Daher erfordern die Wahrung des Öffentlichkeitsgrundsatzes und die Gewährleistung einer umfassenden Strafverteidigung des durch die Kronzeugenaussage Belasteten von der Führung von Geheim- und Nebenakten abzusehen und informelle Vorgespräche weitestgehend einzudämmen.[536] Vor diesem Hintergrund wäre zu erwägen „dass Absprachen wie ein zivilrechtlicher Vergleich zu protokollieren, mit Datum, Ort und Uhrzeit zu versehen, von allen Seiten zu genehmigen und zur Akte zu reichen sind" wobei zur Wahrung der Sicherheitsinteressen des Kronzeugen sicherheitsrelevante Details geschwärzt werden könnten.[537] Einer Protokollierung steht vor allem keine erforderliche Heimlichkeit der Absprache entgegen, da aufgrund des legitimen Zwecks der Strafjustiz, Erkenntnisse für weitere wichtigere Strafverfahren zu erlangen, „nicht der geringste Grund für die Informalität der Verständigung ersichtlich ist."[538] Zudem ist die umfassende Protokollierung auch im Interesse des Aufklärungsgehilfen, da sich vielfach das Gewicht der geleisteten Aufklärungshilfe nicht aus den Akten und den Urteilsgründen ergibt.[539] Dies könnte sich letztlich negativ auf die Honorierung des Kronzeugen auswirken, da die Strafverfolgungsbehörden in der Regel unter dem frischen Eindruck der Aufklärungshilfe oft bereit sind, großzügige Zusagen zu machen. Ist erst einige

[533]BRAK-Stellungnahme-Nr. 23/2006, S. 6.

[534]BRAK-Stellungnahme-Nr. 23/2006, S. 6.

[535]Mushoff, KritV 2007, 369, 376.

[536]Vgl. Stern, StraFo 2002, 185, 190.

[537]Stern, StraFo 2002, 185, 190.

[538]Schünemann in: Verhandlungen des 58. deutschen Juristentages, B 9, B 105.

[539]Wesemann in: Anwaltshandbuch Strafverteidigung, § 46 Rn. 225.

Zeit verstrichen, ebbt die Euphorie über die Aufklärungshilfe oder einen weiteren Fahndungserfolg ab und die Bereitschaft zu Zugeständnissen wird möglicherweise geringer.[540] Nicht zuletzt ist eine umfassende Protokollierung auch wesentlich für eine adäquate Strafverteidigung desjenigen, der von einem Kronzeugen belastet wird. Dem Verteidiger obliegt es im Interesse seines Mandanten verstärkt Beweisanträge mit dem Ziel zu stellen, die Glaubhaftigkeit des Zeugen zu hinterfragen. Insbesondere dann, wenn ein Aufklärungsgehilfe involviert ist, muss sich der Strafverteidiger daher bemühen, die Entstehung der Aussage, also insbesondere die Vorgespräche zwischen Polizeibeamten und Aufklärungsgehilfen aufzuhellen.[541]

III. Beschleunigungsgrundsatz

1. Rechtliche Einordnung

Bevor man sich mit dem Beschleunigungsgrundsatz befasst, sollte man sich zwingend vergegenwärtigen, dass das Beschleunigungsgebot gerade nicht verlangt, dass „eine Rechtssache um jeden Preis so schnell wie möglich zu einem Abschluss gebracht werden muss."[542] Der Beschleunigungsgrundsatz ist daher nicht als absolutes Leitprinzip zu begreifen, sondern muss immer mit Blick auf die staatliche Verpflichtung zur Wahrheitsfindung angewendet werden.[543]

Das Beschleunigungsgebot, wie es in Artikel 6 I EMRK kodifiziert ist, verlangt nur, dass die Rechtssache innerhalb einer angemessenen Frist verhandelt wird. Das Bundesverfassungsgericht, das den Beschleunigungsgrundsatz aus dem Rechtsstaatsprinzip ableitet, fordert ebenfalls nur, dass das Gericht in einer angemessenen Frist über die Sache entscheidet.[544] Zeitlich betrachtet, umfasst das Beschleunigungsgebot das gesamte Verfahren, beginnend ab dem Zeitpunkt, in dem der Beschuldigte Mitteilung von dem Verfahren erhält bis zum rechtskräftigen Abschluss.[545] Inhaltlich zielt der Grundsatz auf die Verhinderung von vermeidbaren Verfahrensverzögerungen ab, die den Beschuldigten zusätzlichen Belastungen aussetzen.[546] Eine solche Belastung kann schon darin bestehen, dem Druck des Strafverfahrens länger als nötig ausgesetzt zu sein.[547] Es obliegt der Strafjustiz, das

---

[540] Wesemann in: Anwaltshandbuch Strafverteidigung, § 46 Rn. 225.

[541] Vgl. Wesemann in: Anwaltshandbuch Strafverteidigung, § 46 Rn. 228 ff.

[542] Tepperwien, NStZ 2009, 1.

[543] Kühne, Strafprozessrecht, Rn. 268.

[544] Beulke, Strafprozessrecht, Rn. 26.

[545] EGMR, StV 2001, 489; BGH, NStZ- RR 2001, 294; Kühne, StV 2001, 529; Schädler in: KK, Artikel 6 EMRK Rn. 33; Tepperwien, NStZ 2009, 1.

[546] BVerfG, NJW 1993, 3254, 3256.

[547] Tepperwien, NStZ 2009, 1, 5.

Verfahren in allen Verfahrensstadien angemessen zu fördern.[548] Im Ermittlungsverfahren muss dafür Sorge getragen werden, dass sämtliche Beweismittel belastender und entlastender Art zeitnah herbeigeschafft werden.[549] Dies gilt vor allem vor dem Hintergrund, dass der Strafprozess nur in begrenzten Ausnahmefällen eine Möglichkeit vorsieht, etwaiges Vorbringen als verspätet zurückzuweisen. Die Strafprozessordnung trägt dem Beschleunigungsgrundsatz durch vereinzelte Verfahrensvorschriften Rechnung. So stellt § 163 II StPO beispielsweise sicher, dass die Staatsanwaltschaft unverzüglich mit der Sache betraut wird. Grundsätzlich aber gilt, dass gerade nicht jede Verfahrensverzögerung rechtsstaatswidrig ist; insoweit ist maßgeblich auf den jeweiligen Einzelfall abzustellen.[550] Eine Verfahrensverzögerung, die allein in der Person des Beschuldigten begründet ist, sei es auch aufgrund zulässigen Prozessverhaltens, kann jedenfalls nicht als rechtsstaatswidrig gewertet werden.[551]

2. Beschleunigungsgrundsatz und Kronzeuge

Vielfach wird angemahnt, dass mit einer Kronzeugenregelung die Gefahr einhergehe, dass erhebliche Verfahrensverzögerungen durch fehlgeleitete Ermittlungen dazu führten, dass in anderen Strafverfahren zum Teil erst später Ermittlungserfolge erzielt würden[552] und zum anderen, dass das Verfahren gegen den Kronzeugen durch erforderlich gewordene Ermittlungen im Verfahren gegen den Dritten erheblich verzögert und aufgrund dessen ausgesetzt wird.[553] Schließlich muss das Gericht im Verfahren gegen den Kronzeugen „die Beweisaufnahme auf das Verfahren gegen den Belasteten erstrecken, also Beweiserhebungen bezüglich völlig anderer Verfahren vornehmen und Tatvorwürfe prüfen und würdigen, die mit dem Verfahren gegen den angeklagten Kronzeugen in keinerlei Zusammenhang stehen."[554] Die Informationen, die der Richter aus dem laufenden Verfahren gegen den Kronzeugen im Hinblick auf die Bezugstat gewinnt, kann er im Verfahren gegen den Dritten nicht als gerichtskundig einführen.[555] Dies umfasst selbst solche Informationen, die nur mittelbar beweiserhebliche Indiztatsachen betreffen, da grundsätzlich alle Informationen, die zur Über-

---

548 Tepperwien, NStZ 2009, 1.

549 Tepperwien, NStZ 2009, 1, 2.

550 BGH, NStZ 2003, 384; BGH, NStZ 2004, 504; Schädler in: KK, Artikel 6 EMRK Rn. 34.

551 BVerfG, NStZ- RR 2005, 346; BGH, wistra 2006, 25; Schädler in: KK, Artikel 6 EMRK Rn. 35; Tepperwien, NStZ 2009, 1, 2.

552 Hassemer, StV 1986, 550, 552.

553 Frank/Titz, ZRP 2009, 137, 138.

554 Frank/Titz, ZRP 2009, 137, 138.

555 Vgl. Kühne, Strafprozessrecht, Rn. 773.

führung des Angeklagten wesentlich beitragen und lediglich auf der Wahrnehmung des Richters im Einzelfall beruhen, nicht als gerichtsbekannt vorausgesetzt werden dürfen.[556] Vielmehr muss über diese Tatsachen erneut Beweis erhoben werden. Insoweit kann der Richter selbst als Zeuge auftreten oder aber darauf setzen, dass der Kronzeuge in der Hauptverhandlung als Zeuge auftritt. Wenn gegen den belasteten Dritten bereits ein Verfahren läuft, wird das Gericht die entsprechenden Akten beiziehen und den Verfahrensbeteiligten zur Verfügung stellen müssen.[557] Auch diese Informationen sind im Rahmen einer umfangreichen Beweisaufnahme in das Verfahren einzustellen, wodurch sich das Verfahren erheblich verzögert und eine massive Mehrbelastung der Justiz begründet wird.[558] „Geeignete Beweismittel sowohl für die Angaben des Kronzeugen als auch für den Aufklärungserfolg sind in der Regel die Ermittlungsbeamten. Sollte es bereits zur Verurteilung der vom Aufklärungsgehilfen belasteten Dritten gekommen sein, sind die Urteile beizuziehen und zu verlesen."[559] Sicherlich aber wird in einer Vielzahl der Fälle eine umfassendere Beweiserhebung unter Berücksichtigung gestellter Beweisanträge erforderlich sein, die das Verfahren ebenfalls strapazieren kann. Die Beurteilung der Kronzeugenaussage allein auf die Vernehmung der Ermittlungsbeamten im Verfahren gegen den Belasteten zu stützen wäre unzulässig, da das Gericht dann lediglich deren Einschätzung übernehmen würde, ohne sich ein eigenes Bild zu machen.[560] Zum Teil wird in der Aufbauschung des Verfahrens durch Einbeziehung eines Zweitverfahrens, das in keinerlei Zusammenhang steht, ein Systembruch gesehen, da diese Ermittlungen letztlich weder zur Schuld noch zur Tat des Angeklagten beizutragen vermögen.[561] Demgemäß stünde die Kronzeugenregelung im Widerspruch zur Prozessökonomie, die doch gerade durch die Einführung der Regelung verbessert werden sollte.[562] Eine derartige Betrachtungsweise lässt jedoch außer Acht, dass bei einer Gesamtbetrachtung festzustellen ist, dass aufgrund erhöhter Kooperationsbereitschaft von Kronzeugen häufig zügiger eine revisionssichere Verfahrenserledigung herbeigeführt werden kann, „zumal eine Kronzeugenaussage oftmals auch einen Domino-Effekt an weiteren Geständnissen auslöst."[563]

Nimmt man den Auftrag der Strafjustiz ernst, belastende und entlastende Umstände zu ermitteln, so erscheint es widersinnig in der Beweiser-

---

[556]BGH, StV 2000, 121, 122; Vgl. Kühne, Strafprozessrecht, Rn. 773.

[557]BRAK-Stellungnahme-Nr. 23/2006, S. 8; Malek, StV 2010, 200, 205.

[558]BRAK-Stellungnahme-Nr. 23/2006, S. 8 f.

[559]Malek, StV 2010, 200, 205.

[560]BRAK-Stellungnahme-Nr. 23/2006, S. 9.

[561]BRAK-Stellungnahme-Nr. 23/2006, S. 9.

[562]Vgl. Frank/Titz, ZRP 2009, 137, 138.

[563]Mühlhoff/Pfeiffer, ZRP 2000, 121, 122 f.

hebung bezüglich der Bezugstat eine massive Verzögerung aufgrund verfahrensfremder Erwägungen zu sehen. Umstände, die es dem Beschuldigten ermöglichen, in den Genuss eines Strafrabattes zu kommen, sind regelmäßig als entlastende Umstände zu werten,[564] worüber Beweis zu erheben ist. Zudem wiegt die Gewährung des Strafrabattes aus Sicht des Angeklagten im Rahmen einer zu treffenden Gesamtwürdigung regelmäßig die längere Verfahrensdauer auf. Bei Lichte betrachtet soll der Beschleunigungsgrundsatz den Beschuldigten schützen, sodass es widersinnig wäre, ihm unter Berufung auf das Beschleunigungsgebot die Beweiserbringung im Hinblick auf seine Kronzeugenaussage zu versagen. Jede Argumentation in die andere Richtung verdeutlicht, dass der Beschleunigungsgrundsatz vielfach vorangestellt wird, um rein fiskalischen Interessen Rechnung zu tragen.[565] Letztlich ist *Tepperwien* zuzustimmen, die vor einem Übereifer warnt und darauf hinweist, dass derjenige Vorteil, den der Beschuldigte aufgrund des Beschleunigungsgrundsatzes ziehen kann, ins Gegenteil umzuschlagen droht, wenn sich das erkennende Gericht nicht vergegenwärtigt, dass ein faires Verfahren seine Zeit braucht.[566] Zu berücksichtigen ist, dass auch im Rahmen der bisherigen Kronzeugenregelungen eine Beweisaufnahme dahingehend unzulässig war, einen vagen Verdacht des Kronzeugen zu einem Aufklärungserfolg zu erhärten, da es nicht dem Richter obliegt, den Aufklärungserfolg in der Hauptverhandlung erst zu schaffen.[567] Nur solche Beweisanträge, die der Untermauerung eines Aufklärungserfolges dienen, sind überhaupt nur zu befürchten, sodass ohnehin keine massive Verfahrensverzögerung zu erwarten ist. Begnügt man sich mit der potenziellen Eignung der Angaben des Kronzeugen zur Aufklärung, so könnte diese Problematik ohnehin gänzlich umgangen werden, da dann gerade keine vollumfängliche Beweisaufnahme in Bezug auf das Verfahren gegen den Dritten durchgeführt werden müsste. Eine Regelung, die einen tatsächlichen Aufklärungserfolg verlangt, wäre jedoch in der Tat nicht mit dem Beschleunigungsgrundsatz und den Grundsätzen der Prozessökonomie vereinbar. Zur Steigerung der Prozessökonomie trüge es erheblich bei, die Feststellung hinsichtlich der Voraussetzungen der Kronzeugenregelung im Freibeweisverfahren zu ermöglichen, da dadurch die Beweisaufnahme erheblich verkürzt werden könnte.[568] Entsprechend wurde im Rahmen des früheren Kronzeugengesetzes verfahren. Für diejenigen Umstände, die die Eignung der Angaben des Zeugen zur Aufklärung maßgeblicher Straftaten betrafen, war keine Beweisaufnahme im Sinne des § 244 StPO durchzuführen. Vielmehr gebot es der Zweck der Regelung,

---

[564] Peglau, wistra, 2009, 409, 412.

[565] Vgl. Tepperwien, NStZ 2009, 1, 5.

[566] Tepperwien, NStZ 2009, 1, 7.

[567] BGH, NStZ 1998, 90.

[568] Breidling, Stellungnahme vor dem Rechtsausschuss vom 07.11.2001, 1, 10.

insoweit entsprechende Feststellungen im Wege des Freibeweisverfahrens zu treffen.[569] Dadurch sollte vermieden werden, dass „große Teile der Beweisaufnahme eines anderen und regelmäßig sehr umfangreichen Verfahrens durchgeführt oder wiederholt würden. Schon der damit notwendigerweise verbundene Mehraufwand einer gerichtlichen Tatsachenfeststellung in mehreren Verfahren zur gleichen Tat, die nicht einmal zu einer Bindungswirkung über das jeweilige Verfahren hinaus führt, zeigt auf, daß [sic] dies vom Gesetzgeber nicht gewollt ist. Es besteht auch die Gefahr, daß [sic] die nach §§ 244ff. StPO nötige Einvernahme der mit den Ermittlungen zur fremden Tat befaßten [sic] Kräfte der Strafverfolgungsorgane den mit der Kronzeugenregelung verfolgten Zweck einer verbesserten Aufklärungs- und Ergreifungsmöglichkeit empfindlich stört."[570] Im Rahmen der Prognoseentscheidung ist der gesamte Kenntnisstand des Gerichtes maßgeblich, sodass es insoweit keiner ausdrücklichen Zulassung des Freibeweisverfahrens bedarf.[571] Daher sollte davon Gebrauch gemacht werden. Einer erheblichen Ausdehnung der Verfahrensdauer wird man auch dadurch Abhilfe verschaffen können, indem man die Ablehnung eines Beweisantrages in Bezug auf die tatsächlichen Voraussetzungen eines Aufklärungserfolges durch Wahrunterstellung zulässt.[572] Die Wahrunterstellung des eingetretenen Aufklärungserfolgs ist hingegen aufgrund der richterlichen Aufklärungspflicht nicht zulässig.[573] „Bei der Prüfung, ob ein Aufklärungserfolg in diesem Sinne vorliegt, ist der Tatrichter weder gehalten, selbst Angaben des Angeklagten nachzugehen, noch braucht er abzuwarten, bis andere Stellen entsprechende Ermittlungen durchgeführt haben. Ob ein Aufklärungserfolg vorliegt, hängt vielmehr entscheidend von der Überzeugung des Tatrichters in der Hauptverhandlung ab."[574] Will man nunmehr eine Kronzeugenregelung schaffen, die einen möglichst weiten Anwendungsbereich hat, so muss man sich vergegenwärtigen, dass sich an der schwierigen Prognoseentscheidung nichts geändert hat und auch die Zielsetzung – namentlich die verbesserte Aufklärung derjenigen Taten, die überwiegend aus abgeschotteten Täterstrukturen herrühren – im Kern gleich geblieben ist. Daher sollte man die Anforderungen an die Prüfung der Voraussetzungen mit Blick auf den Beschleunigungsgrundsatz nicht überstrapazieren. Dies gilt umso mehr, als dass es auch im Strengbeweisverfahren nicht garantiert zu einer stichhaltigen Entscheidung kommt. Selbstverständlich ginge die Zulassung des Freibeweises zu Lasten der Wahrheitsfindung, was entsprechend beispielsweise durch Schaffung von

[569]OLG Hamburg, NStZ 1997, 443, 443.

[570]OLG Hamburg, NStZ 1997, 443, 444.

[571]OLG Hamburg, NStZ 1997, 443, 444.

[572]Maier in: MüKo, StGB, § 46 b Rn. 94; Malek, StV 2010, 200, 205.

[573]Maier in: MüKo, StGB, § 46 b Rn. 94.

[574]Heintschel-Heinegg, StGB, § 46 b Rn. 13.

Korrekturmöglichkeiten zu würdigen ist. Man darf sich nicht davor verschließen, dass eine Kronzeugenregelung ohne gewisse Freiheiten in der Überzeugungsbildung des Gerichts in der Praxis nicht zu handhaben wäre.[575] Sicherlich würde auch die Anwendung des Zweifelssatzes im Bereich der Kronzeugenpraxis[576] zur Verfahrensbeschleunigung beitragen, jedoch würde dies dem Regelungszweck einer Kronzeugenregelung nicht gerecht. Es ist gerade das Wesen der Aufklärungshilfe, Leistung angemessen zu entlohnen. Kann die Leistung nicht festgestellt werden, verbietet sich auch die Gewährung einer Gegenleistung. Leistung und Gegenleistung stehen in einem Synallagma.

3. Beschleunigungsgrundsatz und Strafverfahren gegen den Dritten

Ferner gilt es, den Beschleunigungsgrundsatz hinsichtlich des Strafverfahrens gegen belastete Dritte zu betrachten. Teilweise wird auch insoweit eine erhebliche Verzögerung des Verfahrens befürchtet, da gerade die Aussage des Kronzeugen kein Beweismittel sein wird, das ohne weiteres akzeptiert würde und den Schuldspruch rechtfertigen könnte.[577] Vielmehr wären weitere Ermittlungen und eine erheblich verzögerte Beweisaufnahme erforderlich, da primäres Ziel der Verteidigung sein werde, die Aussage des Kronzeugen unglaubhaft zu machen und den Zeugen als unglaubwürdig darzustellen.[578] Dies mag zutreffen. Gleichwohl ist zu bedenken, dass in vielen Fällen der einschlägigen Deliktsbereiche ohne eine Kronzeugenaussage eine relativ dünne Beweisdecke vorliegt beziehungsweise noch überhaupt keine Kenntnis über entsprechende Taten oder Täter vorhanden ist, sodass die Kronzeugenaussage zur Aufklärung erheblich beitrüge. Das Verfahren kann dadurch erst vorangetrieben werden. Dass einer Aussage immer auch andere Beweise folgen müssen, liegt in der Natur des Strafverfahrens und kann daher kein ausschlaggebendes Argument gegen den Kronzeugen sein. Entsprechend wäre sogar gegensätzlich denkbar, aus dem Beschleunigungsgrundsatz die Pflicht der Strafverfolgungsbehörden abzuleiten, wenn sich ein potenzieller Kronzeuge zur Verfügung stellt, dessen Aufklärungshilfe in Anspruch zu nehmen, um die Ermittlungen beziehungsweise das Verfahren in Bezug auf Dritte nicht unnötig in die Länge zu ziehen. Schließlich ist es die Pflicht der Strafverfolgung, ein Verfahren in angemessener Zeit sachgerecht aufzuklären. Dies erscheint jedoch problematisch, da die Anwendung des Kronzeugenprivilegs auf der anderen Seite immer zumindest auch mit der partiellen Aufgabe des staatlichen Strafanspruchs ver-

[575]OLG Hamburg, NStZ 1997, 443, 444.Weber, Betäubungsmittelgesetz, § 31 Rn. 134; Fezer in Lenckner-FS S. 681, 689 ff.

[576]Malek, StV 2010, 200, 205.

[577]Frank/Titz, ZRP 2009, 137, 138.

[578]Frank/Titz, ZRP 2009, 137, 138

bunden ist, sodass die Nichtinanspruchnahme eines potenziellen Kronzeugen ebenso wenig als rechtsstaatswidrige Verfahrensverzögerung gewertet werden kann, wie der Beschleunigungsgrundsatz das Gericht dazu verpflichtet, eine Prozessabsprache herbeizuführen.[579] Allein die Befürchtung, das Verfahren könnte dadurch verzögert werden, dass die Glaubwürdigkeit des Zeugen in Abrede gestellt wird, rechtfertigt nicht die Annahme eines Verstoßes gegen den Beschleunigungsgrundsatz. In einem solchen Verfahren muss vielmehr bei der Bestimmung der angemessenen Zeit berücksichtigt werden, dass ein Kronzeuge involviert ist. Es liegt in der Natur der Sache, dass dieses Verfahren zum Schutz des Angeklagten dann möglicherweise länger dauert. Zudem wird das möglicherweise länger dauernde Hauptverfahren in den meisten Fällen durch ein erheblich beschleunigtes Ermittlungsverfahren mehr als kompensiert, so dass das Verfahren insgesamt in einer angemessenen Zeit abgeschlossen werden kann.

IV. Bestimmtheitsgebot

1. Rechtliche Einordnung

Eine Kronzeugenregelung kollidiert unter Umständen auch mit dem Bestimmtheitsgebot nach Artikel 103 II GG. Demnach muss die Strafbarkeit eines bestimmten Verhaltens gesetzlich geregelt sein, bevor die Tat begangen wurde, um diese bestrafen zu können.[580] Der Bürger muss anhand der Norm nicht nur erkennen können, welches Verhalten mit Strafe bedroht ist, sondern auch welche konkrete Strafe das Gesetz androht.[581] Da sich Straftatbestand, Strafdrohung und letztlich deren Verhängung nicht völlig isoliert betrachten lassen, erstreckt sich auch der Bestimmtheitsgrundsatz auf diese Einheit als Gesamtgebilde.[582] Daher muss sich auch die Rechtsfolgeseite einer Sanktionsnorm daran messen lassen.[583] Wird auf diese Art und Weise der Schutzbereich des Artikel 103 II GG auf die konkrete Strafandrohung erstreckt, bezieht er sich zwangsläufig auch auf sämtliche Komponenten der Strafzumessung.[584] Mithin werden grundsätzlich auch vertypte Strafmilderungsgründe wie beispielsweise § 23 II StGB erfasst. Diesen Vorschriften ist es immanent, dass ihre Anwendung im Ermessen des Gerichts steht. Weil deren Wortlaut eine Einschränkung des Ermessens regelmäßig nicht vorsieht, obliegt es dem Richter, seine Entscheidung aufgrund einer

---

[579] Murmann, ZIS 2009, 526, 536.

[580] Eschelbach in: Anwaltshandbuch Strafverteidigung, § 30 Rn. 119.

[581] BVerfG, NJW 2002, 1779; BVerfGE 25, 269, 285; BVerfG, NJW 1972, 860, 862.

[582] Jaeger, Der Kronzeuge, S. 53; Krey/Esser, AT, Rn. 102.

[583] BVerfG, NJW 1972, 860, 862; Heintschel-Heinegg, StGB, § 46 b Rn. 22; Radtke/Hagemeier in BeckOK GG, Artikel 103 Rn. 36.

[584] Schmid-Aßmann in: Maunz/Dürig, GG, Artikel 103 Rn. 197.

Gesamtschau der Tatumstände im weitesten Sinne sowie der Persönlichkeit des Täters zu treffen.[585] Stellt man jedoch auf eine Gesamtschau ab, so entfällt die Berechenbarkeit der Sanktionierung.[586] Darin liegt an sich ein Verstoß gegen den Bestimmtheitsgrundsatz, sodass teilweise verlangt wird, dass der Richter die Strafe entsprechend mildern muss, sofern die Tatbestandsvoraussetzungen gegeben sind.[587] Diese Sichtweise vermag jedoch nicht zu überzeugen, da es gerade das Wesen der vertypten Strafmilderungsgründe ist, dass der Richter nach freiem Ermessen davon Gebrauch machen kann. Sie dienen als Korrektiv zur Erlangung einer tat- und schuldangemessenen Strafe.[588] Das Schuldprinzip und vor allem der Grundsatz der Verhältnismäßigkeit gebieten es, von der Festlegung absoluter Strafen als Höchstmaß an Bestimmtheit von Verfassungs wegen abzusehen.[589] „Schuldprinzip und Rechtsfolgenbestimmtheit stehen in einem Spannungsverhältnis, das in einen verfassungsrechtlich tragfähigen Ausgleich gebracht werden muss."[590] Gerade im Bereich des Strafrechts muss der Gesetzgeber Normen schaffen, die geeignet sind, den Besonderheiten jedes Einzelfalls trotz der Weiterentwicklung der Kriminalität gerecht zu werden.[591] Es ist daher geboten Generalklauseln, unbestimmte Rechtsbegriffe und Ermessensspielräume grundsätzlich auch im Strafrecht zu zulassen.[592] Gleichwohl ist die Judikatur aufgefordert, derartigen Normen durch eine sachgerechte Anwendung eine verfassungskonforme Kontur zu verleihen.[593] Es genügt daher, wenn eine Norm so ausgestaltet ist, dass sich ihr Sinn und Geltungsumfang durch bloße Auslegung erschließen.[594] Für den Bereich der Strafzumessung bedeutet das, dass dem Bestimmtheitsgrundsatz genügt wird, wenn die Strafe bestimmbar ist. Der Bestimmtheitsgrundsatz kann im Strafprozess nicht dahingehend ausgelegt werden, dass eine konkrete Strafe vorhersehbar ist. Solange eine Norm eine verlässliche Grundlage für ihre Auslegung und Anwendung bietet, stehen ihrer Vereinbarkeit mit dem Bestimmtheitsgrundsatz auch relativ unbestimmte, auslegungsbedürftige Begriffe nicht entgegen.[595] Der Gesetzgeber muss

---

585 BGHSt 16, 351, 353.

586 Salditt, StV 2009, 375, 376.

587 Herzberg/Hoffmann-Holland in: MüKo, StGB, § 23 Rn. 23; Salditt, StV 2009, 375, 376.

588 Vgl. BVerfG, NJW 1972, 860, 862; Schmid-Aßmann in: Maunz/Dürig, GG, Artikel 103 Rn. 197.

589 BVerfG, NJW 2002, 1779; Schmid-Aßmann in: Maunz/Dürig, GG, Artikel 103 Rn. 197.

590 BVerfG, NJW 2002, 1779.

591 BVerfG, JZ 2004, 303, 304; Krey/Esser, AT, Rn. 105.

592 BVerfG, JZ 2004, 303, 304; Krey/Esser, AT, Rn. 105.

593 Krey/Esser, AT, Rn. 105.

594 BVerfG, JZ 2004, 303, 304; Krey/Esser, AT, Rn. 105.

595 BVerfG, NJW 2003, 1030.

daher einen Strafrahmen und bestimmte Wertungskriterien, an die sich die richterliche Entscheidung bei der Ausfüllung dieses Rahmens zu halten hat, festlegen.[596] Es genügt daher, wenn sich Art und Höchstmaß der Strafe nach den anerkannten Regeln juristischer Auslegung hinreichend deutlich bestimmen lassen.[597]

2. Bestimmtheitsgrundsatz und Kronzeuge

Eine Kronzeugenregelung, die als reine Strafzumessungsvorschrift ausgestaltet ist, muss sich auch am Bestimmtheitsgrundsatz messen lassen. Dies kann insbesondere dann problematisch werden, wenn die Sanktionierung der Aufklärungshilfe in das Ermessen des Gerichtes gestellt wird[598] und/oder wenn der Tatbestand der maßgeblichen Norm unbestimmte Rechtsbegriffe enthält, die eine nachvollziehbare Festlegung, wann die Voraussetzungen zur Anwendung des entsprechenden Kronzeugenprivilegs vorliegen, nicht zulassen.[599] Sicherlich kann der Gesetzgeber keine detaillierten Anforderungen an den entsprechenden Aufklärungsbeitrag normieren, da die jeweiligen Umstände des Einzelfalls zu berücksichtigen sein werden. Möglichkeiten einer flexiblen Strafzumessung insbesondere weite Sanktionsrahmen „können zudem mit Blick auf rasche Veränderungen der kriminologischen, gesellschaftlichen und sozialen Verhältnisse erforderlich sein, um flexible Reaktionsmöglichkeiten hinsichtlich neuer Phänomene zu eröffnen."[600] Gerade im Bereich der organisierten Kriminalität und des Terrorismus muss das Gesetz schnell angepasst sein, sodass zeitliche Verzögerungen durch entsprechende Gesetzgebungsverfahren und das Rückwirkungsverbot nicht hingenommen werden können.[601] Der Gesetzgeber sollte angesichts der fortschreitenden Kriminalitätsentwicklung im Rahmen seiner Einschätzungsprärogative vorausschauend agieren und die einzelfallbezogene Gesetzesanwendung den Fachgerichten anvertrauen.[602] Eine allgemeine Kronzeugenregelung soll gerade in den undurchsichtigen Kriminalitätsbereichen eine flexiblere effizientere Strafverfolgung ermöglichen, so dass es nicht möglich ist, jeden Einzelfall vorab festzulegen. Auch kann keine verbindliche Rechtsfolge normiert werden, da doch gerade die Strafzumessung jedem Einzelfall gerecht werden muss. Vielfach wird ein höherer Anreiz erforderlich sein, um werthaltige Informationen zu erlangen, in

---

[596] BVerfG, NJW 2002, 1779, 1781; Schmid-Aßmann in: Maunz/Dürig, GG, Artikel 103 Rn. 197.

[597] BVerfG, NJW 1972, 860, 862.

[598] Salditt, StV 2009, 375, 376.

[599] Vgl. Frank/Titz, ZRP 2009, 137, 139.

[600] BVerfG, NJW 2002, 1779, 1786.

[601] BVerfG, NJW 2002, 1779, 1786.

[602] BVerfG, NJW 2002, 1779, 1786.

anderen Fällen rechtfertigt die Information möglicherweise überhaupt keine Privilegierung. Es muss daher genügen, wenn die Voraussetzungen der in Aussicht zu stellenden Strafmilderung zumindest bestimmbar sind, da dann die tatsächliche Gewährung nicht mehr ausschließlich von der Spruchpraxis der Gerichte abhängt.[603] Dem Problem, das die verbleibenden Gestaltungsspielräume der Gerichte mit sich bringen, kann langfristig durch die Herausbildung einer gefestigten Rechtsprechung begegnet werden. Problematisch erscheint darüber hinaus, dass die im Ermessen des Richters stehende Strafzumessung zusätzlich vom Verfahrensverhalten des Täters abhängt.[604] Demgemäß kann der Richter also nur von seinem Ermessen Gebrauch machen, wenn sich der Aussagende kooperationsbereit zeigt bzw. gezeigt hat. Dies aber hängt entscheidend von einer entsprechenden verbindlichen Zusage des Richters ab, sodass letztlich eine synallagmatische Verknüpfung von Leistung und Gegenleistung entsteht.[605] In diesem Fall kann die Sanktion nicht mehr anhand des Gesetzes bestimmt werden, sondern hängt von zwei konsensualen variablen Faktoren ab. Es ist anhand der Norm nicht vorhersehbar, wie ein bestimmtes Täterverhalten sanktioniert wird. Dies aber erscheint weniger eine Frage des Bestimmtheitsgrundsatzes zu sein, als vielmehr eine Frage des generalpräventiven Zwecks von Strafe. Es ist sämtlichen Komponenten der Strafzumessung immanent, dass sie an das Verhalten des Täters anknüpfen. Auch diesbezüglich gilt, dass das Täterverhalten nur hinreichend bestimmt sein muss. Eine Kronzeugenregelung genügt solange dem Bestimmtheitsgrundsatz, wie gewährleistet ist, dass Tatbestand, Strafrahmen und die wesentlichen Auslegungskriterien anhand der Norm bestimmbar sind. Zudem ließe sich jede Kronzeugenregelung mit dem Bestimmtheitsgrundsatz vereinbaren, die sich in ihrer Rechtsfolge erst auf Vollstreckungsebene auswirkt.

V. Artikel 6 II EMRK / Unschuldsvermutung

Problematisch ist ein Kronzeugeninstitut auch im Hinblick auf die Unschuldsvermutung. Aufgrund dessen, dass sie in Artikel 6 II EMRK kodifiziert ist, hat sie den Rang eines einfachen Bundesgesetzes.[606] Da die Unschuldsvermutung jedoch auch eine besondere Ausprägung des Rechtsstaatsprinzips ist, hat sie auch Verfassungsrang.[607] Hiernach gilt der Beschuldigte bis zu seiner rechtskräftigen Verurteilung als unschuldig.[608]

---

603 BR-Drs., 896/02, S. 6.

604 Salditt, StV 2009, 375, 376.

605 Salditt, StV 2009, 375, 376.

606 BVerfG, NStZ 1987, 421.

607 BVerfGE 19, 342, 347; BVerfG 35, 311, 320; BVerfG 82, 106, 114; BVerfG, NStZ 1987, 421.

608 Schädler in: KK, Artikel 6 EMRK Rn. 43.

Demnach müssen das Gericht und die Strafverfolgungsbehörden dem Beschuldigten vollkommen unbefangen gegenüber treten.[609]

Eine Kronzeugenregelung, die ihrem Wortlaut nach voraussetzt, dass jemand Täter oder Teilnehmer einer Straftat ist, wäre möglicherweise nicht mit der Unschuldsvermutung zu vereinbaren, wenn die Täterschaft zwar zwingende Voraussetzung ist, möglicherweise aber zum vorgesehenen Zeitpunkt noch gar nicht feststeht.[610] Regelungen, die die Honorierung der Aufklärungshilfe erst im Hauptverfahren vorsehen, haben dieses Problem logischerweise nicht, da dann die Täterschaft oder Teilnahme bereits durch das Gericht festgestellt wurde.[611] Problematisch gestaltet sich eine solche Regelung dann, wenn sie entsprechende Einstellungsbefugnisse auf die Staatsanwaltschaft überträgt.[612] Schließlich steht im Ermittlungsverfahren noch gar nicht fest, wer Täter oder Teilnehmer ist und damit die Voraussetzung der Regelung erfüllt.[613] Diesem Umstand kann jedoch dadurch Rechnung getragen werden, dass auf § 153 b StPO verwiesen wird, da die konjunktivische Formulierung, *„unter denen das Gericht von Strafe absehen könnte"*, gerade impliziert, dass eine entsprechende Feststellung der Täterschaft nicht erfolgt ist.[614] Eine Kronzeugenregelung, die wie beispielsweise das Kronzeugengesetz von 1989 an die Begriffe Täter oder Teilnehmer anknüpft und der Staatsanwaltschaft ein auf diese Norm gestütztes Recht zubilligt, von Strafe abzusehen, ohne dass auf § 153 b StPO verwiesen wird, ist problematischer.[615] Gleichwohl darf man in diesem Zusammenhang nicht verkennen, dass es sich um eine Norm handelt, die an die Täterschaft gerade keine negativen Folgen knüpft, sondern lediglich die Möglichkeit eröffnet, bereits in frühen Stadien von Strafe abzusehen.[616] Eine Vorverurteilung des Beschuldigten, vor der die Unschuldsvermutung schützen soll, findet daher gar nicht statt, sodass es verfehlt ist, hier einen Verstoß gegen Artikel 6 II EMRK anzumahnen.[617] Es findet letztlich keine Schuldfeststellung statt, vielmehr wird die Täterschaft für diesen Zweck hypothetisch unterstellt.[618] Letztlich ist eine Kronzeugenregelung mit der Unschuldsvermutung in Bezug auf den Kronzeugen selbst vereinbar. Aus Klarstellungsgründen könnte der Wortlaut einer solchen Regelung entsprechend ange-

---

[609] Schädler in: KK, Artikel 6 EMRK Rn. 44.

[610] Hassemer, StV 1986, 550, 552; Schroeder, NJW 2000, 2483, 2485.

[611] Schroeder, NJW 2000, 2483, 2485.

[612] Schroeder, NJW 2000, 2483, 2485.

[613] Hassemer, StV 1986, 550, 552; Schroeder, NJW 2000, 2483, 2485.

[614] Schroeder, NJW 2000, 2483, 2485.

[615] Schroeder, NJW 2000, 2483, 2485.

[616] Mühlhoff/Mehrens, Das Kronzeugengesetz im Urteil der Praxis, S. 62.

[617] So auch Schroeder, NJW 2000, 2483, 2485.

[618] Vgl. BVerfG, NStZ 1987, 421, 422.

passt werden.[619] So könnte man beispielsweise von „einer als Täter oder Teilnehmer in Betracht kommenden Person sprechen."[620]

Teilweise wird eine Unvereinbarkeit einer Kronzeugenregelung jedoch deswegen befürchtet, weil mit der Anwendung des Kronzeugenprivilegs immer auch die Feststellung einhergehe, die Einlassung des Zeugen sei glaubhaft und werde zur Aufklärung weiterer Straftaten führen. Damit sei regelmäßig eine Vorverurteilung des jeweils Belasteten verbunden, die ein faires Verfahren unmöglich mache.[621] Tatsächlich besteht ein solcher Konflikt jedoch nicht, da das zur Entscheidung berufene Gericht nicht an die Feststellungen aus dem Urteil gebunden ist.[622]

Dies gilt insbesondere, weil die relevanten Feststellungen nicht in Rechtskraft erwachsen, da sie sich gerade nicht auf den Schuldspruch beziehen.[623] Problematisch ist diese Konstellation allenfalls dann, wenn derselbe Spruchkörper auch im Folgeprozess zur Entscheidung berufen ist, wenngleich auch insoweit keine Bindungswirkung für das Folgeverfahren besteht.[624] Allerdings wird abhängig vom Einzelfall darüber zu befinden sein, ob nicht die Richter, die bereits im Verfahren gegen den Kronzeugen beteiligt waren, nunmehr befangen sind.[625] Dies gilt insbesondere, weil sie bereits im Vorfeld über die Glaubwürdigkeit des Hauptbelastungszeugen befunden haben. Allerdings wird das tatsächliche Vorliegen der Befangenheit nicht pauschal angenommen werden können, da das Gericht gehalten ist, die Überzeugungsbildung aus dem Inbegriff der Hauptverhandlung zu schöpfen, § 261 StPO. Zudem steht zu erwarten, dass auch der Kronzeuge nunmehr in der Zeugenrolle anders gesehen wird und sich auch sein Aussageverhalten aufgrund der Wahrheitspflicht ändert. Es darf auch in der Bewertung nicht verkannt werden, dass im Verfahren gegen den Kronzeugen lediglich eine Prognoseentscheidung aufgrund fehlender Ermittlungen getroffen wurde, die aber nunmehr nachgeholt wurden. Letztlich kann auch mit Blick auf den Dritten kein genereller Verstoß gegen die Unschuldsvermutung angenommen werden.

---

[619]So jedenfalls Mühlhoff/Mehrens, Das Kronzeugengesetz im Urteil der Praxis, S. 102.

[620]Vgl.Schroeder, NJW 2000, 2483, 2484.

[621]Breucker, Die Bewährung der Kronzeugenregelung in der gerichtlichen Praxis, S. 176.

[622]OLG Hamburg, NStZ 1997, 443, 444; Breucker, Die Bewährung der Kronzeugenregelung in der gerichtlichen Praxis, S. 178; Mushoff, KritV 2007, 359, 374.

[623]Breucker, Die Bewährung der Kronzeugenregelung in der gerichtlichen Praxis, S. 179.

[624]Breucker, Die Bewährung der Kronzeugenregelung in der gerichtlichen Praxis, S. 176.

[625]Breucker, Die Bewährung der Kronzeugenregelung in der gerichtlichen Praxis, S. 178.

VI. Artikel 6 III EMRK; Grundsatz des fairen Verfahrens

Der Grundsatz des fairen Verfahrens entstammt dem angloamerikanischen Rechtskreis und besagt als oberstes Gebot des Strafprozessrechts, dass ein Strafverfahren „fair“ sein muss.[626] Der wesentlichen Inhalt dieses Grundsatzes erschließt sich aus einer Gesamtschau der Artikel 1 I, 2 II 2, 20 III, 101 I 2, 103 I GG, Artikel 6 I 1 EMRK.[627] „Das faire Verfahren des Artikel 6 EMRK meint zweierlei: Zum einen sind diverse, zum Teil bereits in der Norm benannte Teilrechte angesprochen; zum anderen zugleich ein diese umfassendes Gesamtrecht.“[628] Wann ein Verfahren „fair“ ist, lässt sich hingegen nicht festlegen.[629] Dieser Grundsatz soll den Angeklagten davor schützen, zum bloßen Objekt des Verfahrens gemacht zu werden, indem ihm bestimmte grundsätzliche Mitwirkungsrechte zugestanden werden, die ihn vor Willkür schützen.[630]

Das Kronzeugeninstitut ist in Bezug auf die Gewährleistung eines fairen Verfahrens aufgrund der fehlenden Bindungswirkung einer getroffenen Absprache problematisch. Der Kronzeuge tritt zumeist und insbesondere dann, wenn die Absprache in einem frühen Verfahrensstadium stattfindet, in Vorleistung. Hierdurch kann sich seine Verfahrensstellung möglicherweise unwiderruflich verschlechtern, ohne dass er im Gegenzug auf die tatsächliche Gewährung des ausgehandelten Strafrabattes durch das Gericht vertrauen kann. In Bezug auf die Prozessabsprache regelt § 257 IV StPO, dass das beteiligte Gericht an eine ordnungsgemäß zustande gekommene Absprache gebunden ist, sofern nicht rechtlich oder tatsächlich bedeutsame Umstände übersehen worden sind oder sich neu ergeben haben und das Gericht deswegen zu der Überzeugung gelangt, dass der in Aussicht gestellte Strafrahmen nicht mehr tat- oder schuldangemessen ist oder aber das weitere Prozessverhalten des Angeklagten nicht dem Verhalten entspricht, das der Prognose des Gerichtes zugrunde gelegt worden ist. Zudem muss das Gericht die beabsichtigte Abweichung unter Erteilung eines entsprechenden Hinweises gemäß § 265 I 2 StPO anzeigen. Findet sich eine entsprechende Regelung für den Kronzeugen nicht, lässt sich eine Bindung des Gerichts an eine Absprache nur schwerlich begründen. Dies gilt insbesondere, weil je nach Verfahrensstadium eine entsprechende Absprache möglicherweise ohne Beteiligung des Gerichtes, sei es auch nur ohne Beteiligung der Schöffen, getroffen wird, die freilich das Gericht in keiner

---

[626] Schädler in: KK, Artikel 6 EMRK Rn. 18; Roxin/Schünemann, Strafverfahrensrecht, § 11 Rn. 4.

[627] BVerfG, NJW 2001, 2245; Beulke, Strafprozessrecht, Rn. 28.

[628] Gaede, StV 2006, 599, 600; Vgl. auch EGMR, NJW 2001, 2387, 2390; Pfeiffer/Hannich in: KK, Einleitung Rn. 28

[629] Beulke, Strafprozessrecht, Rn. 28.

[630] Schädler in: KK, Artikel 6 EMRK Rn. 19.

Weise zu binden vermag. Eine entsprechende Bindung kann erst dann einsetzen, wenn das Gericht sich dadurch, dass es sich durch Einführung dessen, was Gegenstand der Absprache war, in die öffentliche Hauptverhandlung, die getroffene Absprache zu Eigen macht. Hat eine Kronzeugenabsprache stattgefunden, muss der Richter zwingend das Vorliegen der tatbestandlichen Voraussetzungen prüfen und die Kronzeugenregelung anwenden, da andernfalls das aus dem Rechtsstaatsprinzip und Artikel 6 III EMRK resultierende Recht auf ein faires Verfahren verletzt würde. Das „Ob" und „Wie" der Gegenleistung hängt jedoch immer vom Ermessen des Richters ab. Die Forderung, dem in Vorleistung getretenen Kronzeugen über § 23 EGGVG die Möglichkeit zu eröffnen, das Versprochene einzuklagen[631], geht fehl. Eine Kronzeugenregelung begründet für sich genommen gerade keinen Anspruch auf die in Aussicht gestellte Gegenleistung. Dies erscheint vor allem mit Blick auf die Tatsache ausgeschlossen, dass die Gegenleistung letztlich in der Regel ohne Beteiligung des Richters ausgehandelt wird, der Richter aber verpflichtet würde, diese Gegenleistung zu gewähren. Zivilrechtlich betrachtet würde ein Vertrag zu Lasten Dritter konstruiert. Der Richter wäre gezwungen, basierend auf der Absprache sein Urteil zu fällen. Dies wäre auch mit Blick darauf, dass der Richter gemäß § 261 StPO seine freie Überzeugung aus der Hauptverhandlung schöpft, untragbar. Stünde man dem Kronzeugen einen Anspruch auf die konkrete Gegenleistung zu, müsste man ihm auch die Möglichkeit geben, aufgrund der verweigerten Gegenleistung Rechtmittel einzulegen. In diesem Fall müsste ein weiterer Spruchkörper, der zuvor nicht mit der Sache befasst war, umfassend Beweis darüber erheben, ob ein Anspruch auf die konkrete im Vorfeld ausgehandelte Gegenleistung besteht.

Zur Gewährleistung eines fairen Verfahrens bedarf es jedoch keines durchsetzbaren Anspruchs des Kronzeugen auf eine zuvor festgesetzte Gegenleistung. Vielmehr genügt es, wenn das Gericht ermessensfehlerfrei über die Anwendung des Kronzeugenprivilegs entscheidet. Etwaige Ermessensfehler können im Wege der Revision geltend gemacht werden. Entsprechend hat der Kronzeuge auch, dann, wenn von Seiten der Staatsanwaltschaft eine Einstellung des Verfahrens in Aussicht gestellt worden ist, keinen Anspruch auf die tatsächliche Einstellung. Es steht der Staatsanwaltschaft frei, ob sie von den Möglichkeiten im Rahmen des Opportunitätsprinzips Gebrauch macht. Eine Selbstbindung dadurch, dass eine Einstellung oder eine bestimmte Strafe in Aussicht gestellt wird, ist unserer Strafprozessordnung fremd. Dieser bedarf es jedoch auch nicht, da der Kronzeuge beispielsweise durch § 136 a StPO ausreichend geschützt ist. So darf die Grenze des § 136 a StPO nicht dadurch überschritten werden, dass dem Kronzeugen Privilegien allein zu Täuschungszwecken in Aussicht gestellt werden. „Die prinzipielle Konnexität zwischen Aussage und

---

[631]Kunert/Bernsmann, NStZ 1989, 455, 460.

Rechtsfolge ist hier ebenso evident wie das berechtigte Interesse des Beschuldigten, über die zu erwartenden Reaktionen vor der Offenbarung als seinem point of no return Bescheid zu wissen."[632] Daher sollte mit Blick auf ein faires Verfahren gewährleistet werden, dass jeder Beschuldigte die gleichen Chancen erhält, von der Privilegierung zu profitieren und nicht Gefahr läuft, seine eigene Stellung im Prozess leichtfertig zu verschlechtern. Demnach müssen zusätzliche Belehrungspflichten mit einer solchen Regelung einhergehen.[633] Insbesondere erscheint es nicht ausreichend, den Normtext zu verlesen. Vielmehr ist der Aussagende ausdrücklich darauf hinzuweisen, dass nur der Richter letztlich über die Anwendung des Privilegs entscheidet und auch eine Einstellungszusage der Staatsanwaltschaft keine Bindungswirkung entfaltet.[634] Zusätzlich könnte durch die frühzeitige Bereitstellung eines Verteidigers ein faires Verfahren gesichert werden, schließlich wird der Beschuldigte vielfach nicht in der Lage sein, seine eigenen Interessen zu vertreten beziehungsweise die mit der Inanspruchnahme des Privilegs verbundenen Risiken zu übersehen.[635] So hat sich mit Blick auf § 31 BtMG gezeigt, dass es nicht selten vorkommt, dass der Aussagende aufgrund der nunmehr offenbarten Taten eine deutlich höhere Strafe erhielt, als wenn er geschwiegen hätte.[636] Überdies sollte eine Verpflichtung der Strafverfolgungsbehörde bestehen, die dem Aussagenden das Kronzeugenprivileg anträgt, entsprechend in der Hauptverhandlung auf den Richter einzuwirken, sofern dies opportun erscheint. „Das korrespondierende Interesse der Strafjustiz an einer Erschließung dieser Erkenntnisquelle für wichtigere andere Strafverfahren impliziert [mitunter] eine Gesetzesauslegung, die eine Vorwegnahme der Ermessensausübung im Augenblick des Versprechens gestattet."[637]

VII. Konfrontationsrecht

Das Konfrontationsrecht ist Ausprägung des Rechtes auf ein faires Verfahren aus Artikel 2 I i.V.m. Artikel 20 III GG.[638] Seinen Ursprung nimmt das heutige Verständnis des Konfrontationsrechts im angloamerikanischen

---

[632] Schünemann in: Verhandlungen des 58. deutschen Juristentages, B 9, B 105.

[633] BR-Drs., 896/02, S. 9.

[634] So auch Jaeger, Der Kronzeuge, S. 154.

[635] Vgl. Beulke, Strafprozessrecht, Rn. 383; Roxin/Schünemann, Strafverfahrensrecht, § 18 Rn. 30, § 69 Rn. 10; Schlothauer, StraFo 2011, 487, 498, der eine sachkundige und engagierte Verteidigung als wesentliche Voraussetzung für eine optimale Wahrnehmung der Mandanteninteressen nicht nur im kontradiktorischen Verfahren, sondern auch und erst recht im Verständigungsverfahren ansieht.

[636] Vgl. Jaeger, Der Kronzeuge, S. 151.

[637] Schünemann in: Verhandlungen des 58. deutschen Juristentages, B 9, B 105.

[638] BVerfGE 38, 105, 111.

Rechtskreis, wo es stets als griffiges Verteidigungsmittel gehandhabt wurde.[639] Seine einfachgesetzliche Ausgestaltung findet es in Artikel 6 III d EMRK. „Als ein unverzichtbares Element der Rechtsstaatlichkeit des Strafverfahrens gewährleistet dieses Recht dem Beschuldigten prozessuale Rechte und Möglichkeiten mit der erforderlichen Sachkunde wahrnehmen und Übergriffe der staatlichen Stellen oder anderer Verfahrensbeteiligter angemessen abwehren zu können. Aus dem Gebot der Verfahrensfairness folgt unter anderem ein Anspruch des Beschuldigten auf materielle Beweisteilhabe, also Zugang zu den Quellen der Sachverhaltsfeststellung."[640] Allerdings korreliert diese scheinbare Garantie regelmäßig mit rivalisierenden Schutzinteressen.[641] Um den gegenläufigen Interessen Rechnung zu tragen, nimmt der EGMR eine Abwägung im Rahmen einer Gesamtbetrachtung vor,[642] indem er prüft, ob das gesamte Verfahren trotz Missachtung des Konfrontationsrechts als fair i. S. d. des Artikel 6 I EMRK zu werten ist. Der EGMR begreift das Konfrontationsrecht aus Artikel 6 III d EMRK als Bestandteil des Rechtes auf ein faires Verfahren.[643] Allerdings lassen neuere Entscheidungen durchaus erkennen, dass der EGMR in Artikel 6 III d EMRK eine Mindestgarantie verankert sieht.[644] Der Beschuldigte hat mindestens das Recht, Belastungszeugen unmittelbar zu befragen oder befragen zu lassen.[645] Die Befragung des Zeugen hat dabei grundsätzlich, aber nicht zwingend in der Hauptverhandlung in Anwesenheit des Beschuldigten zu erfolgen. Wurde der Zeuge nur im Ermittlungsverfahren oder sonst außerhalb der Hauptverhandlung vernommen, muss dem Beschuldigten entweder bereits zum Zeitpunkt der Vernehmung oder in einem späteren Verfahrensstadium die Gelegenheit gegeben werden, den Zeugen selbst zu befragen, unter Umständen über seinen Verteidiger befragen zu lassen.[646]

Diese Mindestgarantie könnte folglich dann gefährdet sein, wenn ein Kronzeuge nicht als Zeuge im Hauptverfahren auftritt oder sich überhaupt nicht zu einer zeugenschaftlichen Vernehmung bereitfindet, sodass seine Aussage nicht durch Konfrontation mit allen Verfahrensbeteiligten geprüft und hinterfragt werden kann.[647] Dies ist deswegen problematisch, weil „normalerweise alle Beweise, einschließlich der Zeugenaussagen, im Hin-

---

[639]Jung, GA 2009, 235.

[640]BVerfG, StV 2010, 337.

[641]Jung, GA 2009, 235, 236; Mushoff, KritV 2007, 359, 376.

[642]EGMR, NJW 2001, 2387, 2390; Schädler in: KK, Artikel 6 EMRK Rn. 25; Jung, GA 2009, 235, 236.

[643]EGMR, NJW 2003, 2893, 2894; BGH, NStZ 2007, 166; Schädler in: KK, Artikel 6 EMRK Rn. 51; Ambos, Internationales Strafrecht, S. 368.

[644]EGMR, NJW 2003, 2893, 2894; BGH, NStZ 2007, 166, 167; Jung, GA 2009, 235, 240.

[645]EGMR, NStZ 2007, 103, 104; BVerfG, StV 2010, 337, 338.

[646]EGMR, NStZ 2007, 103, 104; BVerfG, StV 2010, 337, 338.

[647]Maier in: MüKo, StGB, § 46 b Rn. 86; Hassemer, StV 1986, 550, 552.

blick auf die kontradiktorische Auseinandersetzung in Anwesenheit des Angeklagten in öffentlicher Verhandlung erbracht werden müssen."[648] Ausnahmen von diesem Grundsatz sind nur zuzulassen soweit die Verteidigung in ihren Verfahrensrechten nicht verletzt wird.[649] Zwingen gewichtige Gründe dazu die Identität des Belastungszeugen geheim zu halten, so müssen die daraus resultierenden Nachteile für die Verteidigung durch die Justizbehörden ausgeglichen werden mit der Folge, dass entsprechende Aussagen mit äußerster Sorgfalt zu behandeln sind.[650] Zudem wird gefordert, dass dann, wenn ein entsprechender Belastungszeuge im Ermittlungsverfahren in Abwesenheit des Beschuldigten vernommen werden soll, bereits in diesem Verfahrensstadium ein Verteidiger bestellt werden muss, da andernfalls ein Beweiswertungsverbot aufgrund der Konventionswidrigkeit anzunehmen sein kann.[651] Der BGH will in diesen Fällen zumindest den Beweiswert der Angaben des Zeugen erheblich reduzieren.[652] Schließlich obliegt es der Justiz, notfalls durch aktive Schritte sicherzustellen, dass der Beschuldigte eine Möglichkeit erhält, den Belastungszeugen zumindest befragen zu lassen oder schriftlich Fragen an den Zeugen zu stellen.[653] Insbesondere dann, wenn die Verteidigung gegen belastende Aussagen eines Kronzeugen ansteht, sollte eine Befragung sofern irgend möglich gesichert werden, da eine Überprüfung der Glaubwürdigkeit des Zeugen kaum mehr möglich ist, wenn der vielfach unseriöse Zeuge durch einen ordentlich auftretenden Ermittler substituiert wird.[654] Ein Verstoß gegen das Konfrontationsrecht kann auch dann anzunehmen sein, wenn der Zeuge zwar aussagt, diese Aussage aber im Widerspruch zu derjenigen des Beschuldigten steht. Der BGH geht davon aus, dass eine Verurteilung gestützt auf diese Aussage selbst dann erfolgen kann, wenn der Beschuldigte keine Möglichkeit hatte, den Zeugen zu befragen, solange sich dem Tatrichter weitere gewichtige Gründe aufdrängen, die außerhalb der Zeugenaussage liegen und es dem Richter ermöglichen, dem Zeugen dennoch zu glauben.[655] Ausnahmsweise kann die Aussage in einem solchen Fall auch alleinige Grundlage sein, wenn sie überzeugt und durch für sich genommene schwache Indizien gestützt wird.[656] Der EGMR hält eine Verurteilung, gestützt allein auf eine derart widersprüchliche Aussage, stets für unzulässig,

[648]EGMR, StraFo 2007, 107 f.; EGMR, NStZ 2007, 103, 104.

[649]EGMR, StraFo 2007, 107 f.

[650]EGMR, StraFo 2007, 107 f.; BVerfG, StV 2010, 337, 338; BGH, NStZ 2007, 166, 167.

[651]Vgl. EGMR, NStZ 2007, 103, 104; Kühne, Strafprozessrecht, Rn. 924.2.

[652]BGH, NStZ 2007, 166.

[653]EGMR, NStZ 2007, 103; BVerfG, StV 2010, 337, 338; BGH, NStZ 2007, 166, 167; Schädler in: KK, Artikel 6 EMRK Rn. 52.

[654]Vgl. Kühne, Strafprozessrecht, Rn. 924.3.

[655]BGH, NStZ- RR 2012, 52; BGH, NStZ 2000, 496.

[656]BT-Drs. 14/5938, S.11.

wenn nicht der Angeklagte im Rahmen der Ermittlungen oder in der Hauptverhandlung die Möglichkeit zur Befragung des Zeugen hatte.[657] Die Sichtweise des EGMR erscheint zu weitgehend, da eine Aussage, die auf gewichtige Indizien gestützt wird, keinen Anlass dazu gibt, an ihrer Glaubhaftigkeit zu zweifeln. Zudem ist zu berücksichtigen, dass eine Befragung durch das Gericht erfolgt ist. Das Gericht hat auch die hierzu in Widerspruch stehende Aussage des Beschuldigten gewürdigt, so dass in der Gesamtschau ein Verstoß, der zur Unverwertbarkeit der Aussage führt, gerade nicht vorliegt. Ein grundsätzliches Beweisverwertungsverbot aufgrund fehlenden Fragerechts wird daher regelmäßig nicht angenommen, da das entsprechende Defizit durch die folgende Beweiswürdigung ausgeglichen wird.[658] „Ein Beweisverbot, das den Willen und die Fähigkeit des Gerichts in Zweifel zöge, den genannten Grundsätzen der Beweiswürdigung den zutreffenden Stellenwert einzuräumen ist von Verfassungs wegen hingegen regelmäßig nicht geboten."[659] Außerhalb des Parteiprozesses wird bereits dadurch ein kleinerer Ausgleich geschaffen, dass der Richter als unabhängiges Organ der Rechtspflege selbst die Identität des Aussagenden kennt und sich während seiner Aussage seiner Glaubwürdigkeit versichert hat.[660] Dennoch darf sich das Gericht nicht ohne weiteres auf die Totalsperrung gefährdeter Zeugen zurückziehen, sondern steht in der Pflicht insbesondere Maßnahmen des Zeugenschutzes vorrangig zu erwägen.[661]

VIII. Gebot der Waffengleichheit und Kronzeuge

Das Augenmerk ist auch auf das in der EMRK verankerte Gebot der Waffengleichheit zu richten. Wenngleich das Grundgesetz den Begriff der Waffengleichheit nicht kennt, wird er sowohl in der deutschen als auch in der europäischen Rechtsprechung verwendet.[662] „Einigkeit herrscht indes darüber, dass die Waffengleichheit ein wesentliches Merkmal des fairen Verfahrens ist."[663] Was der Grundsatz tatsächlich besagt, ist weitestgehend unklar, sodass sich der bestehende Konsens darauf beschränkt, dass er tatsächliche mathematische Gleichheit der Verfahrensparteien nicht zusi-

---

[657] EGMR, StraFo 2007, 107 f.

[658] BVerfG, StV 2010, 337, 338.

[659] BVerfG, StV 2010, 337, 338.

[660] Vgl. Safferling, StV 2010, 339, 340.

[661] EGMR, NStZ 2007, 103, 104; Safferling, StV 2010, 339, 342.

[662] Safferling, NStZ 2004, 181, 183, 186.

[663] Safferling, NStZ 2004, 181, 186.

chert.[664] Der Begriff ist daher nicht absolut zu verstehen, sondern gebietet, die jeweiligen prozessualen Rechte der Verfahrensbeteiligten unter Berücksichtigung der Verschiedenartigkeit der Prozessrollen auszutarieren.[665] „Waffengleichheit kann [daher] immer nur im Hinblick auf die sachlogische Struktur von Anklagevertretung und Verteidigung festgestellt bzw. gefordert werden." [666] Insbesondere muss berücksichtigt und ausgeglichen werden, dass der Beschuldigte allein aufgrund seiner fehlenden Rechtskenntnisse und seines eingeschränkten Aktionsraums kein ausreichendes Gegengewicht zu den Strafverfolgungsbehörden bilden kann.[667] Daher muss beispielsweise die insoweit schwächere Position des Beschuldigten durch einen Verteidiger ausgeglichen werden.[668] Ein Verfahren ist fair, wenn es von der Idee der Verfahrensbalance geleitet wird und dadurch sichergestellt wird, dass die Rechte der Verfahrensbeteiligten nicht einseitig beschnitten sind.[669] Der Angeklagte kann über den Anspruch auf ein faires rechtsstaatliches Verfahren hinaus aus dem Grundsatz der Waffengleichheit keine weiteren Rechte beanspruchen.[670]

Dieser rechtsstaatliche Grundsatz, der auch im Inquisitionsverfahren seine Berechtigung hat, scheint durch ein Kronzeugengesetz dann gefährdet, wenn die Verteidigung in ihrem Handlungsspielraum mehr beschränkt wird, als dies die strukturelle Überlegenheit der Staatsanwaltschaft ohnehin erfordert. Zum wesentlichen Kern eines rechtstaatlichen Strafverfahrens gehört daher die Verteidigung durch einen ausgebildeten Verteidiger.[671] Insbesondere im Zusammenhang mit der Aufklärungshilfe als besondere Prozesssituation bedarf es einer sachgerechten Verteidigung. Daher ist es bedenklich, die Beratung und den Beistand des Verteidigers im Hinblick auf das Kronzeugenprivileg möglicherweise vorschnell als Beihilfe zu §§ 145 d und 164 StGB zu werten, was zwangsweise in einer Zurückhaltung des Verteidigers insbesondere in Bezug auf Angaben des Mandanten gegenüber Dritten endet.[672] Insoweit sollte sichergestellt werden, dass die Verteidigung den Mandanten gerade auch in Bezug auf das Kronzeugenprivileg beraten kann. Um dies zu gewährleisten, sollte man daher für die

---

[664] Jaeger, Der Kronzeuge, S. 76; Roxin/Schünemann, Strafverfahrensrecht, § 11 Rn. 7; Safferling, NStZ 2004, 181, 183.

[665] Meyer-Goßner, StPO, Einleitung Rn. 88.

[666] Beulke, Strafprozessrecht, Rn. 148.

[667] Beulke, Strafprozessrecht, Rn. 148.

[668] Beulke, Strafprozessrecht, Rn. 148.

[669] Roxin/Schünemann, Strafverfahrensrecht, § 11 Rn. 7; Safferling, NStZ 2004, 181, 183.

[670] Safferling, NStZ 2004, 181, 183.

[671] Beulke, Strafprozessrecht, Rn. 148; Roxin/Schünemann, Strafverfahrensrecht, § 19 Rn. 1; Safferling, NStZ 2004, 181, 187.

[672] Salditt, StV 2009, 375, 379.

Annahme von Strafbarkeit positive Kenntnis des Verteidigers in Bezug auf die Unrichtigkeit der Aussage verlangen.

Gravierender ist jener Grundsatz der Waffengleichheit im Hinblick auf das Verfahren gegen belastete Dritte betroffen. Schließlich birgt die Integration eines Zeugen, dem gleichsam an der Durchsetzung eigener Interessen gelegen ist, mangels Objektivität der Aussage eine massive Gefahr für die Wahrheitsfindung.[673] Es obliegt dem Verteidiger und seinem Mandanten, zur Gewährleistung eines fairen Verfahrens die Glaubwürdigkeit eines solchen Zeugen zu hinterfragen. Dies aber „setzt die volle Kenntnis aller Faktoren voraus, die die Entscheidung zur Kollaboration bewirkt und die Aussage des Kronzeugen beeinflusst haben könnten“[674]. Der Verteidiger muss sicherstellen, dass sämtliche relevanten Informationen im Hinblick auf etwaige Absprachen zwischen den Ermittlungsbehörden und dem Kronzeugen ihm und seinem Mandanten zugänglich sind, um die bestehenden Verteidigungmöglichkeiten auszuloten.[675] Eine effiziente Strafverteidigung macht es insbesondere erforderlich, Kenntnis über die Straftaten des Kronzeugen zu erlangen.[676] Kommt ein Kronzeuge zum Einsatz, muss gewährleistet werden, dass der Verteidigung sämtliche Verfahrensrechte offenstehen, um den möglicherweise bestehenden Vorteil der Anklage zu kompensieren. Auf Seiten der Verteidigung ist es mitunter hilfreich auch das Urteil gegen den Aufklärungsgehilfen und die darin enthaltenen Ausführungen zum Vorliegen des Aufklärungserfolges und zu den Strafzumessungserwägungen einzusehen. Zudem empfiehlt es sich gegebenenfalls Beweisanträge auf Vernehmung der erkennenden Richter und des Sitzungsvertreters der Staatsanwaltschaft in dem Verfahren gegen den Kronzeugen zu stellen, um die Hintergründe und den konkreten Inhalt der Strafmaßzusage aufzuklären. Nur durch die Bewilligung entsprechender Anträge kann vermieden werden, dass der Angeklagte und sein Verteidiger in ihrer Verteidigungsstrategie rechtstaatswidrig beschnitten werden. Zwingend ist auf Seiten der Verteidigung eine Interessenkollision zu vermeiden, indem der Verteidiger, der den Kronzeugen verteidigt hat, nicht auch für den Beschuldigten bestellt wird, da dies einer verantwortungsvollen Strafverteidigung massiv entgegenstünde. Zudem obliegt es der Verteidigung, durch frühzeitige Aktion ein faires Verfahren zu gewährleisten, da bereits im Vorfeld der Hauptverhandlung die Möglichkeit besteht, die Glaubwürdigkeit des Zeugen zu hinterfragen, beispielsweise im Rahmen eines Antrages auf Einstellung gemäß § 170 II StPO oder bei Abgabe der Erklärung zur Anklage im Zwischenverfahren.[677]

---

[673]Vgl. Roxin/Schünemann, Strafverfahrensrecht, § 14 Rn. 19; Schroth, NJW 2009, 2916, 2919.

[674]Stern, StraFo 2002, 185, 190.

[675]Wesemann in: Anwaltshandbuch Strafverteidigung, § 46 Rn. 226 f.

[676]Kunert/Bernsmann, NStZ 1989, 455, 458.

[677]Malek, StV 2010, 200, 205.

Problematisch ist eine Kronzeugenregelung im Hinblick auf das Prinzip der Waffengleichheit möglicherweise auch dann, wenn es der Verteidiger seinerseits nicht ohne weiteres in der Hand hat, Entlastungszeugen unter Gewährung von Strafrabatten heranzuziehen. Allerdings ist die in den USA viel diskutierte Einführung eines Kronzeugen für die Verteidigung hierzulande allenfalls ein rechtstheoretisches Problem, da die Strafverfolgungsorgane zur Objektivität verpflichtet sind. Gemäß § 160 II StPO steht die Staatsanwaltschaft in der Pflicht, alle be- und entlastenden Umstände mit gleicher Sorgfalt zu ermitteln, sodass es der Staatsanwaltschaft freisteht, sofern es die Regelung zulässt, Kronzeugen der Verteidigung zu benennen. Letztlich würde dieser Anwendungsfall die Ausnahme darstellen, da der Kronzeuge maßgeblich zur Aufklärung beitragen soll, was regelmäßig durch die bloße Entlastung eines Beschuldigten nicht gegeben sein wird. Etwas anderes gilt jedoch, wenn der Ausschluss des Beschuldigten aufgrund weiterer hinzutretender Aspekte als gravierender Aufklärungserfolg gewertet werden kann. Hieran werden aber aufgrund des Eingriffs in das Legalitätsprinzip durch die Gewährung des Strafrabattes hohe Anforderungen zu stellen sein. Gleichwohl sollte eine Kronzeugenregelung dem Umstand Rechnung tragen, dass be- und entlastende Umstände in gleicher Weise und damit auch mit gleichen Mitteln zu erforschen sind. Trotz der bestehenden Pflicht zur Objektivität besteht immer die Gefahr, dass wesentliche Entlastungsmomente übersehen beziehungsweise in ihrer Tragweite verkannt werden.[678] Um dieser Befürchtung entgegen zu treten, muss eine Kronzeugenregelung zumindest so ausgestaltet sein, dass sie auch den Entlastungszeugen umfasst und dem Verteidiger die Möglichkeit einräumt, auf die Benennung eines Entlastungszeugen als Kronzeugen hinzuwirken. Um ein Prozessungleichgewicht weitestgehend zu vermeiden, ist es sachgerecht, die Entscheidung darüber, ob ein als Kronzeuge benannter Zeuge tatsächlich honoriert wird, dem Richter zu überlassen. Nur so kann der Anschein ausgeräumt werden, dass es der Staatsanwaltschaft letztlich freisteht, entsprechende Belastungszeugen zu „kaufen“. Zusammenfassend muss somit einerseits sichergestellt werden, dass die Rechte des Belasteten nicht ungebührlich beschnitten werden und andererseits diejenigen Rechte des Kronzeugen nicht ausufern.

Kennt beispielsweise der Kronzeuge die entsprechende Ermittlungsakte gegen den Dritten, so wird er geneigt sein, seine Aussage dem Akteninhalt anzupassen, wodurch seine Eignung als Zeuge in Frage gestellt wäre.[679] Demgemäß sind bei der Ausgestaltung der Regelungen bezüglich des Kronzeugen die ihm zugestandenen Rechte mit Blick auf belastete Dritte auszutarieren. Der Kronzeuge selbst ist zunächst einmal nicht berechtigt,

[678] Roxin/Schünemann, Strafverfahrensrecht, § 19 Rn. 1.

[679] Meyer-Goßner, StPO, § 68 b Rn. 4; Roxin/Schünemann, Strafverfahrensrecht, §27 Rn. 68; Schroth, NJW 2009, 2916, 2919; Schünemann, StV 1998, 393 f.

die Akte des Verfahrens gegen den von ihm Belasteten einzusehen. Allerdings sieht § 68 b StPO vor, dass auch dem Zeugen ein Rechtsanwalt als Beistand beigeordnet werden kann. Erfolgt eine entsprechende Beiordnung, so geht damit zwar kein umfassendes Akteneinsichtsrecht des Rechtsanwaltes einher. Vielmehr kommen dem beigeordneten Rechtsbeistand dieselben Rechte zu wie dem Zeugen, sodass ein Akteneinsichtsrecht unter den Voraussetzungen des § 475 I StPO gegeben ist.[680] Gemäß § 475 I StPO kann für eine Privatperson ein Rechtsanwalt Auskünfte aus Akten erhalten, die dem Gericht vorliegen oder diesem im Falle der Erhebung der öffentlichen Klage vorzulegen wären, soweit er hierfür ein berechtigtes Interesse darlegt. Dann, wenn die genannte Auskunftserteilung einen unverhältnismäßigen Aufwand erfordern oder nach Darlegung dessen, der Akteneinsicht begehrt, zur Wahrnehmung des berechtigten Interesses nicht ausreichen würde, erlaubt § 475 II StPO darüber hinausgehend Einsichtnahme in die Akten. Grundsätzlich hat jeder Zeuge dieses Recht.[681] Dementsprechend könnte der Kronzeuge, sofern ihm ein Rechtsanwalt zur Seite steht und er ein berechtigtes Interesse an den begehrten Informationen geltend machen kann, über seinen Anwalt die Akten einsehen. „Die Annahme eines berechtigten Interesses kann sich im Einzelfall auch aus Notwendigkeiten (der Vorbereitung) einer effektiven Strafverteidigung ergeben."[682] Zur effektiven Strafverteidigung gehört es aber auch, sämtliche Aspekte zu Gunsten des Beschuldigten durchzusetzen. Insoweit könnte unter Umständen die Einsicht in die Akten bezüglich des belasteten Dritten erforderlich sein, um den eigenen Aufklärungsbeitrag beispielsweise durch Herbeischaffung derjenigen Informationen, die den Ermittlungsbehörden noch nicht bekannt sind, aufzuwerten. Um einem Übergewicht der Interessenwahrnehmung des Kronzeugen gegenüber dem Interesse des Belasteten an einem fairen Verfahren entgegen zu treten, ermöglicht § 475 I 2 StPO die Versagung der Auskünfte, wenn der Betroffene ein schutzwürdiges Interesse an der Versagung hat. Überwiegt das Interesse an der Versagung dasjenige des Antragstellers an der Auskunftserteilung, so ist die Auskunft beziehungsweise die Akteneinsicht zu versagen.[683] Bei der Abwägung ist zu berücksichtigen, dass der Kronzeuge letztlich seine gesamte Aussage nach dem Inhalt der Ermittlungsakten ausrichten könnte und insoweit aufgrund dessen, dass bereits in der Bestätigung der bisherigen Ermittlungen ein Aufklärungsbeitrag gesehen werden kann, das Privileg zu freigiebig gewährt würde. Dadurch würde die Prüfung der Werthaltigkeit der Aussage sowie die der Glaubwürdigkeit des Zeugen nachhaltig erschwert, da das

---

[680]BVerfGE 38, 105, 116; BGH, NStZ- RR 2010, 246; OLG Düsseldorf, NJW 2002, 2806; Beulke, Strafprozessrecht, Rn. 196 a; Roxin/Schünemann, Strafverfahrensrecht, § 27 Rn. 68.

[681]Gieg in: KK, Rn. 1 zu § 475.

[682]Gieg in: KK, Rn. 2 zu § 475

[683]Gieg in: KK, § 475 Rn. 2.

Gericht nunmehr differenzieren müsste, welche Aussage der Zeuge nun nur aufgrund der Kenntnis der Akten macht und welche auf seiner eigenen Kenntnis beruht.[684] Letztlich kann die gewährte Akteneinsicht dazu führen, dass keine ordnungsgemäße Sachverhaltsaufklärung durch den genannten Zeugen mehr erfolgen kann,[685] sodass der Mehrwert für den Ermittlungserfolg gegenläufig ist, was unter Umständen eine Versagung des Kronzeugenprivilegs zur Folge haben kann. Die Tatsache, dass die Gewährung des Privilegs unabhängig vom Ermittlungsstand gewährt werden kann, macht daher die Akteneinsicht zur Wahrung der eigenen Interessen in der Regel abdingbar, sodass ein Einsichtsbegehren regelmäßig zur Gewährleistung des fairen Verfahrens des Belasteten zu versagen sein wird.[686]

Besonders problematisch erscheint jedoch die besondere Konstellation des Verletzten beziehungsweise des Nebenklägers als Kronzeugen. Die Befugnis zur Nebenklage gemäß § 395 StPO wurde durch das zweite Opferrechtsreformgesetz erheblich erweitert, sodass seitdem Konstellationen denkbar sind, in denen der Kronzeuge im Verfahren gegen den Dritten als „Quasipartei" auftritt. Diese Möglichkeit besteht in hohem Maße, da der Katalog des § 395 StPO weitgehend die Delikte des § 100 a StPO abdeckt. Insbesondere durch den Regelbeispielkatalog des § 395 III StPO erhält die Nebenklage auch Einzug in den Bereich der klassischen Eigentumsdelikte.[687] Die Funktion als Nebenkläger ist deswegen für den Kronzeugen reizvoll, weil er trotz umfassender Verfahrensrechte weiterhin als Zeuge vernommen werden kann. Entscheidend dürfte sein, dass der Nebenkläger gemäß § 397 II 3 StPO ein Beweisantragsrecht hat und ihm über seinen Verteidiger gemäß § 406 e StPO ein Akteneinsichtsrecht zusteht. Das Akteneinsichtsrecht besteht insoweit selbst dann, wenn der Verletzte nicht die Stellung des Nebenklägers erlangt. Die Aussicht, zur Nebenklage berechtigt zu sein, begünstigt den Verletzten insoweit, als dass er kein berechtigtes Interesse geltend zu machen braucht, um Akteneinsicht zu erhalten. Interessant erscheinen die Verfahrensrechte im Hinblick auf die Kronzeugenregelung vor allem auch, weil dem nebenklagebefugten Verletzten nunmehr bereits im Ermittlungsverfahren eine starke Rechtsposition zukommt.[688] Insgesamt verfügt daher der Nebenkläger über nahezu kongruente Verfahrensrechte wie der Beschuldigte und dessen Verteidiger.[689] Die Verbindung des Kronzeugen als Nebenkläger lädt somit in hohem Maße zur Verfahrensmanipulation ein. Dem Kronzeugen als Nebenkläger ist es möglich, sich bei seiner

---

[684] Vgl. Pöppelmann, Ausübung und Durchsetzung von Zeugenrechten, S. 89 f.

[685] Pöppelmann, Ausübung und Durchsetzung von Zeugenrechten, S. 90; Roxin/Schünemann, Strafverfahrensrecht, § 27 Rn. 68.

[686] So auch Pöppelmann, Ausübung und Durchsetzung von Zeugenrechten, S. 110.

[687] Barton, JA 2009, 753, 754.

[688] Barton, JA 2009, 753, 755.

[689] Barton, JA 2009, 753, 755.

Aussage am Akteninhalt zu orientieren, wodurch faktisch das Interesse an der Wahrheitsfindung dem Zeugenschutz untergeordnet wird.[690] Eine Zeugenaussage verliert durch den Zugang des Zeugen zu anderen Beweismitteln erheblich an Wert, so dass sie mit der Kenntnis des Akteninhaltes kaum noch brauchbar ist.[691] Zudem fördert die Zulassung einer Kronzeugenaussage im Verfahren, in dem man die Verletztenrolle beziehungsweise die des Nebenklägers bekleidet, das allgemeine Denunziantentum, da sich der Kronzeuge auf diese Art und Weise die Bühne schafft, um sich den Strafrabatt zu verdienen.[692] Gleichwohl hat der BGH ausdrücklich klargestellt, dass auch das Tatopfer der Bezugstat diesbezüglich Kronzeuge sein kann.[693] Sicherlich wird nur in seltenen Fällen ein Kronzeuge erforderlich sein, da ein Zeuge grundsätzlich gemäß § 68 StPO zur Aussage vor Gericht verpflichtet ist und der Verletzte in der Regel den Strafverfolgungsbehörden als mutmaßlicher Zeuge bekannt sein dürfte. Allerdings setzt das voraus, dass entsprechende Straftaten überhaupt bekannt geworden sind. Dies aber dürfte insbesondere dann, wenn sich die Delikte innerhalb undurchsichtiger Banden-, Organisations- oder Familienstrukturen abgespielt haben, nur selten der Fall sein. Insoweit bleiben jene Fälle denkbar, sodass es aus Gründen der Gewährleistung eines fairen Verfahrens zwingend erscheint. die Verfahrensrechte eines solchen Kronzeugen zu reduzieren. Anzudenken wäre zumindest das Akteneinsichtsrecht gemäß § 406 e I StPO nach § 406 e II StPO in solchen Fällen vor der richterlichen Vernehmung zu versagen, da jedenfalls schutzwürdige Interessen des Beschuldigten entgegenstehen. Zudem ist auch regelmäßig der Ermittlungszweck gefährdet, da von einem solchen Zeugen überhaupt keine objektive Aussage erwartet werden kann. Im Hinblick auf die weiteren Prozessrechte bietet § 396 II 1 StPO ein Regulativ, da das Gericht nach Anhörung der Staatsanwaltschaft über die Zulassung als Nebenkläger entscheidet. Insoweit liegt es daher im Ermessen der Staatsanwaltschaft, ob dem Kronzeugen eine derart starke Stellung im Verfahren gegen den Dritten zugestanden werden sollte.

IX. Nemo tenetur se ipsum accusare

Der Nemo-tenetur-Grundsatz besagt, dass niemand gezwungen ist, sich selbst zu belasten oder in irgendeiner Weise an seiner Strafverfolgung mit-

[690] Roxin/Schünemann, Strafverfahrensrecht, § 27 Rn. 69; Schünemann, Meyer-Goßner-FS, 385, 396 f.; Schünemann, NStZ 1986, 193, 199.

[691] Pöppelmann, Ausübung und Durchsetzung von Zeugenrechten, S. 89 f.; Schünemann, NStZ 1986, 193, 199.

[692] Entgegen der Ansicht Knebas, Die Kronzeugenregelung, S. 60 sind diese Fälle nicht gänzlich unbedenklich.

[693] BGH, StV 2010, 480; Lackner/Kühl, StGB, § 46 b Rn. 2; Seebode in: Anwaltkommentar StGB, § 46 b Rn. 8.

zuwirken.[694] Das Recht, sich nicht selbst zu belasten und das daraus resultierende Schweigerecht des Beschuldigten, sind Ausdruck eines international anerkannten Grundsatzes.[695] Dieses Recht wurzelt in der Menschenwürde, dem Persönlichkeitsrecht und dem Rechtsstaatsprinzip, weswegen es sich auch unmittelbar aus der Verfassung Artikel 1 I, 2 I und 20 III GG herleitet.[696]

Wenngleich der Kronzeuge anders als im Rahmen der *immunity* nicht zu einer ihn selbst belastenden Aussage gezwungen wird, sondern frei darüber entscheiden kann, ob er kooperiert, wird befürchtet, dass auf dem Betreffenden allein durch die Existenz einer entsprechenden Regelung ein unzulässiger Druck zur Selbstbelastung aufgebaut werde, der sich gleichsam als Verstoß gegen den Nemo-tenetur-Grundsatz darstelle.[697] Schließlich werde der Beschuldigte vor die Wahl gestellt, entweder zu kooperieren oder eine massive Freiheitsstrafe zu erhalten, wodurch auf den Betreffenden eine derartige Suggestionskraft ausgeübt werde, dass er in seinem Aussageverhalten unfrei würde.[698] Dies gelte umso mehr, als dass zu befürchten steht, dass die Polizei aufgrund der durch eine Kronzeugenregelung gewonnenen zusätzlichen Möglichkeiten, durch das Lockmittel der Strafmilderung massiv auf die Willensbetätigung des Beschuldigten einwirken kann.[699]

Um diesen Gedanken im Hinblick auf eine Kronzeugenregelung weiter zu beleuchten, muss zunächst zwischen solchen Regelungen differenziert werden, die ein eigenes Geständnis abverlangen und denjenigen, die einen möglichen Strafrabatt bereits dann gewähren, wenn der Aussagende lediglich Angaben zu unabhängigen Taten Dritter macht.

Macht der Aussagende Angaben zu Taten, an denen er nicht beteiligt war beziehungsweise von denen er selbst erst im Nachhinein erfahren hat, so scheidet ein möglicher Verstoß gegen den Grundsatz der Selbstbelastungsfreiheit regelmäßig aus.[700] Anders kann dies jedoch dann gesehen werden, wenn der Aussagende gezwungen wird, eine Aussage über seine Quelle zu treffen.[701] Dann würde er sich auch durch eine Aussage bezüglich einer unabhängigen Tat gegebenenfalls selbst belasten. Daher wären diese

---

[694] BVerfGE 56, 37, 49; BGHSt 38, 302, 308; Meyer-Goßner, StPO, Einleitung Rn. 29 a.

[695] Pfeiffer/Hannich in: KK, Einleitung Rn. 28.

[696] BVerfG, 56, 37; BVerfG, StV 1995, 505; BVerfG, NJW 2002, 1411; BGHSt 34, 324, 326; BGHSt 45, 363, 364; BGH, NJW 2007, 3138.

[697] Albrecht, Schriftliche Äußerung zur Anhörung des Rechtsausschusses des Deutschen Bundestages zu Drs. 16/6268, S. 11.

[698] Albrecht, Schriftliche Äußerung zur Anhörung des Rechtsausschusses des Deutschen Bundestages zu Drs. 16/6268, S. 11.

[699] BRAK-Stellungnahme-Nr. 23/2006, S. 3.

[700] Peglau, wistra 2009, 409, 413.

[701] Salditt, StV 2009, 375, 377.

Fälle ähnlich zu behandeln wie solche, die von vornherein eine Aussage bezüglich eigener Taten verlangen. Da es schwer fallen wird, eine strikte Trennung zwischen den eigenen Tatbeiträgen und denjenigen der Mittäter innerhalb desselben Lebenssachverhaltes zu wahren, wird es regelmäßig zur Selbstbelastung kommen.[702] Im Ergebnis besteht die Gefahr der Selbstbelastung sowohl beim externen, also dem nicht tatbeteiligten Kronzeugen, als auch beim internen, also dem tatbeteiligten Kronzeugen. Demnach ist zu klären, ob mit einer normierten Kronzeugenregelung tatsächlich auch ein unzulässiger Zwang zur Selbstbelastung einhergeht.

Das Kronzeugenprivileg stellt neben dem Strafnachlass für ein frühzeitiges Geständnis eine weitere Variante zur Honorierung frühzeitiger Kooperation dar. Im Hinblick auf das Geständnis entspricht es der Praxis, dass die frühzeitige Bereitschaft stärker honoriert wird als die spätere.[703] Der damit einhergehende Kooperationszwang entspricht dem Zwang, der dem Strafverfahren regelmäßig immanent ist.[704] Somit ergibt sich allein aus der Tatsache, dass die Kooperation begünstigt wird, kein unzulässiger Druck auf den Beschuldigten. Auch mit Blick darauf, dass sich der Beschuldigte dadurch zur Aussage gedrängt fühlen könnte, dass in anderen Verfahren regelmäßig durch die Offenbarung von Kronzeugenwissen die Strafe erheblich gemildert wird, lässt sich kein unzulässiger Zwang erkennen, sofern das Strafniveau für diejenigen Täter, die kein zusätzliches Sonderwissen offenbaren, nicht flächendeckend ansteigt.[705] „Dies wäre dann der Fall, wenn die Ermittlungshilfe der „statistisch häufigste Regelfall" wäre, weil dann als Nullstrafenniveau das Strafmaß anzusetzen wäre, das der ursprünglich um den „Kronzeugenrabatt" geminderten Normalstrafe entspräche, und damit der nicht kooperative Täter eine zur jetzigen Normalstrafe relativ höhere, also geschärfte Strafe erhalten würde." Damit ist jedoch nicht ernstlich zu rechnen.[706] Die Begünstigung des Kronzeugen ist daher solange zulässig, wie ein unzulässiger Druck nicht entsteht. Es muss dem Kronzeugen zwar ein gewisser Anreiz geboten werden, gleichwohl darf er nicht derart unter Druck gesetzt werden, dass er sich nicht frei entscheiden kann.[707] Das Bundesverfassungsgericht hat in Bezug auf eine Blutuntersuchung geurteilt, dass das Bestreben, sich nicht durch eine Weigerung verdächtig zu machen, der Freiwilligkeit einer solchen Erklärung gerade nicht entgegenstünde.[708] Dies muss insoweit vor allem für eine den

---

[702] Salditt, StV 2009, 375.

[703] Vgl. BGH, NJW 2009, 528, 533.

[704] Vgl. BGH, NStZ 2008, 170, 171; Taubald, Konsensuale Erledigung, S. 61.

[705] Peglau, wistra 2009, 409, 413; Wolfslast, NStZ 1990, 409, 416.

[706] Kaspar/Wengenroth, GA 2010, 453, 460.

[707] Vgl. Salditt in: ZStW 115 (2003), 570, 577.

[708] BVerfG, NStZ 1996, 345, 346.

Aussagenden verhältnismäßig weniger belastende Kronzeugenaussage gelten. Der Umstand, dass ein Angeklagter den mildernden Gesichtspunkt der qualifizierten Aufklärungshilfe nicht für sich in Anspruch nimmt, darf ebenso wenig zu seinem Nachteil gewertet werden wie das fehlende Geständnis.[709] Überdies ist zu berücksichtigen, dass seine Handlungsmöglichkeiten nicht beschränkt, sondern erweitert werden.[710] Gerade in Bereichen, in denen eine Durchbrechung des Legalitätsprinzips vorgesehen ist, sind legale Versprechungen opportun.[711] „Die „Offenbarung des mit der Tat zusammenhängenden Wissens" gemäß § 153 e Abs. 1 S. 2, die in § 154 c regelmäßig gegebene Selbstanzeige und der „Nachweis, daß [sic] sich der Beschuldigte wegen seiner Abhängigkeit einer Behandlung unterzieht", enthalten allesamt *Teilgeständnisse,* vor deren Ablegung eine Absicherung zumindest durch eine Absichtserklärung der Strafverfolgungsbehörden so offensichtlich im berechtigten Interesse des Beschuldigten liegt, daß [sic] eine Anwendung des § 136 a auf diese Fälle absurd erscheinen müßte [sic]."[712] Entsprechend verhält es sich in Bezug auf die Anwendung einer Kronzeugenregelung. Die Strafverfolgungsbehörde informiert den Beschuldigten über ein mögliches Privileg im Rahmen des gesetzlich vorgegeben Rahmens. Allerdings sollte der Möglichkeit der unfreiwilligen Selbstbelastung durch eine umfassende Belehrung hinsichtlich der Anwendung eines Kronzeugenprivilegs durch die Ermittlungsbeamten vorgebeugt werden.[713] Insbesondere sollte gerade darauf hingewiesen werden, dass letztlich die Gewährung des Privilegs sowohl hinsichtlich des „Ob" als auch des „Wie" nicht verbindlich ist. Wird der Beschuldigte irrtümlich glauben gemacht, dass sämtliche Zusagen verbindlich sind, greift das Korrektiv eines Beweisverwertungsverbotes der im Ermittlungsverfahren getätigten Aussage gemäß § 136 a StPO. Dies gilt immer, wenn die Ermittlungspersonen beispielsweise durch unzutreffende Straferwartungen oder der Darstellung eines Strafrabattes als zwingende Folge auf den Kronzeugen eingewirkt haben.[714]

X. Vertrauen der Bevölkerung in eine funktionierende Strafrechtspflege

Grundsätzlich gewährleistet das Rechtsstaatsprinzip gemäß Artikel 20 III GG eine leistungsfähige Strafjustiz, die es der Allgemeinheit schuldet, Straftaten umfassend und unter Wahrung der Idee der Gerechtig-

709 BGH, StrFo 2011, 60.

710 Vgl. Maier in Mako, StGB, § 46 b Rn. 8.

711 Schünemann in: Verhandlungen des 58. Juristentages, B 9, B 101.

712 Schünemann in: Verhandlungen des 58. Juristentages, B 9, B 101.

713 Malek, StV 2010, 200, 205; Mushoff, KritV 2007, 366, 369.

714 Malek, StV 2010, 200, 205.

keit aufzuklären und zu verfolgen.[715] Eine entsprechende funktionstüchtige Strafrechtspflege bildet daher einen fundamentalen Bestandteil eines rechtsstaatlichen Gemeinwesens.[716] „Denn die Funktion der Strafjustiz für die Gesellschaft besteht ja *nicht* in der *Erledigung* von Verfahren als solcher, sondern in der *Realisierung* der Ziele des *materiellen Strafrechts*."[717] Trotz der immensen Bedeutung wird das Erfordernis einer funktionstüchtigen Strafrechtspflege vielfach als reiner Kampfbegriff verwendet, da sich dessen Bedeutung kaum fassen lässt.[718] Einigkeit besteht jedoch insoweit, als dass die wirksame Bekämpfung der modernen Kriminalität eine wirtschaftliche und vor allem effiziente Strafrechtspflege erfordert.[719]

Die aufgezeigten Bedenken, die die Beschränkung des Legalitätsprinzips mit sich bringen, sind daher geeignet, das Vertrauen der Bürger in die Strafrechtspflege zu erschüttern. Dies gilt insbesondere, weil der Staat mit Verbrechern verhandelt und auf einen legitimen Strafverfolgungsanspruch verzichtet. Eine solch restriktive Strafverfolgungspraxis läuft nach einer Ansicht der angestrebten generalpräventiven Wirkung von Kriminalstrafe zuwider, da die Bereitschaft zur Normbefolgung ausgehöhlt wird.[720] „Der Rubikon der Rechtsstaatlichkeit wird [...] überschritten, wenn unabhängig von der Tatschwere eine Milderung nach freiem Ermessen bis hin zur Straflosigkeit und Verfahrenseinstellung ermöglicht und diese zum Objekt einer Absprache gemacht wird; ein solches Institut zerstört „retroaktiv" die generalpräventive Wirkung der Strafnorm und ist deshalb ebenfalls eine Erscheinungsform des in einem Rechtsstaat inakzeptablen Feindstrafrechts."[721] Zudem lässt eine derartige Verhandlungspraxis unter Gewährung eines Strafverfolgungsverzichtes vermuten, dass die Strafverfolgung ihrem ureigenen Zweck, der Wahrheitsfindung, nicht mehr genügt. Dadurch steht zu befürchten, dass „das Selbstverständnis der Staatsanwaltschaft als einer an Gesetz und Recht gebundenen Behörde zur Aufklärung und Verfolgung von Straftaten ohne Ansehen der Person"[722] leidet.

Allerdings ist dieser Blickwinkel zu einseitig, da „die Glaubwürdigkeit der Strafrechtspflege, um die es durchgehend geht, auch dann auf dem Spiel [steht], wenn die Durchsetzung des materiellen Rechts gefährdet ist und der Staat seinen Bürgern keinen effektiven Schutz mehr bieten

---

[715]BVerfG, NJW 1977, 1489, 1490.

[716]BVerfG, NJW 1977, 1489, 1491; Landau, NStZ 2007, 121, 127.

[717]Schünemann in: Verhandlungen des 58. Juristentages, B 9, B 61.

[718]Landau, NStZ 2007, 121.

[719]Landau, NStZ 2007, 121.

[720]Hoyer, JZ 1994, 233, 239.

[721]Roxin/Schünemann, Strafverfahrensrecht, § 14 Rn. 19.

[722]Montag, DRiZ 2004, 103.

kann."[723] Insbesondere in Kriminalitätsfeldern, denen eine hohe Dunkelziffer innewohnt, legitimiert gerade die staatliche Verpflichtung zur Aufrechterhaltung einer funktionsfähigen Strafrechtspflege „zumindest den Versuch, […] übergroße Dunkelfelder durch entsprechende Gegenmaßnahmen nach Kräften einzugrenzen und zu verkleinern."[724]

Betrachtet man die vorstehende Diskussion, so wird deutlich, dass die Beurteilung der Vereinbarkeit der Kronzeugenregelung mit dem Erfordernis einer funktionstüchtigen Strafrechtspflege nur erfolgen kann, wenn klar ist, welches Ziel die Strafrechtspflege verfolgt. Die Bedeutung des konturenlosen Begriffs der funktionstüchtigen Strafrechtspflege erschließt sich letztlich einzig über die Ziele des Strafverfahrens.[725] Selbst wenn sich auch das Ziel des Strafverfahrens nicht klar festlegen lässt, so ist die Ermittlung der Wahrheit zumindest Zwischenziel.[726] Beleuchtet man den tatsächlichen Anspruch an die Wahrheitsfindung, so stellt sich schnell heraus, dass es ohnehin nicht Zielsetzung eines von menschlicher Selektion und Sinneswahrnehmung gesteuerten Strafverfahrens sein kann, ein Geschehen vollständig und eindeutig zu reproduzieren.[727] Vielmehr obliegt es den Verfahrensbeteiligten, mit den zur Verfügung stehenden Mitteln eine tatbestandsmäßige Realität zu schaffen.[728] Demnach werden die Strafverfolgungsorgane ihrem Auftrag zur Aufklärung der prozessualen Wahrheit selbst dann gerecht, wenn sich der tatsächliche historische Ablauf anders zugetragen hat, als es letztlich in den Urteilsgründen steht. Dies ist auch dem Umstand geschuldet, dass es „unmöglich ist, gesetzliche Regelungszusammenhänge derart herzustellen, dass sie immer und jederzeit zum richtigen Ergebnis führen."[729] Insoweit ist Ziel des Verfahrens, eine prozessuale Wahrheit festzusetzen und darauf basierend ein Urteil zu stützen. Das Strafverfahren zielt nicht vorrangig auf die Erforschung der Wahrheit ab, sondern darauf, den Angeklagten für sein strafbares Verhalten zu bestrafen.[730] „Im Strafprozess geht es deshalb nicht um die Wahrheit an sich, sondern vielmehr um Wahrheitsermittlung, d.h. um eine intersubjektive plausible und begründete Rekonstruktion der Vergangenheit."[731] Dies meint jedoch nicht, dass von vornherein nicht angestrebt wird, das tatsächliche

---

[723]Jaeger, Der Kronzeuge, S. 101.

[724]Behrendt, GA 1991, 337, 341.

[725]Landau, NStZ 2007, 121, 124.

[726]Landau, NStZ 2007, 121, 125.

[727]Kühne, GA 2008, 361; Landau, NStZ 2007, 121, 125; Malek, StV 2011, 559, 561; Wolfslast, NStZ 1990, 409, 413.

[728]Kühne, GA 2008, 361; Trüg, ZStW 120 (2008), 331, 337.

[729]Landau, NStZ 2007, 121, 128.

[730]Malek, StV 2011, 559, 563.

[731]Pöppelmann, Ausübung und Durchsetzung von Zeugenrechten, S. 28.

Geschehen aufzuklären, vielmehr ist es in vielen Kriminalitätsbereichen schier nicht möglich, das Geschehen vollständig aufzuklären.[732] Entgegen dem amerikanischen Verständnis der Wahrheitsfindung, das dahingehend ausgestaltet ist, dass erst das Strafverfahren selbst eine Wahrheit schafft[733], bleibt die Ermittlung der Wahrheit unter Berücksichtigung des Gebots bestmöglicher Sachaufklärung vordergründig.[734] Gleichwohl erfordert der Erlass eines der Wahrheit entsprechenden Urteils nicht die vollständige Aufklärung um jeden Preis.[735] „Man muß [sic] sich von der Vorstellung lösen, die gerechte Strafe sei nur die, die alles Geschehene erfasse, die alle Schuld ausgleiche."[736] Ein solches richtiges Verständnis der strafprozessualen Wahrheitsfindung macht deutlich, dass letztlich die Strafverfolgungsbehörden aufgrund der menschlichen Wahrnehmungsprobleme im Kampf um die Wahrheitsfindung aus Gründen der Verfahrenseffizienz auf konsensuale Ermittlungsmethoden zurückgreifen müssen.[737] Mit der Folge, dass einerseits eine vollständige Aufklärung aller Straftaten nicht immer erfolgt und andererseits nicht jede aufgeklärte Straftat vollumfänglich bestraft wird. Innerhalb der so erreichten Mediation der Wahrheit stehen sich dann regelmäßig die Erledigungsinteressen der Strafjustiz und die Risikominimierungsinteressen des Beschuldigten gegenüber.[738] Dem Anspruch an eine Strafverfolgung, das Geschehen immer vollständig aufzuklären, kann unser Strafprozess daher ohnehin nicht genügen. Vielmehr werden bereits zahlreiche Verfahren dadurch erledigt, dass sie einer weitestgehend einverständlichen Lösung zugeführt werden, wodurch zunehmend die Aufklärung der historischen Wahrheit aus dem Fokus des Verfahrens gedrängt wird.[739] Dies betrifft die Prozessabsprache und die Kronzeugenregelung gleichermaßen, da es sich bei der Anwendung der Kronzeugenregelung um eine Ermessensentscheidung handelt, die das Gericht letztlich auf unsicherer Tatsachengrundlage trifft. Während im Rahmen der Absprache hinsichtlich der Feststellungen zur Tat in gewisser Weise auf die vollständige Aufklärung verzichtet wird, findet im Rahmen der Kronzeugenregelung ein Aufklärungsverzicht hinsichtlich derjenigen Tatsachen statt, die für die tatsächliche Gewährung des Kronzeugenprivilegs erheblich sind. Zudem führt die Anwendung der Kronzeugenregelung in der Regel dazu, dass im Verfahren hinsichtlich der Bezugstat die Beweiserhebung faktisch aufgrund

---

[732]Wolfslast, NStZ 1990, 409, 413.

[733]Trüg, ZStW 120 (2008), 331, 348.

[734]Vgl. BVerfGE 57, 250, 275; BVerfG, NJW 1972, 2214, 2216; BVerfG, NStZ-RR 2003, 299, 300; BGH, NJW 2005, 1440, 1442.

[735]Wolfslast, NStZ 1990, 409, 413.

[736]Wolfslast, NStZ 1990, 409, 415.

[737]Kühne, GA 2008, 361, 365.

[738]Kühne, GA 2008, 361, 365.

[739]Kühne, GA 2008, 361, 372, 374; Wolfslast, NStZ 1990, 409, 413.

der Aussage des Kronzeugen beschränkt wird.[740] Wird das Verfahren gegen den Kronzeugen eingestellt, findet sogar ein vollständiger Verzicht auf die weitere Aufklärung statt. Gleichwohl gebietet es die Effizienz der Strafrechtspflege, unter Inkaufnahme der Beschränkung der Wahrheitsermittlung auf jene konsensuale Ermittlungsmethode zuzugreifen. Den Strafverfolgungsorganen bleibt vielfach nur die Wahl zwischen der angestrebten Strafverfolgung, unter der Prämisse einen Straftäter zu schonen oder aber hinsichtlich der gravierenderen Tat faktisch untätig zu bleiben.[741]

Zudem wird vorgebracht, dass durch die Gewährung und Inanspruchnahme zusätzlicher Prozessrechte Straftäter ihrer gerechten Strafe in einem scheinbar justizförmigen Verfahren entzogen werden, was ebenfalls das Vertrauen in die Strafjustiz erschüttert.[742] Eine solche Argumentation ist jedoch nicht stringent, da eine funktionsfähige Strafjustiz fordert, dass die Strafverfolgungsbehörden in der Lage sind, unter Wahrung des Gesetzes die Schuld des Beschuldigten festzustellen.[743] Gewährt das Gesetz dem Beschuldigten bestimmte Verfahrensrechte, kann und darf deren Wahrnehmung nicht als Verstoß gegen die Justizförmigkeit des Verfahrens angesehen werden. „Das Argument der „Funktionstüchtigkeit der Strafrechtspflege" monopolisiert das Verfahren i.S. richterlicher und staatsanwaltlicher Perspektive und enteignet zugleich verfahrensrechtlich die Verteidigung."[744] Es ist wesentlicher Bestandteil der Strafrechtspflege, dass die Verteidigung und der Beschuldigte unter Ausschöpfung der prozessualen Rechte kontrollierend an der Wahrheitsfindung mitwirken. Dies aber setzt voraus, dass sämtliche Prozessrechte geltend gemacht werden können, ohne dass Zweifel an der Justizförmigkeit des Verfahrens bestehen. Die Einräumung konsensualer Prozessrechte bedeutet nicht, dass der Angeklagte nach Belieben auf die Sachaufklärung verzichten kann.[745] Die Amtsaufklärungspflicht und damit einhergehend das Prinzip der materiellen Wahrheit steht nicht zur Disposition der Parteien. Es mag zutreffen, dass Abspracheverfahren faktisch „nur als eine Option für denjenigen Beschuldigten geschaffen werden, dem nicht an einer vollständigen beziehungsweise weitest gehenden Ermittlung der materiellen Wahrheit gelegen ist, sondern der es vorzieht, Strafe in einem bestimmten Umfang zu akzeptieren, und insoweit bereit ist, auf den Schutz des Prinzips der materiellen

[740] Bocker, Der Kronzeuge, S. 91; Denny, ZStW 103 (1991), 269, 274; Fezer in: Leckner-FS, 681, 697; Lammer, ZRP 1989, 248, 251.

[741] Jaeger, Der Kronzeuge, S. 101.

[742] Kühne, GA 2008, 361, 361.

[743] Bocker, Der Kronzeuge, S. 81; Kühne, GA 2008, 361, 368.

[744] Kühne, GA 2008, 361, 369.

[745] A. A. Ignor, BRAK-Mitt. 2/2008, 50, 51, der das Prinzip der materiellen Wahrheit als ein für den Angeklagten verzichtbares Recht interpretiert.

Wahrheit - in gewissem Umfang - zu verzichten."[746] Diese Ansicht ist jedoch zu plakativ und lässt außer Acht, dass das Prinzip der materiellen Wahrheit nicht allein dem Schutz des Beschuldigten dient, sondern die Funktionsfähigkeit rechtsstaatlicher Strafrechtspflege garantiert. Der Beschuldigte kann daher nicht wirksam auf den Schutz des Prinzips der materiellen Wahrheit verzichten. Zutreffend ist lediglich, dass der Beschuldigte durch sein Prozessverhalten im Rahmen des geltenden Rechts den Prozess der Wahrheitsfindung mitsteuern kann, wodurch faktisch ein Stück weit auf den Schutzanspruch verzichtet wird.

Betrachtet man aus diesem Blickwinkel den Amtsermittlungsgrundsatz gemäß § 244 II StPO, so zeigt sich, „dass mit dem Begriff der „Bedeutung" einer Tatsache oder eines Beweismittels im geltenden Recht ein Einfallstor für eine – wenn auch begrenzte – Verfügungsbefugnis der Verfahrensbeteiligten über den Prozessgegenstand existiert."[747] Dadurch kann beispielsweise durch Verzicht auf die weitere Beweisaufnahme oder das Stellen weiterer Beweisanträge letztlich verfahrensverkürzend auf die Wahrheitsfindung eingewirkt werden.[748] Mit der Gewährung und Ausschöpfung von Prozessrechten kann daher rein begrifflich niemals der Zusammenbruch der Strafrechtspflege einhergehen.[749]

Vergegenwärtigt man sich die dargestellte Zielsetzung und Funktionsweise unseres Strafverfahrens, so kann die Kronzeugenregelung, die letztlich die Verfahrensrechte des Angeklagten stärkt, nicht generell als der Funktionalität der Strafrechtspflege zuwiderlaufend bewertet werden. Dies gilt vor allem, weil die Tatsache, dass der Beschuldigte aufgrund geleisteter Aufklärungshilfe einen Strafrabatt erhält, nichts daran ändert, dass das Gericht die Schuld des Beschuldigten in einem rechtsstaatlichen Verfahren feststellt. Zudem ermöglicht die Aufklärungshilfe regelmäßig im Hinblick auf ein weiteres Verfahren ein Stück mehr Wahrheitsfindung. „Denn weder die Privilegierungen im Vorverfahren noch diejenigen in der Hauptverhandlung sollen auf Kosten der Wahrheit gehen, weil sie ergehen, obwohl, ja weil der Beschuldigte sich im Hinblick auf die Erforschung der Wahrheit kooperativ verhält."[750] Der Befürchtung, die Bevölkerung könnte einen solchen Handel mit Verbrechern missbilligen, kann zudem dadurch entgegen gewirkt werden, dass die Strafnachlässe gering gehalten und die Anforderungen an den Aufklärungserfolg hoch gesteckt werden. Schließlich stärkt wiederum eine Verurteilung im Verfahren gegen den Belasteten das Vertrauen in die Strafrechtspflege.[751] Bei der Beurteilung einer Kronzeugen-

---

[746]Ignor, BRAK-Mitt. 2/2008, 50, 51.

[747]Jahn/Müller, NJW 2009, 2625, 2631.

[748]Jahn/Müller, NJW 2009, 2625, 2631.

[749]Kühne, GA 2008, 361, 368.

[750]Gropp/Schubert/Wörner, Rechtliche Initiativen gegen organisierte Kriminalität, 69, 156.

[751]Hoyer, JZ 1994, 233, 239.

regelung sollte man sich stets vergegenwärtigen, dass eine Ablehnung einer Billigung der „„Mauer des Schweigens“ als Element krimineller Strukturen“ gleichkommt.[752] Die Etablierung einer Kronzeugenregelung dient der Bekämpfung schwerzugänglicher Kriminalitätsfelder, so dass zwangsläufig der Fokus der Strafverfolgung nicht auf der einzelnen singulären Straftat liegt.[753] Letztlich ändert sich der Betrachtungsmaßstab, nicht aber die Funktionsfähigkeit der Strafrechtspflege als solche. Gleichwohl darf „unter dem Gesichtspunkt der *Abschreckungs*- Generalprävention [...] der *Preis* nicht unberücksichtigt bleiben, der für die Steigerung der Sanktionierungsrate in Gestalt der Sanktions*milderung* gezahlt wird.“[754]

Festzuhalten bleibt, dass nicht die Gewährung eines solchen Prozessrechtes die Funktionalität der Strafrechtspflege beeinträchtigt, sondern die fehlende gesetzgeberische Tätigkeit die Justizförmigkeit des Verfahrens dadurch gefährdet, dass die Rechtsprechung gelenkt von pragmatischen und einzelfallbezogenen Überlegungen das bestehende System ziellos selbst ausgestaltet.[755]

XI. Zeugenschutz

1. Notwendigkeit eines effektiven Zeugenschutzes

Im Hinblick auf die aus den Persönlichkeitsrechten der Betroffenen resultierenden Schutzpflicht des Staates[756] erscheint der Einsatz des Kronzeugen insbesondere im Bereich der organisierten Kriminalität und des Terrorismus äußerst problematisch, da die Strukturen der jeweiligen Organisation durch skrupellose Gewaltanwendung und Konspiration aufrecht gehalten werden.[757] Insoweit ist die Aussagebereitschaft subalterner Organisationsmitglieder begrenzt, da diejenigen als Verräter gelten, die mit den Ermittlungsbehörden kooperieren. Ein solcher Verrat „hat nicht selten die Vernichtung der wirtschaftlichen Existenz, häufiger die Beeinträchtigung der körperlichen Integrität zur Folge.“[758] „Aber auch völlig unbeteiligte Personen, die zufällig Zeugen einer Straftat der genannten Kriminalität gewor-

[752] Vgl. Kaspar, ZRP 2011, 159.

[753] Kempf, StV 1999, 67.

[754] Schünemann in: Verhandlungen des 58. Juristentages, B 9, B 61 f.

[755] Vgl. Kühne, GA 2008, 361, 374.

[756] BVerfGE 49, 89, 141 f.; BVerfGE 51, 324, 346 f.; BVerfGE 56, 54, 75; BVerfGE 57, 250, 284 f.; BGH, NStZ-RR 2009, 247; BGH, NStZ 1984, 31, 32; Rogall in: SK-StPO, Vor § 48 Rn. 67 ff; Franke, StraFo 2000, 298; Roxin/Schünemann, Strafverfahrensrecht, § 27, Rn. 67; Schroth, NJW 2009, 2916, 2919.

[757] Grießbaum, NStZ 1998, 433, 434; Kanther in: Deutschland, BKA Forschungsreihe, Bd. 43, 39, 41; Rebmann, NStZ 1982, 315, 316.

[758] Sielaff, Kriminalistik 1986, 58, 59.

den sind, müssen mit unkalkulierbaren Reaktionen des beschuldigten Täterkreises rechnen."[759] Ein funktionierendes Kronzeugensystem muss daher notwendiger Weise auf dem Fundament eines gewährleisteten Zeugenschutzes gebaut werden, andernfalls wären das einzugehende Risiko für den sich offenbarenden Täter nicht kalkulierbar und die Aussage eines Zeugen, der sich trotz bestehender Gefährdung zur Aussage entschließt eher fragwürdig.[760] „Zwar geht die Gefährdung des Zeugen nicht vom Staat, sondern von einem Dritten (in der Regel dem Beschuldigten) aus; Grund für die Einwirkungen ist jedoch die Zeugenstellung, in die der Betreffende erst durch staatliche Maßnahmen eintritt."[761] Mit der Inanspruchnahme einer Person als Zeuge im Strafprozess rekrutieren die Strafverfolgungsorgane eine staatsbürgerliche Pflicht bei deren Erfüllung dem Zeugen allein deswegen Schutz gebührt, weil er eine staatliche Aufgabe erfüllt. Es darf nicht übersehen werden, dass regelmäßig ein erhebliches Gefahrenpotential vom Verteidiger des Angeklagten ausgeht, indem dieser den Kronzeugen enttarnt und entsprechende Informationen bis in den Täterkreis hinein weiterleitet.[762] Zudem resultiert die Notwendigkeit des Zeugenschutzes letztlich aus der Verpflichtung des Staates zur Wahrheitsfindung im Strafprozess und der Gewährleistung einer funktionsfähigen Strafrechtspflege.[763] Schließlich beeinträchtigt die Einschüchterung von potentiellen Zeugen das Aussageverhalten erheblich, da entsprechende Zeugen aus Angst vielfach geneigt sein werden, „Aussagen ab[zu]schwächen, [zu] widerrufen oder falsche Angaben [zu] machen, Nichtwissen oder Erinnerungsverlust vor[zu]täuschen oder unter Verweis auf die Gefährdung die Aussagen generell [zu]verweigern."[764] Der daraus resultierende Aufklärungsverlust kann nicht akzeptiert werden.[765] Faktisch dient der Zeugenschutz daher der Sicherung des staatlichen Strafanspruchs, indem die Bereitschaft zu einer vollständigen, wahrheitsgemäßen Aussage erhalten und die Sperrung etwaiger Zeugen auf ein geringes Maß begrenzt wird.[766] Die zu ermittelnde Wahrheit ist stets abhängig von der subjektiven Wahrneh-

---

[759]Rebmann/Schnarr, NJW 1989, 1185, 1186.

[760]Franke, StraFo 2000, 295; Kühne, Strafprozessrecht, Rn. 800.1; Rothärmel, Abhörmaßnahmen und Kronzeugenregelung, S. 250; Rupprecht, Rechtstatsachen als Basis der OK-Gesetzgebung, BKA Forschungsreihe, Bd. 43, 1997, 67, 79; Sieber/Bögel, Logistik der organisierten Kriminalität, S. 345.

[761]Mehrens, Die Kronzeugenregelung, S. 115.

[762]Günther, NStZ 1984, 33, 35.

[763]Rogall in: SK-StPO, Vor § 48 Rn. 69; Sielaff, Kriminalistik 1986, 58, 62.

[764]Grießbaum, NStZ 1998, 433, 434; vgl. auch Franke, StraFo 2000, 295; Rebmann, NStZ 1982, 315, 316; Schnarr, Kriminalistik 1990, 293, 296.

[765]Grießbaum, NStZ 1998, 433, 434; Schnarr, Kriminalistik 1990, 293, 296.

[766]Diemer in: Nehm-FS, 257; Pöppelmann, Ausübung und Durchsetzung von Zeugenrechten, S. 28; Schnarr, Kriminalistik 1990, 293, 296; Soiné/Engelke, NJW 2002, 470, 472.

mung einzelner, die es daher zu erfahren gilt.[767] Vielfach wird die Angst vor entsprechenden Vergeltungsschlägen einen Zeugen selbst dann von einer Aussage abhalten oder den Zeugen zu einer Falschaussage verleiten, wenn dem Zeugen ein Strafrabatt angeboten wird, da demjenigen, der sich im Gefängnis in Sicherheit wiegt, wenig daran liegt, in Freiheit um sein Leben fürchten zu müssen. Insoweit ist es offenkundig, dass Zeugenschutzmaßnahmen den Entschluss zur Kooperation (Belohnungseffekt) sowie die Qualität des Aufklärungsbeitrags wesentlich beeinflussen können.[768] Aufgrund dessen sind die Zeugenschutzmöglichkeiten auch im Hinblick auf den Kronzeugen zu untersuchen, zumal dessen Gefährdung gerade daraus resultiert, dass sich der Zeuge bereit zeigt, mit den Strafverfolgungsbehörden in besonderer Weise zu kooperieren.[769] Ein Kronzeuge, der vor Gericht aussagt, kommt wie jeder andere Zeuge seiner staatsbürgerlichen Pflicht zur Aussage nach. Der Umstand, dass er freiwillig an die Strafverfolgungsbehörden herangetreten ist, macht die Aussage nicht zu seiner Privatangelegenheit. Der Staat bleibt auch dem sich freiwillig meldenden Zeugen zum Schutz verpflichtet. Insoweit erscheint es unvertretbar, allein aus dem freiwilligen Herantreten eines Kronzeugen an die Strafverfolgungsbehörden zu schließen, dass er deswegen keinen besonderen Schutz benötigt, weil er sich den Gefahren eigenverantwortlich aussetzt und den Grad der Gefährdung selbst bestimmt.[770] Wenn sich der Kronzeuge allein durch seine Kooperation schutzlos stellen würde, wäre das Ziel der Motivation zur Kooperation massiv gefährdet. Es ist daher neben der Schaffung einer gesetzlichen Regelung ein funktionierender Zeugenschutz unabdingbar. „Dabei kann und soll es nicht darum gehen, mehr Zeugenschutz zu Lasten des Angeklagten und seiner legitimen Verteidigungsinteressen durchzusetzen. Das Gebot der Wahrheitsfindung und die Verteidigungsinteressen dienen vielmehr als Schranken für die Bemühung um mehr Möglichkeiten der Durchsetzung der Zeugenrechte."[771] Gleichwohl darf die Erkenntnis, dass selbst die perfektesten Sicherheitsvorkehrungen eine Gefährdung des Zeugen nicht mit Gewissheit ausschließen können,[772] nicht dazu führen, dass man diese vollständig unterlässt. Auch erscheint der Hinweis, man müsse sich vergegenwärtigen, „daß [...] noch in den Terroristenprozessen der vergangenen Jahre sog. „Aussteiger" überwiegend – ungeachtet akuter Lebensbedrohung nach Verbüßung ihrer Haftstrafen – persönlich und un-

[767]Pöppelmann, Ausübung und Durchsetzung von Zeugenrechten, S. 28.

[768]Grießbaum, NStZ 1998, 433, 435.

[769]Mushoff, KritV 2007, 369, 370; Soiné/Engelke, NJW 2002, 470, 472.

[770]So etwa Jaeger, Der Kronzeuge, S. 99.

[771]Pöppelmann, Ausübung und Durchsetzung von Zeugenrechten, S. 140; vgl. auch BVerfGE 57, 250, 275; BVerfGE 77, 65, 76; Franke, StraFo 2000, 295, 298; Rebmann/Schnarr, NJW 1989, 1185, 1188.

[772]Günther, NStZ 1984, 33,34.

maskiert in der Hauptverhandlung ausgesagt haben"[773], vor dem Hintergrund verfehlt, als dass gerade der fehlende Zeugenschutz mitunter verantwortlich gezeichnet wird für das partielle Scheitern der damaligen Kronzeugenregelung.[774] Vor diesem Hintergrund erscheint es befremdlich, dass der Gesetzgeber auch im Zusammenhang mit dem neuen Gesetzgebungsverfahren keine Erwägungen zur Verbesserung des Zeugenschutzes getätigt hat.[775] Dies mag vielleicht darauf beruhen, dass die Rechtsprechung Wege aufgezeigt hat, die bereits jetzt bei entsprechender Aufgeschlossenheit der Beteiligten einen angemessenen Ausgleich zwischen dem Interesse des Beschuldigten an einer sachgerechten Verteidigung, der Verpflichtung des Richters zur Erforschung der materiellen Wahrheit, staatlichen Geheimhaltungsinteressen und dem Schutz des Zeugen ermöglichen.[776]

2. Umfang der Aufklärungshilfe des Zeugen

Zu begrüßen ist, dass der BGH die bereits bestehende Strafmilderungsmöglichkeit gemäß § 31 BtMG für den Aufklärungsgehilfen selbst dann gewährt, wenn der Zeuge entweder nicht im späteren Verfahren auftritt oder aber in der Hauptverhandlung seine Aussage widerruft beziehungsweise in Abrede stellt.[777] Maßgeblich ist allein, dass die bereits gemachten Angaben zu einem Aufklärungserfolg geführt haben.[778] Dadurch ist es einem Kronzeugen möglich, die belastende Aussage in der Hauptverhandlung aus Selbstschutzgründen nicht zu wiederholen. Dies nützt dem Aussagenden nicht jedoch nicht viel, wenn bekannt wird, dass er im Ermittlungsverfahren etwas anderes ausgesagt hat. Sobald der Kronzeuge in öffentlicher Hauptverhandlung als Zeuge auftritt ist er unabhängig vom Inhalt seiner gerichtlichen Aussage potentiellen Vergeltungsschlägen ausgesetzt. In aller Regel wird es sich nicht verbergen lassen, dass letztlich eine Kooperation mit den Strafverfolgungsbehörden zum Erlass einer deutlich niedrigeren Strafe geführt hat. Das Risiko eines Vergeltungsschlags ließe sich allenfalls dadurch reduzieren, dass der Kronzeuge selbst nicht in der Hauptverhandlung aussagt und auch in der Hauptverhandlung gegen den Kronzeugen nicht öffentlich offenbart würde, bezüglich welcher Tat Aufklärungshilfe geleistet worden ist. Letztlich wird jedoch gerade im Bereich gut organisierter Täterstrukturen die Kooperation mit den Strafverfolgungsbehörden nur in Ausnahmefällen unentdeckt bleiben, so dass sich die Gefährdung allein

---

773 Günther, NStZ 1984, 33, 35.

774 Rothärmel, Abhörmaßnahmen und Kronzeugenregelung, S. 292.

775 Mushoff, KritV 2007, 369, 370.

776 Rebmann, NStZ 1982, 325, 316.

777 BGH, NStZ 2009, 394, 395.

778 BGH, NStZ 2009, 394, 395.

aus dem bloßen Herantreten an die Strafverfolgungsbehörden ergibt. Daher kann dieser Aspekt neben der ohnehin bestehenden Scheu, sich an die Strafverfolgungsbehörden zu wenden, dazu führen, dass deutlich weniger potentielle Kronzeugen zur Kooperation bereit sind. Um diesen Effekt einzudämmen, sah das damalige Kronzeugengesetz vor, dass die Offenbarung des Kronzeugen auch durch die Vermittlung eines Dritten erfolgen kann.[779] Eine solche gesetzliche Regelung setzt im frühesten möglichen Zeitpunkt an. Bereits im Zeitpunkt des Herantretens an die Strafverfolgungsbehörde wird die Pflicht des Aussagenden auf die Offenbarung gegenüber einem Vermittler beschränkt. Letztlich schützt eine solche Regelung den Kronzeugen jedoch nicht vor einer nachfolgenden Ladung als Zeuge in weiteren Verfahren. Mit der Feststellung, dass es die Gewährung des Strafrabattes im Rahmen einer entsprechenden Kronzeugenregelung nicht erfordert, dass der Kronzeuge tatsächlich vor Gericht als Zeuge auftritt oder gar überhaupt nicht persönlich Kontakt zu den Strafverfolgungsbehörden aufnehmen muss, ist nicht gesagt, dass der Kronzeuge nicht als Zeuge seinen Zeugenpflichten nachzukommen hat. Faktisch steigert die Möglichkeit der Offenbarung durch einen Dritten zwar die Attraktivität der Regelung, kann jedoch effektiv wenig zum Schutz eines solchen Zeugen beitragen.

3. Zeugenpflichten

Grundsätzlich obliegen dem Zeugen drei Pflichten. Er muss erscheinen, aussagen und schwören.[780] Insoweit ergibt sich aus § 51 I StPO, dass derjenige, der gemäß § 48 StPO ordentlich geladen wurde, vor Gericht beziehungsweise bei der Staatsanwaltschaft zu erscheinen hat und andernfalls Ordnungsgeld beziehungsweise Ordnungshaft gegen ihn verhängt werden kann.[781] Entsprechendes gilt gemäß § 161 a III StPO auch für das Erscheinen bei der Staatsanwaltschaft. Diese Pflicht trifft einen Zeugen selbst, wenn er von einem umfassenden Zeugnisverweigerungsrecht Gebrauch machen kann.[782] Hieraus ergibt sich, dass auch der Kronzeuge, sofern er ordnungsgemäß geladen wird, vor Gericht erscheinen muss. Da es sich beim Kronzeugen regelmäßig um einen Hauptbelastungszeugen im Verfahren gegen den Dritten handeln wird, ist dem Belasteten und dessen Verteidiger viel daran gelegen, dass der Zeuge tatsächlich vor Gericht aussagt, sodass ein berechtigtes Interesse an seiner Ladung besteht. Ist der Kronzeuge daher dem Gericht bekannt, so wird regelmäßig eine Ladung erfolgen, womit der

---

[779]Mehrens, Die Kronzeugenregelung, S. 75.

[780]Gercke in: HK, Vor § 48, Rn. 16; Senge in: KK, Vor § 48 Rn. 3; Grießbaum, NStZ 1998, 433, 434; Roxin/Schünemann, Strafverfahrensrecht, § 26, Rn. 10.

[781]Gercke in: HK, Vor § 48, Rn. 16; Roxin/Schünemann, Strafverfahrensrecht, § 26, Rn. 11.

[782]Gercke in: HK, Vor § 48, Rn. 16; Kühne, Strafprozessrecht, Rn. 811; Roxin/Schünemann, Strafverfahrensrecht, § 26 Rn. 11.

Kronzeuge in der Pflicht steht, vor Gericht zu erscheinen. Der Kronzeuge läuft Gefahr, seine Person Preis zu geben und sieht sich gegebenenfalls entsprechenden Vergeltungsschlägen aussetzt.

4. Strafprozessuale Schutzvorkehrungen

Fraglich ist, ob entsprechende Instrumentarien zur Verfügung stehen, um den potenziellen Kronzeugen von seiner Erscheinenspflicht beziehungsweise zumindest von seiner Aussagepflicht zu befreien, da der Zeuge als Prozesssubjekt einen Anspruch auf Schutz seiner physischen Integrität und seiner Persönlichkeit hat.[783]

a) Grundsatz des unmittelbaren Beweises durch den Zeugen

Im Strafprozess ist die Zeugenvernehmung zur Erforschung der Wahrheit essentiell, da sich der erforderliche Beweis ohne den Einsatz qualifizierter Zeugen nicht führen lässt. Daher muss das Gericht die Zeugenvernehmung in rechtstaatlicher Weise sicherstellen. Es gilt das Spannungsverhältnis zwischen dem zu gewährenden Zeugenschutz und dem Interesse des Angeklagten, sich gegen die ihn belastenden Aussagen in direkter Konfrontation verteidigen zu können aufzulösen.[784] Grundsätzlich muss auch der gefährdete Zeuge aussagen.[785] Dies ergibt sich auch daraus, dass das *Gesetz zur Harmonisierung des Schutzes gefährdeter Zeugen vom 11. Dezember 2001 (ZSHG)* bezüglich des Strafverfahrens keine eigenständigen Regelungen trifft, sondern diesbezüglich in § 10 III ZSHG lediglich auf die bestehenden Vorschriften §§ 68, 110b III StPO verweist.

b) Unerreichbarkeit des Kronzeugen

aa) Grundsatz

Derzeit besteht keine gesetzliche Möglichkeit, einen Zeugen von seiner Pflicht zu erscheinen zu entbinden.[786] Sofern ein Zeuge erreichbar ist, muss er erscheinen und in der Regel auch aussagen. Diese Verpflichtung wird auch „nicht grundsätzlich dadurch eingeschränkt, daß [sic] die Erfüllung dieser Pflicht eine Beeinträchtigung oder gar eine Gefährdung für die Rechtsgüter des Zeugen mit sich bringt."[787] Vielmehr ist das Gericht auf-

---

[783] Roxin/Schünemann, Strafverfahrensrecht, § 26 Rn. 67.

[784] Vgl. Grießbaum, NStZ 1998, 433, 434; Mushoff, KritV 2007, 359, 376.

[785] Vgl. Grießbaum, NStZ 1998, 433, 434.

[786] Martin, Prozessualer Zeugenschutz, S. 177.

[787] Martin, Prozessualer Zeugenschutz, S. 177.

grund der gemäß § 244 II StPO bestehenden Aufklärungspflicht gehalten, einen Zeugen zu laden, wenn dieser als Person der Wahrheitsfindung dienlich ist und eine ladungsfähige Anschrift hat.[788] Nur wenn der Zeuge gemäß § 244 III 2 5. Var. StPO als unerreichbar gilt, ist er faktisch nicht mehr zum Erscheinen verpflichtet. Die Unerreichbarkeit kann sowohl aus tatsächlichen als auch aus Rechtsgründen resultieren.[789] Eine Unerreichbarkeit aus tatsächlichen Gründen liegt in der Regel vor, wenn der Zeuge entweder mangels Individualisierung nicht geladen werden kann oder wenn er zwar individualisiert werden kann, aber weder Name noch ladungsfähige Anschrift vorliegen.[790] In denjenigen Fällen, in denen der Zeuge individualisiert werden kann, gebietet es die richterliche Aufklärungspflicht, alle erforderlichen Maßnahmen zu ergreifen, um den Namen und die ladungsfähige Anschrift zu erlangen. Das Ausmaß dieser Bemühungen im Rahmen der richterlichen Aufklärungspflicht gemäß § 244 I StPO richtet sich im Wesentlichen nach der Bedeutung der Sache, der Relevanz der Zeugenaussage, dem Interesse an der reibungslosen zügigen Durchführung des Verfahrens, die in Relation zu setzen sind zum erforderlichen Aufwand und den entsprechenden Erfolgschancen.[791]

bb) Unerreichbarkeit und Beschleunigungsgebot

Allerdings kann aufgrund des Beschleunigungsgebotes des Artikels 6 I EMRK vom Gericht nicht verlangt werden, das Verfahren über Jahre hinauszuzögern, weil sich das Auffinden eines Zeugen als aufwendig gestaltet. Vielmehr liegt dann ein Fall sogenannter relativer Unerreichbarkeit vor.[792] Wenn hingegen der Zeuge und sein Aufenthaltsort bekannt sind, kann nur in Ausnahmefällen eine faktische Unerreichbarkeit angenommen werden.[793] Dies wird beispielsweise angenommen, wenn mit der Vernehmung des sich im nicht europäischen Ausland befindlichen Zeugen in absehbarer Zeit aufgrund von nicht zu beseitigenden Hindernissen nicht mehr gerechnet werden kann.[794] Aufgrund der bestehenden Möglichkeit zur audiovisuellen Vernehmung kann eine Unerreichbarkeit nicht angenommen werden,

---

[788] Martin, Prozessualer Zeugenschutz, S. 177.

[789] Roxin/Schünemann, Strafverfahrensrecht, § 45 Rn. 23; a.A. Kühne, Strafprozessrecht, Rn. 783, der im Falle entgegenstehender rechtlicher Gesichtspunkte nicht von der Unerreichbarkeit des Zeugen ausgeht, sondern vielmehr von der Unzulässigkeit der Beweiserhebung.

[790] Kühne, Strafprozessrecht, Rn. 783; Roxin/Schünemann, Strafverfahrensrecht, § 45 Rn. 23.

[791] BGHSt 32, 68, 73; BGH, NJW 1990, 1124, 1125; Beulke, Strafprozessrecht, Rn. 445; Kühne, Strafprozessrecht, Rn. 783; Roxin/Schünemann, Strafverfahrensrecht, § 45 Rn. 23.

[792] Kühne, Strafprozessrecht, Rn. 783.

[793] Roxin/Schünemann, Strafverfahrensrecht, § 45 Rn. 23.

[794] BGH, NJW 1990, 1124, 1125.

wenn die Voraussetzungen des § 247 a StPO gegeben sind. Beim Auslandszeugen müssen jedoch die rechtshilferechtlichen Voraussetzungen vorliegen, die Einhaltung der wesentlichen rechtsstaatlichen Verfahrensgrundsätze gewährleistet sein und im Ausland die technischen Voraussetzungen für eine Videokonferenz bestehen.[795] Mit Artikel 10 des Übereinkommens über die Rechtshilfe in Strafsachen zwischen den Mitgliedsstaaten der Europäischen Union vom 29. Mai 2000 wurden die rechtshilferechtlichen Voraussetzungen der Videokonferenz in diesem Bereich geregelt.[796] Daher ist das Gericht regelmäßig im Rahmen der Aufklärungspflicht gehalten, diese Voraussetzungen von Amts wegen zu prüfen.[797] Die Anforderungen an die Annahme der Unerreichbarkeit eines individualisierbaren Zeugen sind hoch. Der Kronzeuge als wesentlicher Belastungszeuge wird daher regelmäßig gemäß § 48 I StPO geladen, wenn das Gericht den Namen und die ladungsfähige Anschrift ermitteln kann. Das Gericht muss hierzu sämtliche diesbezügliche Auskünfte bei den zuständigen Behörden, zum Beispiel Einwohnermeldeamt, einholen. Die entsprechenden Behörden sind im Rahmen der Amtshilfe gemäß §§ 244 II, 161, 202 StPO gegenüber dem Gericht und der Staatsanwaltschaft grundsätzlich zur Herausgabe der Dokumente und Akten verpflichtet.[798]

cc) Sperrerklärung durch die Behörde

Die Herausgabeverpflichtung entfällt in Ausnahmefällen, wenn eine entsprechende Sperrerklärung der obersten Dienstbehörde gemäß § 96 StPO vorliegt. Die Grundsätze des § 96 StPO gelten entsprechend für das Auskunftsverlangen des Gerichts bezüglich Namen und ladungsfähiger Anschrift des jeweiligen Zeugen.[799] Der Gesetzgeber hat durch die §§ 54, 96 StPO seinen Willen zum Ausdruck gebracht hat, das Amtsgeheimnis auch im Strafverfahren in einem gewissen Umfang zu schützen, sodass eine Auskunftspflicht in ihrem Umfang letztlich nicht über die bestehende Herausgabepflicht hinausgehen kann.[800] Die Sperrerklärung erlaubt lediglich die Versagung der Auskunft und führt daher allenfalls faktisch zu einer Unerreichbarkeit des Zeugen. Der Zeuge kann jedoch nach der Rechtsprechung des BGH geladen und vernommen werden, wenn es dem Gericht gelingt seine Anschrift anderweitig in Erfahrung zu bringen und das

---

[795] BGH, NStZ 2000, 385.

[796] Am 28.07.2005 in Deutschland in Kraft getreten.

[797] Diemer in: Nehm-FS, 257, 264.

[798] BVerfG, NStZ 1981, 357, 358.

[799] OLG Hamm, NStZ 1990, 44, 45; Krey in: Meyer-FS, S. 242, 256; Kühne, Strafprozessrecht, Rn. 917.

[800] BVerfG, NStZ 1981, 357, 358.

Gericht den Zeugen seinerseits nicht in einer derartigen Gefährdungslage wähnt, die eine Vorenthaltung des Zeugen legitimiert.[801] In Bezug auf gefährdete Zeugen, denen die Vertraulichkeit durch die Staatsanwaltschaft oder die Polizei zugesichert worden ist, kann die Sperrerklärung des Innenministers eingeholt werden, um den präventiven Zweck des Zeugenschutzes zu unterstützen.[802] Verweigert die Behörde die Auskunft, hat das Gericht keine Möglichkeiten, die Mitwirkung der Behörde zu erzwingen, vielmehr kann die Behördenentscheidung lediglich auf Betreiben der Verfahrensbeteiligten vor den Verwaltungsgerichten überprüft werden.[803] Klagebefugt sind insoweit nur Verfahrensbeteiligte, die ein Interesse an der Aussage haben, wie beispielsweise der Angeklagte und wegen der Pflicht zur vollständigen Ermittlung nach § 244 II StPO auch das Gericht.[804] Im Hinblick auf den Erlass der Sperrerklärung sowie auf deren Überprüfung durch die beteiligten Gerichte ist zu berücksichtigen, dass „die Besonderheit, daß [sic] sich staatliche Stellen an der Zurückhaltung des möglicherweise besseren Beweismittels beteiligen, zusätzliche rechtsstaatliche Anforderungen, die an den Entscheidungsprozeß [sic] der Behörde und die Nachprüfung dieser Entscheidung durch das in seinen Aufklärungsmöglichkeiten insoweit eingeschränkte Gericht zu stellen sind",[805] begründet. Die Exekutive muss bei der Entscheidung über die Verweigerung der Auskunft stets den besonderen Stellenwert der gerichtlichen Wahrheitsfindung und das Gewicht des Freiheitsanspruchs des Beschuldigten beachten, da die Sperrung des Zeugen regelmäßig die Gefahr einer möglicherweise ungerechtfertigten Verurteilung begründet.[806] Andererseits gebietet es die Effektivität der Arbeitsweise der Sicherheitsbehörden, dass bestimmte geheimhaltungsbedürftige Vorgänge auch im Strafverfahren nicht aufgedeckt werden.[807] Dann, wenn die Auskunftsverweigerung dazu dient, Angriffe auf das Leben, die körperliche Unversehrtheit oder die Freiheit eines Zeugen abzuwehren, ist sie aufgrund des verfassungsmäßigen Ranges dieser Rechtsgüter geboten.[808] Erweist sich die Sperrerklärung allerdings als willkürlich und offensichtlich rechtsfehlerhaft, kann das Gericht nicht auf

[801]BGH, JZ 1993, 1012, 1013; Franke, StraFo 2000, 295, 298.

[802]Nack in: KK, Rn. 15 zu § 96.

[803]BVerfG, NStZ 1981, 357, 358; BVerwG, NJW 1983, 638; Kühne, Strafprozessrecht, Rn. 918; Franke, StraFo 2000, 295, 299.

[804]Kühne, Strafprozessrecht, Rn. 918: a.A. Roxin/Schünemann, Strafverfahrensrecht, § 45 Rn. 25, die eine Klagebefugnis der Justiz ablehnen.

[805]BVerfG, NStZ 1981, 357, 358. BGHSt 29, 109, 112, 113; BGH, NStZ 1982, 79; Rebmann, NStZ 1982, 315, 320.

[806]EGMR, NJW 2007, 204; BVerfGE 57, 250, 288; BVerfG, NStZ 1981, 357, 358 f.; BVerfG, NJW 1981, 1719; BGHSt 32, 124; BGH, NJW 2007, 237; Gercke in: HK, § 54, Rn. 17.

[807]BVerfG, NStZ 1981, 357, 359.

[808]BVerfG, NStZ 1981, 357, 359.

Beweissurrogate zurückgreifen, sondern muss auf die Vernehmung des Zeugen selbst hinwirken.[809]

Der Wortlaut des § 96 StPO lässt eine solche Sperrerklärung jedoch nur zur Abwendung drohender Nachteile für das Wohl des Bundes oder eines deutschen Landes zu. Demgemäß ist die Sperrung aufgrund der Gefährdung Einzelner beispielsweise Kronzeugen ohne weiteres nicht umfasst.[810]

Zum Schutz Verdeckter Ermittler gemäß § 110 a StPO findet § 110 b III 3 StPO Anwendung, der ausdrücklich eine Sperrung gemäß § 96 StPO erlaubt, wenn Anlass zu der Besorgnis besteht, dass die Offenbarung Leben, Leib oder Freiheit des Verdeckten Ermittlers oder einer anderen Person oder die Möglichkeit der weiteren Verwendung des Verdeckten Ermittlers gefährden würde. Informanten und V- Personen können gemäß § 96 StPO analog gesperrt werden, wenn entweder Leben, Leib oder Freiheit dieser Personen oder anderer Personen oder die Möglichkeit ihrer weiteren Verwendung gefährdet würden.[811] Die Sperrung eines potentiell gefährdeten Kronzeugen durch die Behörde kommt daher nur in Betracht, wenn sich entweder auch für den Kronzeugen als Informanten eine Analogie zu § 110 b III 3 StPO begründen ließe oder die Sperrung des Kronzeugen gemäß § 96 StPO analog zur Abwendung erheblicher Nachteile für den Bund oder die Länder erforderlich wäre.

aaa) Analogie zu § 110 b III 3 StPO i.V.m. § 96 StPO

Nach dem Wortlaut bietet die StPO der Behörde die Möglichkeit, die Auskünfte zu Personen zu verweigern, die als Verdeckte Ermittler fungieren. Da keine anderweitige gesetzliche Regelung existiert, die es den Strafverfolgungsbehörden ermöglicht, entsprechende Auskünfte über andere Personen zu verweigern, wird von einer Regelungslücke ausgegangen, die es in einem gewissen Umfang erforderlich macht, bei Vorliegen einer vergleichbaren Interessenlage Analogien zu begründen. Der Umfang ist allerdings gänzlich umstritten. Während teilweise eine nicht allzu restriktive Handhabung der Sperrmöglichkeit durch die Strafverfolgungsbehörden gefordert wird,[812] favorisieren andere eine sehr restriktive Handhabung.[813] Weitestgehend anerkannt ist lediglich die analoge Anwendung für V-Personen und sonstige Hinweisgeber, deren Beweiswert eher außerhalb der

---

[809] BGHSt 17, 382, 384; BGHSt 29, 109, 113; BGHSt 31, 154 ff; BGHSt 33, 92 ff; BGHSt 36, 162 ff.; BGH, NStZ 1982, 79; NJW 1981, 770; Franke, StraFo 2000, 295, 298; Rebmann, NStZ 1982, 315, 320.

[810] Ritzert, BeckOK StPO, § 96 Rn. 4.

[811] BGH, StV 2012, 5; Beulke, Strafprozessrecht, Rn. 426; Hilger, NStZ 1992, 524.

[812] Krey, Gedächtnisschrift für Meyer, S. 242, 256.

[813] Nack in KK: Rn. 17 zu § 110 b; Franke, StraFo 2000, 295, 298.

Hauptverhandlung liegt.[814] Teilweise wird eine Ausweitung des Anwendungsbereichs dieser Vorschriften dahingehend gefordert, dass letztlich eine Sperrerklärung für jeden Zeugen möglich wird, der sich den Strafverfolgungsbehörden anonym mitgeteilt hat und sich bereit zeigt, unter Geheimhaltung seiner Identität bei der Polizei eine entsprechende Aussage zu machen.[815] Dies erscheine nicht nur mit Blick auf die betroffenen Grundrechte des Zeugen geboten, sondern diene auch der Gewährleistung einer funktionierenden Strafrechtspflege.[816] Letztendlich kann der Hinweis eines anonymen Zeugen unter Umständen ein wertvolleres Beweismittel darstellen als der namentlich bekannte Zeuge.[817] Insoweit seien Gesetzgeber und die maßgeblichen Strafverfolgungsorgane dazu aufgerufen, sich stärker darum zu bemühen, „auch den Gefährdungen von Normalbürgern als Zeugen ausreichend gerecht zu werden."[818] Lässt man eine Sperrung für jeden Bürger zu, könnte man bei entsprechendem Gefährdungspotential sicherlich auch einen Kronzeugen sperren, der letztlich in vielen Fällen unter Zusicherung der Vertraulichkeit als anonymer Hinweisgeber fungiert. Eine extensive Ausweitung des Anwendungsbereiches der Zeugensperrung verkennt jedoch, dass der Gesetzgeber auf einen derart weitgehenden Zeugenschutz bewusst verzichtet hat, indem er im Rahmen des *Gesetzes zur Harmonisierung des Schutzes gefährdeter Zeugen* keine derart weitgehende Sperrungsmöglichkeit normiert hat, sondern ausdrücklich das Strafverfahren unberührt lässt. Zudem regelt § 4 V ZSHG, dass die §§ 161, 161 a StPO, die der ermittelnden Staatsanwaltschaft ein Auskunftsrecht geben, unberührt bleiben. Auch hierin zeigt sich der eindeutige Wille des Gesetzgebers, eine umfassende Sperrung durch die Behörde abzulehnen. Ferner hält eine derart weitgehende Ausweitung der Sperrungsmöglichkeit der Behörde keiner verfassungsrechtlichen Überprüfung stand. „Im Rahmen der grundgesetzlichen Kompetenzverteilung ist es grundsätzlich Aufgabe der den Gerichten übertragenen rechtsprechenden Gewalt (Artikel 92 GG), frei von Einwirkungen anderer Staatsorgane selbst darüber zu befinden, welche Beweismittel zur Aufklärung der Sache notwendig sind", sodass sich die behördliche Entscheidung bestimmte Beweismittel vorzuenthalten regelmäßig in Widerspruch dazu setzen wird.[819] Daher sollte der Anwendungsbereich der Sperrung durch die Behörde nicht extensiv ausgedehnt werden. „Der Schutz durch Sperrung eines Zeugen kann [...] nicht

---

814 Grießbaum, NStZ 1998, 433, 437; Nack in: KK, Rn. 21 zu § 96.

815 Krey in: Meyer-FS, S. 242, 257.

816 BVerfGE 49, 89, 141 f.; BVerfGE 53, 30, 51; BVerfGE 56, 54, 75; Krey in: Meyer-FS, S. 242, 257.

817 Krey in: Meyer-FS, S. 242, 257; Schnarr, Kriminalistik 1990, 293, 296.

818 Krey in: Meyer-FS, S. 242, 257.

819 BVerfG, NStZ 1981, 357, 359; Vgl. BVerfGE 57, 250, 275; BVerfGE 77, 65, 76; Safferling, StV 2010, 339, 342.

Ziel des strafprozessualen Zeugenschutzes sein, der gerade die Aufgabe hat, den Zeugen in der Hauptverhandlung zu präsentieren."[820] Die Entscheidungsbefugnis des Gerichts darf nur ausnahmsweise dann tangiert werden, wenn es zwingende Sachgründe seitens der Behörde rechtfertigen.[821] Da das Gericht seinerseits aufgrund drohender Lebensgefahr für den Zeugen von der Vernehmung absehen kann, können diese Gründe allenfalls in der Sphäre der Behörde liegen und werden sich regelmäßig darin erschöpfen, dass die Behörde ihrerseits das zugesicherte Vertrauen gegenüber ihren Informanten aufrechterhalten will, um sich auch zukünftige Hinweisgeber zu bewahren. Der Gesetzgeber hat die Weiterverwendung eines Informanten als Grund für die Sperrerklärung ausdrücklich für den Verdeckten Ermittler in § 110 b III S. 3 StPO geregelt. Damit hat der Gesetzgeber seinen Willen zum Ausdruck gebracht, eine Sperrerklärung nur für den dort genannten Personenkreis aus den dort genannten Gründen zu erlauben.[822] Eine Analogie dürfte daher schon mangels planwidriger Regelungslücke ausscheiden. Die behördliche Intention die Kooperationsbereitschaft des Informanten aufrechtzuerhalten rechtfertigt nicht einen derart massiven Eingriff in die Sachaufklärung des Gerichts.[823] Zeugenschutz derjenigen Personen, die nicht in den Anwendungsbereich des § 110 b StPO fallen, darf nur im Rahmen der Gefahrenabwehr erfolgen, so dass Maßnahmen nur zur Abwehr einer massiven Leibes- oder Lebensgefahr gerechtfertigt sind.[824] Ob eine solche Gefahrenabwehrmaßnahme erforderlich ist, beurteilt das Tatsachengericht, dem letztlich die erforderliche Abwägung zwischen dem Interesse des Zeugen am Schutz seiner Person und der vollständigen Sachaufklärung obliegt. Selbst eine bestehende Lebensgefährdung des Normalbürgers als Zeugen legitimiert die Behörde daher nicht dazu, den Zeugen in analoger Anwendung der §§ 96, 110 b III 3 StPO zu sperren. Andernfalls würde das Gericht in seinem Handlungsspielraum zur Wahrheitserforschung ohne Rechtsgrundlage beschnitten.

Fraglich ist jedoch, ob nicht zumindest in Bezug auf den Kronzeugen eine Analogie begründbar wäre. Schließlich tritt der Kronzeuge dadurch, dass er derart wichtige Angaben macht, die letztlich als Aufklärungserfolg gewertet werden, in den Dienst des Staates, sodass der Staat gegebenenfalls verpflichtet ist, einen derart wertvollen Informanten besonders in seinen Schutz zu stellen. Es fehlt jedoch an einer planwidrigen Regelungslücke. Der Gesetzgeber hat trotz der bereits existierenden kleinen Kronzeugenregelungen weder im Rahmen der entsprechenden Gesetzgebungsverfahren noch im Rahmen des *Gesetzes zur Harmonisierung des Schutzes gefährdeter*

---

[820]Grießbaum, NStZ 1998, 433, 437.

[821]BVerfG, NStZ 1981, 357, 360.

[822]Vgl. auch Franke, StraFo 2000, 295, 298.

[823]Franke, StraFo 2000, 295, 298.

[824]Franke, StraFo 2000, 295, 298.

Zeugen entsprechende Regelungen geschaffen oder den Anwendungsbereich des § 110 b StPO erweitert. Auch fehlt es ersichtlich an der vergleichbaren Interessenlage, da der Kronzeuge letztlich gerade nicht für den Staat agiert und durch seinen Auftrag in eine besondere Schutzstellung eintritt, die einen umfassenderen Schutz erforderlich macht, sondern vielmehr unabhängig von einer staatlichen Instruktion bestimmte Informationen erlangt hat, die er letztlich aus einer überwiegend egoistisch motivierten Intention heraus gegen Gegenleistung preisgibt. Daher existiert kein Vertrauensverhältnis, wie es beispielsweise zwischen den Verdeckten Ermittlern oder den V-Personen und den Strafverfolgungsbehörden besteht. Ferner sollte in diesem Zusammenhang beachtet werden, dass sich der besondere behördliche Schutz des Kronzeugen nicht mit dem Erhalt der V-Person beziehungsweise des Verdeckten Ermittlers rechtfertigen lässt, da der Kronzeuge in der Regel nur einmalig zur Erlangung des Strafrabattes aussagen wird, sodass er in dieser Funktion nicht noch einmal in Erscheinung tritt. Zudem soll es nicht zu einer extensiven Ausweitung der Gewährung entsprechender Kronzeugenprivilegien kommen, sodass kein staatliches Interesse daran besteht die Anreizwirkung massiv zu erhöhen. Demgemäß mangelt es auch an der vergleichbaren Interessenlage. Ließe man eine Sperrung durch die Behörde zu, wäre der Einsatz eines Kronzeugen letztlich ein rein polizeiliches Ermittlungsinstrumentarium auf Kosten des staatlichen Strafanspruchs und zu Lasten des Beschuldigten. Der Kronzeugeneinsatz bietet dem Staat ohnehin eine Möglichkeit der Informationsgewinnung, die die Verteidigung regelmäßig nicht hat, was zu einem leichten Übergewicht der Prozessrechte der Anklage führt. Daher gebietet schon der Grundsatz der Waffengleichheit, den Kronzeugen zu laden. Entsprechend muss ein Kronzeuge im angloamerikanischen Rechtskreis zwingend vor Gericht aussagen und auf eine Verurteilung des Beschuldigten hinwirken. Mit der behördlichen Sperrung ginge überdies ein erhebliches Maß an Abschreckungswirkung im Hinblick auf eine Falschaussage verloren, da der Aussagende nicht befürchten müsste, vor Gericht aufzutreten und möglicherweise vereidigt zu werden. Zudem wäre der Wert der Aussage massiv herabgesetzt, da von vornherein feststünde, dass der Zeuge in der Hauptverhandlung nicht zur Verfügung steht.[825] Eine behördliche Sperrung gemäß §§ 110 b III 3 i .V. m. 96 StPO analog ist daher abzulehnen.

bbb) Sperrung aufgrund drohender Nachteile für den Bund oder die Länder gemäß § 96 StPO analog

Zu erwägen wäre, den Kronzeugen gemäß § 96 StPO analog ohne Heranziehung des § 110 b III 3 StPO zu sperren, indem man nicht auf die beste-

[825] BRAK-Stellungnahme-Nr. 23/2006, S. 7.

hende Lebensgefahr des Zeugen abstellt, sondern vielmehr Begründungsansätze sucht, die die Annahme rechtfertigen, dass die Verweigerung der begehrten Auskunft zur Abwendung drohender Nachteile für den Bund oder die Länder geboten erscheint. Für die V-Person wird dies damit begründet, dass sich die Offenbarung der Identität der V-Person negativ auf die Bereitschaft anderer dringend benötigter Personen auswirken würde, bei der Kriminalitätsbekämpfung mitzuhelfen. Der Vertrauensverlust in der Öffentlichkeit und in den angesprochenen Kreisen potentieller V-Personen führe daher langfristig zu einer spürbar geringeren Kooperationsbereitschaft.[826] Ein solcher Bruch der Vertraulichkeitszusage beeinträchtige langfristig die Prävention und Aufklärung gravierender Straftaten.[827] Eine dadurch bedingte unzureichende Strafverfolgung berge wiederum nicht nur unerhebliche Gefahren und Nachteile für das entsprechende Land. Diese Argumentation ist in Bezug auf den zielgerichteten Einsatz von V-Personen nachvollziehbar, da der für einen solchen Einsatz in Betracht kommende Personenkreis vielfach aufgrund der ethnischen Besonderheiten der Tätergruppen sehr begrenzt ist und die Strafverfolgungsbehörden daher ein berechtigtes Interesse an einem wiederholten Einsatz der V-Person haben. Letztlich ist eine derartige Interpretation mit Blick auf die bestehende Regelung des § 110 b III 3 StPO nicht mehr sachgerecht, da § 110 b III 3 StPO diesbezüglich als abschließende Regelung zu begreifen ist. Überdies tritt ein Kronzeuge nur einmalig in Erscheinung und wird nicht längerfristig für die Strafverfolgung tätig, so dass man ohnehin nicht damit argumentieren kann, dass ein erhebliches Interesse an der Geheimhaltung besteht, weil die Strafverfolgung auf die Person des Kronzeugen auch zukünftig angewiesen ist. Zudem kann die Wahrnehmung öffentlicher Aufgaben die Vorenthaltung des unmittelbaren Tatzeugen aus Geheimhaltungs- und Schutzinteressen ohnehin nur ausnahmsweise begründen, wenn das Bundes- oder Landeswohl nachweislich unmittelbar betroffen ist.[828] Dies ist in Bezug auf den Kronzeugen als Informanten in aller Regel nicht der Fall. Eine Sperrung ohne Heranziehung des § 110 b III 3 StPO ist abzulehnen.

dd) Sperrung durch das Gericht

Zu klären ist weiterhin, ob nicht das Gericht den gefährdeten Kronzeugen von seiner Erscheinungspflicht entbinden kann. Das Gesetz selbst sieht eine Ausnahme von der Erscheinungspflicht selbst dann nicht vor, wenn „der Zeuge durch sein Erscheinen in Leibes- oder Lebensgefahr gerät."[829] Aller-

[826] OLG Hamm, NStZ 1990, 44, 45.

[827] OLG Hamm, NStZ 1990, 44, 45.

[828] Rebmann, NStZ 1982, 315, 316.

[829] Krey in: Meyer-FS, S. 242, 258.

dings erscheint aufgrund der tangierten Rechtsgüter grundsätzlich mit Blick auf die bestehende Schutzpflicht des Staates eine verfassungskonforme Auslegung des § 51 II StPO geboten, sodass, wenn tatsächlich eine derartige Lebensgefährdung droht, eine hinreichende Entschuldigung des Zeugen anzunehmen ist.[830] Das Gericht muss aus Fürsorgeaspekten im Einzelfall prüfen, ob dem Zeugen das Erscheinen in der Hauptverhandlung oder seine Aussage zugemutet werden kann.[831] „Die Persönlichkeit des Zeugen muss davor [bewahrt werden] von anderen Verfahrensbeteiligten als bloßes Objekt der Wahrheitsermittlung verwendet zu werden."[832] Demgemäß gebietet die Verfassung, die Wahrnehmung der Zeugenpflichten unter Zugrundelegung des Grundsatzes der Verhältnismäßigkeit einzuschränken beziehungsweise insoweit auf die Anordnung von strafprozessualen Zwangsmaßnahmen zu verzichten.[833] Selbst die Verpflichtung zur Gewährleistung einer funktionstüchtigen Strafrechtspflege steht einer Verhältnismäßigkeitskontrolle in Bezug auf gegebenenfalls anzuordnende Zwangsmaßnahmen nicht entgegen.[834] Maßgeblich ist eine Abwägung der widerstreitenden Interessen, wobei insbesondere die Schwere der Straftat, das Ausmaß der dem Beschuldigten drohenden Nachteile und das Gewicht der bestmöglichen Aufklärung sowie damit einhergehend der Stellenwert des in Rede stehenden Zeugen zu berücksichtigen sein werden.[835] Ferner sollte im Rahmen der Abwägung auch die Tatsache Berücksichtigung finden, dass der Betroffene als Kronzeuge fungiert und insoweit seiner Aussage besonderes Gewicht zukommt. Es muss eine Balance zwischen der Gewährung eines ausreichenden Zeugenschutzes und der ordnungsgemäßen Beweisführung erzielt werden.[836] Fällt die Abwägung zugunsten des Zeugenschutzes aus, ist in jedem Fall zunächst zu prüfen, ob sich die einer Vernehmung entgegenstehenden Gründe nicht ausräumen lassen.[837] Sofern nach Auffassung des Gerichts „dem Zeugen unter Berücksichtigung seiner persönlichen Belange das Erscheinen in der Hauptverhandlung oder die Aussage [...] zuzumuten ist, ist der Zeuge zu laden und zu vernehmen. Die Beurteilung steht im Ermessen des Gerichtes, wobei alle zur Verfügung stehenden polizeilichen und strafverfahrensrechtlichen Schutzmaßnahmen

[830] Grießbaum, NStZ 1998, 433, 437; Krey, Gedächtnisschrift für Meyer, S. 242, 258.

[831] BVerfG, NJW 1981, 724; BGHSt 17, 348 ff.; BGH, NStZ 1984, 31; Gercke in: HK, Vor § 48, Rn. 12; Franke, StraFo 2000, 298.

[832] BVerfG, NJW 1981, 1431, 1432.

[833] BVerfG, NJW 1977, 1489, 1490; BGHSt 17, 348 ff.; BGHSt 33, 70, 74 ff.; BGH, NStZ 1984, 31, 32.

[834] BVerfG, NJW 1977, 1489, 1490.

[835] BVerfG, NStZ 1981, 357, 359; Grießbaum, NStZ 1998, 433, 437.

[836] Grießbaum, NStZ 1998, 433, 435.

[837] BVerfG, NStZ 1981, 357, 359.

zu erwägen sind.[838] Erst dann, wenn tatsächlich keine ausreichend sichere Methode, wobei auch die Möglichkeit der Vernehmung durch einen Richter unter Ausschluss der Öffentlichkeit sowie des Angeklagten und seines Verteidigers zu erwägen sind, gefunden werden kann um den gefährdeten Zeugen zu vernehmen, darf auf sachfernere Beweismittel zurückgegriffen"[839] und auf die Anwendung staatlichen Zwangs verzichtet werden. Die Verlesung eines Protokolls einer nicht richterlichen Vernehmung ist erst nachrangig zulässig.[840] Zudem kann regelmäßig auch die Verhörperson als Zeuge vom Hörensagen vernommen werden, wobei jedoch zu berücksichtigen ist, dass es sich nur um ein mittelbares und damit fehleranfälligeres Beweismittel handelt, dessen Beweiswert insoweit kritisch hinterfragt werden muss.[841]

Das Gericht kann also unter Inkaufnahme des Verlustes des sachnäheren Beweismittels als ultima ratio den gefährdeten Kronzeugen von seiner Pflicht, vor Gericht zu erscheinen, entbinden.[842] Da die Gewährung des Zeugenschutzes dadurch die strafprozessuale Wahrheitsfindung beeinträchtigt, bereitet die Beurteilung des Bestehens einer Gefährdungslage für den Zeugen den Tatrichtern massive Probleme.[843]

c) Der gefährdete Kronzeuge als unzulässiges Beweismittel

Denkbar wäre auch den gefährdeten Kronzeugen dadurch zu schützen, dass bei drohender Lebensgefahr automatisch eine Entbindung von den bestehenden Zeugenpflichten eintritt, sodass jegliche Vernehmung unzulässig beziehungsweise jeder Beweisantrag aufgrund des Vorliegens eines unzulässigen Beweismittels abzulehnen wäre.[844] Dies hätte zur Folge, dass das Gericht den Zeugen selbst dann nicht vernehmen kann, wenn es die Vernehmung trotz der Gefährdungslage für opportun hält. Die vollumfängliche gerichtliche Aufklärung der Straftat wäre daher in aller Regel gefährdet.[845] Dem Gericht bliebe lediglich ein Beurteilungsspielraum bezüglich der tatsächlichen Gefährdung des Zeugen. Ein Ermessen, welche Konsequenzen sich daraus ergeben, läge hingegen nicht mehr vor. Immer, wenn eine Gefährdungslage vorliegt, müsste zwingend ohne Abwägung im Rahmen einer gebundenen Entscheidung auf den Zeugen in Gänze verzich-

---

[838] BGHSt 39, 142, 145; Franke, StraFo 2000, 295, 298.

[839] BVerfG, NStZ 1981, 357, 359.

[840] BVerfG, NStZ 1981, 357, 359.

[841] BVerfG, NStZ 1981, 357, 360; Maier in: MüKo, StGB, § 46 b Rn. 86.

[842] Grießbaum, NStZ 1998, 433, 437.

[843] Franke, StraFo 2000, 295, 298.

[844] Rogall in: SK-StPO, Vor § 48 Rn. 72.

[845] Martin, Prozessualer Zeugenschutz, S. 72.

tet werden. Ein solches Vorgehen beschränkt die richterliche Unabhängigkeit in erheblicher Weise, da es dem Richter freigestellt sein muss, ob und unter welchen Umständen ein Zeuge geladen werden kann. Zudem wird diese Sichtweise auch dem Wesen des Kronzeugen nicht gerecht, der in der Regel als gefährdet einzustufen ist und somit grundsätzlich keine Vernehmung befürchten müsste. Der Kronzeuge stünde regelmäßig nur als Aufklärungsgehilfe im Ermittlungsverfahren zur Verfügung. Der Verlust des Kronzeugen als Zeugen in der Hauptverhandlung, würde jedoch dazu, dass sich in vielen Fällen die Gewährung eines Strafrabattes kaum noch rechtfertigen ließe. Zudem würde die Verlockung des Aussagenden, jemanden falsch zu belasten, massiv erhöht, da die Drucksituation der Hauptverhandlung überhaupt nicht mehr zu befürchten stünde. Der Verzicht auf die Zeugenpflicht bei Vorliegen einer Gefährdungslage ist letztlich eine einseitige Begünstigung des Zeugenschutzes, die zu Lasten der widerstreitenden Interessen namentlich des Interesses der Allgemeinheit an einer funktionierenden Strafrechtspflege sowie dem Recht des Belasteten auf ein faires Verfahren geht.[846] Der gefährdete Kronzeuge sollte daher nicht automatisch von sämtlichen Zeugenpflichten entbunden werden. Diese Konsequenz entspricht auch der Gesetzeslage, die ausdrücklich jedem zunächst einmal die Zeugenpflichten auferlegt.

d) Strafprozessuale Möglichkeiten zum Schutz des erreichbaren nicht hinreichend entschuldigten Zeugen

Da sich die Sperrung eines Kronzeugen als äußerst schwierig erweist und die Entbindung von der Aussagepflicht aufgrund bestehender Gefährdung des Zeugen nur als ultima ratio in Betracht kommt, müssen Wege gefunden werden, um den zur Aussage verpflichteten Zeugen im Ermittlungsverfahren, während der Hauptverhandlung und insbesondere nach Abschluss des Strafverfahrens zu schützen.[847]

aa) kommissarische Vernehmung des Zeugen

Weitgehenden Schutz des Kronzeugen bietet die kommissarische Vernehmung des Zeugen durch einen ersuchten oder beauftragten Richter, die auch unter Ausschluss des Angeklagten[848] und ohne Benachrichtigung seines Verteidigers (§ 224 I 2 StPO) erfolgen kann. Problematisch erscheint

[846]Martin, Prozessualer Zeugenschutz, S. 72.

[847]Grießbaum, NStZ 1998, 433, 434; Rothärmel, Abhörmaßnahmen und Kronzeugenregelung, S. 237.

[848]BVerfGE 57, 250, 287; BVerfG, NStZ 1981, 357, 359; BGH, NJW 1980, 2088; Rebmann NStZ 1982, 315, 319; a.A. Engels NJW 1983, 1530, 1531.

diese Methode vor allem, weil ein Ausschluss des Verteidigers aufgrund der Fairness des Verfahrens nicht möglich ist, sodass der Verteidiger ein Anwesenheitsrecht hat, wenn er trotz unterbliebener Benachrichtigung erscheint.[849] Der Bedeutung der Zeugenvernehmung in der Hauptverhandlung ist es zudem geschuldet, die kommissarische Vernehmung nur ausnahmsweise anzuordnen.[850] „Hierin läge ein Mißbrauch [...] der kommissarischen Zeugenvernehmung als „Mittel, Rechte der Verteidigung in der Hauptverhandlung zu umgehen."[851]

bb) Vernehmung des Zeugen unter Ausschluss des Angeklagten und/oder der Öffentlichkeit

Aspekte des Schutzes Verfahrensbeteiligter können auch den Ausschluss der Öffentlichkeit in der Hauptverhandlung erfordern. Der Kronzeugen entstammt vielfach einem gut organisierten kriminellen Milieu, von dessen Seite bei Verrat massive Gefährdungen zu befürchten sind. Dadurch ist der enttarnte Kronzeuge häufig Vergeltungsschlägen ausgesetzt. Nur durch den Ausschluss der Öffentlichkeit kann letztlich vermieden werden, dass kriminelle Organisationen anonyme Prozessbeobachter in die öffentliche Hauptverhandlung entsenden, um Angaben zum aktuellen Aufenthaltsort und zum Erscheinungsbild zu erhalten. § 172 Nr. 1 a GVG gestattet einen solchen Ausschluss der Öffentlichkeit, wenn die Gefährdung des Lebens, des Leibes oder der Freiheit eines Zeugen oder einer anderen Person zu besorgen ist. Teilweise wird zudem gefordert einen derartigen Ausschluss auch zu Gunsten des Angeklagten zulassen.[852] Die bloße Beeinträchtigung der Wahrheitsfindung aufgrund dessen, dass der Zeuge durch die Zuhörerschaft eingeschüchtert wird, genügt hingegen nicht.[853] Bestehen Anhaltspunkte dafür, dass der Kronzeuge, sei es als Angeklagter oder im späteren Verfahren als Zeuge, durch das öffentliche Auftreten akut gefährdet ist, so kann die Öffentlichkeit während der Verhandlung gemäß § 172 Nr. 1 a GVG und während der Urteilsverkündung gemäß § 173 II GVG ausgeschlossen werden. Problematisch erscheint der Ausschluss der Öffentlichkeit im Verfahren gegen den Kronzeugen jedoch deswegen, weil dadurch letztlich eine strafreduzierende Absprache unter Ausschluss der Öffentlichkeit stattfindet. Es wäre zu erwägen, die Öffentlichkeit zumindest zur Verhandlung über den Strafrabatt und letztlich zur Urteilsverkündung zuzulassen. Dadurch würde jedoch der angestrebte

---

849 BGHSt (GS) 32, 129; Günther, NStZ 1984, 33, 35.

850 Günther, NStZ 1984, 33, 36.

851 Günther, NStZ 1984, 33, 36.

852 Krey in: Meyer-FS, 242, 252.

853 BGH, NStZ 1982, 168.

Schutz entwertet, da der Angeklagte letztlich doch persönlich in Erscheinung tritt. Im Ergebnis wird daher abzuwägen sein, ob der Zeugenschutz im konkreten Einzelfall die Beeinträchtigung des Öffentlichkeitsgrundsatzes rechtfertigt.

Im Hinblick auf das Strafverfahren, in dem der Kronzeuge als Zeuge fungiert, spricht die Einführung des § 172 Nr. 1 a GVG durch Artikel 4 des *Gesetzes zur Bekämpfung des illegalen Rauschgifthandels und anderer Erscheinungsformen der organisierten Kriminalität* für die Möglichkeit einer Verhandlung unter Ausschluss der Öffentlichkeit aus Zeugenschutzgründen. Auch der Ausschluss des Angeklagten erscheint als Zeugenschutzmaßnahme denkbar. Im Rahmen des Ermittlungsverfahrens sieht § 168 e StPO eine Vernehmung des Zeugen unter Ausschluss der Anwesenheitsberechtigten vor, wenn andernfalls die dringende Gefahr eines Nachteils für das Wohl des Zeugen besteht. Dies trägt dem Umstand Rechnung, dass vielfach die Gefährdung des Zeugen aus der Sphäre des Beschuldigten stammt, sodass dessen Anwesenheit massiven Einfluss auf das Aussageverhalten des Zeugen haben wird. Entsprechend sieht das Gesetz auch für das spätere Hauptverfahren eine weitere Durchbrechung des gemäß §§ 230 ff. StPO umfassend gewährten Anwesenheitsrechts des Angeklagten vor. So gestattet § 247 StPO den Ausschluss des Angeklagten während der Vernehmung des Zeugen unter bestimmten Voraussetzungen. Allerdings umfasst dieser Ausschluss des Angeklagten nur den Zeitraum der eigentlichen Zeugenvernehmung, sodass beispielsweise die Vereidigung des Zeugen sowie dessen Entlassung in Anwesenheit des Anklagten erfolgen müssten.[854] Die Abwendung massiver Zeugengefährdung erfordert jedoch notwendigerweise die Vermeidung jedes Zusammentreffen des Zeugen mit dem Angeklagten.[855] Da der ausgeschlossene Angeklagte ein Anrecht auf Beteiligung an der Verhandlung über die Vereidigung des Zeugen hat, ist in diesen Fällen nicht der Angeklagte, sondern der Zeuge aus dem Sitzungssaal zu bringen.[856]

Genügt der Ausschluss des Angeklagten während der Hauptverhandlung zur Gewährleistung der Sicherheit des Zeugen nicht, bietet die Strafprozessordnung zusätzlich in § 247 a StPO die Möglichkeit einer audiovisuellen Vernehmung des Zeugen. Sofern bei Vernehmung in Gegenwart aller Anwesenden die dringende Gefahr eines schwerwiegenden Nachteils für das Wohl des Zeugen besteht, kann angeordnet werden, dass sich der Zeuge in einem anderen Raum aufhält. Gemäß § 247 a S. 3 StPO findet in diesen Fällen eine Simultanübertragung in Bild und Ton in den Sitzungssaal statt. „Danach ist die audiovisuelle Vernehmung nach § 247 a StPO eine Vernehmung in der Hauptverhandlung, jedoch unter Verzicht auf das

[854]Krey in: Meyer-FS, 242, 247.

[855]BGH, NJW 1985, 1478.

[856]BGH, NJW 1985, 1478, 1479.

körperliche Erscheinen des Zeugen vor Gericht."[857] Faktisch wird dadurch erreicht, dass ein Zeuge, der grundsätzlich aussagebereit, erreichbar und zur Aussage in der Lage ist, von seiner Pflicht zum Erscheinen entbunden wird.[858] Die Simultanübertragung birgt jedoch die Gefahr, dass der Zeuge durch im Sitzungssaal Anwesende identifiziert wird und nach Abschluss der Vernehmung und Verlassen des Gerichtes unter Umständen Drohungen ausgesetzt ist.[859] In Ausnahmefällen ist die Vernehmung unter akustischer und optischer Abschirmung geboten, wenn nur so eine Vernehmung des Zeugen gewährleistet werden kann.[860] Der Gesetzgeber hat bisher jedoch keine entsprechenden Möglichkeiten geschaffen hat, sodass das Argument, die den Zeugenschutz ständig verstärkende Rechtsentwicklung gebiete eine derartige Identitätsverschleierung[861], nicht trägt. Vielmehr hat der Gesetzgeber im Rahmen des ZSHG gerade Abstand davon genommen, den Strafprozess entsprechend auszugestalten. Allerdings macht es der Zeugenschutz dennoch erforderlich, die Identitätsverschleierung zuzulassen, da gerade bei besonders gefährdeten Zeugen wie dem Verdeckten Ermittler und der V-Person stets eine Sperrung dieser Zeugen durch die Behörde gemäß §§ 96 i.V.m. 110 b III 3 StPO zu befürchten steht, wodurch eine Vernehmung gänzlich ausgeschlossen würde. In diesen Fällen machen es die Gewährleistung eines fairen Strafverfahrens gemäß Artikel 6 III d EMRK und die Pflicht zur umfassenden Aufklärung nach § 244 II StPO unerlässlich, auf eine die Verteidigungsrechte weniger beschneidende Maßnahme auszuweichen.[862] Eine solche Maßnahme stellt nach Ansicht des BGH die Vernehmung unter Zuhilfenahme optischer und akustischer Verschleierungsmechanismen dar, da sie geeignet erscheint „eine sinnvolle[n] Konkordanz zwischen Wahrheitsermittlung, Verteidigungsinteressen und Zeugenschutz" herbeizuführen.[863] Allein der Umstand, dass die optische und akustische Abschirmung des audiovisuell zu vernehmenden Zeugen nicht ausdrücklich normiert ist, macht diese nicht unzulässig. Entscheidend für die Zulässigkeit dieser Verfahrensweise kann vielmehr nur sein, ob sie mit den Grundsätzen des Strafprozesses und den Wertvorstellungen unserer Rechtsordnung vereinbar ist.[864] Nimmt man daher in den Blick, dass in den Fällen gesperrter Zeugen der Rückgriff auf Beweissurrogate als zulässig erachtet wird, so drängt sich der Schluss auf,

---

[857] Diemer in: Nehm-FS, 257, 258.

[858] Diemer in: Nehm-FS, 257, 261.

[859] Franke, StraFo 2000, 295, 298.

[860] BGH, NStZ 1982, 42; Diemer in: KK, § 247 a Rn. 14; Rebmann, NStZ 1982, 315, 319.

[861] Diemer in: KK, § 247 a Rn. 14.

[862] Diemer in: KK, § 247 a Rn. 14.

[863] BGH, NJW 2003, 74, 75; so auch BGH, NStZ 1982, 42.

[864] BGH, NJW 2003, 74, 75.

dass, „wenn die völlige Ersetzung der Vernehmung der unmittelbaren Wahrnehmungsperson verfahrensrechtlich möglich ist, [...] dies erst recht [für] deren Vernehmung unter optischer und akustischer Abschirmung gelten“ muss.[865] Diese Sichtweise überzeugt auch mit Blick auf das in Artikel 6 III d EMRK gewährleistete Konfrontationsrecht, da die Beweiskraft der Aussage letztlich davon abhängig ist, inwieweit die Möglichkeit der Konfrontation tatsächlich bestand.[866] Das Argument, ein vermummtes Auftreten des Zeugen vor Gericht stünde der Würde der Verhandlung entgegen[867], vermag mit Blick auf die modernen technischen Möglichkeiten nicht zu überzeugen.[868]

Begrenzt auf einen bestimmten Deliktsbereich, bietet § 255 a II StPO auch die Möglichkeit, eine zuvor auf Video aufgezeichnete Aussage durch Vorspielen vollumfänglich in die Hauptverhandlung einzuführen. Letztlich steht das Gericht aber trotz Streichung der vormaligen Subsidiaritätsklausel in der Pflicht, eine derartige Vernehmung als ultima ratio zu begreifen und sie erst nach gründlicher Prüfung aller anderen Möglichkeiten nach pflichtgemäßem Ermessen zu erwägen.[869] Das Gericht muss nicht darlegen, warum der Einsatz der Videotechnologie geboten beziehungsweise zu versagen war, sodass faktisch das Austarieren von Zeugenschutz und Wahrheitsfindung auch in diesem Bereich allein dem Richter obliegt.[870] Insbesondere, wenn eine Maßnahme nach § 247 a StPO hinsichtlich eines Kronzeugen in Betracht zu ziehen ist, sollte bedacht werden, dass dem Kronzeugen eine gewisse Belastung zuzumuten ist, zumal seine Situation gerade nicht derjenigen des kindlichen Opferzeugen entspricht, auf den Maßnahmen nach § 247 a StPO zugeschnitten sind.[871] „Die psychische Belastung des Kronzeugen resultiert nicht aus der Konfrontation mit dem Angeklagten, sondern folgt aus der Aussage selbst, aus dem Offenbaren des im Vertrauen erlangten Wissens.“[872] Der Kronzeuge muss gerade nicht vor der Konfrontation geschützt werden, sondern vor der Enttarnung, Demgemäß wird der Aussagende durch die Videoübertragung in vielen Fällen nicht in einem Maße geschützt, das die Beschneidung der Verteidigerrechte rechtfertigt.[873] Im Gegenteil kann die Videovernehmung durch die damit einhergehende Enttarnung sowie durch die möglicherwei-

[865]BGH, NJW 2003, 74, 75.

[866]BGH, NJW 2003, 74, 76.

[867]Bruns, MDR 1984, 177, 178 f; Franke, StraFo 2000, 295, 298.

[868]BGH, NJW 2003, 74, 76; Diemer in: Nehm-FS, 257, 265.

[869]Diemer in: Nehm-FS, 257, 262; Vgl. Hohnel, NJW 2004, 1356, 1357.

[870]Vgl. Diemer in: Nehm-FS, 257, 262.

[871]Hohnel, NJW 2004, 1356, 1357.

[872]Hohnel, NJW 2004, 1356, 1357.

[873]Hohnel, NJW 2004, 1356, 1357.

se unkontrollierte Verbreitung des Videomaterials zu einem Gefährdungsanstieg führen.[874] In der Regel wird daher die Videovernehmung gegenüber der Vernehmung der jeweiligen Verhörperson aufgrund der fortbestehenden Gefährdung keine Alternative darstellen.[875]

Da allein die Angst, enttarnt zu werden, eine derartige Zeugenschutzmaßnahme nicht legitimieren kann, muss dieser Befürchtung des Zeugen mit der Aufnahme in ein Zeugenschutzprogramm entgegen gewirkt wird.[876] Ein Zeuge, der aufgrund seiner besonderen Gefährdung als Kronzeuge im Zeugenschutzprogramm ist, ist ausreichend geschützt und muss mit Blick auf die berechtigten Interessen des Belasteten, sich insbesondere gegen Kronzeugenaussagen effektiv zu verteidigen, im Sitzungssaal vernommen werden.[877] Das Gericht soll die Einlasskontrolle verschärfen und sofern dies erforderlich erscheint, als sitzungspolizeiliche Maßnahme eine Trennscheibe anbringen lassen.[878]

cc) Gewährung von begrenzten Auskunftsverweigerungsrechten

aaa) in Bezug auf die Aussage zur Sache

Wird ein gefährdeter Kronzeuge geladen, so ist er zum Erscheinen und zur Aussage vor Gericht wie jeder andere Zeuge verpflichtet. Das Gericht muss den Zeugen insbesondere davor schützen, dass er aufgrund der Beantwortung zielgerichteter Fragen, enttarnt und Vergeltungsschlägen ausgesetzt wird. § 241 II StPO lässt die Zurückweisung nicht sachdienlicher Fragen zu den Lebensumständen des Zeugen durch den Vorsitzenden jedoch nur in sehr begrenzten Umfang.[879] Es müsste daher dem Zeugen zusätzlich die Möglichkeit gegeben werden, bestimmte Angaben, denen ein gewisses Gefährdungspotential innewohnt, zu verweigern. Fraglich ist daher, inwieweit das geltende Recht zumindest eine Entbindung von der umfassenden Auskunftspflicht ermöglicht.

Zu denken wäre zunächst an § 54 I StPO, der Richtern, Beamten und anderen Personen des öffentlichen Dienstes als Zeugen, über Umstände, auf die sich ihre Pflicht zur Amtsverschwiegenheit bezieht, ein beschränktes Zeugnisverweigerungsrecht gewährt. Der Kronzeuge gehört im Gegensatz zum Verdeckten Ermittler jedoch nicht dem öffentlichen Dienst an, so dass die genannte Vorschrift nicht ohne weiteres anwendbar ist. Zur Über-

---

[874] Wagner, Kriminalistik 2000, 167, 169.

[875] Wagner, Kriminalistik 2000, 167, 169.

[876] Hohnel, NJW 2004, 1356, 1358.

[877] Vgl. Hohnel, NJW 2004, 1356, 1358.

[878] Hohnel, NJW 2004, 1356, 1358.

[879] Grießbaum, NStZ 1998, 433, 436.

windung dieses Hindernisses wird in der Praxis vermehrt versucht, gefährdete Zeugen gemäß § 1 I Nr. 1 VerpflG zur Verschwiegenheit zu verpflichten, sodass sie unter Umständen als andere Personen des öffentlichen Dienstes im Sinne des § 54 StPO angesehen werden könnten.[880] Diese Vorgehensweise erweist sich bereits mit Blick auf den Wortlaut des § 1 I Nr. 1 VerpflG für den Kronzeugen als äußerst problematisch, da grundsätzlich nur derjenige verpflichtet werden kann, der bei einer Behörde oder bei einer sonstigen Stelle, die Aufgaben der öffentlichen Verwaltung wahrnimmt, beschäftigt oder für sie tätig ist. Während die V-Person von den Strafverfolgungsbehörden bewusst als Hinweisgeber angeworben und in der Regel auch bezahlt wird, wodurch sie auch nach dem ursprünglichen Wortsinn eine Tätigkeit für die Ermittlungsbehörden ausübt[881], steht der Kronzeuge nicht in einem Anstellungsverhältnis bei einer Behörde. Vielmehr stellt sich der Kronzeuge lediglich als Informant zur Verfügung, womit er zwar faktisch an der Strafverfolgung mitwirkt, jedoch nicht spezifisch für den Strafverfolgungsapparat tätig ist. Schließlich gilt zu beachten, dass die Zeugenaussage beziehungsweise die Anzeige geplanter Straftaten lediglich in Erfüllung der jedermann obliegenden Pflicht, vor Gericht auszusagen beziehungsweise gemäß § 138 StGB Straftaten anzuzeigen, erfolgt.[882] Während für Vertrauenspersonen, die gegen feste Bezüge für die Ermittlungsbehörden regelmäßig tätig werden, eine Aussagegenehmigung hinsichtlich vertraulicher Umstände erforderlich sein kann,[883] wird man dies für den selbständigen Informanten, der nur einmalig in Erscheinung tritt, nicht annehmen können. Dies gilt insbesondere, weil er die Informationen als Privatperson erlangt und erst danach in Kontakt zu den Behörden tritt.[884] Insoweit scheidet eine Verpflichtung des Kronzeugen gemäß § 1 I Nr. 1 VerpflG ersichtlich aus. Fraglich ist, ob sich an dieser Bewertung etwas ändert, wenn der Kronzeuge im konkreten Fall dem Anwendungsbereich des ZSHG unterfiele. Dann wäre zur Geheimhaltung der im Zusammenhang mit dem Zeugenschutz bekannt gewordenen Erkenntnisse gemäß § 3 ZSHG eine Verschwiegenheitsverpflichtung erforderlich. Letztlich greift diese Erwägung jedoch nicht, da § 3 ZSHG eine Rechtsgrundverweisung auf § 1 I Nr. 1 VerpflG beinhaltet, sodass auch für den betreffenden Zeugen eine Verpflichtungserklärung nach der genannten Vorschrift möglich sein müsste. Dies ist jedoch nicht der Fall.

Lässt man einmal außer Acht, dass eine förmliche Verpflichtungserklärung zumindest in direkter Anwendung der maßgeblichen Vorschriften

---

[880] BGH, NStZ 1981, 70; BGH, NStZ 1983, 230; Meyer-Goßner, StPO, § 54, Rn. 11; Grießbaum, NStZ 1998, 433, 436.

[881] Siegismund, Der Schutz gefährdeter Zeugen, S. 120.

[882] BGH, NJW 2006, 785, 788; Siegismund, Der Schutz gefährdeter Zeugen, S. 120.

[883] BVerfG, NJW 1981, 1723; BGH, NJW 2006, 785, 788; Gercke in: HK, § 54, Rn. 17.

[884] BGH, NJW 2006, 785, 788; Siegismund, Der Schutz gefährdeter Zeugen, S. 119.

regelmäßig nicht zu erlangen ist, stellt sich die Frage, ob sich aus einer solchen Verpflichtungserklärung beispielsweise in analoger Anwendung überhaupt ein beschränktes Auskunftsverweigerungsrecht nach § 54 StPO ergibt. Zunächst findet § 3 ZSHG, der letztlich die Geheimhaltung im Rahmen des polizeilichen Zeugenschutzes regelt, im Bereich des Strafprozesses ohnehin keine Anwendung, sodass sich aus dem insofern begrenzten Geheimhaltungsgebot keine weitergehende Verschwiegenheitsverpflichtung ableiten lässt, die auf den Strafprozess ausstrahlt.[885] Zudem rechtfertigt die Tatsache, dass der entsprechende Zeuge gefährdet und einem Zeugenschutzprogramm zugehörig ist, nicht die Annahme der Amtsverschwiegenheit und damit einhergehend die Befreiung, von der Verpflichtung vor den Strafverfolgungsorganen auszusagen.[886] § 54 StPO wahrt ausschließlich die öffentlichen Geheimhaltungsinteressen. Es ist daher zwingend notwendig, dass derjenige, dem das Aussageprivileg zu Teil wird, tatsächlich mit der Wahrnehmung öffentlicher Aufgaben betraut ist und in diesem Zusammenhang mit geheimhaltungsbedürftigen Fakten in Berührung kommt.[887] Insoweit ist auf die Legaldefinition des § 11 I Nr.4 a StGB abzustellen, wonach für den öffentlichen Dienst besonders verpflichtet ist, *wer ohne Amtsträger zu sein, bei einer Behörde oder bei einer sonstigen Stelle, die Aufgaben der öffentlichen Verwaltung wahrnimmt, oder beschäftigt oder für sie tätig und auf die gewissenhafte Erfüllung seiner Obliegenheiten auf Grund eines Gesetzes förmlich verpflichtet ist.* Der Wortlaut verlangt daher kumulativ eine Tätigkeit bei einer Behörde und eine förmliche Verpflichtung. Demnach ist die Verpflichtung nicht allein dazu in der Lage, ein Auskunftsverweigerungsrecht nach § 54 StPO zu begründen.[888]

Zu erwägen wäre allenfalls eine Analogie, die jedoch eine planwidrige Regelungslücke voraussetzt. Hieran mangelt es ersichtlich, da der Gesetzgeber im Rahmen des *ZSHG* ausdrücklich davon abgesehen hat, entsprechende Auskunftsverweigerungsrechte zu regeln, obwohl er sich der Problematik bewusst war.[889] Vielmehr normiert § 2 III 4 ZSHG eine Verpflichtung der Zeugenschutzstelle und der Staatsanwaltschaft, im Strafprozess Aussagen über den Zeugenschutz zu machen, sodass sich daraus erkennbar der Wille des Gesetzgebers ableiten lässt, zu Gunsten der Wahrheitsfindung und des fairen Verfahrens den Zeugenschutz einzuschränken.[890] Wenn die Beamten der Staatsanwaltschaft und der Zeugenschutzstelle nicht berechtigt sind, sich auf ein Aussageverweigerungsrecht zu berufen,

---

885 BGH, NJW 2006, 785, 787; Siegismund, Der Schutz gefährdeter Zeugen, S. 119.

886 Siegismund, Der Schutz gefährdeter Zeugen, S. 119.

887 Siegismund, Der Schutz gefährdeter Zeugen, S. 119.

888 BGHSt 50, 318; Gercke in: HK, § 54, Rn. 8; Senge in: KK, Vor § 48 Rn. 19A; Siegismund, Der Schutz gefährdeter Zeugen, S. 119.

889 BGH, NJW 2006, 785, 788.

890 Siegismund, Der Schutz gefährdeter Zeugen, S. 121.

so ist sicher nicht gewollt, dass der gefährdete Zeuge selbst von seiner Aussage diesbezüglich entbunden wird. Dies gilt vor allem mit Blick darauf, dass das Gesetz Ausnahmen von der Aussagepflicht nur sehr begrenzt zulässt und die entsprechenden Tatbestände insoweit abschließend sind.[891] § 10 III ZSHG stellt klar, dass die Entscheidung hinsichtlich des Umfangs der Aussagepflicht dem Gericht obliegt, da sich diese nach §§ 68, 110 b StPO richtet. „Der Gesetzgeber hat damit im Interesse der Wahrheitsfindung und einer fairen Verfahrensgestaltung für den Strafprozess den Vorrang der Sachaufklärung vor dem durch entsprechende Bestimmungen des Zeugenschutz-Harmonisierungsgesetzes geschützten Interesse an der Geheimhaltung staatlicher Zeugenschutzmaßnahmen normiert und damit gleichzeitig klargestellt, dass der Beschuldigte keine über die strafprozessualen Regelungen hinausgehenden Beschränkungen seiner Verteidigungsmöglichkeiten hinzunehmen hat."[892] Aufgrund der mit der analogen Anwendung einhergehenden Einschränkung der umfassenden Erforschung der Wahrheit sowie des Fragerechtes des Angeklagten wäre eine ausdrückliche gesetzgeberische Tätigkeit zu fordern.[893] Es ist daher geboten, die §§ 3 und 10 III ZSHG dahingehend auszulegen, dass § 54 StPO nicht analog anzuwenden ist.[894]

Zu erwägen wäre ferner dem gefährdeten Kronzeugen ein Auskunftsverweigerungsrecht gemäß § 55 StPO zuzubilligen. Prinzipiell gewährt § 55 I StPO dem Zeugen ein Auskunftsverweigerungsrecht, wenn die Beantwortung der Frage ihn selbst oder einen Angehörigen in Gefahr bringen würde, wegen einer Straftat oder einer Ordnungswidrigkeit verfolgt zu werden. Maßgeblich ist die Verfolgungsgefahr, sodass ein Auskunftsverweigerungsrecht dann ausgeschlossen ist, wenn der Aussagende gezwungen wäre, sich bezüglich einer Tat zu belasten, für die er bereits rechtskräftig verurteilt worden ist.[895] Während der externe also nicht tatbeteiligte Kronzeuge, in der Regel schon gar nicht befürchten muss sich aufgrund seiner Aussage erneuter Strafverfolgung wegen der Bezugstat auszusetzen, fehlt es beim internen Kronzeugen überwiegend an der Verfolgungsgefahr, da er in aller Regel bereits abgeurteilt worden ist. Die Strafverfolgungsbehörden werden daher bestrebt sein, das Verfahren gegen den Kronzeugen auf dem schnellsten Wege zu erledigen, um ihm die Chance auf ein Auskunftsverweigerungsrecht zu nehmen.[896] Angaben im Hinblick auf die Bezugstat begründen daher regelmäßig kein Auskunftsverweigerungsrecht gemäß § 55 I StPO. Dies gilt insbesondere, weil ein Auskunftsverweige-

[891] Martin, Prozessualer Zeugenschutz, S. 166.

[892] BGH, NJW 2006, 785, 787.

[893] BGH, JR 2006, 343, 345.

[894] BGH, NJW 2006, 785, 788.

[895] Senge in: KK, § 55 Rn. 4.

[896] Kneba, Die Kronzeugenregelung, S. 79 f.

rungsrecht mangels Verfolgungsgefahr ohnehin nicht gegeben ist, wenn die eine Verfolgung begründenden Umstände den Strafverfolgungsbehörden aufgrund der vorherigen Aussage bereits bekannt sind.[897] Hat die Staatsanwaltschaft das Verfahren gegen den Kronzeugen lediglich gemäß § 170 I StPO eingestellt, kann das Verfahren wieder aufgenommen werden, sodass dann, soweit sich die Verfolgungsgefahr aufgrund neuer Informationen ergibt, ein Auskunftsverweigerungsrecht nach § 55 StPO zu gewähren wäre.[898]

Die grundsätzliche Verweigerung eines Auskunftsverweigerungsrechtes ist im Hinblick darauf, dass sich der Kronzeuge in der Position eines Zeugen befindet, dem die empfindlichen Strafen der Aussagedelikte drohen und der sich aber gleichzeitig dem Druck der Öffentlichkeit und der Verfahrensbeteiligten ausgesetzt sieht, problematisch. Diese Faktoren könnten sein Aussageverhalten dahingehend beeinträchtigen, dass er sich in Widerspruch zu seiner ursprünglichen Aussage setzt. Ein solches Aussageverhalten begründet für den Kronzeugen die Gefahr einer Verfolgung wegen der §§ 164, 145 d StGB. In der Situation, in der der bereits rechtskräftig abgeurteilte Zeuge gezwungen wäre, bei wahrheitsgemäßer Aussage von seiner früheren Aussage abzurücken und sich damit dem Vorwurf aussetzen müsste, den jetzigen Angeklagten seinerzeit falsch verdächtigt zu haben, kann daher in Ausnahmefällen ein Auskunftsverweigerungsrecht gewährt werden.[899] Dies gilt jedoch nur, wenn die verweigerten Angaben des Zeugen einen ausreichenden Anfangsverdacht im Sinne des § 152 II StPO begründen würden, sodass letztlich konkrete Anhaltspunkte zu fordern sind, die über bloße Vermutungen oder denktheoretische Möglichkeiten hinausgehen.[900] Es sind hohe Anforderungen an die Verfolgungsgefahr zu stellen, da andernfalls „jeder Zeuge, der zunächst einen anderen beschuldigt hat, später vor Gericht weitere Auskunft verweigern"[901] könnte, um eine Strafverfolgung wegen eines Aussagedeliktes zu vermeiden. Nach der Rechtsprechung des OLG Koblenz genügt der bloße Hinweis auf eine gemäß § 31 BtMG bestehende Gefährdungslage derart, dass eine Strafverfolgung im Hinblick auf eine möglicherweise durch den angebotenen Strafrabatt motivierte Falschaussage wahrscheinlich erfolgen wird, nicht, um das Vorliegen der Verfolgungsgefahr zu bejahen.[902] Dem tritt *Gatzweiler* entschieden entgegen, indem er postuliert, dass gerade die Besonderheit, dass für die damalige Aussage ein entsprechender Strafrabatt gewährt worden

---

[897] Mehrens, Die Kronzeugenregelung, S. 110.

[898] Vgl. Bocker, Der Kronzeuge, S. 89; Kneba, Die Kronzeugenregelung, S. 80.

[899] OLG Koblenz, StV 1996, 474, 475.

[900] BGH, NStZ 1994, 499.

[901] OLG Koblenz, StV 1996, 474, 475; OLG Karlsruhe, Erg.-Lfg 83 OLGSt vom 16. 12. 1975 zu § 55 StPO.

[902] OLG Koblenz, StV 1996, 474, 475.

ist, die Verfolgungsgefahr signifikant erhöht und eine Aussage für den Zeugen insoweit völlig unzumutbar ist.[903] Allein aus kriminaltaktischen und ermittlungsstrategischen Gründen könne das Auskunftsverweigerungsrecht nicht abgelehnt werden, zumal es Aufgabe der Strafverfolgungsbehörden sei, Kronzeugenaussagen bereits vor Gewährung des Strafrabattes kritisch zu hinterfragen, um die Zahl derjenigen Fälle, in denen die Gefahr der falschen Verdächtigung droht, von vornherein zu reduzieren.[904] Vielmehr müsse in Ausnahmenfällen ein Auskunftsverweigerungsrecht auch dann gewährt werden, wenn dadurch die gerichtliche Aufklärung einer Straftat beeinträchtigt würde.[905] Ein Auskunftsverweigerungsrecht müsse zumindest dann zuerkannt werden, wenn der Zeuge gemäß §§ 56, 66 c StPO eidesstattlich das Vorliegen der Verfolgungsgefahr versichert hat.[906] Diese Sichtweise scheint auf den ersten Blick überzeugend, allerdings wird sie dem Institut des Kronzeugen nicht gerecht. Das Gericht kann vielfach vor Gewährung des Strafrabattes die Aussage nicht in der Weise kritisch hinterfragen, dass dadurch diejenigen Fälle, in denen der Kronzeuge Gefahr liefe, sich beispielsweise einer falschen Verdächtigung strafbar zu machen, tatsächlich erheblich reduziert würden. Durch die Gewährung eines Auskunftsverweigerungsrechts würde das Prozessgleichgewicht massiv beeinträchtigt, da dem Hauptbelastungszeugen vielfach ein Auskunftsverweigerungsrecht zustünde. Zudem minimiert eine derartige Ausweitung des Auskunftsverweigerungsrechtes den mit den §§ 145 d, 164 StGB einhergehenden Abschreckungseffekt, da der Zeuge eine Aussage oder gar die Vereidigung regelmäßig überhaupt nicht befürchten müsste. Dies aber bedingt wiederum eine erhebliche Beeinträchtigung des Beweiswertes solcher Zeugenaussagen. Andererseits würde die Gewährung eines Auskunftsverweigerungsrechtes den Kronzeugen möglicherweise davon abbringen, allein um einer Strafverfolgung zu entgehen die bereits getätigte Falschaussage zu wiederholen und in den Folgeprozess einzuführen. Würde man jedoch dem Kronzeugen allein deswegen ein Auskunftsverweigerungsrecht nach § 55 StPO gewähren, weil er sonst Gefahr liefe, sich wegen §§ 145 d, 164 StGB strafbar zu machen, stünde der Kronzeuge faktisch nur noch als Aufklärungsgehilfe im Ermittlungsverfahren zur Verfügung. Zudem könnte im Rahmen des Verfahrens nur noch erschwert auf die ursprüngliche Aussage zurückgegriffen werden, da die Verlesung des Vernehmungsprotokolls gemäß § 250 StPO unzulässig wäre, weil der Kronzeuge, der sich auf ein etwaiges Auskunftsverweigerungsrecht beruft, anwesend ist und damit prinzipiell vernommen werden könn-

---

[903] Gatzweiler, StV 1996, 475, 476.

[904] Gatzweiler, StV 1996, 475, 476.

[905] Gatzweiler, StV 1996, 475, 476.

[906] Gatzweiler, StV 1996, 475, 476.

te.[907] Zulässig wäre allenfalls ein Rückgriff auf die Verhörperson, da ein diesbezügliches Verbot unabhängig vom tatsächlichen Umfang des Auskunftsverweigerungsrechtes nach § 55 StPO nur für die Zeugnisverweigerungsrechte der §§ 52, 53 und 53 a StPO gilt.[908] Dieses Beweissurrogat ist jedoch sehr fehleranfällig und aufgrund des Konfrontationsrechts gemäß Artikel 6 EMRK nur von niedriger Beweiskraft.[909] Letztlich erscheint ein Auskunftsverweigerungsrecht nach § 55 StPO für den Kronzeugen nicht angebracht.[910] Schließlich kann sich unter Umständen aus dem Auskunftsverweigerungsrecht gemäß § 55 StPO ein derart umfassendes Auskunftsverweigerungsrecht ergeben, das in seinem Umfang einem Zeugnisverweigerungsrecht gleichkommt.[911] Dann aber wäre der Kronzeuge faktisch kein Zeuge mehr, sondern bloßer Informant.

Da die Strafprozessordnung für den Kronzeugen weder ein generelles Zeugnisverweigerungs- noch ein Auskunftsverweigerungsrecht vorsieht, wäre zu erwägen, ein Zeugnisverweigerungs- oder zumindest ein Auskunftsverweigerungsrecht aus § 34 StGB i.V.m. Artikel 2 II 1 und Artikel 1 II GG abzuleiten, wenn sich der Zeuge durch die Aussage in Leibes- oder Lebensgefahr brächte.[912] Im Rahmen der erforderlichen Interessenabwägung kann der Tatsache Rechnung getragen werden, dass der Aussagende letztlich als Kronzeuge aussagt, was einerseits einen höheren Gefährdungsgrad bedingt, andererseits jedoch das Interesse des Belasteten an der Konfrontation massiv steigert. In die Abwägung könnte auch einfließen, dass der Kronzeuge die Gefährdung herbeigeführt hat, da er aus eigennützigen Motiven heraus Aufklärungshilfe geleistet und dadurch erst in den Fokus des Verteidigers gerückt ist. Aus diesem Aspekt heraus dem Kronzeugen ein Zeugnis- oder Auskunftsverweigerungsrecht zu versagen, ist jedoch insoweit problematisch, da der Kronzeuge, auch wenn er persönlich von seiner Kooperation mit den Strafverfolgungsbehörden profitiert, faktisch nur seiner Pflicht, Straftaten gemäß § 138 StGB anzuzeigen, nachkommt. Allein die Tatsache, dass er für die Preisgabe entsprechender Informationen entlohnt wurde, rechtfertigt keine derart erhöhte Gefahrtragungspflicht, dass ihm auch bei Leibes- oder Lebensgefahr in jedem Fall eine Aussage abverlangt werden darf. Erst recht kann darin, dass jemand als Kronzeuge fungiert kein Verzicht auf sämtliche Auskunfts- und Zeug-

[907] Graf, BeckOK StPO, § 55 Rn. 10; Mehrens, Die Kronzeugenregelung, S. 110 f.

[908] BGH, NJW 1962, 1259.

[909] BVerfG, NStZ 1981, 357, 360.

[910] So wohl auch Seebode in: Anwaltkommentar StGB, § 46 b Rn. 13, der grundsätzlich davon ausgeht, dass dem externen Kronzeugen kein Auskunftsverweigerungsrecht nach § 55 StPO zusteht.

[911] BVerfG, wistra 2010, 299; BGHSt 10, 104; BGHSt 17, 247; BGH, NJW 1962, 1259; BGH, StV 2002, 604; BGH, NStZ 2010, 463; Gercke in: HK, § 55, Rn. 4; Meyer-Goßner, StPO, § 55, Rn. 2.

[912] Krey in: Meyer-FS, 242, 259; vgl. Martin, Prozessualer Zeugenschutz, S. 71 f.

nisverweigerungsrechte gesehen werden.[913] Eine andere Sichtweise liefe dem Telos der Kronzeugenregelung zuwider, schließlich würden potentielle Kronzeugen eher davon abgehalten, sich zu einer entsprechenden Aussage gegen andere Täter aus ihrem Umfeld bereitzufinden.[914] Eine erhöhte Gefahrtragungspflicht kann sich allenfalls in Einzelfällen aus der Zugehörigkeit zum kriminellen Milieu beziehungsweise zur kriminellen Vereinigung ergeben.[915] Dies erscheint jedoch mit Blick darauf, dass sich das Auskunftsverweigerungsrecht aus Artikel 2 II 1; Artikel 1 I 2 GG ableitet bedenklich, da es „die Fürsorgepflicht des Staates für einen gefährdeten Zeugen gebietet, das Leben des Zeugen bestmöglich zu schützen, und sie darf sich schwerlich am Vorverhalten des Zeugen orientieren."[916] Selbst wenn grundsätzlich ein vorwerfbares Vorverhalten im Sinne einer Gefahrverursachung im Rahmen des § 34 StGB eine erhöhte Gefahrtragungspflicht begründet, gilt dies nur, dann wenn die Gefährdung aus der Milieuzugehörigkeit resultiert und anderer gravierende Aspekte des Einzelfalls dies ausnahmsweise rechtfertigen. Die konkrete Gefährdung des Kronzeugen basiert in aller Regel auf der belastenden Aussage und nicht auf dem Vorverhalten.[917] Im Ergebnis lässt sich daher ein Auskunftsverweigerungsrecht im Einzelfall auf § 34 StGB stützen, jedoch nur, wenn die Gefährdung nicht anders als durch den Verzicht auf die Aussage abgewendet werden kann.[918]

In der Praxis kann dieser Effekt als mittelbares Auskunftsverweigerungsrecht auch dadurch erreicht werden, dass im Rahmen der laufenden Hauptverhandlung auf strafprozessuale Zwangsmaßnahmen gemäß § 70 StPO verzichtet wird.[919] Diesen Weg geht auch der BGH, der zumindest bei akuter Lebensgefahr von entsprechenden Zwangsmitteln absehen will.[920] Die Fürsorgepflicht des Gerichtes gegenüber dem Zeugen verbiete es dem Gericht bei nicht abwendbarer Lebensgefahr, durch Zwangsmittel derart auf den Zeugen einzuwirken, dass sich dessen Gefährdungslage verschärft oder aber er aus Angst vor Repressalien falsch aussagt.[921]

Ein mittelbares Auskunftsverweigerungsrecht des gefährdeten Zeugen kann sich somit aus der staatlichen Schutzpflicht gegenüber dem Zeugen

---

[913] a.A. Jeßberger, Kooperation und Strafzumessung, S. 31.

[914] Vgl. Eisenberg, StV 1993, 624, 626 f.

[915] BGH, StV 1993, 624.

[916] Eisenberg, StV 1993, 624, 626; so auch Gercke in: HK, Vor § 48, Rn. 12.

[917] Eisenberg, StV 1993, 624, 626.

[918] Eisenberg, StV 1993, 624, 627.

[919] Grießbaum, NStZ 1998, 433, 437; a. A. Krey in: Meyer-FS, 242, 259 der die Legitimation solcher Zwangsmaßnahmen bei vorliegender Zeugengefährdung verneint.

[920] BGH, NStZ 1984, 31, 32.

[921] BGH, NStZ 1984, 31, 32.

ergeben, wobei die besondere Stellung des Kronzeugen innerhalb der zutreffenden Abwägung zu berücksichtigen sein wird.

Problematisch ist jedoch auch die Ausgestaltung der Belehrungspflicht. Denkbar wäre eine analoge Anwendung des § 55 II StPO.[922] Dies ist im Ergebnis angemessen, um ein faires Verfahren zu gewährleisten. Eine frühzeitige Belehrung fördert das Strafverfahren, da der Zeuge die bestehende Gefährdung nicht durch wahrheitswidrige Ausflüchte zu umgehen sucht, die letztlich den Prozessablauf und die Wahrheitsfindung massiv beeinträchtigen.

bbb) in Bezug auf die Aussage zur Person

Die Begrenzung der Aussagepflicht im Hinblick auf die Angaben zur Person gestaltet sich hingegen flexibler, da § 68 StPO dem Zeugen bei Gefährdung ermöglicht, Angaben zum Wohnort und zu seiner Identität zu verweigern. Dabei genügt es, wenn nach allgemeiner Lebenserfahrung vom Vorliegen einer Gefährdungslage auszugehen ist. Eine Konkretisierung ist hingegen nicht erforderlich.[923] Bei Namenswechsel im Rahmen einer Zeugenschutzmaßnahme kann dem Zeugen gestattet werden, bei Nennung des früheren Namens den jetzigen Namen zu verschweigen. Allerdings ist auch insoweit zu beachten, dass die Beurteilung der Gefährdung im Ermessen des Gerichtes liegt. Auch in dem Fall, in dem das Gericht vom Vorliegen einer entsprechenden Gefährdung ausgeht, kann es nach Abwägung der Umstände des Einzelfalls unter Berücksichtigung der Gefährdungslage auf die Beantwortung der Fragen bestehen, wenn die Erforschung der Wahrheit dies gebietet.[924] Allerdings darf insoweit der Zeugenschutz nicht pauschal hinter dem Interesse an der Wahrheitsfindung zurücktreten. Der Richter ist vielmehr gehalten zu prüfen, inwieweit die Beantwortung der Frage geeignet, erforderlich und angemessen ist, um der Wahrheitsfindung im konkreten Fall zu dienen.[925] Zur Gewährung eines Schutzes über die Hauptverhandlung hinaus, sehen §§ 222 I i.V.m. § 200 I StPO bei Vorliegen der Voraussetzungen des § 68 StPO vor, dass dem Angeklagten nicht der Wohnort des Zeugen mitgeteilt wird. Einen effektiven Schutz des gefährdeten Zeugen bietet § 68 StPO jedoch nicht, da der Zeuge gleichwohl vor Gericht erscheinen und unter Umständen seine Identität preisgeben muss.[926]

---

[922]Krey in: Meyer-FS, 242, 260.

[923]Diemer in: Nehm-FS, 257, 258.

[924]BGH, NJW 2006, 785, 787.

[925]Pöppelmann, Ausübung und Durchsetzung von Zeugenrechten, S. 47 f.

[926]Rothärmel. Abhörmaßnahmen und Kronzeugenregelung, S. 239.

dd) faktisches Auskunftsverweigerungsrecht

Der Umstand, dass dem gefährdeten Kronzeugen kein Auskunftsverweigerungsrecht zusteht, führt nicht zu einem Aussagezwang, sondern bedingt vielmehr, dass der Richter stets gehalten ist, Fragen, deren Beantwortung den Zeugen gefährden könnte, kritisch auf ihre tatsächliche Bedeutung für den Fall zu hinterfragen. Insoweit muss der Richter Aspekte des Zeugenschutzes immer auch in die Auslegung des § 241 II StPO einbeziehen, der die Zurückweisung solcher Fragen gestattet, die die Ermittlung der Wahrheit nicht oder nicht in rechtlich erlaubter Weise fördern. „Dabei sind die Bedeutung und der Beweiswert der Frage vor dem Hintergrund des bisherigen Ergebnisses der Beweisaufnahme einerseits und die jeweilige Geheimhaltungsbedürftigkeit der erfragten Umstände im Hinblick auf die Effektivität des Zeugenschutzes andererseits gegeneinander abzuwägen."[927] Hält der Richter die Frage mit Blick auf den Zeugenschutz für unerheblich, so kann er sie als ungeeignet zurückweisen.[928] „Sollte sich im Einzelfall dennoch ergeben, dass die Geheimhaltungsbedürftigkeit eines Umstandes von solchem Gewicht ist, dass sie die Zurückweisung einer Frage erfordert, obgleich die Aufklärungspflicht an sich deren Beantwortung gebieten würde, so wird der Richter dieses Aufklärungsdefizit ähnlich wie bei gesperrten Zeugen oder sonstigen Beweismitteln durch eine besonders vorsichtige Beweiswürdigung und gegebenenfalls die Anwendung das Zweifelssatzes auszugleichen haben."[929]

ee) Zeugenbeistand

Aufgrund dessen, dass dem Aufklärungsgehilfen, ein umfassendes Auskunftsverweigerungsrecht nach § 55 StPO, regelmäßig nur solange zusteht, wie sein eigenes Urteil noch nicht rechtskräftig ist, läuft der Aufklärungsgehilfe Gefahr, „Dauerzeugen" zu werden, da er nunmehr zur Aussage gezwungen werden kann.[930] Dies macht es erforderlich, ihn frühzeitig auf diesen Umstand hinzuweisen und ihm auch in seiner Funktion als Zeuge einen Rechtsanwalt zur Verfügung zu stellen. Die Zeugenstellung ist für den Aufklärungsgehilfen mit der erheblichen Gefahr verbunden, sich selbst zu belasten, da mitunter Sachverhalte eingeräumt werden müssen, deren Nachweis den Strafverfolgungsbehörden ohne die Angaben des Aufklärungsgehilfen möglicherweise nicht oder nur schwer gelungen wäre.[931] Die Gefahr der Selbstbelastung steigt zudem erheblich dadurch an, dass sich

---

[927] BGH, NJW 2006, 785, 789.

[928] BGH, NJW 2006, 785, 789.

[929] BGH, NJW 2006, 785, 789.

[930] Wesemann in: Anwaltshandbuch Strafverteidigung, § 46 Rn. 212.

[931] Wesemann in: Anwaltshandbuch Strafverteidigung, § 46 Rn. 209.

der Aufklärungsgehilfe unter dem psychische Druck, der regelmäßig auf ihm lastet, bereitwilliger zeigt, erwartete beziehungsweise gewünschte Angaben zu machen.[932] Häufig ist dem Aufklärungsgehilfen auch nicht bewusst, dass er durch seine Angaben Gefahr läuft, seinerseits durch die von ihm belasteten Dritten belastet zu werden, da es vielfach Tatkomplexe gibt, die er selbst bewusst verschweigt, um sich nicht selbst weiterer Straftaten zu bezichtigen.[933] Die drohende Rückbelastung durch Dritte, steigert jedoch nicht nur den Schuldumfang, sondern kann auch den Wert des Aufklärungsbeitrages mindern oder die Glaubwürdigkeit des Aufklärungsgehilfen beeinträchtigen. Im Ergebnis ist der Aufklärungsgehilfe daher möglicherweise gezwungen sein gesamtes Wissen zu offenbaren, um zu verhindern, dass er trotz seiner Kooperationsbemühungen am Ende leer ausgeht.[934] Es ist daher geboten, den potentiellen Aufklärungsgehilfen im Vorfeld umfassend zu beraten. Dies gilt auch mit Blick darauf, dass sich der Aufklärungsgehilfe als juristischer Laie vielfach auch nicht die mit der Privilegierung einhergehenden Konsequenzen, wie beispielsweise die mit dem Zeugenschutz verbundenen Einschnitte in sein Privatleben, im Vorfeld bewusst machen.[935] Dem Kronzeugen selbst ist auch nicht immer präsent, dass, er selbst nach Abschluss seines Strafverfahrens beispielsweise wegen seines Aussageverhaltens strafrechtlich verfolgt werden kann. Zudem hat die Praxis gezeigt, dass es das Aussageverhalten eines Zeugen, „der ohnehin schon dem gefährdungsbedingten Druck und gegebenenfalls einer Bedrohung ausgesetzt ist und der unter seiner persönlichen Situation in einem Zeugenschutzprogramm leidet", begünstigt, wenn ihm ein Anwalt beigeordnet wird, der ausschließlich seine Interessen wahrnimmt.[936] „Zu bedenken ist ferner, daß [sic] die Belastungen des potentiellen Kronzeugen schon mit der bloßen Anbahnung eines Kontaktes zu staatlichen Stellen beginnen, welche für ihn voller Ungewißheiten [sic] und Risiken ist."[937] Die Beiordnung eines Zeugenbeistandes erscheint vor allem geboten, wenn der Zeuge der direkten Konfrontation mit dem Belasteten ausgesetzt ist, dem massiv daran gelegen ist, seine Glaubwürdigkeit häufig auch durch Bloßstellung und persönliche Angriffe zu hinterfragen.[938]

Der Zeuge befindet sich dann in einer Konfliktlage, da er seiner Aussagepflicht nachkommen will, aber zugleich um seine persönliche Sicherheit fürchten muss.[939]

---

[932] BRAK-Stellungnahme-Nr. 23/2006, S. 7.

[933] Wesemann in: Anwaltshandbuch Strafverteidigung, § 46 Rn. 211.

[934] Wesemann in: Anwaltshandbuch Strafverteidigung, § 46 Rn. 211.

[935] Stern, StraFo 2002, 185, 188.

[936] Grießbaum, NStZ 1998, 433, 437.

[937] Behrendt, GA 1991, 337, 359.

[938] Grießbaum, NStZ 1998, 433, 437.

[939] Grießbaum, NStZ 1998, 433, 437.

Gemäß § 68 b II StPO kann dem Zeugen unabhängig von seinen wirtschaftlichen Verhältnissen ein Rechtsanwalt für die Dauer der Vernehmung beigeordnet werden, wenn ersichtlich ist, dass der Zeuge seine Rechte bei der Vernehmung nicht selbst wahrnehmen und seinen schutzwürdigen Interessen auf andere Weise nicht Rechnung getragen werden kann. Aufgrund der genannten Lage des Kronzeugen erscheint es aus der staatlichen Schutzpflicht heraus begründet, das richterliche Ermessen auf Null zu reduzieren und einem Kronzeugen regelmäßig einen Rechtsanwalt auf Staatskosten beizuordnen. Dies gilt vor allem, wenn ernstlich eine Gefährdung von Leib und Leben des Zeugen zu erwarten ist, da der Zeuge dann besser in der Lage ist, unzulässigen Fragen des Verteidigers auszuweichen.[940] Problematisch ist jedoch, dass § 68 b StPO nur eine Beiordnung eines Rechtsanwaltes für die Dauer der Vernehmung vorsieht. Dies erscheint mit Blick auf die zeitlich über die bloße Vernehmung hinausgehende Gefährdungslage zur Wahrung der schutzwürdigen Interessen des Zeugen unzureichend.[941] Demnach erfordert ein effektiver Zeugenschutz, „den Begriff „für die Dauer der Vernehmung" weit auszulegen, sodass [sic] nicht auf die einzelne Vernehmung (von der Belehrung bis zur Entlassung) abzustellen ist. Eine formale Betrachtungsweise wird dem Sinngehalt der Vorschrift, die schutzwürdigen Belange des Zeugen zu wahren, nicht gerecht. Die Dauer der Vernehmung umfaßt [sic] vielmehr alle Vorgänge, die mit der Vernehmung in enger Verbindung stehen oder sich aus der Vernehmung entwickeln: Vorbereitung, Begleitung und Nachbereitung der Vernehmungsfolge als Einheit im Ermittlungs- und Strafverfahren."[942] Vielfach wird der Laie nicht wissen, was im Einzelnen mit der Zeugenrolle verbunden ist, sodass es dem Rechtsanwalt obliegt, den Zeugen bestmöglich zu instruieren und auf das kommende Verfahren einzustellen.[943] Zur Wahrnehmung der Interessen des Zeugen gehört neben dem rechtlichen Beistand auch die Gewährleistung der Sicherheit gegebenenfalls unter Einschaltung entsprechender Dienststellen.[944] Auch insoweit kann ein beigeordneter Rechtsanwalt dem Zeugen behilflich sein. Der Zeuge selbst wird in der Regel gar nicht wissen an welche Stelle er sich wenden muss.

ff) Beschränkung des Akteneinsichtsrechtes

Häufig wird die Gefährdung des Zeugen dadurch massiv erhöht, dass seine Identität bereits im Vorfeld der Hauptverhandlung bekannt wird. Insbe-

---

[940] Rebmann/Schnarr, NJW 1989, 1185, 1192.

[941] Grießbaum, NStZ 1998, 433, 439.

[942] Grießbaum, NStZ 1998, 433, 439.

[943] Pöppelmann, Ausübung und Durchsetzung von Zeugenrechten, S. 88 f.

[944] Grießbaum, NStZ 1998, 433, 437.

sondere der Kronzeuge, dessen eigenes Verfahren in öffentlicher Hauptverhandlung erfolgt, wird befürchten müssen, dass seine Identität mit dem Verfahren gegen den Belasteten in Verbindung gebracht wird, sofern in der Verhandlung verlautbar wurde, worauf sich die Gewährung des Kronzeugenprivilegs stützt. Die hieraus resultierende Gefährdung potenziert sich noch weiter dadurch, dass insbesondere im Rahmen krimineller Vereinigungen der Prozess akribisch mitverfolgt werden wird. Auch muss der Kronzeuge befürchten, dass seine Identität dem Beschuldigten anhand der Verfahrensakten bekannt wird. Aufgrund der genannten besonderen Gefährdungslage muss bereits zu diesem frühen Zeitpunkt sichergestellt werden, dass der Aussagende geschützt wird. Neben den im Folgenden zu erörternden polizeilichen Maßnahmen sollten daher auch strafprozessuale Schutzmechanismen ergriffen werden.

So erscheint beispielsweise die übliche Polizei- und Justizpraxis, Akteneinsicht zu versagen oder Geheimakten zu führen, aus Zeugenschutzgründen sinnvoll. Allerdings wird dem Beschuldigten und dessen Verteidiger dadurch die Möglichkeit genommen, die Glaubwürdigkeit des Zeugen und die Glaubhaftigkeit einer im Rahmen einer Kronzeugenabsprache getätigten Aussage anhand der Aktenlage in Frage zu stellen.[945] Der bestehende Konflikt zwischen dem gebotenen Zeugenschutz und den Beschuldigtenrechten kann jedoch nicht einseitig zu Lasten des Zeugenschutzes aufgelöst werden. Insoweit ist zu prüfen, ob die Gefährdung des Kronzeugen nicht zumindest eine Restriktion des Akteneinsichtsrechts in Ausnahmefällen rechtfertigt. Die Strafprozessordnung sieht für den Verteidiger des Beschuldigten gemäß § 147 I StPO grundsätzlich ein Akteneinsichtsrecht vor. Wenn der Abschluss der Ermittlungen gemäß § 169 a StPO in den Akten vermerkt ist, ist dem Verteidiger sogar unbeschränkt Akteneinsicht zu gewähren. Vielfach besteht daher die Gefahr, dass die Identität und die Anschrift des Kronzeugen dem Verteidiger im Rahmen der erfolgten Akteneinsicht bekannt werden. Dies wiederum bedingt aufgrund der bestehenden umfassenden Informationspflicht des Verteidigers gegenüber dem Mandanten, dass der Belastete über den gesamten Akteninhalt unmittelbar in Kenntnis gesetzt wird.[946] Vermehrt werden dem Belasteten durch seinen Verteidiger zur Gewährung entsprechender Informationen sogar Aktenauszüge in Kopie übersandt, sodass diesem sämtliche sensible Daten unmittelbar zur Verfügung stehen. Ein solches Vorgehen wird überwiegend als zulässig erachtet,[947] soll jedoch dann seine Grenze finden, wenn durch die Weitergabe der Information der Untersuchungszweck beispiels-

---

[945] BRAK-Stellungnahme-Nr. 23/2006, S. 7; Hoyer, JZ 1994, 233, 237; Kempf, StV 1999, 67.

[946] Laufhütte in: KK, § 147 Rn. 14; Meyer-Goßner, StPO § 147 Rn. 20; Pfeiffer, StPO, § 147 Rn. 10.

[947] Laufhütte in: KK, § 147 Rn. 14; Meyer-Goßner, StPO § 147 Rn. 20 Beulke, Strafprozessrecht, Rn. 160; Hassemer, Formularbuch, I, B. 1, c.

weise dadurch gefährdet ist, dass der Beschuldigte die Kenntnisse über den Akteninhalt zu verfahrensfremden Zwecken, wie der Beeinflussung oder Einschüchterung von Zeugen, zu verwenden beabsichtigt.[948] Das Bekanntwerden der persönlichen Daten wird vielfach die Gefahr mit sich bringen, dass der Beschuldigte in der Lage ist, den enttarnten Belastungszeugen durch Drohungen einzuschüchtern.[949] Insoweit wird regelmäßig ein großes Interesse zum Schutz des Zeugen daran bestehen, den Informationsfluss beispielsweise durch Restriktion des Akteneinsichtsrechts beziehungsweise der Informationsweitergabe an den Mandanten einzudämmen. Während der laufenden Ermittlungen kann gemäß § 147 II StPO *dem Verteidiger die Einsicht in die Akten oder einzelne Aktenstücke versagt werden, wenn sie den Untersuchungszweck gefährden kann.* Steht daher zu befürchten, dass der Zeuge durch die Bekanntgabe dieser Information in Leib- oder Lebensgefahr gerät, so ist das Einsichtsrecht diesbezüglich und bezüglich der bereits getroffenen Zeugenschutzmaßnahmen zu beschränken.[950] Zwar sieht das Gesetz eine Restriktion des Einsichtsrechts nur dann vor, wenn der Untersuchungszweck gefährdet ist, jedoch sollte die Vorschrift nach ihrer Ratio extensiv ausgelegt werden, sodass eine Gefährdung anzunehmen ist, „wenn die Art des Delikts, die Persönlichkeit des Beschuldigten oder die Besonderheiten der Ermittlungen Anlaß [sic] zu der Befürchtung geben, daß [sic] einem Zeugen gerade durch den Beschuldigten Repressalien drohen und in Folge dessen die Aussage verfälscht oder die Ermittlung in sonstiger Weise gestört wird."[951] Insbesondere im Bereich der organisierten Kriminalität und größerer Wirtschaftsdelinquenz wird den Ermittlungsbehörden nicht abzuverlangen sein, konkrete Verdunklungshandlungen näher anhand tatsächlicher Anhaltspunkte zu belegen, sodass insoweit eine Prognose unter Berücksichtigung der Art der Tatbegehung, der Person des Täters und seines Umfeldes maßgeblich sein sollte.[952] Im Hinblick auf den Kronzeugen, der vielfach dem organisiertem kriminellen Milieu entstammt und aufgrund der bereitwilligen Kooperation mit den Strafverfolgungsbehörden in der Szene in Verruf geraten ist, wird daher eine vom Beschuldigten und dessen Umfeld ausgehende Gefährdung zu bejahen sein. Auch die Tatsache, dass sich der Staat durch das „Ankaufen" des Zeugen einen Bonus verschafft hat als ermittlungstechnische Besonderheit begründet eine besondere staatliche Schutzpflicht. Die Gefährdung des Kronzeugen kann daher eine Beschränkung des Akteneinsichtsrechts gemäß § 147 II 1 StPO begründen, wenn zu befürchten ist, dass der Zeuge aufgrund seiner Beein-

---

[948]Meyer-Goßner, StPO § 147 Rn. 21; Martin, Prozessualer Zeugenschutz, S. 126.

[949]Martin, Prozessualer Zeugenschutz, S. 125.

[950]Grießbaum, NStZ 1998, 433, 438.

[951]Schnarr, Kriminalistik 1990, 293, 294.

[952]Schneider, Jura 1995, 337, 343.

flussung keine wahrheitsgemäße Aussage machen wird.[953] Schwieriger gestaltet sich die Beschränkung des Akteneinsichtsrechts, wenn sich der Beschuldigte in Untersuchungshaft befindet oder seine vorläufige Festnahme beantragt ist. Gemäß § 147 II 2 StPO sind dem Verteidiger die für die Beurteilung der Rechtmäßigkeit der Freiheitsentziehung wesentlichen Informationen auch dann in geeigneter Weise zugänglich zu machen, wenn der Untersuchungszweck gefährdet wäre. In der Regel ist dem Verteidiger insoweit Akteneinsicht zu gewähren. Der Gesetzgeber lässt zwar auch in diesem Fall grundsätzlich eine Beschränkung des Akteneinsichtsrechts zu, da nur Informationen zugänglich zu machen, die zur Beurteilung der Rechtmäßigkeit der Freiheitsentziehung wesentlich sind. In der Praxis wird das Gericht vielfach nicht abschätzen können, welche Informationen letztlich aus Sicht der Verteidigung wesentlich sind und in aller Regel umfassend Akteneinsicht gewähren. Dies gilt insbesondere mit Blick darauf, dass Artikel 103 I GG auch bei Entscheidungen über Anordnung und Fortdauer der Untersuchungshaft zu beachten ist. Demnach dürfen der Haftbefehl und die ihn bestätigenden gerichtlichen Entscheidungen im Haftprüfungs- und Haftbeschwerdeverfahren nur auf solche Tatsachen und Beweismittel gestützt werden, die dem Beschuldigten vorher bekannt waren und zu denen er sich äußern konnte.[954] Wird die Akteneinsicht gleichwohl gemäß § 147 II StPO verweigert, weil die Staatsanwaltschaft auch eine beschränkte Einsichtnahme in die Ermittlungsakte aus ermittlungstaktischen Gründen nicht für möglich hält, kann das Gericht auf die Tatsachen und Beweismittel, die deshalb nicht zur Kenntnis des Beschuldigten gelangt sind, keine Haftentscheidungen stützen, so dass unter Umständen ein Haftbefehl allein aus diesem Grund aufzuheben ist.[955] In der Praxis wird man daher bestrebt sein, derartige Risiken durch die Gewährung umfassender Akteneinsicht zu vermeiden. Aus Zeugenschutzgründen ist es daher opportun den Akteninhalt insoweit zu schwärzen, als sich daraus die Identität und der Aufenthaltsort des gefährdeten Zeugen ergeben.

Das Akteneinsichtsrecht umfasst grundsätzlich alle den Beschuldigten betreffenden Unterlagen, die dem Gericht bei Erhebung der Anklage gemäß § 199 II 2 StPO vorzulegen sind.[956] Befindet sich der Beschuldigte in Untersuchungshaft oder ist ein Haftbefehl beantragt, erstreckt sich der Anspruch des Verteidigers zumindest auf Einsicht in alle Akten, die dem Haftrichter vorliegen, und zwar ab dem Zeitpunkt des Antrags auf Haftprüfung bzw. der Haftbeschwerde.[957]

---

[953] Martin, Prozessualer Zeugenschutz, S. 127; Rebmann/Schnarr, NJW 1989, 1185, 1189.

[954] BVerfG, NJW 1994, 573, 573; BGH, NJW 1996, 734, 734.

[955] KG StV 1994, 319, 319.

[956] Laufhütte in: KK, § 147 Rn. 4; Meyer-Goßner, StPO, § 147 Rn. 13; Pfeiffer, StPO, § 147 Rn. 3; Wohlers in: SK-StPO, § 147 Rn. 24 ff; Beulke, Strafprozessrecht, Rn. 160.

[957] EuGH, StV 1993, 283, 283.

Jede Restriktion des Akteneinsichtsrechts beschränkt zugleich die Verteidigungsmöglichkeit des Beschuldigten. Zur Beachtung des Grundsatzes der Verhältnismäßigkeit ist daher im Einzelfall der mit der Beschränkung der Akteneinsicht verfolgte Zeugenschutz mit den Verfahrensrechten des Beschuldigten und seines Verteidigers in Einklang zu bringen.[958]

In Bezug auf den Kronzeugen ist ferner zu beachten, dass regelmäßig eine Akte über das eigene Strafverfahren existiert, die sowohl Angaben zu seiner Person als auch zu seinem Aufklärungsbeitrag beinhaltet. Die Verteidigung des Beschuldigten wird daher ein berechtigtes Interesse daran haben, auch diese Akte einzusehen. Schließlich ist es beispielsweise zur Erschütterung der Glaubwürdigkeit des Zeugen nicht unerheblich, ob er in anderem Gerichtsverfahren vorsätzlich die Unwahrheit gesagt hat.[959] Diese Akte wird, sofern sie beigezogen wurde, zwar nicht vom Akteneinsichtsrecht umfasst, jedoch wird die aktenführende Stelle regelmäßig der Einsichtnahme gemäß § 478 II StPO zustimmen.

Die Verfahrensakte selbst beinhaltet auch Angaben zur Zeugenvernehmung, sodass sich regelmäßig der Name, die Wohnanschrift sowie sonstige personenbezogene Daten in den Akten finden.[960] Diese Verfahrensweise trägt dem Grundsatz der Aktenvollständigkeit Rechnung, wonach die Akten einen vollständigen Überblick über das gesamte Verfahren geben sollen. Die Strafverfolgungsbehörden haben bezüglich der Unterlagen, die letztlich zu den Akten genommen werden, kein Selektionsrecht, sodass grundsätzlich alle Ermittlungsergebnisse vollständig und schriftlich in den Akten festzuhalten sind.[961] Es obliegt nicht der Justiz, über die Relevanz der Informationen für die Strafverteidigung zu urteilen.[962] In der Regel ist die Verfahrensakte daher vollständig und allenfalls geschwärzt Gegenstand der Einsichtnahme.

Aufgrund dessen, dass die Akten sämtliche Unterlagen und Informationen beinhalten und der Verteidiger nunmehr nach Abschluss der Ermittlungen ein umfassendes Einsichtsrecht hat, lässt sich ab diesem Zeitpunkt die Geheimhaltung der Informationen aus Zeugenschutzgründen nicht mehr über die Beschränkung des Akteneinsichtsrechts erreichen. Insoweit ist zu klären, ob Möglichkeiten bestehen, entweder den Informationsfluss zwischen dem Verteidiger und seinem Mandaten einzudämmen oder aber ob bestimmte Unterlagen außerhalb der Sachakten geführt werden können.

Die Möglichkeit, die Informationspflicht des Verteidigers zu begrenzen, ist umstritten. Grundsätzlich kann daraus, dass § 147 StPO lediglich

[958]Martin, Prozessualer Zeugenschutz, S. 128.

[959]BGH, NStZ-RR 1998, 276, 277; Weider in: Anwaltshandbuch Strafverteidigung, Rn. 193.

[960]Martin, Prozessualer Zeugenschutz, 124 f.

[961]Martin, Prozessualer Zeugenschutz, 124.

[962]Schneider, Jura 1995, 337, 338.

dem Verteidiger ein Akteneinsichtsrecht gewährt, jedenfalls nicht geschlossen werden, dass der Angeklagte selbst kein Recht auf die in den Akten enthaltenen Informationen hat.[963] Vielmehr handelt es sich um ein Recht des Angeklagten, dessen Ausübung dem Verteidiger zum Schutze der Integrität der Originalakte überlassen wurde.[964] Das Fundament einer funktionierenden Strafverteidigung stellt die Mitwirkung eines informierten Mandanten dar, sodass es nicht genügen wird, wenn der Verteidiger über den Inhalt der Akten informiert ist.[965] „Gerade in Fällen von Aufklärungsgehilfen sind die Informationen des Mandanten zu dem vom Zeugen geschilderten Sachverhalt und zu dessen Person besonders wichtig. Nur der Mandant ist in der Lage, die Punkte in den Ausführungen des Kronzeugen aufzuzeigen, die gegebenenfalls nachweisbar unrichtig sind."[966] Daher wird teilweise die Gewährleistung einer Kongruenz zwischen dem Informationsstand des Verteidigers und seines Mandanten gefordert.[967] Die gesetzliche Festschreibung, dass der Zugang zu den Akten letztlich dem Verteidiger obliegt, diene dem staatlichen Interesse am unversehrten Bestand der Akten und verfolge gerade nicht den Zweck unterschiedliche Rechte des Strafverteidigers und des Beschuldigten zu begründen.[968] Aus der Tatsache, dass der Beschuldigte seine umfassende Kenntnis rechtsmissbräuchlich verwenden kann, ließe sich daher keine Berechtigung herleiten, ein entsprechendes Recht zu verweigern.[969] Diese Sichtweise lässt nicht einmal Raum für ein Akteneinsichtsrecht des Verteidigers, unter der Auflage, sensible Informationen nicht an den Mandanten weiterzuleiten. Löst man den dargelegten Konflikt jedoch einseitig zugunsten der Verteidigungsrechte, so wird verkannt, dass der Strafverteidiger nicht als einseitiger Interessenvertreter des Beschuldigten fungiert, sondern aufgrund seiner Stellung als unabhängiges Organ der Justiz auch zur Unterstützung des Zeugenschutzes und damit einhergehend der Verfahrenssicherung verpflichtet ist.[970] Insoweit darf der Konflikt nicht einseitig zu Gunsten der Verteidigung gelöst werden. Andererseits ist zu berücksichtigen, dass ein starkes Informationsgefälle das Vertrauensverhältnis zwischen dem Verteidiger und seinem Mandanten nachhaltig beeinträchtigen kann.[971] Es muss daher eine vermittelnde Lösung gefunden werden. Der Zeugenschutz erfordert

---

[963] Hassemer, Formularbuch, I. B. 1. c; Schneider, Jura 1995, 337.

[964] Hassemer, Formularbuch, I. B. 1. c.; Schneider, Jura 1995, 337, 338.

[965] Hassemer, Formularbuch, I. B. 1. c.

[966] Weider in: Anwaltshandbuch / Strafverteidigung, Rn. 194.

[967] Hassemer, Formularbuch, I. B. 1. c.

[968] Hassemer, Formularbuch, I. B. 1. c.

[969] Hassemer, Formularbuch, I. B. 1. a.

[970] Martin, Prozessualer Zeugenschutz, S. 129.

[971] Hassemer, Formularbuch, I. B. 1. A.

grundsätzlich nur die Zurückhaltung derjenigen Informationen bei denen der begründete Verdacht besteht, dass der Mandant mit Hilfe dieser Kenntnis verfahrensfeindliche Zwecke wie den der Zeugeneinschüchterung verfolgt.[972] Daher wäre zu erwägen, dem Verteidiger zwar umfassend Akteneinsicht zu gewähren, ihm die Verpflichtung aufzuerlegen derartige Informationen nicht an den Mandanten weiterzugeben. Diese Differenzierung erscheint jedoch impraktikabel und wenig sachgerecht, da sie letztlich auf Mutmaßungen und Unterstellungen hinausliefe. Schließlich lässt sich nicht mit Gewissheit sagen, dass ein solcher Verdacht besteht. Zudem erscheint es auch schwierig, eine klar konturierte Grenze abzustecken, welche Information noch weiter gegeben werden darf und welche letztlich der Geheimhaltung unterliegt. Insoweit unterlägen die Verfahrensrechte letztlich einer wenig überzeugenden Einzelfallkasuistik. Insofern überzeugt die dargestellte Differenzierung nicht.

In eine ähnliche Richtung zielt die Argumentationsweise, die davon ausgeht, dass die Informationsweitergabe an den Mandanten, die grundsätzlich uneingeschränkt zulässig ist, durch positive Kenntnis des Verteidigers von der beabsichtigten verfahrensfremden Verwendung der Information durch den Mandanten unzulässig wird.[973] Hat der Verteidiger positive Kenntnis, darf eine Weitergabe der Informationen an den Mandanten nicht erfolgen. Auch diese Argumentation läuft letztlich auf eine impraktikable Einzelfallkasuistik hinaus, da eine positive Kenntnis des Verteidigers kaum nachzuweisen sein wird. Zudem kann die objektive Abwägung der widerstreitenden Interessen nicht anhand subjektiver Kriterien festgemacht werden. Ferner wird sich in den Fällen, in denen tatsächlich positive Kenntnis besteht, eine Eindämmung des Informationsflusses bereits aufgrund der regulären Straftatbestände ergeben, da sich der Verteidiger durchaus wegen Beihilfe, Fahrlässigkeitsdelikten oder Strafvereitelung strafbar macht.

Zum Teil wird erwogen, ein Weiterleitungsverbot des Verteidigers dadurch zu bewirken, dass der Verteidiger, dann wenn die Zeugenschutzinteressen die Beeinträchtigung der Verteidigung überwiegen, das Akteneinsichtsrecht nur unter der Maßgabe erhält, sensible Information nicht an den Mandanten weiterzuleiten.[974] Aufgrund des Gebotes zur Sicherung eines fairen Verfahrens sei eine derartige Beschränkung des Informationsflusses jedoch zeitlich eingrenzen, da nach Abschluss der Ermittlung selbst die Beschränkung des Akteneinsichtsrechts des Verteidigers unzulässig sei, sodass ab diesem Zeitpunkt dem Beschuldigten Kenntnis der Akten zu gewähren sei.[975] Auch diese Sichtweise erscheint problematisch, da sich im Vorfeld nicht absehen lässt, inwieweit bestimmte Informationen für die

[972]Ähnlich auch Krey in: Meyer-FS, 242, 254; Martin, Prozessualer Zeugenschutz, S. 130.

[973]Krekeler, NStZ 1989, 146, 149.

[974]Martin, Prozessualer Zeugenschutz, S. 131.

[975]Martin, Prozessualer Zeugenschutz, S. 132.

Verteidigungsstrategie relevant sein können. So lassen sich vielfach Glaubwürdigkeitserwägungen bezüglich des Zeugen erst anstellen, wenn sein näheres Umfeld bekannt ist. „Auch die Hinweise zur Persönlichkeit und zum Charakter des Aufklärungsgehilfen sind wichtig."[976] Zudem erscheint es inkonsequent, vor Abschluss der Ermittlungen einseitig das Informationsrecht des Beschuldigten zu beschränken, obwohl das Gesetz dem Verteidiger in dem Umfang, wie ihn die Staatsanwaltschaft für erforderlich hält, ein umfassendes Akteneinsichtsrecht gewährt, nach Abschluss der Ermittlungen aber aus dem Umfang des Akteneinsichtsrechts des Verteidigers Rückschlüsse auf den Umfang des Informationsrechts des Beschuldigten zu ziehen. Zudem sieht das Gesetz gerade keine Möglichkeit vor, das Recht des Verteidigers auf Akteneinsicht an Bedingungen zu knüpfen.

Mithin sollte man eine derartige Beschränkung des Informationsrechts nicht zulassen. Vielmehr sollten sensible Informationen, so wie es das Gesetz vorsieht, überhaupt nicht der Akte beigefügt werden. Hierdurch wird zwar faktisch das Akteneinsichtsrecht der Verteidigung stärker beschränkt, allerdings obliegt der Zeugenschutz insoweit einer objektiven Behörde, sodass gefährdende Absprachen weitgehend eingedämmt werden können. Insbesondere in den Kronzeugenfällen liefe der Verteidiger Gefahr, Opfer von Repressalien zu werden, wenn organisierte Bandenstrukturen involviert sind, sodass auch der Schutz der Organe der Rechtspflege gebietet, derartige Informationen unter Verschluss zu halten.

Allerdings ist auch die Begrenzung des Akteninhaltes schwierig, da die Ermittlungsbehörden grundsätzlich in der Pflicht stehen, „alle ihnen im Verfahren zugetragenen sachbezogenen Informationen in den Akten zu dokumentieren."[977] Allerdings sieht das Gesetz vor, dass bestimmte Unterlagen gar nicht erst der Akte beigefügt werden und infolge dessen auch nicht dem Akteneinsichtsrecht unterfallen. So werden beispielsweise diejenigen Unterlagen, die die Feststellung der Identität des Zeugen gewährleisten, gemäß § 68 III 3 StPO bei der Staatsanwaltschaft verwahrt und gemäß § 68 III 4 StPO erst dann zu den Akten genommen, wenn die Gefährdung für den Zeugen entfällt. Im Hinblick auf das Vernehmungsprotokoll ermöglicht § 168 a I 2 StPO von der Eintragung der Personalien abzusehen, wenn der Zeuge hierzu gemäß § 68 III 2, 3 StPO keine Angaben machen muss. Diese Regelungen sind aber insoweit lückenhaft, als sie nur diejenigen Unterlagen umfassen, die die Feststellung der Identität des Zeugen betreffen, aber eine Geheimhaltung solcher Unterlagen, die Aufschluss über eingeleitete Zeugenschutzmaßnahmen geben, nicht ermöglichen. Teile der Literatur wollen daher aus § 96 StPO einen allgemeinen Rechtsgedanken herleiten, wonach „Aktenteile nicht zu den Sachakten genommen werden

---

[976] Weider in: Anwaltshandbuch Strafverteidigung, Rn. 194.

[977] Schneider, Jura 1995, 337, 338.

dürfen, wenn das Bekanntwerden des Inhalts eine Gefahr für Leib oder Leben des Zeugen oder einer anderen Person bedeuten würde."[978] Demgemäß bestünde im Interesse eines effektiven Zeugenschutzes ein Bedürfnis das Akteneinsichtsrecht auch hinsichtlich der Unterlagen, die den Zeugenschutz betreffen zu beschränken.[979] Der Gesetzgeber hat sich im Rahmen des ZSHG jedoch bewusst dazu entschieden, Entsprechendes nicht zu normieren, sodass es für das Strafverfahren mit der Regelung des § 68 StPO sein Bewenden hat.[980] Somit sind die von den zuständigen Stellen angelegten Unterlagen nur, sofern es sich um solche handelt, die die Identität des Zeugen betreffen, von der Staatsanwaltschaft in einer gesonderten Akte zu verwalten, auch wenn für den Zeugen Schutzmaßnahmen im Sinne des ZSHG bestehen.[981] Zudem könnte man zur Gewährung der Sicherheitsinteressen des Kronzeugen die sicherheitsrelevanten Details in der Sachakte schwärzen.[982]

5. Polizeilicher Zeugenschutz

Letztlich erweisen sich die dargestellten strafprozessualen Zeugenschutzmaßnahmen als insgesamt unzureichend. Dies gilt insbesondere, wenn der Kronzeuge einem organisierten kriminellen Milieu entstammt, sodass seine Identität den verbliebenen Mitgliedern der entsprechenden Organisation ohnehin bekannt ist.[983] In solchen Fällen reduziert sich der Effekt der genannten prozessualen Maßnahmen unter Umständen auf „eine gewisse psychologische Wirkung auf den Kronzeugen in der Weise [...], daß [sic] dieser die Gefährdung angesichts der Schutzmaßnahmen in geringerem Maße wahrnimmt", wodurch ihm die wahrheitsgemäße Aussage leichter fällt.[984] Größere Bedeutung kommt hierbei dem polizeilichen Zeugenschutz zu, der darauf abzielt, die Aussagefähigkeit und -bereitschaft des Zeugen trotz bestehender Gefährdungslage zu sichern.[985] Diese Maßnahmen sind unabhängig vom Strafprozess zu betrachten und entfalten auch keine bindende Wirkung für das Gericht.[986] Gleichwohl zu gewährleisten, dass der polizeiliche Zeugenschutz nicht durch prozessuale Maßnahmen etwa durch die Akteneinsicht des Verteidigers oder durch Namhaftmachung des Zeu-

---

978 Grießbaum, NStZ 1998, 433, 438.

979 Grießbaum, NStZ 1998, 433, 438.

980 Vgl. § 10 III ZSHG.

981 Martin, Prozessualer Zeugenschutz, S. 125.

982 Stern, StraFo 2002, 185, 190.

983 Mehrens, Die Kronzeugenregelung, S. 121.

984 Mehrens, Die Kronzeugenregelung, S. 121.

985 So auch Mehrens, Die Kronzeugenregelung, S. 122; dieselbe S. 116.

986 Grießbaum, NStZ 1998, 433, 435.

gen unterlaufen wird.[987] Es muss ein Miteinander zwischen den prozessualen und den polizeilichen Zeugenschutzmaßnahmen geschaffen werden. Tatsächlich erweist sich dies vielfach als problematisch, da beispielsweise die Aufnahme eines Zeugen in den polizeilichen Zeugenschutz neben dem Gefährdungsgrad des Zeugen zugleich eine werthaltige Aussage verlangt.[988] Dies aber verleitet dazu, falsche Angaben zu machen, um die eigene Aussage werthaltiger erscheinen zu lassen. In hohem Maße besteht diese Gefahr, wenn ein Zeuge als ehemaliger Tatbeteiligter von den Strafverfolgungsbehörden aus seiner Verstrickung mit den Beschuldigten herausgelöst wird und ihm dafür eine kronzeugenähnliche Position angeboten wird. Sagt der Zeuge dann falsch aus, würde er aus dem Zeugenschutzprogramm entlassen, da an der Glaubhaftigkeit seiner Aussagen auch für die Zukunft Zweifel bestehen würden. Die Folge wäre, dass der Kronzeuge nicht mehr unter Schutz stünde, obwohl er seine Verbindung zur Szene verloren hat, weil er dort als Verräter bekannt und möglicherweise gefährdet wäre.[989] Der Zeuge wäre quasi schutzlos, weswegen ihm viel daran gelegen sein wird, seinen Zeugenschutz aufrecht zu erhalten. Insoweit ist der polizeiliche Zeugenschutz zwar notwendig, um an Aussagen bestimmter Zeugen zu gelangen, führt jedoch auf der anderen Seite dazu, dass eben diese Aussagen an Werthaltigkeit einbüßen. Bei der Gewährung polizeilichen Zeugenschutzes muss daher gewährleistet sein, dass eine entsprechende Gefährdungslage nicht übereilt angenommen wird, da der Zeugenschutz nicht nur die Werthaltigkeit der Aussage beeinträchtigen kann, sondern regelmäßig auch mit einer Beschränkung des Unmittelbarkeitsgrundsatzes, des Mündlichkeitsprinzips, des Öffentlichkeitsgrundsatzes und des Verteidigungsrecht, einhergeht.[990]

Gesetzliche Regelungen zum polizeilichen Zeugenschutz finden sich beispielsweise im Rahmen der Strafverfolgungszuständigkeit des Bundeskriminalamtes in § 6 BKAG, in anderen Fällen in den Polizeigesetzen der Länder sowie nunmehr auch im Gesetz zur Harmonisierung des Schutzes gefährdeter Zeugen. Einen abschließenden Katalog möglicher Maßnahmen gibt es jedoch nicht, sodass es den Polizeibehörden weitestgehend im Rahmen der Generalklauseln obliegt, geeignete Maßnahmen zu treffen.[991] Neben der Überwachung potenzieller Schädiger konzentrieren sich derartige Maßnahmen auf den Zeugen und dessen nahe Angehörige. Eine zum Schutz des Kronzeugen als erforderlich erachtete Maßnahme[992] stellt insoweit die Identitätsänderung auf Grundlage des *Gesetzes zur Harmonisierung*

[987]Schnarr, Kriminalistik 1990, 293.

[988]Eisenberg, StV 1993, 624, 627.

[989]Eisenberg, StV 1993, 624, 627.

[990]Vgl. Eisenberg, StV 1993, 624, 627.

[991]Jarvers/Kinzig, MschrKrim 2001, 439, 445; Soiné/Engelke, NW 2002, 470.

[992]Mehrens, Die Kronzeugenregelung, S. 122.

des Schutzes gefährdeter Zeugen dar. Gemäß § 5 ZSHG kann Personen, die dem Anwendungsbereich des Gesetzes nach § 1 ZSHG unterfallen, eine vorübergehende Tarnidentität durch Ausfertigung entsprechender Dokumente und Urkunden aufgebaut werden. Diese Möglichkeit besteht unabhängig vom aufzuklärenden Deliktsbereich, soll jedoch gemäß § 2 II 2 ZSHG auf diejenigen Fälle beschränkt werden, in denen eine Verhältnismäßigkeitskontrolle derart drastische, die Beweiserhebung beeinträchtigende Maßnahmen rechtfertigt. Der Wert der Aussage für das Strafverfahren ist in die Abwägung einzubeziehen, da letztlich die Aufnahme in ein Zeugenschutzprogramm nur dann möglich sein soll, wenn gemäß § 1 I ZSHG die Erforschung des Sachverhaltes oder die Ermittlung des Aufenthaltsorts eines Beschuldigten ohne Angabe des Zeugen unmöglich oder zumindest wesentlich erschwert würde. Zudem muss eine konkrete Gefährdungslage für den Zeugen bestehen.[993] Die Bedeutung und der Umfang der Zeugenschutzmaßnahmen bedingen, dass sich die Zeugen persönlich für eine solche Maßnahme eignen müssen. „Hieran kann es etwa fehlen, wenn sie nicht bereit sind oder nicht die Fähigkeit besitzen, die erforderliche Geheimhaltung entsprechender polizeilicher Maßnahmen zu gewährleisten, gegenüber den Zeugenschutzstellen falsche Angaben machen, Zusagen nicht einhalten oder Straftaten begehen."[994] Im Hinblick auf den Kronzeugen scheint die Schwierigkeit der Aufnahme in die erforderlichen Zeugenschutzprogramme in der genannten personellen Komponente zu liegen, da sich der Kronzeuge bereits strafbar gemacht hat und vielfach einem kriminellen Milieu zugehörig ist, dem regelwidriges oder gar strafbares Verhalten immanent ist. Der Zeugenschutz verlangt daher ebenso wie die Gewährung des Strafrabattes letztlich eine Beurteilung der Vertrauenswürdigkeit und Glaubwürdigkeit des Zeugen. Allerdings obliegt die Beurteilung im Hinblick auf die Aufnahme in den Zeugenschutz der Zeugenschutzstelle, namentlich den Polizeibehörden des Bundes und der Länder, wohingegen über die Gewährung eines Kronzeugenrabattes letztlich das Tatgericht entscheidet. Allein aus der Stellung als Kronzeuge rechtfertigt sich die Aufnahme in das Zeugenschutzprogramm nicht, da grundsätzlich gemäß § 2 II ZSHG kein Rechtsanspruch auf eine solche Aufnahme besteht, sondern die Entscheidung allein den Polizeibehörden nach eigenem Ermessen obliegt. Die Zeugenschutzstelle nimmt daher eine Abwägung vor, innerhalb derer „insbesondere die Schwere der Tat, der Grad der Gefährdung, die Rechte des Beschuldigten, gegen den ausgesagt werden soll, und die Auswirkungen des Zeugenschutzes zu berücksichtigen sind."[995] Das Gericht kann in die Bereiche der Exekutive nicht eingreifen und die Zeugenschutzdienststellen verpflichten, den Kronzeugen in den

[993] Soiné/Engelke, NJW 2002, 470, 472.

[994] Soiné/Engelke, NJW 2002, 470, 474.

[995] Soiné/Engelke, NJW 2002, 470, 474.

Zeugenschutz aufzunehmen. Insoweit muss der Verteidiger als Interessenvertreter auf entsprechende Maßnahmen bei der Behörde hinwirken. Der Kronzeuge ist typischerweise dann konkret gefährdet, wenn publik wird, dass er sich kooperativ gezeigt hat. Dies kann bereits dann anzunehmen sein, wenn in öffentlicher Verhandlung über den zu gewährenden Strafrabatt verhandelt wurde. Aufgrund dieser frühen Gefährdung erfordert die Sicherung eines hinreichenden Personenschutzes, den Zeugen bereits mit Abschluss des Strafverfahrens in ein Zeugenschutzprogramm aufzunehmen, sofern die entsprechenden Voraussetzungen des § 1 ZSHG vorliegen. Erst wenn der Kronzeuge in ein Zeugenschutzprogramm aufgenommen wird, können adäquate Schutzmaßnahmen nach dem ZSHG erfolgen. Die ersuchten öffentlichen/nicht öffentlichen Stellen werden ausdrücklich durch § 5 I 1 ZSHG/§ 5 II ZSHG ermächtigt, sämtliche zur Konstruktion eines fiktiven Lebenslaufes erforderlichen Dokumente auszustellen und zu ändern. Ihnen obliegt die Kontrolle entgegenstehender Belange Dritter nach § 5 I 3 ZHSG, nicht aber eine Überprüfung der Erforderlichkeit. Sie sind an die Entscheidung der Zeugenschutzstelle gebunden. Der dadurch geschützte Zeuge ist berechtigt, am Rechtsverkehr unter seiner Legende gemäß § 5 III ZSHG teilzunehmen. Problematisch erweist sich dieser neue Regelungskomplex insoweit, als sich auch nach der aktuellen Gesetzeslage eine dauerhafte Identitätsänderung nicht erreichen lässt, da § 5 I 4 ZSHG ausdrücklich bestimmt, dass Personenstandsbücher nicht geändert werden dürfen, was für eine dauerhafte Identitätsänderung jedoch zwingend erforderlich wäre.[996] Allerdings lässt die neue Regelung Raum für eine annähernd dauerhafte Identitätsänderung, indem sie die Aufhebung entsprechender Maßnahmen gemäß § 6 ZSHG in das Ermessen der Zeugenschutzstelle stellt. Die Tatsache, dass eine Änderung im Personenstandsregister nicht möglich ist, führt mit sich, dass der Zeuge nicht uneingeschränkt unter seiner Legende am Rechtsverkehr teilnehmen kann, da sämtliche Urkunden zum Personenstand auf seinen Geburtsnamen lauten. Letztlich kann daher auch die in der Regel zeitlich begrenzte Aufnahme des Zeugen in ein Zeugenschutzprogramm keinen umfassenden Schutz bieten. Daher sollte unabhängig von der Aufnahme eines Kronzeugen im Zeugenschutzprogramm, sichergestellt sein, dass der gefährdete Zeuge zumindest von Polizeibeamten begleitet und geschützt wird, um zu verhindern, dass Dritte ungehindert an den Zeugen herantreten können.[997]

[996] Jarvers/Kinzig, MschrKrim 2001, 439, 445; Soiné/Engelke, NJW 2002, 470, 474.

[997] Hohnel, NJW 2004, 1356, 1358.

XII. Zusammenfassung

Eine Kronzeugenregelung lässt sich in das bestehende System trotz der von Kritikern aufgezeigten Reibungspunkte mit bewährten strafprozessualen Grundsätzen angemessen integrieren. Hierzu muss man sich jedoch stets die Tragweite und die Gefahren, die mit einer solchen Regelung und ihrer Anwendung einhergehen, vergegenwärtigen. Dies meint nicht nur die Wahrung und Achtung der strafprozessualen Grundsätze, sondern auch den besonderen Schutz desjenigen, der sich letztlich als Kronzeuge zur Verfügung stellt. Eine Kronzeugenregelung wäre vollkommen sinnlos, wenn sich nicht Menschen bereitfinden, die trotz einer gewissen Selbstgefährdung mit den Strafverfolgungsbehörden kooperieren. Als wesentliches Fundament einer solchen Regelung muss daher ein Mindestmaß an Zeugenschutz gewährleistet sein. Hierbei ist beispielweise zu beachten, dass dem Kronzeugen, soweit erforderlich polizeilicher Zeugenschutz gewährt und ein Verteidiger beigeordnet werden. Zudem kann es mitunter sachgerecht sein, dass ein Gericht in Ausnahmefällen auf bestimmte Fragen oder aber auf die Aussage des Zeugen in der Hauptverhandlung verzichtet. Diese Möglichkeiten bietet unser System schon jetzt, sie müssen nur bewusst gelebt und eingesetzt werden. Die Sperrung dieser Zeugen durch eine Behörde ist hingegen grundsätzlich nicht möglich und vor dem Hintergrund des ausnahmsweise durch das Gericht zu gewährenden Zeugenschutzes auch nicht erforderlich. Die Gewährung von Zeugnis- oder Auskunftsverweigerungsrechten für den Kronzeugen sieht unser System nicht vor, sie ist aber auch nicht sinnvoll, so dass sich an den bestehenden Regelungen nichts ändern sollte. Im Umgang mit dem Kronzeugen sollte man sich jedenfalls bewusst machen, dass er auch wenn er von egoistischen Motiven geleitet wird, in den Dienst des Staates tritt, und daher einer besonderen staatlichen Schutzpflicht unterliegt. In gleicher Weise ist es oberste Pflicht die strafprozessualen Grundsätze zu achten und zu schützen. Dies erfordert eine offene zeitgemäße Interpretation dieser Grundsätze. Mit Blick auf die sich stetig weiterentwickelnde Kriminalität kann beispielsweise das Legalitätsprinzip nicht mehr als absolute Verfolgungspflicht einzelner Straftaten unter zwingender Zuerkennung einer gesetzlich vorgeschriebenen Strafe verstanden werden. Es ist den Strafverfolgungsbehörden gar nicht möglich, sämtliche Einzelstraftaten mit den vorhandenen Ermittlungsmethoden akribisch zu verfolgen. Vielmehr erfordert es die Entwicklung der Kriminalität insbesondere aufgrund der fortschreitenden Globalisierung des Verbrechens, den Fokus auf die Kriminalitätsfeldbekämpfung zu richten. Es kann daher häufig geboten sein, Einzeltaten nicht oder zumindest nicht entsprechend der an sich verwirkten Strafe zu ahnden, um beispielsweise an Informationen zur Verfolgung mitunter gravierenderer Straftaten zu gelangen. Insbesondere in Kriminalitätsbereichen, in denen eine hohe Dunkelziffer besteht, legitimiert gerade die staatliche Verpflichtung zur Aufrechterhaltung einer funktionsfähigen Strafrechtspflege mitunter konsensuale Maßnahmen, um übergroße Dunkelfelder nach Kräften einzugrenzen. Vor diesem angepassten Verständnis des Legalitätsprinzips kann in der rationalen maßvollen Anwendung einer Kronzeugenregelung auch kein Bruch des Vertrauens der Bevölkerung in eine funktionierende Strafrechtspflege gesehen werden.

Ferner hat sich gezeigt, dass der Grundsatz der Öffentlichkeit in seinem Kerngehalt überhaupt gar nicht tangiert ist, da Absprachen zwischen dem Kronzeugen und den Strafverfolgungsbehörden im Vorverfahren stattfinden und für das Gericht nicht verbindlich sind. Um eine höhere Akzeptanz dieser Verfahrensweise zu erreichen, ist jedoch eine gewisse Transparenz sinnvoll. Es ist daher geboten, entsprechende Absprachen, auch wenn sie im Vorfahren stattgefunden haben, zu dokumentieren.

Befasst man sich eingehender mit dem Sinn und Zweck einer Kronzeugenregelung, löst sich auch ein vermeintlicher Widerspruch zum Beschleunigungsgrundsatz auf. Auch der Beschleunigungsgrundsatz ist nicht als absolutes Leitprinzip zu begreifen, sondern muss immer mit Blick auf die staatliche Verpflichtung zur Wahrheitsfindung angewendet werden. Jedes Verfahren ist in einer angemessenen Frist abzuschließen. Ein Verfahren kann, darf und muss unter Umständen auch einmal länger dauern, wenn es die Rechtssache erfordert. Bei der Beurteilung darf zudem nicht nur das Verfahren gegen den Kronzeugen in den Blick genommen werden. Vielmehr müssen das Verfahren gegen den Kronzeugen und etwaige Verfahren gegen belastete Dritte nebeneinander betrachtet werden. Nicht selten führt gerade die Kooperation der Strafverfolgungsbehörden mit dem Kronzeugen dazu, dass bestimmte Ermittlungserfolge in erheblich kürzere Zeit erzielt werden können. Auch bewirkt die Kooperation eine höhere Akzeptanz der gerichtlichen Entscheidung beim Kronzeugen, so dass schneller ein rechtskräftiges Urteil erzielt wird. Nicht zuletzt lässt sich eine Verfahrensverzögerung durch zusätzlich erforderliche Beweisaufnahmen zur Bezugstat im Rahmen des Verfahrens gegen den Kronzeugen, auch durch eine praktikablere Ausgestaltung der Kronzeugenregelung vermeiden. Verlangt man keinen sichereren Aufklärungserfolg, sondern lässt eine richterliche Prognoseentscheidung genügen, ist beispielsweise zur Bezugstat keine vollumfängliche Beweisaufnahme erforderlich. Zudem könnte man das Freibeweisverfahren zur Verfahrensbeschleunigung nutzen.

Eine Kronzeugenregelung lässt sich auch mit dem Bestimmtheitsgrundsatz vereinbaren. Handelt es sich um eine Kronzeugenregelung, die sich erst auf Vollstreckungsebene auswirkt, so findet Artikel 103 II GG (Grundsatz der Normklarheit keine Anwendung). Auch eine Kronzeugenregelung, die als Strafzumessungsregelung ausgestaltet ist, steht im Einklang mit dem Bestimmtheitsgrundsatz. Nach dem Bestimmtheitsgrundsatz muss der Bürger anhand der Norm nicht nur erkennen können, welches Verhalten mit Strafe bedroht ist, sondern auch welche konkrete Strafe das Gesetz androht. Dies meint jedoch gerade nicht, dass eine exakt bezifferte Strafe für den Bürger feststehen muss. Der Bestimmtheitsgrundsatz korreliert mit dem Schuldprinzip, sodass er im Bereich der Strafandrohung modifiziert werden muss, um dem Richter im Einzelfall die Festlegung einer tat- und schuldangemessenen Strafe zu ermöglichen. Der Gesetzgeber muss einen Strafrahmen und bestimmte Wertungskriterien, an die sich die richterliche Entscheidung bei der Ausfüllung dieses Rahmens zu halten hat, vorgeben. Eine Kronzeugenregelung als Strafzumessungsregelung genügt somit solange dem Bestimmtheitsgrundsatz, wie gewährleistet ist, dass Tatbestand, Strafrahmen und die wesentlichen Auslegungskriterien anhand der Norm bestimmbar sind.

Ferner hat sich gezeigt, dass sich eine Kronzeugenregelung auch mit der Unschuldsvermutung vereinbaren lässt. Erschöpft sich die Honorierung des Kronzeugen in einer milderen gerichtlichen Strafe, ist die Unschuldsvermutung nicht tangiert, da zu diesem Zeitpunkt die Täterschaft oder Teilnahme bereits feststeht. Auch dann, wenn die Kooperation zu einer Einstellung des Verfahrens durch die Staatsanwaltschaft führt, liegt kein Verstoß gegen die Unschuldsvermutung vor, da eine Vorverurteilung des Kronzeugen, vor der die Unschuldsvermutung schützen soll, gerade nicht stattfindet. Letztlich muss Täterschaft oder Teilnahme erst zu dem Zeitpunkt feststehen, zu dem tatsächlich die Anwendung der Norm zum Tragen kommt. Dies aber ist in aller Regel der Schluss der Hauptverhandlung. Eine Kronzeugenregelung, die Täterschaft oder Teilnehmerschaft tatbestandlich voraussetzt, knüpft daran ohnehin keine negativen Folgen, sondern eröffnet unter anderem die Möglichkeit, bereits in frühen Stadien von Strafe abzusehen

Ferner findet auch keine Vorverurteilung des Dritten im Hinblick auf die Bezugstat statt. Die Zuerkennung eines Aufklärungsbeitrages durch das Gericht entbindet das Gericht gerade nicht davon die Schuld des Dritten in einem Folgeprozess nachzuweisen. Der Richter ist an keine Feststellung aus dem Kronzeugenverfahren gebunden und verpflichtet dem Dritten gegenüber unbefangen aufzutreten.

Die Anwendung einer Kronzeugenregelung führt auch nicht dazu, dass der Grundsatz des fairen Verfahrens verletzt wird. Richtig ist, dass der Kronzeuge mit seiner Aussage regelmäßig in Vorleistung tritt, ohne dass er Anspruch auf eine konkret zugesicherte Gegenleistung hat. Das Gericht und die Staatsanwaltschaft sind jedoch in der Pflicht, die tatbestandlichen Voraussetzungen zu prüfen und über die Rechtsfolge ermessensfehlerfrei zu entscheiden. Es ist daher nicht zu befürchten, dass der Kronzeuge regelmäßig leer ausgeht. Zudem ist ein faires Verfahren auch dadurch gesichert, dass § 136 a StPO verbietet, dem Kronzeugen allein zu Täuschungszwecken eine bestimmte Gegenleistung in Aussicht zu stellen.

Eine Kronzeugenregelung führt auch nicht zu einem Verstoß gegen das Konfrontationsrecht. Sicherlich wird es insbesondere aufgrund des zu gewährenden Zeugenschutzes Fälle geben, in denen der Kronzeuge nicht in öffentlicher Hauptverhandlung aussagt, sodass seine Aussage nicht durch Konfrontation mit allen Verfahrensbeteiligten geprüft und hinterfragt werden kann. Dann aber ist es die Aufgabe des Richters die fehlende Konfrontation durch eine sensible umsichtige Beweiswürdigung auszugleichen. Insbesondere kann dem Beschuldigten ein Verteidiger beigeordnet werden, der auch einer Vernehmung außerhalb der Hauptverhandlung beiwohnen kann. Die frühzeitige Beiordnung eines Verteidigers kann auch dazu dienen, ein bestehendes Ungleichgewicht zwischen den Verfahrensbeteiligten auszugleichen. So gebietet das Gebot der Waffengleichheit, die prozessualen Rechte der Verfahrensbeteiligten unter Berücksichtigung der Verschiedenartigkeit der Prozessrollen auszutarieren. Insbesondere dann, wenn die Anwendung einer Kronzeugenregelung im Raum steht, muss der Beschuldigte ausreichend belehrt werden, um seine Prozesssituation nicht massiv zu verschlechtern. In Bezug auf den Dritten, kann dem Gebot der Waffengleichheit Rechnung getragen werden, indem diesem und seinem Verteidiger ausreichend Informationen über den Kronzeugen und die Hintergründe seiner Aussage zugänglich gemacht werden.

Weiter hat die Untersuchung gezeigt, dass allein das Inaussichtstellen einer Kronzeugenregelung nicht zu einem unzulässigen Zwang zur Selbstbelastung beispielsweise durch ein eigenes Geständnis oder die Bekanntgabe der Quelle führt. Der damit einhergehende Kooperationszwang entspricht dem Zwang, der dem Strafverfahren regelmäßig immanent ist. Solange das Strafniveau für diejenigen Täter, die kein zusätzliches Sonderwissen offenbaren, nicht flächendeckend ansteigt, liegt kein unzulässiger Zwang zur Kooperation vor.

Insgesamt bietet unser System daher Spielräume und Möglichkeiten zu einer maßvollen Anwendung einer Kronzeugenregelung. Dabei darf man jedoch nicht vergessen, „dass es auch in der Stunde höchster Not unverfügbare, einer Abwägung nicht zugängliche, Grundsätze gibt", deren Aushöhlung dem Rechtsstaat und dem Rechtsbewusstsein der Bevölkerung schwere Schäden zufügt.[998] Ein entsprechender unantastbarer Grundsatz ist dass die Ermittlungsbehörden nicht im Verborgenen mit Schwerverbrechern unter Verzicht auf den staatlichen Strafverfolgungsanspruch verhandeln.[999] Demnach kann eine Kronzeugenregelung nur in einer gesetzlich festgeschriebenen Form verwirklicht werden, ohne dass unser System Schaden nimmt. Schließlich besteht der staatliche Auftrag darin Freiheit und Sicherheit mit Hilfe des Rechtsstaates zu sichern und nicht durch dessen Preisgabe.[1000] „Dazu sind vor allem eine effektive Justiz und Gesetze nötig, die auf einen fairen Interessenausgleich bedacht sind."[1001] Eine ge-

[998]Hassemer, StV 1986, 550, 551.

[999]Hassemer, StV 1986, 550, 551.

[1000]Zypries, RuP 2006, 5.

[1001]Zypries, RuP 2006, 5.

setzlich vorgesehene Kronzeugenregelung, die gerade verhindert, dass Absprachen am Gesetz vorbei im Verborgenen stattfinden, lässt sich auch und mit Blick auf die Strafprozessordnung und die dahinter stehenden Prozessgrundsätze realisieren. „Der StPO geht es nicht darum, durch zahlreiche Form- und Verfahrensregelungen, materiell rechtliche Eingriffsschranken und Befugnisgrenzen das grundgesetzlich anerkannte „öffentliche Interesse an der Strafverfolgung" zu *beeinträchtigen,* sondern vielmehr dieses Interesse in seiner grundgesetzlich geschuldeten Form zu *verwirklichen.*"[1002] Ein Rückgriff auf erweiterte Ermittlungsmaßnahmen ist insbesondere in den Bereichen geboten, in denen sich das Machtverhältnis zwischen Staat und Bürger in sein Gegenteil verkehrt.[1003] Daher sollten die Grundsätze zwar nicht gebrochen werden, wo es nicht zwingend erforderlich ist, sollten aber auch nicht mehr als unantastbar gelten.[1004] Allerdings „sollten [wir] aufpassen, daß [sic]wir uns, vom Effizienz-Zeitgeist berauscht, um nicht zu sagen vernebelt, nicht ebenso selbst umbringen wie *Laertes, Hamlets* Widersacher, der am von ihm selbst vergifteten Rapier starb."[1005] „Das zwingt den Gesetzgeber zur steten Kontrolle der sozialen Wirklichkeit, um die Möglichkeiten zur polizeilichen Aufgabenerfüllung in einer Balance mit den berechtigten Sicherheitsansprüchen aller Bürger zu halten."[1006] Es obliegt dem Gesetzgeber, dem Kronzeugeninstitut durch ein gesetzliches Gewand die notwendigen Konturen zu geben. „Wer sich auf Fairness, Gesinnung und Stil der Verfahrensbeteiligten verlassen will, hat aus der Geschichte des Strafverfahrens nicht gelernt, dass diese noblen Eigenschaften sich nur entfalten können, wenn sie von rechtlichen Formen wirksam gestützt und geschützt werden."[1007] Die Anwendung einer Kronzeugenregelung muss verhältnismäßig sein. „In welcher Form die Einhaltung des Grundsatzes der Verhältnismäßigkeit bei der Durchsetzung des staatlichen Strafanspruchs durch die Fachgerichte in Anwendung des Straf- oder Strafprozessrechts gewährleistet wird, ist demgegenüber in der Verfassung nicht vorgegeben."[1008] Es obliegt dem Richter, in seiner Rechtsanwendung den rechtsstaatlichen Anforderungen zu entsprechen. „Der Rechtsstaat, das rechtsstaatliche Strafrecht zumal, ist zerbrechlich. Entscheidende Stützen sind das rechtsstaatliche Bewusstsein und das Ethos seiner Juristen."[1009] Eine Regelung, die Raum zur rechtsstaatlichen Anwen-

[1002]Gusy, HRRS 11/2009, 489, 491.

[1003]Behrendt, GA 1991, 337, 341.

[1004]So auch Wolfslast, NStZ 1990, 409, 414.

[1005]Paeffgen, StV 1999, 625, 628.

[1006]Hamacher, Kriminalistik 1999, 795.

[1007]Hassemer, JuS 1989, 890.

[1008]BGH, NJW 2008, 234, 235.

[1009]Ignor, BRAK-Mitt. 2/2008, 50, 51.

dung lässt, tangiert die rechtsstaatlichen Grundsätze nicht, solange die Rechtsanwender sich ihrer Verantwortung bewusst sind. Insoweit ist eine Kronzeugenregelung zu rechtfertigen, wenn sie eine Anwendung erlaubt, die rechtsstaatlichen Interessen gerecht wird, was insbesondere durch eine ermessensfehlerfreie Abwägung im Einzelfall gewährleistet werden kann.[1010]

G. Aussagewert

Weil eine Kronzeugenregelung in Grundprinzipien des Rechtsstaates eingreift und diese Eingriffe nur gerechtfertigt werden können, wenn die Kronzeugenregelung sich als taugliches Mittel zur Steigerung der Effizienz der Strafverfolgung erweist, ist es geboten, den Wert einer solchen Aussage zu beleuchten. Dies gilt insbesondere mit Blick darauf, dass in der Praxis die Honorierung des Kronzeugen regelmäßig auf unsicherer Tatsachengrundlage erfolgen wird, da häufig für das Gericht weder das Ausmaß der kriminellen Belastung des Kronzeugen noch des belasteten Dritten feststehen.[1011] Es fragt sich, ob ein derartiges Instrument überhaupt einen Nutzen für die Strafverfolgung hat, der die damit verbundenen Eingriffe beziehungsweise Modifikationen strafprozessualer Grundsätze zu rechtfertigen vermag. Nur wenn eine Proportionalität zwischen Leistung und Gegenleistung erreicht wird, kann der Eingriff in rechtsstaatliche Grundsätze gerechtfertigt werden.

Der Aussagewert scheint vor allem deshalb gering zu sein, weil ein Kronzeuge regelmäßig ein erhebliches Eigeninteresse an der Herbeiführung des Ermittlungserfolges hat.[1012] Ansichten, die sich auf den Standpunkt stellen, der Kronzeuge liefe der Wahrheitsfindung zuwider,[1013] argumentieren vielfach mit der Gefahr der Falschaussage, da der Zeuge geneigt sein wird, in Erwartung der Vergünstigungen Andere falsch zu belasten, wodurch der Beweiswert einer solchen Aussage sinkt und die Wahrheitsfindung unter Umständen aufgrund von fehlgeleiteten Ermittlungen erschwert wird. Zudem geht mit einer solchen Privilegierung auch die Gefahr einher, dass der Aussagende Sachverhalte erdichtet oder künstlich aufbläht, beziehungsweise bei Selbstverstrickung seinen eigenen Beitrag herabwürdigt, um seinen Aufklärungsbeitrag werthaltiger erscheinen

---

[1010] Vgl. auch BT-Drs. 16/13094, S. 4; Maier in: Mako, StGB, § 46 b Rn. 5.

[1011] Hassemer, StV 1986, 550, 552.

[1012] BT-Drs. 16/6268, S. 18; Bußmann in: Matt/Renzikowski, StGB,§ 46 b Rn. 15; Wesemann in: Anwaltshandbuch Strafverteidigung, § 46 Rn. 231; Behrendt, GA 1991, 337, 357; Dahs, NJW 1995, 553, 557; Fezer in: Lencker-FS, S. 681, 682; Hoyer, JZ 1994, 233, 237; Mushoff, KritV 2007, 369, 370; Roxin/Schünemann, Strafverfahrensrecht, § 14 Rn. 19.

[1013] Hassemer, StV 1986, 550, 552; Mushoff, KritV 2007, 369, 370.

zu lassen.[1014] Die Gefahr der Falschbelastung ist dann besonders groß, wenn es für die Angaben des Zeugen keine weiteren Beweismittel gibt und der Zeuge daher kaum Gefahr läuft, dass die Angaben widerlegt werden können. Dies gilt erst recht dann, wenn Taten geschildert werden, an denen der Zeuge selbst nicht beteiligt war, er also ohne Gefahr der Selbstbelastung andere belasten kann.[1015] Insoweit wird teilweise gefordert, die Höhe des Strafrabattes im Urteil transparent zu machen, damit die Beurteilung der Glaubwürdigkeit einer entsprechenden Zeugenaussage erleichtert wird.[1016] Viel entscheidender als die Höhe des Strafrabattes dürfte es jedoch sein, dass im Verfahren kenntlich gemacht wird, dass der Zeuge als Kronzeuge auftritt. Im Rahmen der Debatte um das Kronzeugengesetz von 1989 wurde daher teilweise die Meinung vertreten, dass die Vernehmung eines Kronzeugen ein Verfahrenshindernis begründet.[1017] Der Bundesgerichtshof ist dieser Forderung nicht nachgekommen, sondern hat entschieden, dass insbesondere, wenn ein Zeuge im Bereich des Betäubungsmittelstrafrechts wegen seiner Beteiligung an derselben Straftat unter Zuerkennung eines Strafabschlags gemäß § 31 BtMG bereits verurteilt worden ist, im Verfahren gegen den Dritte darauf hinzuweisen ist, dass es sich um einen Aufklärungsgehilfen handelt.[1018] Dies ist vor allem sachgerecht, weil es sich bei einem Kronzeugen regelmäßig um einen Insider handelt, der aufgrund detaillierten Wissens in der Lage ist, besonders geschickt und glaubhaft zu lügen.[1019]Tatsächlich kann der Aussage selbst pauschal daher kein allzu hoher Beweiswert beigemessen werden. Gegen den Beweiswert der Aussage eines tatbeteiligten Kronzeugen kann jedoch nicht angeführt werden, dass dieser deswegen niedrig ist, weil der Zeuge gemäß § 60 Nr. 2 StPO nicht Gefahr läuft, vereidigt zu werden. Es entspricht nicht unserer Rechtsordnung, nur demjenigen vollen Beweiswert zu zumessen, was gegebenenfalls unter Eid bestätigt werden könnte.[1020] Allein aufgrund dessen, dass der Beweiswert zumindest zweifelhaft ist, verbietet es sich jedoch, diese Aussage als alleinige Verurteilungsgrundlage im Verfahren gegen den Dritten zu verwenden.[1021] Dies gilt vor allem, wenn der Zeuge Angaben zu Taten macht, an denen er selbst nicht beteiligt war.[1022] „In diesen Fällen sollten die von der Rechtsprechung zum Zeugen vom Hörensagen entwickelten

---

[1014]Mushoff, KritV 2007, 369, 371; Stern, StraFo 2002, 185, 187.

[1015]Wesemann in: Anwaltshandbuch Strafverteidigung, § 46 Rn. 231.

[1016]König, NJW 2009, 2481, 2484.

[1017]Breucker, Die Bewährung der Kronzeugenregelung in der gerichtlichen Praxis, S. 158.

[1018]BGH, StV 2009, 346, 347; Mushoff, KritV 2007, 369, 372.

[1019]Mushoff, KritV 2007, 369, 372.

[1020]Jaeger, Der Kronzeuge, S. 92.

[1021]Bußmann in: Matt/Renzikowski, StGB,§ 46 b Rn. 15; Hoyer, JZ 1994, 233, 237.

[1022]Wesemann in: Anwaltshandbuch Strafverteidigung, § 46 Rn. 232.

Grundsätze herangezogen werden. Danach können auf die Angaben eines Zeugen vom Hörensagen Feststellungen nur dann gestützt werden, wenn der Beweisgehalt durch andere wichtige Beweiszeichen bestätigt wurde."[1023] Insbesondere sollte der Kern der Aussage mithilfe weiterer Beweiszeichen überprüft werden, wenn Auffälligkeiten im Aussageverhalten des Kronzeugen, wie Unstimmigkeiten, Unsicherheiten oder Unrichtigkeiten an der Glaubwürdigkeit des Zeugen zweifeln lassen.[1024] Dies aber stellt nicht etwa eine Besonderheit im Hinblick auf den Kronzeugen dar, vielmehr entspricht es der Rechtsprechung des BGH, dass die Verurteilung eines Angeklagten in der Regel nicht auf die Aussage nur eines Belastungszeugen gestützt werden kann und sich der Tatrichter in Folge dessen stets die Entstehungsgeschichte der Aussage, die Glaubwürdigkeit des Zeugen und die möglicherweise bestehenden Gründe für eine Falschbelastung vergegenwärtigen muss.[1025] Zudem sollte man sich vor Augen führen, dass die verallgemeinernde Annahme, ein Kronzeuge sage allein deswegen aus, um Strafrabatt zu erlangen, vielfach auf einer bloßen Unterstellung gründet.[1026] Zwar liegt es bei den Tätern, deren allgemeine Handlungsweise von egoistischen Motiven geprägt ist, nahe, dass auch die Entscheidung für und wider die Aufklärungshilfe im Wege einer Kosten-Nutzenanalyse getroffen wird. Der Täter, der sein Verhalten nach seiner inneren Überzeugung ausrichtet, wird jedoch auch hinsichtlich der Aufklärungshilfe entsprechend handeln.[1027] Demnach kann gerade beim Überzeugungstäter, der sich zur Aussage bereitfindet, mit einer besonders werthaltigen Aussage gerechnet werden.

Letztlich kann einer Kronzeugenaussage nicht jegliche Werthaltigkeit allein aufgrund der möglicherweise vorhandenen Motivation abgesprochen werden. Korrekterweise sollte man ohnehin nicht vom Beweiswert der Aussage sprechen, sondern vom Ermittlungswert. Schließlich besteht die Leistung eines Kronzeugen gerade nicht darin, dass dieser als Zeugenbeweis im Verfahren gegen einen Dritten zur Verfügung steht, sondern darin, dass er Informationen an die Strafverfolgungsbehörden weitergibt. Insofern trifft die Kritik, es handele sich bei der Kronzeugenaussage nicht um ein alleiniges Beweismittel, sondern allenfalls um einen Ausgangspunkt für weitere Ermittlungen, die gegebenenfalls eine umfangreiche Beweisführung erfordern,[1028] zwar zu, begründet jedoch nicht die pauschale Ableh-

---

[1023] Hoyer, JZ 1994, 233, 237; Stern, StraFo 2002, 185, 189; Wesemann in: Anwaltshandbuch Strafverteidigung, § 46 Rn. 232.

[1024] Wesemann in: Anwaltshandbuch Strafverteidigung, § 46 Rn. 232.

[1025] BGH, StrFo 2000, 232; Peglau, ZRP 2001, 103, 105; Wesemann in: Anwaltshandbuch Strafverteidigung, § 46 Rn. 232.

[1026] Breucker, Die Bewährung der Kronzeugenregelung in der gerichtlichen Praxis, S. 158 f.

[1027] Vgl. Breucker, Die Bewährung der Kronzeugenregelung in der gerichtlichen Praxis, S. 162.

[1028] Sahan/Berndt, BB 2010, 647, 649.

nung eines Ermittlungswertes.[1029] Von diesem Blickwinkel aus betrachtet, bemisst sich der eigentliche Wert einer solchen Kronzeugenaussage nicht allein an der Aussage selbst, sondern vielmehr anhand der aufgrund der Aussage erlangten Beweismittel. Dem scheint nun auch der BGH zu folgen, der das Kronzeugenprivileg unabhängig davon, dass die Aussage im Rahmen der Hauptverhandlung widerrufen wird, zuerkennt.[1030] Der Wert einer solchen Aussage kann somit nicht pauschal aufgrund der aufgezeigten Gefahren als niedrig festgesetzt werden. Auch kann der Aussage nicht pauschal ein Ermittlungswert abgesprochen werden, weil sich möglicherweise in einigen Fällen das Verfahren verzögert. Die Gefahr, dass die Wahrheitsfindung tatsächlich durch fehlgeleitete Ermittlungen verzögert wird, ist sicherlich nicht von der Hand zu weisen, allerdings kann man dies nicht pauschal feststellen. Schließlich ist zu bedenken, dass eine Kronzeugenregelung nur dann zum Tragen kommt, wenn der entsprechende Zeuge den Ermittlungsbehörden etwas Neues mitteilt, das geeignet ist, die Ermittlungen wesentlich voranzutreiben. Insofern ist zu erwarten, dass die Behörden beziehungsweise das Gericht durchaus einschätzen können, ob die Aussage Anlass zu Ermittlungen in eine völlig andere Richtung gibt.[1031] Bevor man daher einem Kronzeugen pauschal jede Bedeutung aberkennt, sollte man sich zunächst alle Möglichkeiten zur Prüfung des Wahrheitsgehaltes solcher Zeugenaussagen vergegenwärtigen.[1032] Demgemäß ist bei fehlerfreier Ermessensausübung des Richters und der Strafverfolgungsbehörden auch nicht, wie teilweise [1033] befürchtet, zu erwarten, dass aufgrund einer Kronzeugenregelung Zeit und Geld verschlingende Ermittlungen im Hinblick auf vage Verdächtigungen im Ausland lebender Personen, zweckmäßig werden. Sicherlich aber wird man den Kostenumfang, der insbesondere durch möglicherweise erforderliche Zeugenschutzmaßnahmen gedehnt wird,[1034] als Abwägungsfaktor vor der Inanspruchnahme eines Kronzeugen berücksichtigen müssen. Fehlen hingegen ausreichende Ermittlungsansätze und liefert der Zeuge erstmalig einen ersten Hinweis, so kann dies, selbst wenn sich der Hinweis als falsch erweist, nicht als Verzögerung der Wahrheitsfindung gewertet werden, da die Ermittlung andernfalls stagniert hätte. Die getätigte Ermittlung diente so zumindest dazu, eine falsche Spur auszuschließen. Insoweit obliegt es allein der richterlichen Überzeugungsbildung, ob der Richter der jeweiligen Aussage aufgrund hinzukommender Beweiszeichen einen Aufklärungseffekt beimisst.[1035] Einer grundsätzlichen

[1029]So auch Mehrens, Die Kronzeugenregelung, S. 113.

[1030]BGH, NStZ 2009, 394, 395; Maier in: MüKo, StGB, § 46 b Rn. 30.

[1031]Vgl. Hamacher, Kriminalistik 1999, 795, 796.

[1032]Vgl. Breucker, Die Bewährung der Kronzeugenregelung in der gerichtlichen Praxis, S. 159.

[1033]Stern, StraFo 2002, 185, 187.

[1034]Stern, StraFo 2002, 185, 189.

[1035]BR-Drs. 896/02, S. 9; Weider, NStZ 1985, 481, 483 mit Blick auf § 31 BtMG.

Beschränkung auf die Offenbarung objektiver überprüfbarer Kriterien[1036] bedarf es nicht, weil rein subjektiven Eindrücken ohnehin regelmäßig mangels anderweitiger verfügbarer Beweiszeichen kein Aufklärungserfolg beigemessen werden wird, sofern nicht der geschilderte Eindruck des Kronzeugen eine bereits bestehende Beweisdecke bestätigt. Dann aber besteht kein Grund, ihm die Honorierung der Aufklärungshilfe zu versagen. Stützt man eine Verurteilung nicht auf die Aussage des Kronzeugen allein, ist auch nicht zu befürchten, dass es zu zahlreichen Fehlurteilen kommt. Daher spricht auch die Gefahr eines Fehlurteils nicht gegen die Beweiseignung einer Kronzeugenaussage. Der Wert der Aussage wird daher vom jeweiligen Einzelfall, insbesondere dem jeweiligen Stand der Ermittlungen abhängen. Der Wert einer Kronzeugenaussage ist zudem vor allem dann schwer zu bewerten, wenn der Kronzeuge für den Erhalt des Honorars nicht zum späteren Erscheinen als Zeuge vor Gericht verpflichtet ist. Wird der Kronzeuge nicht als Zeuge vernommen, sondern bleibt lediglich Informant, unterliegt er streng genommen nicht der Wahrheitspflicht. Ferner führt auch die Tatsache, dass der Zeuge nicht vor Gericht auftreten muss dazu, dass die Instrumentarien der Vereidigung als auch der §§ 153 ff. StGB nicht zur Steigerung des Wahrheitsgehaltes herangezogen werden können. Einzig dienlich sind insoweit die §§ 145 d und 164 StGB, auf die explizit hingewiesen werden sollte, um vermehrten Falschaussagen vorzubeugen.

Die Bedenken gegen den Wert einer solchen Aussage können nicht grundlegend ausräumt werden. Es lässt sich jedoch auch nicht leugnen, dass eine solche Aussage, sofern sie richtig bewertet wird, durchaus werthaltig sein kann. Dies aber macht es erforderlich, dass die Regelung selbst dem Rechtsanwender genügend Raum lässt, den Wert der Aussage zu beurteilen. Wie der Tatrichter letztlich den Wert einer Aussage bemisst, kann ihm nicht vorgeschrieben werden.[1037] Zur Steigerung des Beweiswertes wird zum Teil gefordert, die persönliche Aussage des Kronzeugen im Verfahren gegen den Dritten zu verlangen und insofern Beweissurrogate nicht zuzulassen.[1038] Unter Berücksichtigung der Rechtsprechung hinsichtlich des Konfrontationsrechts ist dies nicht notwendig, da den Beweissurrogaten ohnehin lediglich ein geringerer indizieller Beweiswert zukommt.[1039] In einem solchen Fall kann das Urteil nicht allein auf die Aussage des Kronzeugen gestützt werden. Der Beweiswert ist daher niedriger, was sicherlich zu berücksichtigen ist. Gleichwohl kann auch in solchen Fällen nicht pauschal davon ausgegangen werden, dass die Kronzeugenaussage wertlos ist, nur weil ihr im Folgeprozess kein hoher Beweiswert beigemessen werden kann. Der Wert der Aussage kann vielmehr deswegen hoch sein, weil der

---

[1036] So etwa Kühne, Strafprozessrecht, Rn. 800.1.

[1037] Weider, NStZ 1985, 481, 483 mit Blick auf § 31 BtMG.

[1038] Stern, StraFo 2002, 185, 189.

[1039] BGH, NJW 2007, 237.

Kronzeuge entscheidende Hinweise gegeben hat. Zu bedenken ist, dass der Kronzeuge zweierlei Funktionen wahrnimmt beziehungsweise wahrnehmen kann: Er ist Informant und Zeuge.

Die Diskussion um den Beweiswert ist müßig. Vergegenwärtigt man sich, dass es sich bei der Aussage des Kronzeugen als Zeugen und Informanten letztlich um eine einfache Aussage handelt, die aufgrund dessen, dass es sich um eine Kronzeugenaussage handelt, besonders gewürdigt werden muss, wird deutlich, dass der Beweiswert der Aussage im Einzelfall von der Effizienz des Gerichtes abhängt. Es obliegt dem Tatgericht, die Glaubwürdigkeit des Kronzeugen sowie die Glaubhaftigkeit der Aussage zu hinterfragen. Der Richter ist verpflichtet, die Glaubwürdigkeit anhand objektiver Erkenntnisse zu überprüfen und sich eine Überzeugung aus dem Inbegriff der Hauptverhandlung zu bilden.[1040] Wenn diese Überprüfung gewährleistet ist, kann und darf man dem Kronzeugen nicht jedwede Glaubwürdigkeit und damit einhergehend seiner Aussage jeden Beweiswert im Vorfeld aberkennen.

Dabei ist zu berücksichtigen, dass die Überprüfung der Glaubwürdigkeit des Kronzeugen faktisch in der Regel zweimal erfolgen wird. Einmal im Hinblick auf die Prognoseentscheidung hinsichtlich des Aufklärungsbeitrages im Verfahren gegen den Kronzeugen und ein weiteres Mal im Verfahren bezüglich der Bezugstat, sofern der Kronzeuge dort beteiligt ist. Zwar ist das Gericht im zweiten Verfahren nicht an die Bewertung des ersten Gerichts gebunden, gleichwohl wird es von der Bewertung Kenntnis haben. Es findet somit eine doppelte Überprüfung statt.

Da die Glaubwürdigkeitsprognose ein Aspekt ist, der letztlich dem Zeugenbeweis innewohnt, sollte man sich auch im Sonderfall des aussagenden Kronzeugen der herkömmlichen Methodik der Kontrolle der Glaubwürdigkeit eines Zeugen bedienen, sodass diese letztlich anhand folgender Aspekte zu bemessen ist:[1041]

- Aussageentstehung
- Aussageentwicklung im Laufe des Verfahrens
- unterschiedliche Angaben zum Kern- und Randgeschehen
- Widersprüche innerhalb der Aussage oder bezüglich sonstiger Beweisergebnisse
- unrichtiges oder übertriebenes Angeben
- deutlich hervortretender Belastungseifer
- nachgewiesene (teilweise) Falschbelastung
- Motiv für eine mögliche Falschbelastung

[1040] Vgl. Maier in: MüKo, StGB, § 46 b Rn. 86; Breucker, Die Bewährung der Kronzeugenregelung in der gerichtlichen Praxis, S. 175.

[1041] Weider in: Anwaltshandbuch/Strafverteidigung, Rn. 190.

Besonderes Gewicht sollte der Motivation des Kronzeugen beigemessen werden, wenn er aufgrund der Schwere der gegen ihn erhobenen Tatvorwürfe nichts mehr zu verlieren hat.[1042] „Ferner kann es zu würdigen sein, ob und inwieweit der Angeklagte, wie es beim Tatopfer der Fall sein kann, mit seiner Wissensoffenbarung (Anzeige beziehungsweise Aussage) ausschließlich oder vorrangig eigene Aufklärungs- beziehungsweise Genugtuungsinteressen verfolgt hat."[1043] Es obliegt dem Gericht, im Rahmen der Amtsaufklärung diesbezüglich zu ermitteln und Beweisanträge, die nicht das unmittelbare Tatgeschehen sondern Randbereiche betreffen und sich etwa auf den Nachweis der Unrichtigkeit der Angaben des Belastungszeugen zu anderen Punkten beziehen, entsprechend zu handhaben.[1044] Dies gilt vor allem mit Blick darauf, dass das Gericht seiner Überzeugungsbildung nicht ungeprüfte polizeiliche Ermittlungsergebnisse zu Grunde legen darf.[1045] Auch in dem Fall, dass gegen den Belasteten bereits ein rechtskräftiges Urteil ergangen ist, genügt die bloße Verlesung des Urteils der Amtsaufklärungspflicht nicht.[1046] Insbesondere im Rahmen dieser Beurteilung sollte sich das Gericht eines fachkundigen Sachverständigen bedienen, der den entsprechenden Zeugen einer aussagepsychologischen Begutachtung unterzieht. Dies kann vor allem deswegen zu einer sachdienlichen Beurteilung beitragen, weil „die Aussagepsychologie in den letzten Jahrzehnten weltweit sowohl hinsichtlich ihrer wissenschaftlichen Grundlagen als auch ihrer praktischen Anwendung eine steile Aufwärtsbewegung gezeigt hat."[1047] Die Ausschöpfung aller insoweit zur Verfügung stehender Methoden ist vor allem deswegen geboten, weil bestehende Zweifel am Wahrheitsgehalt der Aussage stets zu Lasten des potenziellen Kronzeugen gehen. Zudem handelt es sich bei der Ermittlung des Wahrheitsgehaltes der Aussage des Kronzeugen um entlastende Umstände, die zu ermitteln die Staatsanwaltschaft gemäß § 160 II StPO verpflichtet ist.[1048] Weiterhin sollte auch hinsichtlich einer Kronzeugenregelung bedacht werden, dass gemäß § 339 StGB „auch durch einen Verstoß gegen Verfahrensvorschriften Rechtsbeugung begangen werden kann, [...] wenn [der Amtsträger] sich bewusst und in schwerwiegender Weise von Recht und Gesetz entferne."[1049] Demnach ist der Richter stets auch im eigenen Interesse gehalten, ein Kronzeugenprivileg nur zu gewähren, wenn die Voraussetzungen zu

---

[1042] Malek, StV 2010, 200, 206.

[1043] BGH, StV 2010, 480, 481.

[1044] BGH, StV 1995, 115, 115 f.; Weidner in: Anwaltshandbuch Strafverteidigung, Rn. 190.

[1045] Maier in: MüKo, StGB, § 46 b Rn. 72; Fezer in: Lenckner-FS, 681, 690.

[1046] Fezer in: Lenckner-FS, 681, 692 f.

[1047] Wegener, Schriftenreihe der Strafverteidigervereinigungen zum 18. Strafverteidigertag, 79, 83.

[1048] Peglau, wistra, 2009, 409, 412.

[1049] Jahn/Müller, NJW 2009, 2625, 2631.

seiner Überzeugung tatsächlich vorliegen. Die Rechtsfindung erfordert insbesondere dann, wenn es entscheidend auf die Wahrung des Verhältnismäßigkeitsgrundsatzes ankommt, mehr als gute Rechtskenntnis und Subsumtionstechnik, nämlich ein Bewusstsein für rechtsstaatliche Anforderungen.[1050] Dem Richter obliegt es daher, mit den zur Verfügung stehenden Methoden eine möglichst aussagekräftige Beurteilungsgrundlage zu schaffen und darauf folgend unter Berücksichtigung der rechtsstaatlichen Grundsätze eine Entscheidung zu treffen.[1051]

Zu erwägen wäre daher die Zulassung einer polygraphischen Untersuchung[1052] des Kronzeugen. „Der Polygraph ist ein Apparat, der bei dem Vernommenen Blutdruck, Puls, Atmung, Schweißabsonderung und Muskelreflexe misst, diese Messungen in Kurvenzeichnungen festhält und daraus Rückschlüsse auf die Wahrheit der während der Messung gegebenen Antworten zulassen soll."[1053] Dieses Instrumentarium ist im Rahmen des Strafprozesses umstritten, da bereits der Beweiswert einer solchen Untersuchung sehr zwiespältig betrachtet wird. So hat noch 1998 der BGH geurteilt, dass die polygraphische Untersuchung als Beweismittel gemäß § 244 III Alt. 4 StPO völlig ungeeignet sei.[1054] Allerdings kann ihr zumindest dann „ein „indizieller Beweiswert"[...][zukommen], wenn eine hinreichend breite Datenbasis belegen würde, daß [sic] bestimmte gemessene Körperreaktionen mit dem Verhalten im hohem Maße zusammenhängen."[1055]

Diese geforderte Konnexität ist, gestützt auf zahlreiche Untersuchungen, als wissenschaftlich erwiesen anzusehen.[1056] Insoweit dürfte dem zumindest indiziellen Beweiswert einer solchen Untersuchung aus psychologischer Sicht nichts mehr entgegenstehen. Problematisch wird der Einsatz dieser Methodik jedoch aufgrund einer normativen Betrachtung. Außer Frage steht, dass eine polygraphische Untersuchung gegen den Willen eines Beschuldigten als Verstoß gegen den Nemo-tenetur-Grundsatz, der in Artikel 2 I, Artikel 1 I und Artikel 20 III GG verankert ist, zu werten ist und daher als grundsätzlich unzulässig gelten muss.[1057] Dies steht der Möglichkeit einer solchen Untersuchung zur Verifizierung einer Kronzeugenaussage nicht entgegen, da es im Interesse des Kronzeugen liegt, bestehende

[1050]Ignor, BRAK-Mitt. 2/2008, 50, 51.

[1051]Vgl. Kneba, Die Kronzeugenregelung, S. 42 f.

[1052]Vgl. zur Funktionsweise: Putzke/Scheinfeld/Klein/Undeutsch, ZStW 121 (2009), 607, 612 ff.

[1053]Kühne, Strafprozessrecht, Rn. 901.

[1054]BGHSt 44, 308 ff.

[1055]BGHSt 44, 308 ff.

[1056]Putzke/Scheinfeld/Klein/Undeutsch, ZStW 121 (2009), 607, 624; a. A. noch BGHSt 44, 308 ff. der aufgrund des nicht nachgewiesenen Zusammenhangs zwischen kognitiven bzw. emotionalen Zuständen und hierfür spezifischen Reaktionsmustern im vegetativen Nervensystem auf die fehlende Beweiseignung schloss.

[1057]Putzke/Scheinfeld/Klein/Undeutsch, ZStW 121 (2009), 607, 628.

Zweifel an seiner Aussage auszuräumen, da Zweifel insoweit stets zu Lasten des Kronzeugen gehen. Daher muss es dem Kronzeugen möglich sein, diesbezüglich Beweise zu erbringen. Eine auf sein Verlangen durchgeführte polygraphische Untersuchung würde gegenüber einer umfassenden Beweisaufnahme eine die Verfahrenslänge wesentlich weniger strapazierende Alternative darstellen. Zudem kann eine verlangte Untersuchung nicht als Verstoß gegen den Nemo-tenetur-Grundsatz gewertet werden. Möglicherweise wäre ein solches Vorgehen im Hinblick auf das in Artikel 2 I i.V.m. Artikel 1 I GG verankerte Persönlichkeitsrecht problematisch, da der Aussagende insoweit „zu einem bloßen Anhängsel eines Apparates" degradiert würde.[1058] Eine so begründete Ablehnung einer solchen Untersuchung erscheint jedoch im Hinblick darauf, dass es jedem Beschuldigten möglich ist, sich einer Psychoanalyse zu unterziehen und dem Gericht entsprechende Einblicke in die eigene Psyche zu gewähren, befremdlich.[1059] Zudem ist es paradox, dem Beschuldigten ein Recht mit der Begründung abzusprechen, dass die Wahrnehmung eben dieses Rechts gegen sein ureigenes Persönlichkeitsrecht verstößt.[1060] Resultiert aus einem subjektiven Recht zugleich eine Pflicht, so kann Gläubiger der Pflicht nicht der Berechtigte selbst sein. Daher kann die Pflicht zur Unterlassung der Beweiserhebung nicht aus dem eigenen Persönlichkeitsrecht folgen.[1061] Erst, wenn eine Verobjektivierung des Betroffenen vorliegt, ist ein solcher Verzicht auf das eigene Persönlichkeitsrecht oder die Menschenwürde nicht mehr hinnehmbar.[1062] Insoweit ist daher grundsätzlich von der Abwägungsfähigkeit des objektiven Gehaltes der Menschenwürde auszugehen, sodass die widerstreitenden Interessen gegeneinander abzuwägen sind, sofern nicht eine Verobjektivierung vorliegt.[1063] In Fällen einer freiwilligen Untersuchung findet gerade keine Verobjektivierung statt, da der Aussagende in seiner Subjektstellung unberührt bleibt.[1064] Daher stellt diese Untersuchung keinen Eingriff in die Menschenwürde dar. Vielmehr müssen, solange dieses Vorgehen im Einklang mit der Menschenwürdegarantie steht, unter Umständen die moralischen Interessen der Allgemeinheit hinter dem existentiellen Interesse des Beschuldigten, sich vom Verdacht einer Straftat zu entlasten,

---

[1058]BVerfG, NJW 1982, 375.

[1059]Schwabe, NJW 1979, 576, 578; a. A. Kühne, Strafprozessrecht, Rn. 901, der aus dem verbotenen Blick ins Innerste des Menschen, ein umfassendes Verbot der polygraphischen Untersuchung im Strafprozess herleiten will.

[1060]Putzke/Scheinfeld/Klein/Undeutsch, ZStW 121 (2009), 607, 629.

[1061]Putzke/Scheinfeld/Klein/Undeutsch, ZStW 121 (2009), 607, 629.

[1062]Vgl. Herdegen in: Maunz/Dürig, GG, Artikel 1 Rn. 36; Hillgruber in BeckOK GG, Artikel 1 Rn. 13.

[1063]Putzke/Scheinfeld/Klein/Undeutsch, ZStW 121 (2009), 607, 631.

[1064]BGHSt 44, 308, 317.

zurücktreten[1065] Ebenso, wie sich ein Straftäter gemäß § 3 II KastrG auf eigenen Wunsch kastrieren lassen kann, um weitere Freiheitsentziehung zu vermeiden, muss es ihm möglich sein, sich freiwillig einer polygraphischen Untersuchung zu unterziehen, um einer Freiheitsentziehung zu entgehen.[1066] Teilweise wird gegen eine freiwillige Untersuchung eingewandt, dass diese eben gerade nicht freiwillig erfolge, sondern der jeweilige Beschuldigte sich unter dem Zwang des Strafverfahrens dazu genötigt fühle.[1067] Zudem könne ein Verzicht auf die Beantragung einer entsprechenden Untersuchung als Indiz für die Schuld gewertet werden.[1068] Genauer betrachtet, überzeugen diese Argumente jedoch nicht, da ein gewisser Zwang dem Strafverfahren immanent ist. So ist grundsätzlich jedem Angeklagten bekannt, dass sich beispielsweise die Teileinlassung günstig auf die Strafe auswirkt.[1069] Ferner hat das Bundesverfassungsgericht in Bezug auf eine Blutuntersuchung geurteilt, dass das Bestreben, sich nicht durch eine Weigerung verdächtig zu machen, der Freiwilligkeit einer solchen Erklärung nicht entgegenstünde.[1070] Mit der Verweigerung einer solchen Untersuchung verhält es sich dem Grunde nach wie mit dem Schweigen des Angeklagten, das auch nicht als Indiz für dessen Schuld gewertet werden darf.[1071] Bei der Bewertung dieser Untersuchungsmethode darf nicht außer Acht gelassen werden, dass letztlich die Beweiswürdigung unter Berücksichtigung aller Beweise dem Richter obliegt, dessen Aufgabe gerade nicht darin besteht, dem zu folgen, was das Gutachten besagt.[1072] Insoweit erscheint die Einführung einer freiwilligen polygraphischen Untersuchung zumindest denkbar, sofern nachweislich ein gesicherter Zusammenhang zwischen dem Wahrheitsgehalt der Aussage und den Messwerten feststellbar ist.[1073] Man darf nicht den Fehler machen, letztlich vom Beweiswert des Gutachtens auf die Unzulässigkeit der Methode zu schließen. Allein der Umstand, dass der Beweiswert fraglich ist, macht die Methode nicht schlechthin unzulässig. Solange allen Beteiligten klar ist, dass es sich allenfalls um ein Indiz handeln kann, dessen Beweiswert möglicherweise fraglich ist, besteht auch nicht die Gefahr eines Verstoßes gegen § 136 a StPO.

[1065] Putzke/Scheinfeld/Klein/Undeutsch, ZStW 121 (2009), 607, 631.

[1066] Putzke/Scheinfeld/Klein/Undeutsch, ZStW 121 (2009), 607, 624.

[1067] Putzke/Scheinfeld/Klein/Undeutsch, ZStW 121 (2009), 607, 632.

[1068] Peters, ZStW 87 (1975), 663, 676.

[1069] Vgl. BGH, NStZ 2008, 170, 171; Putzke/Scheinfeld/Klein/Undeutsch, ZStW 121 (2009), 607, 632; Taubald, Konsensuale Erledigung, S. 61.

[1070] BVerfG, NStZ 1996, 345, 346.

[1071] Klimke, NStZ 1981, 433, 434; Putzke/Scheinfeld/Klein/Undeutsch, ZStW 121 (2009), 607, 632.

[1072] Putzke/Scheinfeld/Klein/Undeutsch, ZStW 121 (2009), 607, 640.

[1073] A. A. Kühne, Strafprozessrecht, Rn. 901, der bei Erlangung fundierter Ergebnisse immer ein Verbot gemäß § 136 a StPO mit Blick auf die Menschenwürde statuiert.

Um die Frage, ob die polygraphische Untersuchung grundsätzlich als Entlastungsbeweis im Strafverfahren zuzulassen ist, soll es hier jedoch auch gar nicht gehen. In Bezug auf den Kronzeugen dient die Untersuchung nicht der Verifizierung der Aussage, um sich vom Verdacht einer Straftat zu entlasten, sondern lediglich der Ermöglichung der Anwendung des § 46 b StGB. Es soll daher lediglich seine Aussage bezüglich der Bezugstat verifiziert werden, um möglicherweise einen Strafrabatt zu erhalten. Es geht also der Sache nach gar nicht um die Schuldfrage, so dass an die Beweiserhebung nicht dieselben Maßstäbe anzulegen sind. Zwar könnte man die Unzulässigkeit dieses Verfahrens daraus schlussfolgern, dass die Allgemeinheit, insbesondere die Geschädigten und deren Angehörigen, auch kein Interesse daran haben, dass dem Aussagenden ein Strafrabatt gewährt wird, obwohl die Täterschaft zu diesem Zeitpunkt bereits außer Frage steht. Diese Betrachtung verkennt jedoch, dass das Instrument der Aufklärungshilfe nicht nur das konkrete Verfahren im Blick hat, sondern die gesamte Strafrechtspflege und insoweit ein erhebliches Interesse an der Aufklärung der der Aussage zugrundeliegenden Straftat besteht. Es liegt daher im übergeordneten Interesse der Allgemeinheit, sämtliche Methoden auszuschöpfen und die Glaubwürdigkeit des Zeugen zu hinterfragen. Selbst wenn der Beweiswert des Gutachtens möglicherweise fraglich ist, kann doch die Bereitschaft, dieses Gutachten einzuführen, zumindest als Indiz für die Glaubwürdigkeit des Kronzeugen herangezogen werden. Es ist in der Praxis dem Gericht gar nicht möglich, das Vorliegen der Voraussetzungen einer Kronzeugenregelung im Strengbeweisverfahren zu überprüfen.[1074] Vielmehr wird letztlich die Gewährung des Privilegs anhand einer Prognoseentscheidung erfolgen, so dass ein weiteres Indiz, wie etwa ein solches Gutachten, nur wünschenswert ist. Schließlich obliegt es dem Gericht, sorgfältig zu prüfen, ob die Voraussetzungen der Kronzeugenregelung vorliegen. Insbesondere, weil der Zweifelssatz hier nicht gilt, sollte eine freiwillige polygraphische Untersuchung möglich sein. Zudem ist zu berücksichtigen, dass der auf dem Aussagenden lastende Druck im Hinblick auf die Kronzeugenaussage wesentlich geringer ist, sodass Bedenken bezüglich eines potenziellen Untersuchungszwangs nicht bestehen.

Problematisch erweist sich das polygraphische Gutachten jedoch mit Blick auf das Verfahren gegen den Belasteten. Schließlich sieht sich der Belastete nicht nur einem Belastungszeugen gegenüber, dessen Glaubwürdigkeit er erschüttern müsste, sondern auch einem entsprechendes Gutachten, das diesen Beweis erschwert. Richtiger Ansicht nach ist das polygraphische Gutachten als Sachverständigengutachten zu werten,[1075] das gemäß § 256 StPO verlesen werden kann. Allerdings gebietet es das Aufklärungs-

---

[1074] Vgl. OLG Hamburg, NStZ 1997, 443, 444; Fezer in: Lenckner-FS S. 681, 689 ff.; Weber, Betäubungsmittelgesetz, § 31 Rn. 134.

[1075] Prittwitz, MDR 1982, 886, 890.

gebot, den Sachverständigen selbst zu hören.[1076] Demgemäß steht lediglich ein Sachverständigengutachten im Raum, dessen Glaubhaftigkeit schon allein deswegen leicht erschüttert werden könnte, weil der zugrundeliegenden Untersuchungsmethode nur ein indizieller Beweiswert zu Gute kommt. Schwierig gestaltet sich dies jedoch im Hinblick auf die Gewährleistung eines fairen Verfahrens, da es dem belasteten Dritten nicht ohne weiteres möglich ist, ein entsprechendes Gutachten zu beantragen, um die Glaubwürdigkeit des Belastungszeugen zu erschüttern. Schließlich läuft es so wiederum darauf hinaus, dass der Kronzeuge gezwungen würde, sich einer zwangsweise polygraphischen Untersuchung zu unterziehen, wodurch er sich im Hinblick auf eine Strafbarkeit gemäß §§ 145 d und 164 StGB selbst belastet. Dies ist aber unzulässig. Einem freiwilligen polygraphischen Gutachten des Kronzeugen darf nur ein geringer Beweiswert zugesprochen werden. Es ist daher nicht möglich, die Aussage des Kronzeugen allein gestützt auf des Gutachten als glaubhaft und den Zeugen als glaubwürdig einzustufen. Vielmehr müssen weitere Indizien hinzukommen, um ein insgesamt faires Verfahren sicherzustellen.

Zur Bemessung der Glaubwürdigkeit des Angeklagten sowie zur Überprüfung der Glaubhaftigkeit der Angaben zu den Bezugstaten empfiehlt es sich im laufenden Verfahren gegen den Kronzeugen, den Verteidiger als Zeugen zu vernehmen, sofern der Kronzeuge zustimmt. Ebenso wenig wie man dem Angeklagten unter Berufung auf eigene Schutzinteressen die polygraphische Untersuchung verwehren kann, sollte man ihm die gewinnbringende Vernehmung seines eigenen Verteidigers zu beweiserheblichen Tatsachen unter Berufung auf den Schutz der Verteidigungsinteressen verwehren können.[1077] „Das gesamte Verhältnis zwischen Verteidiger und Mandant ist durch § 53 Abs. 1 S. 1 Nr. 2 StPO, flankiert durch § 203 Abs. 1 Nr. 3 StGB, davor geschützt, daß [sic] der Verteidiger gegen den Willen des Mandanten über in diesem Zusammenhang von ihm gewonnene Erkenntnisse als Zeuge aussagen muß [sic] [...]. Daraus folgt aber nicht, daß [sic] der Angekl[agte], der sich von einer solchen Aussage wesentliches für seine Verteidigung verspricht, nicht wirksam auf diesen Schutz verzichten darf, indem er den Verteidiger von seiner Schweigepflicht befreit."[1078] Insbesondere hinsichtlich der Glaubwürdigkeit des Zeugen sowie der tatsächlichen Umstände, die letztlich zur Aussage führten, wird der Verteidiger Wesentliches aussagen können.

Im Ergebnis kann man der Kronzeugenaussage einen Beweiswert beziehungsweise einen Beweisermittlungswert nicht pauschal absprechen. Vielmehr obliegt es in jedem Einzelfall dem Gericht, den Beweiswert zu ermitteln und sich insoweit sämtlicher zur Verfügung stehender Methoden

---

1076 Diemer in: KK, § 256 Rn. 5.

1077 BGH, StV 2010, 287, 288.

1078 BGH, StV 2010, 287, 288.

und Erkenntnisse zu bedienen. Wenngleich die Beweiswürdigung von Gesetzes wegen „frei", das heißt, keinen Beweisregeln unterworfen ist, muss die Rechtsprechung bei der Beweiswürdigung aus den wissenschaftlichen, insbesondere den kriminalistischen, forensischen und aussagepsychologischen Untersuchungen gewonnene Erfahrungsregeln beachten.[1079] Dies ermöglicht in vielen Fällen den zweifelhaften Wert der Aussage ganz erheblich zu steigern. Zudem sollte auch umgekehrt dem Aussagenden der Zugriff auf entsprechende den Wert seiner Aussage steigernde Methoden ermöglicht werden.

[1079]BVerfG, NStZ-RR 2003, 299, 301; Roxin/Schünemann, Strafverfahrensrecht, § 45 Rn. 50.

2. TEIL: DAS KRONZEUGENGESETZ VON 1989/1994

A. Zielsetzung

Das Kronzeugengesetz von 1989/1994 zielte darauf ab, „einerseits durch Insideraussagen Hinweise zu erhalten, welche Terroranschläge von welchen RAF-Attentätern verübt worden waren; andererseits sollten durch die Angaben von Mitgliedern der RAF künftige Anschläge verhindert werden."[1080] Das Kronzeugengesetz war auf der einen Seite in seinem Anwendungsbereich beschränkt, da es bis 1994 ausschließlich im Bereich der terroristischen Straftaten anwendbar, und auf der anderen Seite in der Anwendung selbst sehr weit ausgestaltet war, da die Tatbestandsvoraussetzungen auf den ersten Blick eine großzügige Anwendung erlaubten. Diese täterfreundliche Ausgestaltung der Regelung lässt sich vor allem mit den damals verfolgten Zwecken begründen. Vorrangig sollte „die Begehung künftiger terroristischer Straftaten verhindert und damit schwerwiegende Gefahr für höchste Rechtsgüter abgewendet, aber auch die Aufklärung solcher bereits begangener Taten gefördert werden."[1081] Geleitet war dieses Gesetz von dem Gedanken, man könne die gefestigten Strukturen dadurch von innen schwächen, dass man diejenigen Mitglieder terroristischer Vereinigungen anspricht, die den Ideologien nicht mehr unverrückbar anhaften, indem man ihnen eine Resozialisierung möglichst erleichtert.[1082]

B. Konkrete Ausgestaltung

Aufgrund dessen, dass die Regelung als Reaktion auf eine akute terroristische Bedrohungslage, namentlich durch die RAF, gedacht war, verzichtete man bewusst darauf, den Regelungskomplex in bestehende Kodifikationen

[1080] Pflieger/Striewisch, Die Kriminalpolizei 2006, 93, 94.

[1081] Hilger, NJW 1989, 2377.

[1082] Vgl. Hilger, NJW 1989, 2377; Kintzi, DRiZ 2004, 100.

wie das Strafgesetzbuch oder die Strafprozessordnung aufzunehmen und entschied sich für ein zeitlich begrenztes, selbständiges Artikelgesetz.[1083] „Ausgerichtet an diesen Zielen waren alternativ eine prozessuale und eine materiell rechtliche Lösung vorgesehen."[1084] Prozessual hatte die Strafjustiz auf Grundlage dieses Gesetzes nach freiem Ermessen die Möglichkeit, gemäß Artikel 4 § 1 KronzG (gegebenenfalls i.V.m. Artikel 5 KronzG)

1.) im Ermittlungsverfahren durch den Generalbundesanwalt mit Zustimmung eines Strafsenats des BGH von der Strafverfolgung gegen den Kronzeugen abzusehen (§ 1 der Regelung),

während materiell rechtlich gemäß Artikel 4 § 2 KronzG (gegebenenfalls i.V.m. Artikel 5 KronzG) die Möglichkeit bestand,

2.) nach Anklage bis zum Beginn der Hauptverhandlung mit Zustimmung des Generalbundesanwalts das Verfahren nach § 153 b II StPO gerichtlich einzustellen (§ 2 S. 2),

3.) im Urteil von Strafe absehen oder diese zu mildern (§2 S. 1),

falls der Kronzeuge einer Strafverfolgungsbehörde tatsächliche Erkenntnisse offenbart, die geeignet sind, die Begehung einer terroristischen Straftat zu verhindern, aufzuklären oder einen Täter festzunehmen.

Aufgrund dessen, dass das Kronzeugenprivileg geschaffen wurde, um gezielt gegen den Terrorismus vorzugehen, war der Kreis der Privilegierten beschränkt. Demgemäß konnte Kronzeuge im Sinne des Artikels 4 nur sein, wer im Verdacht stand, eine Straftat gemäß § 129 a StGB begangen zu haben. Trotz des Wortlautes, der explizit eine feststehende Täterschaft oder Teilnahme verlangte, ließ man das Vorliegen eines dringenden Tatverdachts genügen.[1085] Im Rahmen des Verbrechensbekämpfungsgesetzes von 1994 wurde der Anwendungsbereich jedoch durch Zufügen eines weiteren Artikels auf diejenigen Täter erstreckt, die einer Straftat nach § 129 StGB bezichtigt wurden. Inhaltlich wurde jedoch weitestgehend auf die bestehende Regelung verwiesen. Insoweit kamen nunmehr als Kronzeugentat sowohl Delikte nach § 129 a StGB als auch nach § 129 StGB in Betracht. Während § 129 StGB lediglich eine Vereinigung verlangt, deren Zweck oder Tätigkeit auf die Begehung von Straftaten im Allgemeinen gerichtet ist, erfordert § 129 a StGB eine Vereinigung, die aufgrund der verwirklichten Delikte wie etwa Mord, Totschlag, Völkermord und anderen gemeingefährlichen Straftaten als terroristisch eingestuft werden kann.[1086] Darüber hinaus genügte auch der Verdacht einer Tatbegehung, die im direkten Zusammenhang zu einer Straftat gemäß § 129 a StGB, § 129 StGB stand, wo-

[1083]Vgl. Breucker, Die Bewährung der Kronzeugenregelung in der gerichtlichen Praxis, S. 15.

[1084]Kintzi, DRiZ 2004, 100.

[1085]Mehrens, Die Kronzeugenregelung, S. 64.

[1086]Mehrens, Die Kronzeugenregelung, S. 65.

runter typische Begleittaten und Beschaffungsdelikte fielen.[1087] Dies war vor allem dann relevant, wenn die Zusammenhangtat deutlich gravierender war, also selbst dann noch verfolgt werden konnte, wenn das Organisationsdelikt längst verjährt war.[1088] Allerdings war dann, wenn man auf eine Zusammenhangtat abstellte, grundsätzlich der Nachweis des Zusammenhangs notwendig, wenngleich nicht zwingend erforderlich war, dass der Kronzeuge selbst auch an einer Organisationstat beteiligt war.[1089] Ein entsprechendes Privileg blieb jedoch denjenigen verwehrt, die sich wegen Völkermordes zu verantworten hatten, Artikel 4 § 3 Kronzeugengesetz.

Wenn man aber diesem Täterkreis angehörte und sich bereit zeigte, entgegen der terroristischen Ideologien mit den staatlichen Strafverfolgungsbehörden zu kooperieren, wurden an die gemachten Angaben keine allzu hohen Anforderungen gestellt. Vielmehr ließ man es genügen, dass der Kronzeuge Angaben machte, die geeignet waren, den Aufklärungserfolg zu fördern, während man den tatsächlichen Aufklärungserfolg nicht verlangte.[1090] Dieses Merkmal der „Eignung" sollte sicherstellen, dass Ermittlungsdefizite gerade nicht zu Lasten des Kronzeugen gingen.[1091] Innerhalb der Rechtsprechung ließ man es sogar genügen, wenn die Aussage des Kronzeugen lediglich konkrete Ermittlungsansätze lieferte ohne jedoch zur Aufklärung einer bestimmten Straftat beizutragen.[1092] Dieser weite Anwendungsbereich lässt sich damit begründen, dass die Strafjustiz bereits dadurch profitierte, dass sich Mitglieder der Organisation fanden, die zur Kooperation bereit waren und dadurch die Gesamtorganisation nach außen schwächten. Ziel war daher nicht nur der finale Ermittlungserfolg im Verfahren gegen Dritte. Dennoch fand sich ein Korrektiv dieser extensiven Ausgestaltung derart, dass die Regelung auch auf Rechtsfolgeseite einen Ermessensspielraum vorsah. Demnach musste immer noch entschieden werden, ob die Aufklärungshilfe die begehrte Rechtsfolge rechtfertigte.[1093]

Um den Kreis der Privilegierten in größerem Umfang anzusprechen, sah die Regelung nicht vor, dass der „Zeuge" als solcher vor Gericht auftrat, sofern es auf die Einführung seines Wissens in die Hauptverhandlung nicht ankam.[1094] Dann genügte es, wenn er sein Wissen vor der Staatsan-

---

[1087] Gropp/Schubert/Wörner in: Rechtliche Initiativen gegen organisierte Kriminalität, 69, 149.

[1088] Mehrens, Die Kronzeugenregelung, S. 66.

[1089] Mehrens, Die Kronzeugenregelung, S. 68.

[1090] Gropp/Schubert/Wörner in: Rechtliche Initiativen gegen organisierte Kriminalität, 69, 149; Hoyer, JZ 1994, 233, 239.

[1091] Hilger, NJW 1989, 2377, 2378.

[1092] Mehrens, Die Kronzeugenregelung, S. 71.

[1093] Mehrens, Die Kronzeugenregelung, S. 70 f.

[1094] Gropp/Schubert/Wörner in: Rechtliche Initiativen gegen organisierte Kriminalität, 69, 149; Hilger, NJW 1989, 2377, 2378.

waltschaft offenbarte.[1095] Es war nicht erforderlich, dass der Kronzeuge etwas gänzlich Neues aussagte. Vielmehr genügte die Bestätigung dessen, was die Ermittlungsbehörden bereits vermuteten.[1096] Zudem sah Artikel 4 § 4 des damaligen Gesetzes vor, dass der Kronzeuge seine Offenbarung auch durch einen vermittelnden Dritten machen konnte. Grundsätzlich konnte der Kronzeuge jeden beliebigen Dritten benennen, jedoch musste dessen Neutralität gewährleistet sein, sodass ein Tatbeteiligter ausschied.[1097]

In welcher Form die Aufklärungshilfe letztlich belohnt wurde, lag im Ermessen der Justiz, sodass diese je nach Bedeutung des Beitrages (Art, Eignung und Umfang) abwägen musste, inwieweit diese Erkenntnisse eine Vergünstigung mit Blick auf den Tatvorwurf gegenüber dem Kronzeugen rechtfertigten.[1098] Maßgeblich war, dass niemals die persönliche Schuld des Kronzeugen bei der Strafzumessung in den Hintergrund trat. Ein striktes Unrechtsgefälle zwischen der Kronzeugentat und der Bezugstat wurde hingegen nicht verlangt.[1099] Eine Einschränkung des Ermessens war gesetzlich nur soweit normiert, als dass jemand, der des Mordes für schuldig befunden wurde, zwingend mit einer Freiheitsstrafe nicht unter drei Jahren bestraft wurde. Wollte der Generalbundesanwalt von der Verfolgung der Kronzeugentat absehen, so war die Zustimmung eines Strafsenates des Bundesgerichtshofes einzuholen. In den Fällen des Artikel 5 KronzG, also hinsichtlich organisiert begangener Straftaten, die nicht terroristischer Natur sind, oblag die Zuständigkeit der Staatsanwaltschaft, die für das Hauptverfahren zuständig wäre, sowie der in dem jeweiligen OLG Bezirk eingerichteten Staatsschutzkammer, sofern sich die Zuständigkeit nach § 74 a GVG richtete. Die Zustimmung oder die Ablehnung war als reine Prozesserklärung nicht zu begründen, obwohl sie letztlich die einzige gerichtliche Kontrolle des Ermessens des Generalbundesanwalts/Staatsanwaltes darstellte. Lehnte der Generalbundesanwalt/Staatsanwalt hingegen von vornherein die Einstellung des Verfahrens ab, so war neben einer zumindest denkbaren Verfassungsbeschwerde keine gerichtliche Kontrolle vorgesehen. Stimmte der BGH/das OLG hingegen einem Absehen von der Verfolgung nicht zu, so musste der Generalbundesanwalt/Staatsanwalt Anklage erheben und konnte den Kronzeugen allenfalls durch Einwirken auf das Tatsachengericht, dahingehend das Verfahren nach § 153 b II StPO einzustellen oder aber die zu verhängende Strafe zu mildern, entlohnen.[1100] Der Betroffene strebte die Einstellung des Verfahrens im Ermittlungsverfahren an, wenngleich die Einstellungsverfügung nicht in Rechtskraft erwuchs

---

1095 Mehrens, Die Kronzeugenregelung, S. 19.

1096 Mehrens, Die Kronzeugenregelung, S. 73.

1097 Mehrens, Die Kronzeugenregelung, S. 74.

1098 Vgl. Hilger, NJW 1989, 2377.

1099 Mehrens, Die Kronzeugenregelung, S. 81.

1100 Mehrens, Die Kronzeugenregelung, S. 84 f.

und der Betroffene rein rechtlich eine Wiederaufnahme fürchten musste. Insoweit musste der Kronzeuge darauf vertrauen, dass der Generalbundesanwalt/Staatsanwalt von jedweder Verfolgung auch künftig absehen würde.[1101] Wurde lediglich von einer Strafe abgesehen, so musste der Betroffene die Kosten des Verfahrens tragen.[1102] Eine etwaige Milderung erfolgte nach § 49 II StGB, sodass letztlich der Strafrahmen auf das gesetzliche Mindestmaß herabgesetzt wurde.[1103] Das Gesetz sah als Honorierung für die getätigte Offenbarung grundsätzlich eine Privilegierung im Hinblick auf die konkrete abzuurteilende Kronzeugentat vor. [1104] Wenn der Kronzeuge jedoch auch weiterer Taten beschuldigte wurde, war es auch möglich ihm in Bezug auf alle Taten eine Privilegierung zu gewähren.[1105]

C. Kritik

Massiv unter Kritik geriet das Kronzeugengesetz, weil es durch die Kopplung des Privilegs an den Nachweis eines Organisationsdeliktes gemäß § 129 StGB beziehungsweise § 129 a StGB nicht praktikabel war und somit auch kaum angewandt wurde.[1106] Zudem galt das Missbrauchsrisiko als zentrale Schwäche, weil das Gesetz keine Möglichkeit vorsah, dem Kronzeugen ein zu Unrecht gewährtes Privileg wieder wegzunehmen.[1107] Weiterhin wird eingewandt, dass Gesetz habe keine Erfolge erzielt.[1108] Allerdings wird insoweit zu Recht darauf verwiesen, dass die tatsächlichen Erfolge aus Daten- und Zeugenschutzgründen nur nicht publik gemacht werden könnten, sodass von einer generellen Erfolglosigkeit dieses Instrumentariums nicht die Rede sein kann.[1109] Niedrige Fallzahlen sind nicht zwingend ein Indiz für eine fehlende Praxisbewährung einer als Ausnahmevorschrift konzipierten Norm.[1110] Ferner ist auch der Hinweis verfehlt, dass es einer derartigen Regelung nicht bedurfte, weil der wesentliche Gehalt bereits mit anderen Mitteln erzielt werden konnte. Schließlich war der anzusprechende Täterkreis überwiegend wegen Mordes beschuldigt, sodass Mittel und Wege gefunden werden mussten, trotz der drohenden le-

[1101] Mehrens, Die Kronzeugenregelung, S. 85.

[1102] Mehrens, Die Kronzeugenregelung, S. 87.

[1103] Mehrens, Die Kronzeugenregelung, S. 87.

[1104] Mehrens, Die Kronzeugenregelung, S. 89 f.

[1105] Mehrens, Die Kronzeugenregelung, S. 89 f.

[1106] BT-Drs. 14/5938, S.10; Heister-Neumann, DRiZ 2004, 102.

[1107] Heister-Neumann, DRiZ 2004, 102.

[1108] Dahs, NJW 1995, 553, 557; Schaefer, NJW 2000, 2325, 2326.

[1109] Hamacher, Kriminalistik 1999, 795.

[1110] Mühlhoff/Pfeiffer, ZRP 2000, 121, 123.

benslänglichen Freiheitsstrafe Vergünstigungen zuzusichern.[1111] Experten halten die damalige Regelung zumindest für mitursächlich dafür, dass sich die RAF letztlich aufgelöst hat, womit die Zielsetzung erreicht wurde.[1112] Gleichwohl wurden aufgrund dessen, dass die damalige Regelung eine eigenständige Rechtsgrundlage für das Absehen von der Strafverfolgung im Ermittlungsverfahren trotz hinreichenden Tatverdachts vorsah, die Opferinteressen stark beschnitten, da dem Verletzten gegen dieses Vorgehen keine Rechtsbehelfe zur Verfügung standen.[1113] Es handelt sich daher um ein Gesetz, das tendenziell zur Zielerreichung geeignet war, jedoch in seiner konkreten Umsetzung noch einiger Verbesserungen bedurfte.

[1111] Pflieger/Striewisch, Die Kriminalpolizei 2006, 93, 95.

[1112] Pflieger/Striewisch, Die Kriminalpolizei 2006, 93, 95.

[1113] Mehrens, Die Kronzeugenregelung, S. 86.

3. TEIL: KRONZEUGENREGELUNGEN IM GELTENDEN RECHT

A. § 31 BtMG

Als wichtigste Vorgängernorm[1114] zu § 46 b StGB ist § 31 BtMG zu erörtern, die als sogenannte kleine Kronzeugenregelung das Absehen von Strafe beziehungsweise eine erhebliche Strafmilderung bei Aufklärungshilfe im Bereich des Betäubungsmittelstrafrechts vorsieht. Diese Regelung ist insbesondere deswegen von erheblicher Relevanz, da sie neben der neuen Regelung in § 46 b StGB bestehen bleibt und die hierzu ergangene Rechtsprechung auch auf die neue Regelung übertragen werden soll.[1115] Dies gibt zu bedenken, da auch diese Vorschrift trotz des stark begrenzten Anwendungsbereichs ausschließlich im Bereich der Betäubungsmittelstraftaten in der Anwendung nicht unumstritten ist.

I. Zielsetzung

Bereits in ihren Anfängen war § 31 BtMG harscher Kritik ausgesetzt, da die genannten rechtsstaatlichen Bedenken bereits zur Zeit der Einführung dieser Vorschrift geäußert wurden. Dabei hat es nicht einmal damit sein Bewenden, sondern man zieht obendrein den Wert der Aussage eines Drogenabhängigen in Zweifel; Drogenabhängige seien zumeist nicht vernehmungsfähig und in Ihrem Aussageverhalten wankelmütig.[1116]

Es stellt sich daher im Rahmen dieser Erörterung die Frage, was den Gesetzgeber veranlasst hat, sich dieser Kritik zu widersetzen und § 31 BtMG einzuführen. Möglicherweise finden sich Parallelen zur aktuellen Situation. Die Existenz der Regelung des § 31 BtMG wird damit gerechtfer-

---

[1114] Vgl. Bußmann in: Matt/Renzikowski, StGB,§ 46 b Rn. 1; Seebode in: Anwaltkommentar StGB, § 46 b Rn. 3.

[1115] BT-Drs. 16/6268, S. 12; Bußmann in: Matt/Renzikowski, StGB,§ 46 b Rn. 1.

[1116] Hügel/Junge/Lander/Winkler, Deutsches Betäubungsmittelrecht, § 31 Rn. 2.2 f.

tigt, dass insbesondere im Bereich der Betäubungsmittelkriminalität eine hohe Dunkelziffer vorliegt, die vielfach auf fehlendes Anzeigeverhalten zurückgeführt wird.[1117] Häufig steht die Polizei international organisierten Verbrechen mit den herkömmlichen Instrumenten machtlos gegenüber, sodass § 31 BtMG der Strafverfolgung in diesen Bereichen dienlich erscheint.[1118] Dadurch soll ein Eindringen in den illegalen Rauschgiftmarkt ermöglicht und die Verfolgung begangener und die Verhinderung geplanter Straftaten verbessert werden.[1119]

Ob diese Regelung jedoch in Anbetracht der bereits zur Verfügung stehenden Mittel erforderlich ist, um zu einer verlässlichen Aufklärung im Bereich der Betäubungsmittelkriminalität zu gelangen, wird insbesondere mit Blick auf die Möglichkeit eines verstärkten Einsatzes Verdeckter Ermittler und anderer V-Personen bezweifelt.[1120] Allerdings kann der V-Mann-Einsatz nur dann ein adäquates Mittel darstellen, wenn er nicht nur zur Erkenntniserlangung beiträgt, sondern auch sicherstellt, dass entsprechende Erkenntnisse in das Verfahren eingebracht werden können.[1121] Erscheint dies zunächst aufgrund des Zeugens vom Hörensagen unproblematisch, so ist die Situation heute unter Berücksichtigung von Artikel 6 III EMRK schwieriger, da im Falle einer Sperrung des Zeugen dem Beweissurrogat nur ein indizieller Beweiswert zukommt. Mithin macht der V-Mann-Einsatz auch im Rahmen der Betäubungsmittelkriminalität eine Kronzeugenregelung schon aufgrund der späteren Präsenz als Zeuge in der Hauptverhandlung nicht entbehrlich. Ferner wird der Kronzeuge im Gegensatz zur V-Person nicht von den Ermittlungsbehörden in bestimmte Kriminalitätskanäle eingeschleust, sondern kommt aus der Szene und stellt der Justiz zumeist nach seiner Festnahme sein vermeintliches Wissen aus seiner ehemaligen Verflechtung mit der (Rauschgift)Szene zur Verfügung.[1122] Dies ermöglicht es den Strafverfolgungsbehörden, auch gegen noch gänzlich unbekannte Täterkreise vorzugehen. Eben diese Erwägung veranlasste den Gesetzgeber letztlich dazu, den Kronzeugen als neue Ermittlungsmethode in Teilbereichen zu kodifizieren. Insbesondere im Bereich des Betäubungsmittelstrafrechts besteht aufgrund der existierenden organisierten kriminellen Organisationen ein allgemeiner Ermittlungsnotstand, sodass in diesem schnelllebigen Bereich immer wieder neue Ermittlungsmethoden erforder-

---

[1117] Hügel/Junge/Lander/Winkler, Deutsches Betäubungsmittelrecht, § 31 Rn. 2.1.

[1118] Hügel/Junge/Lander/Winkler, Deutsches Betäubungsmittelrecht, § 31 Rn. 2.1; Patzak in: Körner, Betäubungsmittelgesetz, § 31 Rn. 1.

[1119] Maier in: MüKo, StGB, § 31 BtMG Rn. 3; Patzak: in: Körner, Betäubungsmittelgesetz, § 31 Rn. 1.

[1120] Jaeger, Der Kronzeuge, S. 124.

[1121] Jaeger, Der Kronzeuge, S. 124.

[1122] Patzak in: Körner, Betäubungsmittelgesetz, § 31 Rn. 1.

lich sind.[1123] Als adäquate Methode erachtete der Gesetzgeber seinerzeit die Kodifizierung der Aufklärungshilfe im Bereich der Betäubungsmittelkriminalität. Obwohl zunächst erwogen wurde, eine solche Regelung rein prozessual als § 153 f StPO auszugestalten,[1124] wurde letztlich § 31 BtMG als Strafzumessungsregelung kodifiziert und trat am 01.01.1982 in Kraft.

II. Das Gesetz und seine Auslegung

Das Gericht kann die Strafe nach seinem Ermessen mildern (§ 49 II des Strafgesetzbuches) oder von einer Bestrafung nach § 29 Abs. 1, 2, 4 oder 6 absehen, wenn der Täter

1. durch freiwillige Offenbarung seines Wissens wesentlich dazu beigetragen hat, daß eine Straftat nach den §§ 29 bis 30a, die mit seiner Tat im Zusammenhang steht, aufgedeckt werden konnte, oder

2. freiwillig sein Wissen so rechtzeitig einer Dienststelle offenbart, daß eine Straftat nach § 29 Abs. 3, § 29a Abs. 1, § 30 Abs. 1, § 30a Abs. 1 die mit seiner Tat im Zusammenhang steht und von deren Planung er weiß, noch verhindert werden kann.

Die Vorschrift differenziert zwischen einer Aufklärungsalternative und eine Verhinderungsalternative. Während § 31 S. 1 Nr. 2 BtMG klar vorschreibt, welche Straftaten verhindert werden müssen, sieht § 31 S. 1 Nr. 1 BtMG kein Unrechtsgefälle zwischen der Kronzeugen- und der Bezugstat vor, sodass es der Regelung immanent ist, dass der Schwerkriminelle dadurch bevorteilt wird, dass er durch Offenbarung kleinerer Dealer Strafrabatt erhält, wohingegen der kleinere Dealer über entsprechende Informationen möglicherweise überhaupt nicht verfügt.[1125] Grundsätzlich kann jedoch jeder, der wegen einer Betäubungsmittelstraftat verfolgt wird, durch Preisgabe seines Wissens bezüglich einer damit im Zusammenhang stehenden Betäubungsmittelstraftat privilegiert werden.

Eine entsprechende Privilegierung setzt auf Seiten des Aussagenden voraus, dass sich der Aussagende freiwillig zur Kooperation entscheidet. Ähnlich wie beim Rücktritt im Rahmen des § 24 StGB stellt der BGH auch hier auf die Möglichkeit der freien Entscheidung des Täters ab.[1126] Diese ist erst dann nicht mehr gegeben, wenn der Täter glaubt, nicht anders handeln

[1123]Vgl. Maier in: MüKo, StGB, § 31 BtMG Rn.3.

[1124]BT-Drs. 7/551.

[1125]Jaeger, Der Kronzeuge, S. 189.

[1126]BGH, StV 1990, 456, 456; Hügel/Junge/Lander/Winkler, Deutsches Betäubungsmittelrecht, § 31 Rn. 3.1; Maier in: MüKo, StGB, § 31 BtMG, § 31 Rn. 37; Hoyer, JZ 1994, 233, 238.

zu können.[1127] In der Handhabung ist der BGH sehr großzügig. Eine im Schrifttum vertretene Ansicht fordert nehmen der Freiwilligkeit ein weiteres subjektives Element. Hiernach kann Aufklärungshilfe nur dann geleistet werden, „wenn vom Kenntnisstand des Kronzeugen aus eine Verurteilung des Belasteten durch dessen Belastung wahrscheinlicher wird."[1128] Diese Forderung erscheint zwar vor dem Hintergrund, dass der Freiwilligkeitsbegriff des § 24 StGB maßgeblich sein soll, nachvollziehbar, da auch von der Rechtsprechung gefordert wird, dass der Täter Maßnahmen ergreifen muss, die zumindest aus seiner Sicht geeignet sind, den Erfolgseintritt abzuwenden. Nur so kann er vom beendeten Versuch gem. § 24 I Alt. 2 StGB zurücktreten.[1129] Gleichwohl kann dieser Auffassung nicht gefolgt werden. Ein derartiges Erfordernis sieht § 31 BtMG nicht vor. Zudem spricht auch Sinn und Zweck der Regelung dagegen. § 31 BtGM dient dazu, Straftaten besser aufzudecken und innerhalb der gut organisierten Täterstrukturen in der Rauschgiftkriminalität weitergehende Ermittlungserfolge zu ermöglichen. Wesentlich ist daher einzig, dass der Aussagende Angaben macht, die letztlich aus Sicht des Gerichts zur Aufklärung der Tat wesentlich beitragen. Ob der Täter selbst davon ausgeht, dass die Angaben eine Verurteilung des Belasteten wahrscheinlicher machen ist ebenso unerheblich wie seine Motivation zur Kooperation. Anders als § 24 StGB honoriert § 31 BtMG gerade nicht einen positiven Sinneswandel des Täters, sondern allein seine Kooperation. Macht der Aussagende Angaben, die objektiv ungeeignet sind, liegt schon kein Aufklärungserfolg vor.

Hinsichtlich der weiteren Anforderungen an die Leistung des Kronzeugen ist zwischen der Aufklärungsalternative und der Verhinderungsalternative zu unterscheiden.

So muss der Aussagende gemäß § 31 S. 1 Nr. 1 BtMG dazu beigetragen, dass eine Straftat nach den §§ 29 bis 30a, die mit seiner Tat im Zusammenhang steht, aufgedeckt werden konnte. Der Gesetzgeber hat im Zuge des 46. Strafrechtsänderungsgesetzes den erforderlichen Zusammenhang zwischen der Bezugstat- und der Kronzeugentat ausdrücklich normiert.[1130] Zuvor war lange streitig, zu welcher Tat überhaupt ein Aufklärungsbeitrag möglich ist, da das Gesetz in seiner alten Fassung verlangte, dass der Aussagende die Tat über seinen eigenen Beitrag hinaus aufdeckte. Dieses Erfordernis warf die Frage auf, welchen Tatbegriff der Gesetzgeber zugrunde legte. Einigkeit bestand insoweit, als dass zwischen der Kronzeugentat und der Bezugstat ein unmittelbarer Zusammenhang bestehen muss. Eine Tat im strafprozessualen Sinne gemäß § 264 StPO forderte man allerdings

[1127] Hügel/Junge/Lander/Winkler, Deutsches Betäubungsmittelrecht, § 31 Rn. 3.1; Weber, Betäubungsmittelgesetz, § 31 Rn. 60.

[1128] Hoyer, JZ 1994, 233, 238.

[1129] Krey/Esser, AT, Rn. 1308.

[1130] BT-Drs. 17/9695, S. 1, 9; Körner/Patzak, BtMG, § 31 Rn. 61 ff.; Peglau, NJW 2013, 1910.

nicht.[1131] Vielmehr ließ man es genügen, wenn es sich um einen einheitlichen geschichtlichen Vorgang handelte, der sowohl das strafrechtliche relevante Verhalten des Kronzeugen als auch diejenigen Verhaltensweisen des Dritten umfasste.[1132] Man legte der Vorschrift mithin einen eigenständigen weiten Tatbegriff zu Grunde.[1133] Die aufgedeckte Bezugstat musste in einem irgendwie gearteten inneren bindenden Zusammenhang zur Kronzeugentat stehen.[1134] Aufgrund dessen genügte es nach dem gesetzgeberischen Willen nicht, wenn der Kronzeuge beliebige und von seiner eigenen Straftat losgelöste Taten Dritter preisgibt.[1135] Allerdings wurde dieser Unmittelbarkeitszusammenhang in seinen Konturen in erschreckendem Ausmaß vom BGH aufgeweicht und der eigens geschaffene Tatbegriff immer weiter ausgebaut.[1136] So sollte es bereits genügen, wenn der Täter über Taten berichtet, an denen er nicht in strafbarer Weise beteiligt war, sofern ein denkbarer Zusammenhang besteht, also eine zeitliche oder örtliche Verknüpfung zu der eigenen Tat.[1137] Zwar hat der Gesetzgeber nunmehr ausdrücklich bestätigt, dass eine einheitliche prozessuale oder materielle Tat nicht erforderlich ist, sondern ein Zusammenhang zwischen der Bezugs- und der Kronzeugentat genügt,[1138] jedoch gibt auch die Neufassung letztlich keinen Aufschluss darüber, welche Anforderungen an den Zusammenhang zu stellen sind. Vielmehr geht der Gesetzgeber davon aus, dass der geforderte Zusammenhang im Bereich des § 31 BtMG ohnehin kaum je problematisch sein dürfte, da die Bezugs- und die Kronzeugentat ohnehin aus demselben Deliktsbereich stammen müssen.[1139]

Besteht ein hinreichender Zusammenhang zwischen der Kronzeugen- und der Bezugstat, muss der Aussagende, um in den Genuss der Privilegierung zu kommen, sein Wissen bezüglich der Tat offenbaren. Nicht erforderlich ist, dass er tatsächlich sein gesamtes Wissen detailliert preisgibt, wenngleich der Umfang des Aufklärungsbeitrags das Maß der Privilegierung beeinflusst.[1140]

[1131]BR-Drs. 172/12, S. 8; Patzak in: Körner, Betäubungsmittelgesetz, § 31 Rn. 61, Maier in: MüKo, StGB, § 31 BtMG Rn. 63.

[1132]Patzak in: Körner, Betäubungsmittelgesetz, § 31 Rn. 61.

[1133]Maier in: MüKo, StGB, § 31 BtMG Rn. 63; Weber, Betäubungsmittelgesetz, § 31 Rn. 34.

[1134]BR-Drs. 172/12, S. 8.

[1135]Hügel/Junge/Lander/Winkler, Deutsches Betäubungsmittelrecht, § 31 Rn.3.2.1.

[1136]Maier in: MüKo, StGB, § 31 BtMG Rn. 64.

[1137]BGH, NStZ 1984, 414, 414; Hügel/Junge/Lander/Winkler, Deutsches Betäubungsmittelrecht, § 31 Rn. 3.2.2.

[1138]BT-Drs. 17/9695, S. 1, 9; Körner/Patzak, BtMG, § 31 Rn. 61 ff.

[1139]BT-Drs. 17/9695, S. 1, 9.

[1140]Maier in: MüKo, StGB, § 31 BtMG Rn. 69; Weber, Betäubungsmittelgesetz, § 31 Rn. 43;. Jaeger, Der Kronzeuge, S. 136.

Während lange umstritten war, ob zwingend in jedem Fall auch ein Geständnis des eigenen Tatbetrages erforderlich ist[1141], stellt § 31 S.2 BtMG klar, dass sich die Aufdeckung der Tat nur dann über den eigenen Tatbeitrag des Kronzeugen hinaus erstrecken muss, wenn er an der Tat beteiligt war. Leider hat der Gesetzgeber die Chance vertan, innerhalb dieses Gesetzgebungsverfahrens klarzustellen, ob in den vorgenannten Fällen ein Geständnis auch des eigenen Tatbeitrages erforderlich ist, um den Streit vollends aus der Welt zu schaffen. Zum Teil wird dies unter dem Aspekt verneint, dass eine Aufklärung über den eigenen Tatbeitrag hinaus auch dann erfolgt, wenn Angaben über Mittäter oder Gehilfen gemacht werden.[1142] Andererseits können auch die Verflechtungen der Täter Aufschluss über den Umfang der Tatbeteiligung des Einzelnen geben, sodass nach einer anderen Ansicht das Geständnis der eigenen Tatbeteiligung zu fordern ist.[1143] Gegen das Geständnis als konstitutive Voraussetzung von § 31 BtMG spricht, dass eine derart restriktive Anwendung der Vorschrift weder dem Wortlaut noch dem Sinn und Zweck der Vorschrift entspricht.[1144] Es soll nicht auf die Wirksamkeit eines Geständnisses ankommen, sondern darauf, ob die bereits gemachten Angaben zu einem Aufklärungserfolg geführt haben.[1145] Andernfalls könnte derjenige Täter, der, nachdem er durch die Strafverfolgungsbehörden überführt wurde, Aussagen zu seinen Mittätern macht, nicht von § 31 BtMG profitieren, weil er durch ein Geständnis nichts mehr zur Aufklärung seines eigenen Tatbeitrags beitragen könnte.[1146] Gleichwohl muss eine Anwendung der Vorschrift ausscheiden, wenn die Vorenthaltung des eigenen Tatbeitrags dazu führt, dass die Tat insgesamt nur unzureichend aufgeklärt werden kann.[1147] Es erscheint daher nicht erforderlich, ein Geständnis in jedem Fall zwingend zu verlangen. Dies gilt erst Recht mit Blick auf den weiten, der Norm zu Grunde liegenden Tatbegriff, da vielfach der eigene Beitrag im Gesamtgefüge kaum eine Rolle spielen wird. Das Erfordernis eines Aufklärungsbeitrags über den eigenen Tatbeitrag hinaus soll vielmehr klarstellen, dass das eigene Geständnis allein gerade nicht ausreicht.[1148]

Der Täter muss durch seinen Aufklärungsbeitrag, der sich nicht in dem Geständnis der eigenen Tat erschöpft, wesentlich zur Aufklärung der

---

[1141] BGH, StV 1985, 59, 60; Hügel/Junge/Lander/Winkler, Deutsches Betäubungsmittelrecht, § 31 Rn. 3.2.3; Maier in: MüKo, StGB, § 46 b Rn. 66; Weber, Betäubungsmittelgesetz, § 31 Rn. 43; Jaeger, Der Kronzeuge, S. 136; Weider, NStZ 1984, 391, 397.

[1142] BGH, StV 1985, 59, 60; Maier in: MüKo, StGB, § 46 b Rn. 66; Weider, NStZ 1984, 391, 397.

[1143] Hügel/Junge/Lander/Winkler, Deutsches Betäubungsmittelrecht, § 31 Rn. 3.2.3.

[1144] BGH, StV 1985, 59, 60.

[1145] BGH, NStZ 2009, 394, 395.

[1146] BGH, StV 1985, 59, 60.

[1147] BGH, StV 1985, 59, 60.

[1148] Maier in: MüKo, StGB, § 31 BtMG Rn. 68.

Tat beitragen. Seine Angaben müssen geeignet sein, dass auf dieser Grundlage gegen Dritte ermittelt werden kann.[1149] Es genügt insoweit, wenn der Zeuge den Ermittlungsbehörden etwas mitteilt, das sie im weiteren Verlauf der Ermittlungen ohnehin erfahren hätten.[1150] Dies ist allerdings vor dem Hintergrund problematisch, dass die Vorschrift an sich einen wesentlichen Beitrag zur Aufklärung fordert, der dann, wenn die Ermittlungsbehörde ohnehin bereits vor der Aufklärung steht, wohl kaum noch anzunehmen ist.[1151] Letztlich darf das Kriterium der Wesentlichkeit nicht gänzlich außer Acht gelassen werden, da ansonsten die Proportionalität zwischen Leistung und Gegenleistung nicht mehr gewährleistet ist. Dennoch genügt es, dass der Aufklärungsgehilfe den Ermittlungsbehörden keinerlei neue Erkenntnisse liefert, sondern lediglich das bestätigt, was die Behörden ohnehin schon wussten und dadurch eine sicherere Grundlage bei dem Tatnachweis schafft.[1152] Hiervon ist sicherlich auszugehen, wenn „die hypothetische Hauptverhandlung gegen den vom Kronzeugen Verdächtigten voraussichtlich mit einem Schuldspruch endet."[1153] Zwar ist ein Aufklärungserfolg erst anzunehmen, wenn die Strafverfolgungsbehörden über abgesicherte Erkenntnisse verfügen, gleichwohl sind weder der tatsächliche Zugriff noch eine spätere Verurteilung aufgrund der gemachten Angaben erforderlich.[1154] Der Aussagende muss daher verwertbare Erkenntnisse liefern, die die weitere Ermittlung ermöglicht haben. Es genügt nicht, wenn der Kronzeuge lediglich das Wissen anderer als Zeuge vom Hörensagen preisgibt, sofern dieses Wissen nicht mit eigenen Erfahrungen des Kronzeugen verbunden ist.[1155]

Gelingt es nicht, jeden Zweifel am Wahrheitsgehalt der Aussage auszuräumen beziehungsweise die Aussage zu bestätigten, wenngleich sie auch nicht widerlegt werden kann, so findet § 31 BtMG keine Anwendung, da der Zweifelssatz nicht gilt.[1156]

Während § 31 S. 1. Nr. 1 BtMG die Aufklärung einer bereits begangenen Tat honoriert, belohnt § 31 S. 1 Nr. 2 BtMG diejenigen Angaben, die

---

[1149] Hügel/Junge/Lander/Winkler, Deutsches Betäubungsmittelrecht, § 31 Rn. 3.4; Maier in: MüKo, StGB, § 31 BtMG Rn. 73.

[1150] Hoyer, JZ 1994, 233, 238.

[1151] Hoyer, JZ 1994, 233, 238.

[1152] BGH, NStZ 2009, 394, 395; BGH, StV 2001, 462, 462; Weber, Betäubungsmittelgesetz, § 31 Rn. 86.

[1153] Hoyer, JZ 1994, 233, 237.

[1154] BGH, NJW 1989, 77; BGH, StV 1985, 14, 15; Hügel/Junge/Lander/Winkler, Deutsches Betäubungsmittelrecht, § 31 Rn. 3.6; Weber, Betäubungsmittelgesetz, § 31 Rn. 94.

[1155] Patzak in: Körner, Betäubungsmittelgesetz, § 31, Rn. 20; Weber, Betäubungsmittelgesetz, § 31, Rn. 29.

[1156] Hügel/Junge/Lander/Winkler, Deutsches Betäubungsmittelrecht, § 31 Rn.3.4; Hoyer, JZ 1994, 233, 237.

dazu beitragen, dass eine noch nicht begangene Tat verhindert werden kann. Es wird insoweit keine tatsächliche Verhinderung verlangt, vielmehr genügt es, wenn die Offenbarung so rechtzeitig erfolgt, dass eine Verhinderung der Tat durch die Strafverfolgungsbehörden bei pflichtgemäßem Handeln noch möglich ist.[1157]

Bislang konnte der Aussagende seine Angaben zu jeder Zeit des Verfahrens machen, da die Regelung keine zeitliche Grenze vorsah.[1158] Solange gewährleistet war, dass die Überprüfung des Wahrheitsgehaltes der Aussage noch bis zum Abschluss der Hauptverhandlung gegen den Kronzeugen erfolgen konnte, war eine Anwendung möglich.[1159] Insoweit genügte es, wenn der Aussagende die Angaben erst in der Hauptverhandlung machte.[1160] Einen Anspruch auf Aussetzung der Hauptverhandlung hat der Kronzeugen jedoch nicht.[1161] Somit sanken die Chancen für den Kronzeugen, in den Genuss des § 31 BtMG zu kommen mit Fortschreiten des Verfahrens. Eine Ausschlussregelung gab es aber nicht. Seit Inkrafttreten des 43. StrÄndG sieht § 31 S. 2 BtMG n. F. i. V. m. § 46 b III StGB eine Präklusionsregelung vor. Eine Offenbarung ist daher nur noch bis zum Erlass des Eröffnungsbeschlusses möglich. Maßgeblich ist der Zeitpunkt, in dem der Beschluss unterschrieben in den Geschäftsgang gelangt.[1162] Die Aufklärungshilfe kann jedoch in Einzelfällen auch in späteren Stadien noch berücksichtigt werden, sofern eine Strafaussetzung zur Bewährung gemäß §§ 56, 57 StGB in Betracht kommt.[1163]

Von der Rechtsfolgeseite her ist § 31 BtMG als Strafzumessungsvorschrift ausgestaltet. Das Gericht entscheidet nach freiem Ermessen darüber, ob die Norm im konkreten Fall zur Anwendung kommt und wenn ja, welche Rechtsfolge damit verbunden ist.[1164] Allerdings spielen herkömmliche Gesichtspunkte der Sozialprognose in Bezug auf § 31 BtMG keine Rolle.[1165] Vielmehr hat sich das Gericht bei seiner Abwägung nach § 31 S. 2 BtMG n. F. in Verbindung mit § 46b II StGB an den dort genannten Umständen zu

---

[1157] Maier in: MüKo, StGB, § 31 BtMG Rn. 210; Patzak in: Körner. Betäubungsmittelgesetz, § 31, Rn. 20; Weber, Betäubungsmittelgesetz, § 31, Rn. 191; a. A. Hügel/Junge/Lander/Winkler, Deutsches Betäubungsmittelrecht, § 31 Rn. 3.8.

[1158] Maier in: MüKo, StGB, § 31 BtMG, Rn. 45 f.; Patzak in: Körner. Betäubungsmittelgesetz, § 31, Rn. 27.

[1159] Hügel/Junge/Lander/Winkler, Deutsches Betäubungsmittelrecht, § 31 Rn. 3.5.

[1160] BGH, NJW 1985, 2341, 2343.

[1161] Hügel/Junge/Lander/Winkler, Deutsches Betäubungsmittelrecht, § 31 Rn. 3.5.

[1162] Hügel/Junge/Lander/Winkler, Deutsches Betäubungsmittelrecht, § 31 Rn. 3.5.2; Patzak in: Körner. Betäubungsmittelgesetz, § 31, Rn. 27.

[1163] Hügel/Junge/Lander/Winkler, Deutsches Betäubungsmittelrecht, § 31 Rn. 5.

[1164] Hügel/Junge/Lander/Winkler, Deutsches Betäubungsmittelrecht, § 31 Rn. 4.1; Patzak in: Körner. Betäubungsmittelgesetz, § 31, Rn. 69.

[1165] Hügel/Junge/Lander/Winkler, Deutsches Betäubungsmittelrecht, § 31 Rn. 4.1.

orientieren. Demnach sind insbesondere zu berücksichtigen: Die Art und der Umfang der offenbarten Tatsachen und deren Bedeutung für die Aufklärung oder Verhinderung der Tat, der Zeitpunkt der Offenbarung, das Ausmaß der Unterstützung der Strafverfolgungsbehörden durch den Täter und die Schwere der Tat, auf die sich seine Angaben beziehen, sowie das Verhältnis der zuvor genannten Umstände zur Schwere der Straftat und Schuld des Täters. So dann kann das Gericht die Strafe nach § 49 1 StGB mildern oder, wenn der Täter keine Strafe von mehr als drei Jahren verwirkt hat, von Strafe absehen.

III. § 31 BtMG im Kontext der Neuregelung

§ 31 BtMG bleibt auch nach Einführung des § 46 b StGB als bereichsspezifische Kronzeugenregelung bestehen. Wertungswidersprüche zwischen den Normen sind nicht zu erwarten, da der Gesetzgeber mittlerweile den Wortlaut des § 31 BtMG vollumfänglich an den Wortlaut des § 46 b StGB angeglichen hat.[1166]

Obwohl die immer weitergehende Ausdehnung des Anwendungsbereichs der Norm letztlich dem Umstand geschuldet war, dass es keine gesetzliche Möglichkeit gab, denjenigen Täter zu privilegieren, der Angaben zu schweren Taten gemacht hat, die nicht im Zusammenhang mit der eigenen Tat standen,[1167] haben sich bisher keine Bestrebungen gezeigt, § 31 BtMG mit Blick auf die Neuregelung restriktiver auszulegen und derartige Fälle dem § 46 b StGB als Auffangnorm zuzuschlagen. Vielmehr hat der Gesetzgeber im Rahmen des *Sechsundvierzigsten Strafrechtsänderungsgesetzes – Beschränkung der Möglichkeit zur Strafmilderung bei Aufklärungs- und Präventionshilfe* zum 01.08.2013 auch im § 46 b StGB ein Konnexitätserfordernis eingeführt. § 46 b StGB kann somit nach seinem Wortlaut nicht als Auffangtatbestand genutzt werden, so dass nunmehr in der Praxis eine extensive Auslegung beider Vorschriften zu befürchten ist.

IV. Erfahrungen mit § 31 BtMG und Resümee

In die Kritik geriet § 46 b StGB in der Fassung vom 29.07.2009 vor allem deswegen, weil es an einem Unmittelbarkeitszusammenhang zwischen der Kronzeugentat und der Bezugstat mangelte. Betrachtet man jedoch die Erfahrungen mit § 31 BtMG, der sich gerade dadurch auszeichnet, dass eben ein solcher Zusammenhang gefordert wird, so zeigt sich, dass dieses Erfordernis die Anwendung der Regelung erheblich erschwert, sodass letztlich entgegen dem eindeutigen Gesetzeswortlaut das Merkmal des

[1166] BT-Drs. 17/9695, S.9.

[1167] Patzak in: Körner, Betäubungsmittelgesetz, § 31 Rn. 61.

Unmittelbarkeitszusammenhangs sehr extensiv ausgelegt wird.[1168] § 31 BtMG droht daher trotz des strikten Erfordernisses eines Zusammenhangs konturenlos zu werden. Dies ist eine Entwicklung, die letztlich vor dem Hintergrund, dass die Kronzeugenregelung mit wesentlichen rechtsstaatlichen Grundsätzen kollidiert, kaum tragbar ist. Allerdings liegen diese Bedenken vor allem in der Rechtsanwendung begründet, da die Norm selbst aufgrund der zentralen Tatbestandsmerkmale, Freiwilligkeit der Angabe und Erbringung eines wesentlichen Aufklärungsbeitrages, Raum für eine verfassungskonforme Auslegung lässt.[1169] Dies zeigt, dass eine etwaige Neuregelung derart ausgestaltet sein sollte, dass sie quasi als Auffangnorm diejenigen Fälle erfasst, die nicht in den engen Anwendungsbereich des § 31 BtMG fallen. Zudem sollten die wesentlichen Tatbestandsmerkmale des § 31 BtMG übernommen werden, da so gewährleistet werden kann, dass die Regelung in ihrer Anwendung überschaubar bleibt und nur in solchen Fällen zur Anwendung gelangt, in denen gewährleistet ist, dass der mit der Anwendung erzielbare Nutzen einen Eingriff in das Legalitätsprinzip zu rechtfertigen vermag. Insoweit sollte man weiterhin einen freiwilligen und wesentlichen Beitrag zur Aufklärung der Tat des Belasteten fordern. Auffällig ist, dass § 31 BtMG kein Korrektiv für missbräuchliches Verhalten vorsieht, was schon im begrenzten Bereich der Betäubungsmittelkriminalität kaum hinnehmbar ist, sich jedoch bei flächendeckender Anwendung als erheblicher Mangel herauskristallisiert.[1170]

Auch wenn die konkrete Ausgestaltung der Regelung nicht perfekt ist, so bleibt festzuhalten, dass sie insgesamt positiv bewertet wird, wenngleich die Aussagen selbstverständlich mit besonderer Sorgfalt zu würdigen sind.[1171] „Heute ist die Aufklärungshilfe im Betäubungsmittelstrafrecht ein *unentbehrliches Instrument*, das den ihm zugedachten Zweck erfüllt."[1172] § 31 BtMG gibt daher keinen Anlass dazu, die Erforderlichkeit und Geeignetheit einer Kronzeugenregelung zur Verbesserung der Strafverfolgung grundsätzlich zu hinterfragen. Sie zeigt vielmehr, dass das grundsätzliche System funktioniert, jedoch noch Schwachstellen, wie beispielsweise den fehlenden Missbrauchsschutz, aufweist, die es auszumerzen gilt. Ferner macht die extensive Ausweitung eines Sondergesetzes in der Praxis deutlich, dass es einer generellen Regelung zwingend bedarf.

[1168] BGH, NStZ 1984, 414; Maier in: MüKo, StGB, § 31 BtMG Rn. 64.

[1169] Hoyer, JZ 1994, 233, 238 ff.

[1170] Vgl. BT-Drs. 14/5938, S.10.

[1171] Patzak in: Körner, Betäubungsmittelgesetz, § 31, Rn. 11; Malek, StV 2010, 200, 204; Schmidt, NJW 2005, 3250, 3255.

[1172] Weber, Betäubungsmittelgesetz, § 31 Rn. 6.

B. § 261 X StGB

Zu den „kronzeugenähnlichen" Regelungen zählt auch § 261 X StGB a.F., da die dort normierte tätige Reue, wenn sie durch Offenbaren des Wissens über Straftaten Dritter erfolgt, faktisch einer Kronzeugenregelung entspricht.[1173] Allerdings ist diese Regelung in ihrem Anwendungsbereich strikt auf die Kronzeugentat, namentlich die Geldwäsche, zugeschnitten, sodass insoweit Zusammenhangtaten nicht umfasst sind.[1174] Auch die Ausgestaltung der Aufklärungshandlung ist enger gefasst, da ausschließlich die Verhinderungsalternative normiert ist. Der Aussagende kann daher keine Angaben zu bereits begangenen Straftaten machen, um das Privileg in Anspruch zu nehmen.[1175] Auf Rechtsfolgeseite ist diese Regelung als rein materielle Lösung ausgestaltet, da sie eine Strafmilderung oder das Absehen von Strafe ermöglicht. Der Gesetzgeber hat sich im Rahmen des *dreiundvierzigsten Strafrechtsänderungsgesetzes – Strafzumessung bei Aufklärungs- und Präventionshilfe* vom 29.07.2009 entschieden, zur Vermeidung etwaiger Überscheidungen § 261 X StGB zu streichen. Für den Täter einer nach § 261 Abs. 1 bis 4 StGB strafbaren Tat ist grundsätzlich der Anwendungsbereich der allgemeinen Regelung eröffnet, sodass die ehemalige Spezialregelung keinen eigenen Anwendungsbereich mehr hat.[1176] Lediglich der Fall der nur leichtfertigen Geldwäsche ist nicht umfasst.

C. §§ 129 VI; 129 a VII StGB

Weitere kronzeugenähnliche Regelungen finden sich in den §§ 129 VI, 129 a VII StGB. Diese Regelungen verfolgen ähnlich einer Kronzeugenregelung den Zweck, die Kooperationsbereitschaft der Täter zu steigern, um von der kriminellen Vereinigung ausgehende Gefahren abzuwehren.[1177] Ihr Anwendungsbereich ist dadurch stark eingegrenzt, dass ausschließlich die Verhinderung von Taten nach §§ 129 und 129 a StGB honoriert wird.[1178] Gemäß § 129 Abs. VI HS. 1 Nr. 1 StGB hat der Täter die Chance auf Strafmilderung gemäß § 49 II StGB oder auf Absehen von Strafe, wenn er sich ernsthaft darum bemüht, das Fortbestehen der kriminellen Vereinigung (Alt.1) oder aber weitere Straftaten der kriminellen Vereinigung (Alt.2) zu verhindern. Die Vorschrift findet nur Anwendung, wenn die Vereinigung vor dem Aktivwerden des Täters noch bestand und diese aus seiner Sicht ohne sein Eingreifen unter Verfolgung der gesetzten Ziele fortbeste-

---

[1173] Gropp/Schubert/Wörner in: Rechtliche Initiativen gegen organisierte Kriminalität, 69, 151.

[1174] Gropp/Schubert/Wörner in: Rechtliche Initiativen gegen organisierte Kriminalität, 69, 151.

[1175] Gropp/Schubert/Wörner in: Rechtliche Initiativen gegen organisierte Kriminalität, 69, 149.

[1176] BT-Drs. 16/6268, S. 17.

[1177] Schäfer in: MüKo, StGB, § 129 Rn. 157.

[1178] Schäfer in: MüKo, StGB, § 129 Rn. 157; Rudolphi/Stein in: SK StGB, § 129 Rn. 23.

hen würde.[1179] Während § 129 VI HS. 1 Nr. 1 Alt. 2 StGB das erfolglose oder erfolgreiche Verhinderungsbemühen umfasst, meint § 129 VI HS. 1 Nr. 1 Alt. 1 StGB nur das erfolglose Bemühen.[1180] § 129 VI HS. 1 Nr. 1 Alt. 1 StGB erfordert daher gerade nicht, dass die Bemühungen des Täters ernstlich Einfluss auf den Fortbestand der kriminellen Vereinigung genommen haben.[1181] Aufgrund dessen, dass keine Kausalität für einen Verhinderungs- oder Ermittlungserfolg erforderlich ist, wird man auch in diesem Zusammenhang bezugnehmend auf die zum Rücktritt nach § 24 I S. 2 StGB vertretene Ansicht stets optimale Verhinderungsbemühungen verlangen müssen.[1182] „Wird weniger für erforderlich gehalten (also insbesondere aus Sicht des Täters Erfolg versprechende, aber nicht „optimale" Bemühungen), so wird schon wegen der unsicheren Beweisbarkeit solcher *internen* Bemühungen (die, wenn sie *trotz* oder *wegen* Erfolglosigkeit aufgegeben wurden, selten als hinreichend „ernsthaft" anzusehen sein werden) die Anwendung dieser Variante fraglich."[1183]

§ 129 VI HS. 1 Nr. 1, Alt. 2 StGB ist weniger auf die Zerschlagung der Vereinigung gerichtet, sondern bezieht sich auf die konkrete Straftat. Der Täter muss sich um die Verhinderung einer solchen Straftat bemühen. Es ist daher nicht erforderlich, dass sich der Täter gegenüber den Strafverfolgungsbehörden offenbart. Diese Regelung ist rücktrittsähnlich ausgestaltet und daher weniger im Bereich der Kronzeugenregelungen zu verorten. Es genügt jegliche Bemühung um die Verhinderung einer Straftat beziehungsweise deren Vollendung. Allerdings sind etwaige Faktoren wie etwa die Bedeutung der verhinderten Tat, die möglicherweise fortbestehende Beteiligung an weiteren Aktivitäten der Vereinigung etc. im Rahmen der Abwägung zu berücksichtigen.[1184]

Die Bezeichnung des vorgenannten Regelungskomplexes als kleine Kronzeugenregelung beruht neben der kriminalpolitischen Intention vielmehr auf § 129 VI HS. 1 Nr. 2 StGB, der eine Offenbarung zumindest gegenüber einer staatlichen Stelle ausdrücklich fordert. Der Täter muss sein Wissen über geplante Straftaten gegenüber den Strafverfolgungsbehörden so frühzeitig offenbaren, dass diese die Tat noch verhindern können.[1185] Die tatsächliche Verhinderung ist hingegen nicht erforderlich.[1186] Andernfalls

1179 Fischer, StGB, § 129 Rn. 45; Schäfer in: MüKo, StGB, § 129 Rn. 160.

1180 Schönke/Schröder/Lenckner/Sternberg-Lieben, StGB, § 129 Rn. 20.

1181 Schäfer in: MüKo, StGB, § 129 Rn. 161.

1182 Fischer, StGB, § 129 Rn. 45.

1183 Fischer, StGB, § 129 Rn. 45.

1184 Fischer, StGB, § 129 Rn. 46; Schäfer in: MüKo, StGB, § 129 Rn. 163.

1185 Schäfer in: MüKo, StGB, § 129 Rn. 166.

1186 Schäfer in: MüKo, StGB, § 129 Rn. 166; a. A. Fischer, StGB, § 129 Rn. 47 Schönke/Schröder/Lenckner/Sternberg-Lieben, StGB, § 129 Rn. 21.

würde man die Untätigkeit der Ermittlungsbehörden dem Täter aufbürden, auf die der Täter selbst überhaupt keinen Einfluss hat. § 129 Abs. VI HS. 1 Nr. 2 StGB ist kronzeugenähnlich ausgestaltet, so dass auch die Anforderungen entsprechend auszulegen sind. Es handelt sich gerade nicht um eine rücktrittsähnliche Regelung. Daher scheint es verfehlt, dem Täter das volle Risiko des Misslingens seiner Bemühungen ähnlich wie beim Rücktritt aufzuerlegen.[1187] Dies scheint auch gerechtfertigt, da der Täter selbst vielfach auf die zu verhindernde Tat auch keinen Einfluss hat, er also anders als beim Rücktritt die Nähe zur Vollendung im Zeitpunkt des Verhinderungsbemühens auch nicht beeinflussen kann. Selbst wenn man die Parallele zum Rücktritt ziehen will, so wäre ein Blick auf § 24 II StGB sachgerechter. Dort wird dem Täter das Scheitern seines Bemühens gerade nicht auferlegt, wenn die Tat unabhängig von seinem eigenen Tatbeitrag vollendet wird. Es wird dem Gedanken Rechnung getragen, dass der Einzelne bei einer Tat mehrerer gerade keinen Einfluss auf die Tat nehmen kann. Ähnlich verhält es sich aber auch in der kriminellen Vereinigung. Hier muss es daher genügen, wenn der Täter selbst für die Tat nicht kausal wird und sich um die Verhinderung bemüht. Der Täter hat weder Einfluss auf die Tat noch auf die Aktivität der Strafverfolgungsbehörden. Ausweislich des Wortlauts des § 129 VI HS. 1 Nr. 2 StGB, ist es auch lediglich erforderlich, dass die Strafverfolgungsbehörden die Tat noch verhindern können.[1188] Ein Verhinderungserfolg kann daher nicht verlangt werden, ohne an Anreiz zur Kooperation einzubüßen, da der Täter möglicherweise bei Offenbarung schlechter stünde als bei Nichtoffenbarung.[1189]

Auf Rechtsfolgeseite ermöglichen § 129 VI HS. 1 Nr. 1 und 2 StGB eine fakultative Strafmilderung bis hin zum Absehen von Strafe, während § 129 Abs. VI HS. 2 StGB als persönlicher Strafaufhebungsgrund die Straflosigkeit des Täters zwingend vorschreibt.[1190] § 129 Abs. VI HS. 2 StGB kommt jedoch nur zur Anwendung, wenn eine kriminelle Vereinigung tatsächlich zerschlagen wird. Honoriert wird das ernsthafte Bemühen des Täters, ohne dass er für den eingetretenen Erfolg kausal geworden sein muss.[1191] Ist der Täter kausal geworden, ist eine Bestleistung hingegen nicht erforderlich.[1192]

Tatsächlich kann es unter der Geltung der neuen allgemeinen Regelung zu Friktionen kommen, da der Gesetzgeber beide Regelungen neben-

---

[1187] So Schönke/Schröder/Lenckner/Sternberg-Lieben, StGB, § 129 Rn. 21; Rudolphi/Stein in: SK-StGB, § 129 Rn. 28.

[1188] Schäfer in: MüKo, StGB, § 129 Rn. 136.

[1189] So auch Fischer, StGB, § 129 Rn. 47.

[1190] Schäfer in: MüKo, StGB, § 129 Rn. 156.

[1191] Schäfer in: MüKo, StGB, § 129 Rn. 167.

[1192] Fischer, StGB, § 129 Rn. 48.

einander stehen lässt.[1193] Grundsätzlich geht die Spezialregelung der allgemeineren Regelung vor. Auch in diesem Zusammenhang gilt der Grundsatz, dass das Gericht bei mehreren in Betracht kommenden Milderungsmöglichkeiten die für den Betroffenen günstigste anwenden soll, sofern dies sachgerecht erscheint.[1194] Die allgemeine Regelung des § 46 b StGB kommt jedoch zur Anwendung, wenn die Spezialbestimmung den jeweiligen Sachverhalt gar nicht erfasst, dies gilt insbesondere für die deliktsgruppenübergreifende Aufklärungs- oder Präventionshilfe.[1195] Aufgrund der geringen Bedeutung dieser Vorschriften in der Praxis waren spezielle Regelungen nicht geboten.[1196]

D. § 371 AO

Eine kronzeugenähnliche Regelung findet sich auch im Steuerstrafrecht. § 371 I AO stellt denjenigen straffrei, der in den Fällen des § 370 AO unrichtige oder unvollständige Angaben bei der Finanzbehörde berichtigt oder ergänzt oder unterlassene Angaben nachholt. Betrachtet man zunächst den Alleintäter, so hat diese Regelung mit der typischen Kronzeugensystematik nicht viel gemeinsam, da der Täter nach Tatvollendung lediglich die Möglichkeit erhält, seine eigene Tat durch Offenbarung entsprechender Informationen bei der Finanzbehörde aufzuklären. Regelmäßig ist daher nicht bereits ein anderes Verfahren anhängig, im Rahmen dessen eine weitere Tatoffenbarung einen Strafnachlass bewirken soll. Vielmehr zeigt der Täter eine Tat nicht aus dem Druck des laufenden Verfahrens heraus an, sondern vielmehr um ein Verfahren in derselben Sache in Gänze zu vermeiden.

Kronzeugenähnlichen Charakter erhält die Regelung vielmehr erst dann, wenn ein Teilnehmer oder Mittäter strafbefreiende Selbstanzeige erstattet. Schließlich obliegt es dann dem Teilnehmer, die Angaben zu berichtigen, womit regelmäßig auch die Belastung eines Dritten einhergeht. Allerdings zielt auch diese Gestaltung nicht darauf ab, den Gehilfen mit Strafnachlass dafür zu honorieren, dass er letztlich die Aufklärung der steuerstrafrechtlichen Haupttat ermöglicht. Insoweit ist ausschließlich gefordert, „daß [sic] der Mittäter oder Teilnehmer den Betrag eliminiert, den er seinerzeit zur Begehung der versuchten oder vollendeten Steuerhinterziehung geleistet hat."[1197] Letztlich soll bereits durch die Offenbarung des eigenen Tatbeitrags die Ermittlung zutreffender Besteuerungsgrundlagen

---

[1193] BT-Drs. 16/6268, S. 15.

[1194] BT-Drs. 16/6268, S. 15 f; Schönke/Schröder/Lenckner/Sternberg-Lieben, StGB, § 129 Rn. 18a.

[1195] BT-Drs. 16/6268, S. 15.

[1196] BT-Drs. 16/6268, S. 18.

[1197] Joecks in: Franzen/Gast/Joecks, Steuerstrafrecht, § 371, Rn. 63.

ermöglicht werden, sodass die Regelung faktisch keinen Strafrabatt für die Belastung Dritter gewährt, sondern letztlich als persönlicher Strafaufhebungsgrund denjenigen straffrei stellt, der durch Offenbarung seines Tatbeitrages zur Schadenswiedergutmachung beiträgt.[1198] „Dies bedeutet nicht eine „Kronzeugenregelung" im Steuerstrafrecht."[1199] Schließlich ist nicht die bloße Aufklärungshilfe maßgeblich, sondern die Wiedergutmachung des durch die eigene Tat entstandenen Schadens. Hier wird kein über den eigenen Tatbeitrag hinausgehender Aufklärungsbeitrag verlangt. Vielmehr genügt es, den eigenen Beitrag im Wege der Schadenwiedergutmachung aufzudecken. Zudem reicht es nicht aus, den Behörden einen Ermittlungsansatz zu liefern, der Täter ist eher gehalten, seine Angaben so umfassend auszugestalten, dass die Finanzbehörde den Sachverhalt selbständig ohne weitere Mitwirkung aufklären kann.[1200]

Auch die in § 371 IV AO normierte Fremdanzeige stellt keine Kronzeugenregelung dar. Dort wird ein Dritter nicht strafrechtlich verfolgt, weil ein anderer seiner ihm ebenfalls gemäß § 153 AO obliegenden Erklärungspflicht nachkommt. Die Honorierung tritt daher nicht in der Person des Anzeigenden ein.

E. EU-Kartellrechtskronzeugenregelung.

Kronzeugenregelungen finden sich jedoch nicht nur im Kernstrafrecht, sondern auch im europäischen Kartellrecht.[1201] Trotz zahlreicher Harmonisierungsbestrebungen im Kartellrecht, existiert bisher kein unionsweit einheitliches Kronzeugenprogramm, das für alle Mitglieder des Europäischen Wettbewerbsnetzes gilt. Vielmehr steht es den Mitgliedsstaaten frei, kartellrechtsspezifische Kronzeugenprogramme zu etablieren.[1202] Dieser Umstand bringt es mit sich, dass es den EU- Kronzeugen faktisch nicht gibt. Um in mehreren Mitgliedstaaten als Kronzeuge behandelt zu werden, ist ein entsprechender Antrag bei allen Wettbewerbsbehörden erforderlich.[1203] Stellt der potentielle Kronzeuge einen Antrag auf Kronzeugenbehandlung bei einer Wettbewerbsbehörde, so verpflichtet er sich, selbstbelastende Informationen bezüglich eines oder mehrerer Kartelle, an denen er beteiligt war gegen „Gewährung von Bußgeldfreiheit oder einer wesentlichen Reduzierung der Bußgelder, die andernfalls [...] verhängt worden wären", preiszu-

[1198] Joecks in: Franzen/Gast/Joecks, Steuerstrafrecht, § 371, Rn. 63.

[1199] Joecks in: Franzen/Gast/Joecks, Steuerstrafrecht, § 371, Rn. 63.

[1200] Joecks in: Franzen/Gast/Joecks, Steuerstrafrecht, § 371, Rn. 52, 63.

[1201] ABl. Nr. C 45 vom 19.02.2002, S. 3 ff.

[1202] Blake/Schnichels, EuZW 2004, 551, 551 f.; Hetzel, EuR 2005, 735, 736.

[1203] Blake/Schnichels, EuZW 2004, 551, 552; Hetzel, EuR 2005, 735, 737.

geben.[1204] Die entsprechende Wettbewerbsbehörde sieht sich dadurch in der Lage, umfassendere Ermittlungen durchzuführen, die ohne die Angaben des Zeugen gar nicht oder zumindest unter erschwerten Bedingungen möglich gewesen wären.[1205] Der Kronzeuge läuft, weil der Kronzeugenstatus von jeder nationalen Wettbewerbsbehörde bestätigt werden muss, Gefahr, aufgrund seiner Angaben durch Weitergabe der Informationen andernorts verfolgt zu werden.[1206] „Da bislang auf internationaler Ebene der Grundsatz *„ne bis in idem"* auf mehrere von unterschiedlichen Kartellbehörden verhängte Sanktionen nicht angewandt wird und eine gegenseitige Anrechnung von verhängten Kartellsanktionen nicht stattfindet, werden internationale Kartelle in der Regel bei ihrer Aufdeckung mit mehrfachen Sanktionen belegt."[1207] Allerdings ist diese Möglichkeit durch Artikel 11 der EG-Verordnung Nr. 1/2003 dahingehend eingeschränkt, dass die Einleitung eines entsprechenden Ermittlungsverfahrens nur gestützt auf Informationen möglich ist, die aus anderen Quellen stammen als dem Kronzeugen. Zudem ist die Weiterleitung der erlangten Informationen gemäß Artikel 12 der EG- Verordnung Nr. 1/ 2003 ohne Einverständnis des Kronzeugen nur möglich, wenn die ersuchte Behörde bestimmte Garantien hinsichtlich der Verwendung dieser und jedweder anschließend ermittelter Informationen abgibt. Dadurch ist der Zeuge durch ein faktisch bestehendes Beweisverwertungsverbot mit Fernwirkung vor Verfolgung geschützt.[1208] Informationen, die ein Kronzeuge an die Kommission gibt, dürfen entsprechend nicht ohne Einverständnis des Informanten an nationale Gerichte weitergegeben werden.[1209] Leitet die Kommission selbst ein Verfahren ein, so ist ein weiteres Verfahren durch die nationalen Behörden überdies ausgeschlossen.[1210] Dennoch bleibt die Beantragung des Kronzeugenprivilegs riskant, da der Rabatt maßgeblich davon abhängt, wann man den Antrag gestellt hat beziehungsweise wie viele Kartellmitglieder zuvor Angaben gemacht haben.[1211] Überdies drohen regelmäßig massive zivilrechtliche Schadensersatzansprüche, deren Geltendmachung erst aufgrund der Selbstanzeige ermöglicht wurde.[1212] Dieser Umstand wird sich auf die Anreizwirkung einer Kronzeugenregelung auswirken.[1213]

[1204]Blake/Schnichels, EuZW 2004, 551, 552.

[1205]Blake/Schnichels, EuZW 2004, 551, 552.

[1206]Blake/Schnichels, EuZW 2004, 551, 552.

[1207]Hetzel, EuR 2005, 735, 748.

[1208]Blake/Schnichels, EuZW 2004, 551, 553.

[1209]Blake/ Schnichels, EuZW 2004, 551, 555.

[1210]Hetzel, EuR 2005, 735, 741.

[1211]Blake/Schnichels, EuZW 2004, 551, 553; Hetzel, EuR 2005, 735, 741.

[1212]Hetzel, EuR 2005, 735, 746.

[1213]Hetzel, EuR 2005, 735, 746.

Die Kronzeugenregelung im Kartellrecht stellt keine strafrechtlich relevante Kronzeugenregelung dar, da es in diesem Bereich lediglich darum geht, dass sich der Anzeigende Vergünstigungen in Bezug auf kartellrechtliche Sanktionen verschafft. Es handelt sich daher um eine Kronzeugenregelung im Bereich des kartellrechtlichen Ordnungswidrigkeitenrechts. Gleichwohl zeigt die Existenz dieser Regelungen erneut, dass gerade im Bereich der Wirtschaft Kooperationsanreize geschaffen werden müssen, um auch im Rahmen zunehmender Globalisierung der aufkeimenden Kriminalität Herr zu werden.

4. TEIL DIE NEUE REGELUNG

A. Das Gesetzgebungsverfahren

Das gesamte Verfahren rund um die Wiedereinführung einer Kronzeugenregelung war geprägt von der Diskussion, ob man „das bisherige Muster (bereichsspezifische Kronzeugenregelungen) ausbaut oder aber zu einer allgemeinen Regelung im Strafzumessungsrecht übergeht."[1214] Die Kodifizierung jeweils einzelner Regelungen gestaltet sich jedoch im Hinblick darauf, dass eine Neuregelung vor allem zur Bekämpfung sehr variabler Deliktsbereiche wie der organisierten Kriminalität, der Wirtschaftsdelinquenz und dem internationalen Terrorismus diskutiert wird, als schwierig. Schließlich wird eine Beschränkung auf bestimmte Straftatkataloge immer Lücken lassen und eine Deliktsauswahl willkürlich erscheinen.[1215] Eine bereichsspezifische Regelung erscheint auch deswegen nicht zielführend, weil innerhalb der organisierten Kriminalität, des Terrorismus und der Wirtschaftsdelinquenz unterschiedlichste Delikte verwirklicht werden. Die Diskussion gestaltete sich zudem insoweit schwierig, als zwar Einigkeit darüber bestand, dass die Neuregelung Missbrauch entgegenwirken müsste, jedoch auch diesbezüglich unterschiedliche Methoden diskutiert wurden. Während es das tatsächlich durchgeführte Gesetzgebungsverfahren dabei beließ, lediglich das Strafmaß der §§ 164 und 145 d StGB zu erhöhen, sah der Entwurf aus dem Jahre 2001 noch einen weiteren Wiederaufnahmegrund zu Lasten des Angeklagten vor.[1216]

[1214]Peglau, ZRP 2001, 103, 104.

[1215]BT-Drs. 14/5938, S.13; Peglau, ZRP 2001, 103, 104.

[1216]BT-Drs. 14/5938, S. 9.

B. Konkrete Ausgestaltung

I. Tatbestandsvoraussetzungen

Aufklärungsgehilfe gemäß § 46 b StGB kann nur sein, wer selbst Täter oder Teilnehmer einer Straftat ist, ein Informant, der selbst nicht straffällig geworden ist, ist von vornherein nicht Aufklärungsgehilfe.[1217] Die neue Vergünstigung soll grundsätzlich nicht allen Tätern offenstehen. Vielmehr kann nur derjenige Täter eine entsprechende Vergünstigung erhalten, der eine im Mindestmaß erhöhte oder lebenslängliche Freiheitsstrafe verwirkt hat. Kommt es jedoch zu einer Anwendung des Jugendstrafrechts, so ist die Anwendung des § 46 b StGB gemäß § 18 I 3 JGG von vornherein ausgeschlossen.[1218] Nach § 46 b I 2 StGB sind bei der Betrachtung grundsätzlich Strafmilderungen nicht zu berücksichtigen, wohingegen Strafschärfungen für besonders schwere Fälle abweichend von §§ 12 III und 78 IV StGB mit einzubeziehen sind. „Konkret erfasst werden durch Abs. 1 S. 2 solche Schärfungen, die durch benannte oder unbenannte besonders schwere Fälle (Vgl. §§ 102 I, 107 I, 108 I, 129 IV StGB), besonders aber durch solche in Form von Regelbeispielen (z.B. §§ 243 I, 253 IV, 263 III, 267 III, 300 StGB), herbeigeführt werden."[1219] Für die Anwendung des § 46 b I 1 2. HS. StGB fehlt es „an einer Bedrohung „ausschließlich" mit lebenslanger Freiheitsstrafe [...] allerdings dann, wenn im konkreten Fall – unter Außerachtlassung der Milderungsmöglichkeit nach Satz 1 – aufgrund des Vorliegens eines anderen vertypten Milderungsgrundes (z.B. nach § 23 II oder § 27 II S. 2 StGB) ein niedrigerer Strafrahmen anwendbar ist."[1220] Wird umgekehrt ein besonders schwerer Fall gemäß § 212 II StGB angenommen, kommt hingegen § 46 b I 1 2. HS StGB zur Anwendung.[1221]

„Erreicht bei tatmehrheitlich zusammentreffenden Straftaten des „Kronzeugen" nur eine Tat den für die Anwendung des § 46 b StGB erforderlichen Schweregrad, kann die Strafrahmenverschiebung nach § 49 I StGB folglich auch nur für diese Tat gewährt werden. Erfüllen mehrere Taten diese Anforderung, beziehen sich die Angaben des Täters aber z.B. nur auf eine (andere) Tat, wird es letztlich von der nach § 46 b II StGB erforderlichen Abwägung abhängen, ob es diese Angaben rechtfertigen, im

---

[1217] Bußmann in: Matt/Renzikowski, StGB,§ 46 b Rn. 3; Seebode in: Anwaltkommentar StGB, § 46 b Rn. 7.

[1218] Maier in: MüKo, StGB, § 46 b Rn. 17.

[1219] Schönke/Schröder/Kinzig, StGB, § 46 b Rn. 5.

[1220] BT-Drs. 16/6268, S. 12.

[1221] BT-Drs. 16/6268, S. 12.

Hinblick auf eine oder mehrere Taten des Täters zu einer Strafrahmenverschiebung zu gelangen."[1222]

Ist der Anwendungsbereich auf diese Art einmal eröffnet und stellt sich im Verlauf der Hauptverhandlung heraus, dass das strafschärfende Gesetz keine Anwendung findet, so muss die Aufklärungshilfe im Rahmen der allgemeinen Strafzumessung gemäß § 46 StGB berücksichtigt werden, es sei denn eine gleichwohl erfolgende Anwendung der Strafrahmenverschiebung gemäß §§ 46 b, 49 I StGB ist für den Betroffenen günstiger.[1223] Insoweit ist der Betroffene vor einer willkürlich versagten Anwendung des § 46 b StGB geschützt.

Die Kronzeugentat muss nicht einer bestimmten Deliktsart zugeordnet werden.[1224] Während § 46 b StGB noch in seiner ursprünglichen Fassung vom 29.07.2009[1225] keine weitere Einschränkung im Hinblick auf die Kronzeugentat forderte, bestimmt § 46 b StGB in der Fassung vom 10.06.2013[1226] nunmehr ausdrücklich, dass ein Zusammenhang zwischen der Kronzeugen- und der Bezugstat erforderlich ist.[1227] Es muss sich bei der Bezugstat nicht um eine materielle Tat handeln, die Teil derselben prozessualen Tat ist wie diejenige Tat, die Gegenstand des laufenden Verfahrens gegen den Kronzeugen ist. Vielmehr soll ein innerer und verbindender Bezug zwischen den beiden Taten genügen, der jedenfalls dann anzunehmen ist, wenn beide Taten Teil eines kriminellen Gesamtgeschehens sind.[1228] Nicht ausreichend ist hingegen ein zufälliges zeitlich oder örtliches Zusammentreffen der Taten oder eine persönliche Beziehung der Tatbeteiligten zueinander.[1229]

Eine weitere Eingrenzung des Anwendungsbereichs findet sich in Bezug auf die Taten, zu deren Aufklärung der Kronzeuge beitragen muss (Bezugstat). Insofern hat sich der Gesetzgeber für eine Begrenzung auf die Katalogtaten des § 100 a II StPO entschieden. Problematisch ist diese Einschränkung weil zum Zeitpunkt der Aussage in der Regel noch gar nicht bekannt ist, ob die der Aussage zugrunde liegende Tat tatsächlich eine Katalogtat darstellt. Vielmehr besteht so die Möglichkeit, dass der Kronzeuge seine Schilderung entsprechend ausschmücken kann. Um letztlich einer

---

[1222]BT-Drs. 16/6268, S. 13, Seebode in: Anwaltkommentar StGB, § 46 b Rn. 11.

[1223]Peglau, wistra, 2009, 409, 410.

[1224] Lackner/Kühl, StGB, § 46 b Rn. 1; Maier in: MüKo, StGB, § 46 b Rn. 1; Schönke/Schroeder/Kinzig, StGB, § 46 b Rn.4; Beulke, Strafprozessrecht, Rn. 342; Malek, StV 2010, 200, 201.

[1225]BGBl I Nr. 48, S. 2288 f..

[1226]BGBl I Nr. 28, 46. S. 1497.

[1227]BT-Drs. 17/9695, S.1.

[1228]BT-Drs. 17/9695, S. 8; BGH, NJW 1987, 2882; BGH, NStZ 1995, 193; Peglau, NJW 2013, 1910, 1912.

[1229]BT-Drs 17/9695, S. 9; Lackner/Kühl, StGB, § 46 b Rn. 2.

bloßen Honorierung der Phantasie des Kronzeugen vorzubeugen, sollte es „darauf ankommen, wie sich die Tat nach dem Ergebnis der Hauptverhandlung zur Überzeugung des Gerichtes darstellt, nicht etwa allein darauf, wie der Täter sie geschildert hat."[1230] Somit läuft dies faktisch auf einen Beurteilungsspielraum des Gerichtes hinaus.[1231] Letztendlich wird die Hauptverhandlung gegen den Dritten beziehungsweise bezüglich der weiteren eigenen Tat des Kronzeugen noch nicht durchgeführt worden sein und eine umfassende Beweisaufnahme in der Sache kann im laufenden Verfahren regelmäßig nicht im vollen Umfang durchgeführt werden. Insbesondere im Hinblick auf weitere eigene Taten besteht die Gefahr der Ausschmückung, da der Kronzeuge im Folgeprozess die Angaben zur Sache verweigern kann und möglicherweise um die wirklich verfügbare Beweislage weiß.

Ist der Anwendungsbereich eröffnet, hängt die Gewährung eines Kronzeugenprivilegs von einer freiwilligen Gegenleistung ab. § 46 b I StGB verlangt insoweit, dass der Kronzeuge

1. durch freiwilliges Offenbaren seines Wissens wesentlich dazu beigetragen hat, dass eine Tat nach § 100a Abs. 2 der Strafprozessordnung, die mit seiner Tat im Zusammenhang steht, aufgedeckt werden konnte, oder

2. freiwillig sein Wissen so rechtzeitig einer Dienststelle offenbart, dass eine Tat nach § 100 a Abs. 2 der Strafprozessordnung, die mit seiner Tat im Zusammenhang steht und von deren Planung er weiß, noch verhindert werden kann

Das Gesetz differenziert hinsichtlich der abverlangten Verhaltensweisen zwischen der Aufklärungsvariante und der Verhinderungsvariante. Entgegen Artikel 4 § 1 Kronzeugengesetz a.F. verlangt § 46 b StGB nach dem Wortlaut, dass der Aufklärungsgehilfe sich selbst gegenüber den Strafverfolgungsbehörden offenbart. Während das alte Kronzeugengesetz die Möglichkeit einer mittelbaren Offenbarung durch einen Dritten ausdrücklich vorsah, hat der Gesetzgeber von einer entsprechenden Regelung abgesehen. Gleichwohl wird diese Möglichkeit teilweise befürwortet.[1232] So soll es ausreichen, wenn sich der Kronzeuge nur mittelbar, beispielsweise über andere Mittelsmänner an die Strafverfolgungsbehörden wendet.[1233] Anonyme Hinweise, die dem Täter nicht zugeordnet werden können, sollen aber nicht genügen.[1234]

[1230] Peglau, wistra, 2009, 409, 410.

[1231] Maier in: MüKo, StGB, § 46 b Rn. 45; Schönke/Schröder/Kinzig, StGB, § 46 b Rn. 7.

[1232] Bußmann in: Matt/Renzikowski, StGB,§ 46 b Rn. 5; Maier in: MüKo, StGB, § 46 b Rn. 22; Schönke/Schröder/Kinzig, StGB, § 46 b Rn. 10.

[1233] Bußmann in: Matt/Renzikowski, StGB,§ 46 b Rn. 5; Fischer, StGB, § 46 b Rn. 11; Maier in: MüKo, StGB, § 46 b Rn. 22; Schönke/Schröder/Kinzig, StGB § 46 b, Rn. 10.

[1234] Maier in: MüKo, StGB, § 46 b Rn. 21; Schönke/Schröder/Kinzig, StGB, § 46 b Rn. 10.

Honoriert werden soll im Rahmen der Aufklärungsvariante letztlich diejenige Wissensoffenbarung, die wesentlich zur Aufklärung einer Tat nach § 100 a II StPO beiträgt. Insoweit wird teilweise vertreten, dass nur „überprüftes, verifiziertes Kronzeugenwissen zur Vergünstigung führt."[1235] Diese Sichtweise überzeugt jedoch nicht, da eine umfassende Beweisaufnahme zur Verifizierung der Aussage nicht möglich ist und man das Verfahren gegen den Kronzeugen auch nicht bis zum Abschluss des zweiten Verfahrens aussetzen darf. Sicherlich bezweckt die Präklusionsregelung, dass der Wert der Aussage in einem frühen Verfahrensstadium geprüft werden kann, [1236]stellt jedoch nicht hinreichend sicher, dass die Tat tatsächlich aufgeklärt wird. Insoweit kann die Regelung einen solchen Aufklärungserfolg auch nicht verlangen.[1237]Wesentlich ist, dass der Aufklärungsgehilfe Tatsachen offenbart und nicht lediglich Mutmaßungen, Verdächtigungen oder Vermutungen anstellt.[1238] Letztlich obliegt die Entscheidung, ob die Kronzeugenregelung zur Anwendung gelangt, dem Tatrichter, so dass allein maßgeblich ist, ob nach tatrichterlicher Überzeugung ein Aufklärungseffekt eingetreten ist.[1239] Nicht ausschlaggebend sollte hingegen der Stand des jeweiligen Ermittlungsverfahrens bezüglich der Bezugstat sein.[1240] Es ist nicht sinnvoll, die Gewährung des Kronzeugenrabattes davon abhängig zu machen, ob die Angaben des Kronzeugen letztlich zu einem Aufdeckungs- oder sonstigen Fahndungserfolg beigetragen haben, da dies weniger von der Qualität der Angaben abhängt, als vielmehr von äußeren Faktoren wie beispielsweise der Sorgfalt und Intensität der behördlichen Ermittlungen.[1241] Der Nachweis einer Tatbeteiligung kann erfahrungsgemäß trotz der nach tatrichterlicher Überzeugung in sich schlüssigen, konstanten und in sich stimmigen Angaben des Aufklärungsgehilfen, nicht immer erbracht werden.[1242] Dies kann nicht zu Lasten des Aufklärungsgehilfen gehen. Verlangt man immer eine Bestätigung der Aussage durch kriminalpolizeiliche Ermittlungen, wird zudem der Richter in seiner freien Überzeugungsbildung in unzulässiger Weise beschränkt. Schließlich steht ihm die Wahl der Mittel grundsätzlich frei.[1243] Im Hinblick auf die Besonderheiten der Kronzeugenregelung ist es dem Richter erlaubt, seine Über-

[1235]Peglau, wistra, 2009, 409, 412.

[1236]BT-Drs. 16/6268, S. 14; Peglau, wistra, 2009, 409, 411.

[1237]So auch König, NJW 2009, 2481, 2483.

[1238]Bußmann in: Matt/Renzikowski, StGB,§ 46 b Rn. 5.

[1239]Weider, NStZ 1985, 481, 483 mit Blick auf § 31 BtMG.

[1240]BT-Drs. 16/6268, S. 12; Maier in: MüKo, StGB, § 46 b Rn. 48; Weider, NStZ 1985, 481, 483 mit Blick auf § 31 BtMG.

[1241]Jeßberger, Kooperation und Strafzumessung S. 119; derselbe, Stellungnahme vor dem Rechtsausschuss vom 07.11.2001, 22, 25.

[1242]Bußmann in: Matt/Renzikowski, StGB,§ 46 b Rn. 10.

[1243]Bußmann in: Matt/Renzikowski, StGB,§ 46 b Rn. 12; Weider, NStZ 1985, 481, 483.

zeugungsbildung auf eine reduzierte Beweisgrundlage beispielsweise allein auf die Vernehmung der Ermittlungsbeamten zu stützen.[1244] Das Gericht kann auch ohne selbst im Strengbeweisverfahren Feststellungen zur aufgeklärten Tat zu treffen, die Kronzeugenregelung zur Anwendung bringen, wenn es für die Richtigkeit der Angaben des Aufklärungsgehilfen keine weiteren Beweismittel gibt.[1245] Es genügt in den Urteilsgründen auszuführen worin der Aufklärungserfolg bestand und wie gewichtig er war.[1246] „Ein Aufklärungserfolg ist danach dann eingetreten, wenn aufgrund der Angaben des Kronzeugen zur Überzeugung des Gerichts bestimmte identifizierbare Personen hinreichend verdächtig sind, gegen die einschlägigen Strafgesetze verstoßen zu haben, und bislang unbekannter Taten oder bekannter Taten besser überführt werden können; der Kronzeuge muss durch seine Angaben daher die Voraussetzungen für die voraussichtlich erfolgreiche Durchführung eines Strafverfahrens gegen den oder die Belasteten geschaffen haben."[1247] Erforderlich sind daher die hinreichend konkrete Benennung der Tatbeteiligten und Angaben zur konkreten Tat.[1248] An ausreichenden Angaben fehlt es daher jedenfalls dann, wenn eine Identifizierung des Belasteten anhand der vagen Angaben des Aufklärungsgehilfen nicht möglich ist.[1249] „Die Kundgabe allgemein bekannter Tatsachen, bloßer Vermutungen und nicht nachweisbarer Behauptungen, insbesondere unzureichende Angaben über den mutmaßlichen Täter oder die Tat, sind hingegen nicht ausreichend."[1250] Die Angaben müssen zur Verbesserung des Kenntnisstandes der Strafverfolgungsbehörden beitragen, entweder weil es sich um gänzlich neue Informationen handelt oder aber weil die Behörde zu bereits bekannten Umständen zusätzliche belastbare Informationen gewinnt.[1251] Wesentlich ist der Aufklärungsbeitrag, wenn die Aufklärung der Tat, die Überführung der Tatbeteiligten oder die Aufdeckung Organisationsstrukturen ohne die Angaben des Kronzeugen nicht oder nicht im selben Umfang hätte erfolgen können.[1252] Nicht erforderlich ist, dass gegen die Belasteten ermittelt

---

[1244]Bußmann in: Matt/Renzikowski, StGB,§ 46 b Rn. 12; Weber, Betäubungsmittelgesetz, § 31 Rn.133; Fezer in: Lenckner-FS, 681, 688.

[1245]Bußmann in: Matt/Renzikowski, StGB,§ 46 b Rn. 12.

[1246]Bußmann in: Matt/Renzikowski, StGB,§ 46 b Rn. 12.

[1247]Kaspar/Wengenroth, GA 2010, 454, 455.

[1248]Bußmann in: Matt/Renzikowski, StGB,§ 46 b Rn. 9.

[1249]Bußmann in: Matt/Renzikowski, StGB,§ 46 b Rn. 10.

[1250]BT-Drs. 16/6268, S. 12; Seebode in: Anwaltkommentar StGB, § 46 b Rn. 16.

[1251]BGH, wistra 2011, 99; Bußmann in: Matt/Renzikowski, StGB,§ 46 b Rn. 9.

[1252]BGH, NJW 2002, 908 (909) (zu § 31 BtMG); Bußmann in: Matt/Renzikowski, StGB,§ 46 b Rn. 11.

wird, sie tatsächlich angeklagt oder verurteilt werden.[1253] Demnach ist es auch unerheblich, wenn letztlich die Tat eines schuldlos oder entschuldigt handelnden Täters aufklärt würde oder aber der Belastete von dem Versuch der offenbarten Katalogtat strafbefreiend zurücktritt.[1254]

Nicht erforderlich ist die Offenbarung eigenen Tatsachenwissens.[1255] Trotz des geringeren Beweiswertes einer Aussage vom Hörensagen, kann unter Umständen auch ein solcher Bericht des Kronzeugen zu Ermittlungserfolgen führen und sollte entsprechend honoriert werden.[1256] Jeder Beitrag, der letztlich ein Fortschreiten der Ermittlung ermöglicht kann unabhängig davon aus welchen Quellen das offenbarte Wissen stammt honoriert werden[1257]

Kann nicht festgestellt werden, ob bis zum Abschluss der Hauptverhandlung ein wesentlicher Aufklärungserfolg eingetreten ist, findet der Zweifelsgrundsatz zu Gunsten des Beschuldigten keine Anwendung.[1258] Der Beschuldigte ist jedoch insoweit geschützt, als die Strafverfolgungsbehörden verpflichtet sind konkreten Angaben zeitnah nachzugehen. Findet eine derartige sorgfältige Überprüfung nicht statt, kann das Gericht darauf keine Zweifel, die zur Ablehnung eines Aufklärungserfolges führen, stützen.[1259]

Seinem Wortlaut nach verlangt die Aufklärungsvariante lediglich die Aufklärung einer Tat aus dem Katalog des § 100 a II StPO, sodass grundsätzlich auch eine weitere eigene Tat des Kronzeugen umfasst ist. Dafür spricht, dass der Wortlaut gerade nicht die fremde Tat oder aber die Tat eines Dritten nennt. Allerdings sieht § 46 b I 3 StGB vor, dass sich sein Aufklärungsbeitrag über den eigenen Tatbeitrag hinaus erstrecken muss, wenn es sich bei der Bezugstat um eine solche handelt, an der der Kronzeuge beteiligt war. Fraglich ist daher, ob diese Vorschrift faktisch dazu führt, dass es grundsätzlich nicht möglich ist, Angaben zu weiteren, den Strafverfolgungsbehörden bisher nicht bekannten oder zumindest nicht aufgeklärten, eigenen Straftaten zu machen, da es bei Alleintätern regelmäßig nur den eigenen Tatbeitrag gibt. Aufgrund dessen, dass § 46 b I 1 Nr. 1 StGB

[1253]Bußmann in: Matt/Renzikowski, StGB,§ 46 b Rn. 10; Maier in: MüKo, StGB, § 46 b Rn. 44; Schönke/Schröder/Kinzig, StGB, § 46 b Rn. 13; Seebode in: Anwaltkommentar StGB, § 46 b Rn. 16.

[1254]BGH, NJW 2014, 1752.

[1255]A.A. Bußmann in: Matt/Renzikowski, StGB,§ 46 b Rn. 5.

[1256]BGH, BeckRS 2013, 04495; Maier, NStZ-RR 2014,161, 162; Anders Kneba, Die Kronzeugenregelung, S. 63.

[1257]Fischer, StGB, § 46 b Rn. 15; Seebode in: Anwaltkommentar StGB, § 46 b Rn. 18; a.A. Bußmann in: Matt/Renzikowski, StGB,§ 46 b Rn. 5.

[1258]Bußmann in: Matt/Renzikowski, StGB,§ 46 b Rn. 12; Seebode in: Anwaltkommentar StGB, § 46 b Rn. 1; Wesemann in: Anwaltshandbuch Strafverteidigung, § 46 Rn. 208.

[1259]Bußmann in: Matt/Renzikowski, StGB,§ 46 b Rn. 13.

gerade keine fremde Tat verlangt und auch § 46 b I 3 StGB nach seinem Wortlaut nur die Beteiligung meint, kann die eigene Straftat nach § 100 a II StPO grundsätzlich Bezugstat sein. Zudem würde andernfalls derjenige Täter privilegiert, der nicht allein agiert. Allerdings sind hinsichtlich weiterer eigener Taten höhere Anforderungen an den Aufklärungsbeitrag zu stellen, da zum einen eine Verurteilung allein auf ein Geständnis nicht gestützt werden kann und zum anderen zu befürchten steht, dass der Zeuge sein Geständnis widerruft und im Folgeprozess keine Angaben macht.

Demgemäß verbleiben für den Anwendungsbereich des § 46 b I 3 StGB nur noch die Fälle, in denen der Aufklärungsgehilfe Angaben zu Taten macht, bezüglich derer er Beteiligter im Sinne der Vorschriften (§§ 25 II, 26, 27 StGB) ist. Der Beteiligte einer Straftat muss daher einen Aufklärungsbeitrag über seinen eigenen Tatbeitrag hinaus leisten. Leider hat der Gesetzgeber nicht die Chance genutzt, deutlich zu machen, ob das Geständnis der eigenen Tat erforderlich ist. Betrachtet man allerdings den Wortlaut sowie den Sinn und Zweck der Vorschrift, kann ein Geständnis der eigenen Tat beziehungsweise des eigenen Tatbeitrages nicht erforderlich sein, schließlich geht es gerade um die Aufklärung der Bezugstat.[1260] Demnach ist es auch folgerichtig, dass selbst das Leugnen des eigenen Tatbeitrags an der Bezugstat der Anwendung des § 46 b STGB nicht entgegensteht.[1261] Diesbezüglich sei auf die Ausführungen bezüglich des § 31 BtMG verwiesen.

Die Verhinderungsvariante verlangt hingegen, dass der Aussagende sein Wissen über eine geplante Katalogtat derart offenbart, dass die Tat verhindert werden kann. Dies setzt voraus, dass sich die Tat bereits im Planungsstadium befindet und ihre Verhinderung überhaupt noch möglich ist.[1262] Es genügt, wenn der Kronzeuge sich gegenüber irgendeiner Dienststelle offenbart, seien es die Strafverfolgungsbehörden, Gerichte oder aber andere kommunale oder staatliche Einrichtungen.[1263] Nicht ausreichend ist es hingegen, wenn der Kronzeuge sich gegenüber den Betroffenen offenbart.[1264] Während dies teilweise als redaktionelles Versehen angesehen und eine analoge Anwendung zugunsten des Kronzeugen angenommen wird, wenn dieser das Opfer der Bezugstat rechtzeitig benachrichtigt,[1265] kann dieser Ansicht nicht gefolgt werden. Anders als § 138 StGB zielt § 46 b StGB nicht primär darauf ab, andere Straftaten zu verhindern, sondern Straftaten

---

[1260]Maier in: MüKo, StGB, § 46 b Rn. 66; Kneba, Die Kronzeugenregelung, S. 85; Malek, StV 20120, 200, 201.

[1261]BGH, StV 2011, 534; BGH, NStZ-RR 2012, 201.

[1262]Bußmann in: Matt/Renzikowski, StGB,§ 46 b Rn. 17; Maier in: MüKo, StGB, § 46 b Rn. 131.

[1263]Lackner/Kühl, StGB, § 46 b Rn. 4; Schönke/Schröder/Kinzig, StGB, § 46 b Rn. 15.

[1264]Fischer, StGB, § 46 b Rn. 20. Maier in: MüKo, StGB, § 46 b Rn. 132; Schönke/Schröder/Kinzig, StGB, § 46 b Rn.15, Kneba, Die Kronzeugenregelung, S. 92.

[1265]Fischer, StGB, § 46 b Rn. 20; Seebode in: Anwaltkommentar StGB, § 46 b Rn. 1.

auch in ihrer Vorbereitung aufzuklären. Es soll nicht nur verhindert werden, dass entsprechende Taten verübt werden, sondern es soll überdies ermöglicht werden, Vorfeldstraftaten nach § 30 StGB zu ahnden und Kenntnis über kriminelle Strukturen zu erlangen. Würde man es entsprechend der Regelung des § 138 StGB ausreichen lassen, wenn der Täter das Opfer informiert, würden die Strafverfolgungsbehörden beispielsweise keine Kenntnis darüber erlangen, welche Organisation Straftaten geplant hat. § 46 b StGB dient als prozessuales Instrument der Strafverfolgung und gerade nicht der bloßen Verhinderung von Straftaten. Seine Verortung im StGB ist nicht dem Normzweck geschuldet, sondern allein der Ermöglichung umfassender Honorierung der geleisteten Aufklärungshilfe.

Auch bezüglich der Verhinderungsvariante ist unklar, ob ein tatsächlicher Verhinderungserfolg vorliegen muss. Während ein Verhinderungserfolg teilweise vorausgesetzt wird[1266], halten andere einen Verhinderungserfolg grundsätzlich nicht für erforderlich.[1267] Zwischen diesen Positionen hat sich eine vermittelnde Auffassung herausgebildet, die zumindest dann auf einen Verhinderungserfolg verzichten will, wenn die Nichtverhinderung allein aus der Sphäre der Strafverfolgungsorgane herrührt[1268] In diesem Fall soll nach der vermittelnden Auffassung die bloße Eignung zur Verhinderung ausreichen.[1269] Letztlich ist entscheidend, ob aus Sicht des Gerichtes im Zeitpunkt der Offenbarung die Möglichkeit zur Verhinderung der Tat tatsächlich bestand.[1270] Dies ist dann nicht der Fall, wenn die Ausführung der Tat aus anderen Gründen beispielweise aufgrund der Festnahme des Kronzeugen selbst ausgeschlossen ist.[1271] Letztlich spricht gegen das Erfordernis eines Verhinderungserfolgs der Wortlaut des § 46 b I S. 1 Nr. 2 StGB, wonach der Kronzeuge „freiwillig […], dass eine Tat nach § 100 a II StPO, von deren Planung er weiß, noch verhindert werden kann." Hätte der Gesetzgeber in jedem Fall einen Verhinderungserfolg fordern wollen, hätte die Vorschrift in der Vergangenheitsform formuliert werden müssen. Insbesondere im Zusammenspiel mit § 46 b I S. 1 Nr. 1 StGB wird dieser Unterschied deutlich. Bei der Aufklärungsvariante ist maßgeblich, dass der Kronzeuge im Zeitpunkt des Abschlusses der mündlichen Verhandlung, „durch freiwilliges Offenbaren seines Wissens wesentlich dazu beigetragen hat, dass eine Tat nach § 100a Abs. 2 der Strafprozessordnung aufgedeckt

---

[1266]Seebode in: Anwaltkommentar StGB, § 46 b Rn. 20.

[1267]Bußmann in: Matt/Renzikowski, StGB,§ 46 b Rn. 17.

[1268]Peglau, wistra, 2009, 409, 411.

[1269]Streng in: NK, StGB, § 46 b Rn. 10; Kaspar/Wengenroth, GA 2010, 454, 456; Peglau, wistra, 2009, 409, 411.

[1270]Lackner/Kühl, StGB, § 46 b Rn. 4; Maier in: MüKo, StGB, § 46 b Rn. 134; Kaspar/Wengenroth, GA 2010, 454, 456.

[1271]Bußmann in: Matt/Renzikowski, StGB,§ 46 b Rn. 17; Seebode in: Anwaltkommentar StGB, § 46 b Rn. 20.

werden konnte“. In diesem Fall müssen sowohl der Aufklärungsbeitrag als auch der darauf beruhende Aufklärungserfolg in der Vergangenheit liegen. Die Verhinderungsvariante ist hingegen bewusst im Präsens formuliert, so dass bis zum Schluss der Hauptverhandlung bzw. bis zum Präklusionszeitpunkt gemäß § 46 b III StGB lediglich das Wissen in der Weise offenbart werden muss, dass die Möglichkeit zur Verhinderung der Tat besteht. Für diese Auffassung spricht auch ein Vergleich mit § 24 I S. 1 2. Alt. StGB. Dort hat der Gesetzgeber explizit formuliert, dass die Vollendung der Tat verhindert werden muss. An dieser Stelle macht es auch Sinn, da nach § 24 I S. 1 2. Alt. StGB, gerade die Verhinderung der Vollendung belohnt werden soll. Der Täter selbst hat auch die Möglichkeit die Vollendung zu verhindern. Anders verhält es sich bei der Aufklärungshilfe. Der Aufklärungsgehilfe wird dafür honoriert, dass er mit den Strafverfolgungsbehörden durch die Offenbarung von Wissen kooperiert. Dabei erschöpft sich die Leistung des Aufklärungsgehilfen darin, den Strafverfolgungsbehörden sämtliche Informationen zur Verfügung zu stellen, die zur Verhinderung der Tat durch die Strafverfolgungsbehörden notwendig sind. Der Aufklärungsgehilfe wird nicht für die aktive Verhinderung der Tat belohnt, sondern dafür, dass er es den Strafverfolgungsbehörden durch die rechtzeitige Bereitstellung der hierzu erforderlichen Informationen ermöglicht, die Straftat noch zu verhindern. Ob es den Strafverfolgungsbehörden gelingt, kann der Aufklärungsgehilfe nicht beeinflussen. Das Ausbleiben eines Verhinderungserfolges kann nach dem Sinn und Zweck der Aufklärungshilfe nicht dazu führen, dass der Aufklärungsgehilfe sein Honorar für die gelieferten stichhaltigen Informationen nicht erhält. Die Aufklärungshilfe dient allein dazu den Strafverfolgungsbehörden neue Informationsquellen zu erschließen. Daher sprechen auch Sinn und Zweck der Aufklärungshilfe dafür, dass kein Verhinderungserfolg erforderlich ist. Letztlich überzeugt es auch nicht, im Rahmen der Aufklärungsvariante bewusst auf die bereits erfolgte Festnahme bzw. eine spätere Verurteilung der Belasteten zu verzichten, bei der Verhinderungsvariante aber eine erfolgreiche Verhinderung der Straftat zu verlangen. Maßgeblich ist daher einzig, dass die Offenbarung rechtzeitig erfolgt, so dass für die Strafverfolgungsbehörden die Möglichkeit besteht die Straftat noch zu verhindern. Das Wort „rechtzeitig“ bietet die Möglichkeit hohe Anforderungen an die Offenbarungsleistung zu stellen, so dass ein Verhinderungserfolg auch nicht deswegen verlangt werden muss, um den Anwendungsbereich der Norm einzuschränken. Für dieses Normverständnis spricht auch ein Vergleich mit § 138 StGB, der zu einem Zeitpunkt, zu dem die Straftat bzw. deren Vollendung noch verhindert werden kann, ebenfalls eine rechtzeitige bzw. unverzügliche Anzeige bei der Behörde verlangt. Die erforderliche Handlung zur Abwendung der Strafe besteht einzig darin, die Straftat anzuzeigen. Ein Verhinderungserfolg ist hingegen nicht erforderlich. Der ähnlich lautende Wortlaut spricht dafür auch im Rahmen der Aufklärungshilfe auf den Verhinderungserfolg zu verzichten.

Wesentliches Merkmal beider Alternativen ist die Freiwilligkeit. „Freiwilligkeit ist nach der insoweit auf § 46 b StGB übertragbaren Rechtsprechung des BGH zu § 31 BtMG dann gegeben, wenn sich der Beschuldigte frei zur Offenbarung entschließen kann; unfreiwillig handelt hingegen, wer meint, nicht mehr anders handeln zu können."[1272] Eine bestehende Anzeige- oder Zeugnispflicht schließt die Freiwilligkeit nicht aus, da der Beschuldigte die Aussage weiterhin aus einem autonomen Entschluss heraus tätigt.[1273] Etwas anderes gilt vielmehr erst dann, wenn gegen den Zeugen Erzwingungsmaßnahmen konkret ergriffen wurden.[1274] Selbst wenn in solch einem Fall eine strafbewährte Anzeigepflicht gemäß § 138 StGB besteht, schließt dies die Freiwilligkeit nicht aus.[1275] Die persönlichen Motive, die den Kronzeugen letztlich zur Kooperation veranlasst haben, sind nicht von Bedeutung, können aber gleichwohl im Rahmen der Beweiswürdigung eine Rolle spielen.[1276] Demnach spielt es auch keine Rolle, wenn sich der Aussagende allein deswegen zur Aussage entschließt, weil er anderen zuvor kommen oder sich an dem Belasteten rächen will.[1277]

Um den Anwendungsbereich einzugrenzen, sieht § 46 b III StGB zudem eine Präklusionsregelung derart vor, dass eine entsprechende Aufklärungshilfe vor Eröffnung des Hauptverfahrens erfolgen muss. Nach Ablauf der Frist darf § 46 b StGB nicht mehr angewendet werden.[1278] Eine Vorgabe, in welchem Verfahrensstadium frühestens Aufklärungshilfe geleistet werden kann, findet sich in § 46 b StGB nicht. Demnach kann auch dann Aufklärungshilfe geleistet werden, wenn noch gar kein Ermittlungsverfahren gegen den potentiellen Kronzeugen eingeleitet ist.[1279] Die Regelung fordert keine frühestmögliche Offenbarung, sodass der Kronzeuge die Information bis zum Präklusionszeitpunkt zurückhalten kann.

[1272]BGH, StV 2010, 480, 481.

[1273]Bußmann in: Matt/Renzikowski, StGB,§ 46 b Rn. 7; Lackner/Kühl, StGB, § 46 b Rn. 3; Seebode in: Anwaltkommentar StGB, § 46 b Rn. 12 f..

[1274]BGH, StV 2010, 480, 481.

[1275]BGH, StV 2010, 480, 481; Maier, NStZ 2011, 151, 152.

[1276]BGHSt 48, 161; BGHSt 52, 78; BGH, NStZ- RR 2012, 52; Bußmann in: Matt/Renzikowski, StGB,§ 46 b Rn. 7; Fischer, StGB, § 46 b Rn. 12; Schönke/Schröder/Kinzig, StGB, § 46 b Rn. 11.

[1277]Bußmann in: Matt/Renzikowski, StGB,§ 46 b Rn. 7; Fischer, StGB, § 46 b Rn. 12; Seebode in: Anwaltkommentar StGB, § 46 b Rn. 12.

[1278]BGHSt 56, 191, 194; Maier in: MüKo, StGB, § 46 b Rn. 31; Beulke, Strafprozessrecht, Rn. 342.

[1279]Seebode in: Anwaltkommentar StGB, § 46 b Rn. 12; Peglau, wistra, 2009, 409, 410.

II. Rechtsfolge

Auf Rechtsfolgeseite sieht die Neuregelung grundsätzlich eine Milderung der Strafe durch Strafrahmenverschiebung nach § 49 I StGB vor. Zudem eröffnet § 46 b I 4 StGB auch die Möglichkeit ganz von einer Strafe abzusehen, sofern der Täter unter Außerachtlassung der hier gegebenen Milderungsmöglichkeit eine Strafe von nicht mehr als drei Jahren verwirkt hat. Maßgeblich ist die Strafe, die der Täter erhalten hätte, wenn er keine Aufklärungshilfe geleistet hätte.[1280] Es ist daher nicht möglich, von der Verhängung einer Strafe abzusehen, weil der Täter unter Berücksichtigung seines Aufklärungsbeitrags lediglich eine Strafe von drei Jahren verwirkt hat.[1281]Andernfalls würde der Täter doppelt für die geleistete Aufklärungshilfe entlohnt. Dadurch ist sichergestellt, dass die Möglichkeit von der Verhängung einer Strafe gänzlich abzusehen auf weniger schwerwiegende Taten beschränkt bleibt. Wird von der Verhängung einer Strafe abgesehen, ergeht ein Urteil, das einen Schuldspruch enthält. Es wird lediglich auf die Verhängung einer Strafe verzichtet.[1282] Aufgrund dessen, dass § 46 b I 4 StGB das Absehen von einer Strafe ermöglicht, kann in diesen Fällen auch eine Einstellung des Verfahrens gemäß § 153 b StPO[1283] erfolgen. Von der Möglichkeit von einer Strafe abzusehen soll kein Gebrauch gemacht werden, wenn „durch das Absehen von Strafe eine formelle Voraussetzung für die Anordnung der Sicherungsverwahrung oder ihrem Vorbehalt (§§ 66, 66 a StGB) entfallen"[1284] würde. Obwohl das Gesetz diese Einschränkung nicht explizit vorsieht, kann diesem Aspekt im Rahmen der Abwägung gemäß § 46 b II StGB Rechnung getragen werden, da dann die Besonderheiten der Tat oder besondere Merkmale des Täters einer Privilegierung entgegenstehen.[1285] Im Rahmen der Präventionsvariante wird sich unter diesem Gesichtspunkt die Verhängung einer Strafe trotz des Vorliegens aller Voraussetzungen dann nicht mehr begründen lassen, wenn „die Verhinderung schwerster Straftaten gegen Leib oder Leben das Eingehen einer Gefahr durch die fehlende Sicherung des Kronzeugen rechtfertigt."[1286]

Letztlich stellt § 46 b StGB die Wahl der Honorierung des Kronzeugen in das Ermessen des Gerichts, sodass es dem Gericht obliegt, eine ermessensfehlerfreie Entscheidung im Einzelfall zu treffen.[1287] Das Gericht kann

[1280]Seebode in: Anwaltkommentar StGB, § 46 b Rn. 26.

[1281]Seebode in: Anwaltkommentar StGB, § 46 b Rn. 26.

[1282]BGHSt 4, 172, 174.

[1283]Beulke, Strafprozessrecht, Rn. 342

[1284]Peglau, wistra, 2009, 409, 412.

[1285]Peglau, wistra, 2009, 409, 412.

[1286]Peglau, wistra, 2009, 409, 412.

[1287]Maier, MüKo, StGB, § 46 b Rn. 65; Beulke, Strafprozessrecht, Rn. 342; Malek, StV 2010, 200, 202.

neben der Schwere der Schuld berücksichtigen, zu welchem Zeitpunkt der Aufklärungsbeitrag geleistet wurde und in welchem Umfang die Ermittlungen aufgrund der Aufklärungshilfe beschleunigt beziehungsweise entbehrlich wurden.[1288] Die Honorierung wird regelmäßig dann zu versagen sein, wenn der Aussagende letztlich nur seiner ihm obliegenden Aufklärungspflicht nachkommt oder ausschließlich eigene Genugtuungsinteressen verfolgt.[1289] Die Versagung der Honorierung kann auch darauf gestützt werden, dass der Aussagende seine Mitwirkung in der Hauptverhandlung verweigert oder widersprüchliche Angaben macht.[1290] Grundsätzlich ist davon auszugehen, „dass bei frühen, umfassenden und sich auf eine gewichtige Katalogtat beziehenden Angaben die Strafrahmenverschiebung nahe, hingegen bei späten, bruchstückhaften Angaben zu einer leichteren Tat eher fern liegt."[1291] Sind die Voraussetzungen einer Aufklärungshilfe gegeben, muss sich das Gericht in den Urteilsgründen hiermit auseinandersetzen und mitteilen, aus welchen Tatsachen sich der Aufklärungserfolg ergibt, und welche Erwägungen zur Anwendung des § 46 b i.V.m. § 49 StGB oder zu dessen Ablehnung geführt haben.[1292] Grundsätzlich kann auch bei Vorliegen der Aufklärungshilfe eine lebenslange Freiheitsstrafe verhängt werden, wenngleich dies einen erhöhten Prüfungs- und Begründungsaufwand erfordert.[1293] Lehnt das Gericht eine Strafrahmenverschiebung oder ein Absehen von Strafe ab, so kann es die Aufklärungshilfe als wesentlichen Umstand zur Begründung eines minder schweren Falles heranziehen.[1294] Die geleistete Aufklärungshilfe kann auch dazu führen, dass das Vorliegen eines besonders schweren Falls abgelehnt wird.[1295] Grundsätzlich kann die Aufklärungshilfe auch als Strafmilderungsgrund angesehen werden.[1296]

III. Geltungsbereich

Schwierigkeiten bereiten auch die sogenannten Altfälle. Wurde eine entsprechende Tat, für die eine Milderungsmöglichkeit gemäß § 46 b StGB offen stünde, vor Inkrafttreten der Neuregelung begangen, so wäre denk-

---

[1288] Maier, NStZ 2011, 151, 152.

[1289] Maier, MüKo, StGB, § 46 b Rn. 30; derselbe in NStZ 2011, 151, 152.

[1290] Maier, NStZ 2011, 151, 152.

[1291] Maier, NStZ 2011, 151, 152.

[1292] Maier in: MüKo, StGB, § 46 b Rn. 96; derselbe in NStZ 2011, 151, 153; Malek, StV 2010, 200, 202.

[1293] Fischer, StGB, § 46 b Rn. 30.

[1294] Maier in: MüKo, StGB, § 46 b Rn. 105; Seebode in: Anwaltkommentar StGB, § 46 b Rn. 25.

[1295] Seebode in: Anwaltkommentar StGB, § 46 b Rn. 25.

[1296] Maier in: NStZ 2011, 151, 152.

bar, dass auch den Tätern, die die Tat bereits vor Inkrafttreten des § 46 b begangen haben, gegen die das Hauptverfahren aber noch nicht eröffnet worden ist, das neue Recht zu Gute gehalten werden muss. § 2 III StGB bestimmt diesbezüglich, dass dasjenige Recht Geltung findet, das für den Täter das mildere Recht darstellt.[1297] Da vor der Geltung des § 46 b StGB beispielsweise eine Berücksichtigung von deliktsübergreifendem Täterwissen nach geltendem Recht außerhalb der Grenzen des § 46 StGB nicht möglich war, sind viele Fälle denkbar, in denen die Geltung der neuen Rechtslage für den Beschuldigten günstiger ist. Artikel 316 d EGStGB normiert insoweit ausdrücklich, dass diejenigen Fälle aus dem Anwendungsbereich herausfallen, bezüglich derer die Eröffnung des Hauptverfahrens vor Inkrafttreten der Regelung, namentlich am 01.09.2009, beschlossen wurde. „Diese negativ formulierte Überleitungsvorschrift stellt eine – verfassungsrechtlich unbedenkliche [...] – Derogation des Meistbegünstigungsprinzips (§ 2 III StGB) dar."[1298] Die Gerichte sollen in laufenden Verfahren von der gegebenenfalls schwierigen Bewertung freigestellt werden, welches Recht nach den Umständen des konkreten Einzelfalls das mildere ist.[1299] Zudem soll vermieden werden, dass Urteile aufgrund der Missachtung des Meistbegünstigungsprinzips aufzuheben sind.[1300] § 46 b StGB soll denjenigen offen stehen, deren Verfahren nach dem 01.09.2009 eröffnet wurden. Damit ist aber nicht gesagt, dass grundsätzlich alle Verfahren, die nach dem Stichtag eröffnet wurden, nach den neuen Kronzeugenregelungen abgeurteilt werden müssen. „Für die Frage des auf diese Verfahren anwendbaren Rechts gelten vielmehr die allgemeinen Regeln, nach denen grundsätzlich das zur Tatzeit geltende materielle Recht Anwendung findet (§§ 1, 2 Abs. 1 StGB), sofern das neuere Recht in seiner Gesamtheit keine für den Angeklagten günstigere Regelung darstellt. (§ 2 Abs. 3 StGB)"[1301] Trotz des Umstandes, dass Kronzeugenregelungen regelmäßig das Nachtatverhalten umfassen, ist für die Tatzeit der Zeitpunkt der zu verhandelnden Straftat maßgeblich.[1302] Einen Anwendungsautomatismus der neueren Regelungen gibt es nicht, wenngleich diese in den Bereichen, in denen früher keine Privilegierung möglich war, stets das günstigere Recht darstellen.[1303] Würde man dem Betäubungsmitteldelinquenten das Kronzeugenprivileg aufgrund der nunmehr auch im Bereich des Betäubungsmittelstrafrechts geltenden Präklusionsregelung des § 46 b III StGB versagen, so wäre dieses Vorgehen

[1297]Vgl. zum Parallelproblem in Bezug auf Hügel/Junge/Lander/Winkler, Deutsches Betäubungsmittelrecht, § 31 Rn. 1.

[1298]BGH, StV 2010, 481, 481.

[1299]BGH, StV 2010, 481, 481.

[1300]BT-Drs. 16/6268, S. 18.

[1301]BGH, StV 2010, 481, 482.

[1302]BGH, StV 2010, 481, 482.

[1303]BGH, StV 2010, 481, 482.

faktisch ein Verstoß gegen das strafrechtliche Rückwirkungsverbot gemäß Artikel 103 II GG, da dieses auch Vorschriften zur Strafzumessung umfasst.[1304]

Zudem ist neben dem zeitlichen Moment des Anwendungsbereichs zu erörtern, wie weit der räumliche Anwendungsbereich der Norm reicht. Schließlich macht die gesamteuropäische Entwicklung deutlich, dass im Rahmen der Strafverfolgung ein erhebliches Bedürfnis an grenzüberschreitender Zusammenarbeit besteht, da die Straftäter insbesondere im Bereich der organisierten Kriminalität und des Terrorismus über die nationalen Grenzen hinaus agieren.[1305] „Nationale Maßnahmen mit lediglich am einzelnen Kriminalfall orientierten internationalen Informationskontakten werden eine wirksame Kriminalitätsbekämpfung nicht leisten können."[1306] Daher erfordert es die Globalisierung der Kriminalität, den Anwendungsbereich der Kronzeugenregelung zu erweitern. Aussagen zu Delikten des Katalogs des § 100 a StPO mit grenzüberschreitendem Bezug können unter Umständen eine Privilegierung des inländischen Täters rechtfertigen. Eine Ausdehnung der vorhandenen Instrumentarien wird zudem aus dem Rahmenbeschluss zur Terrorismusbekämpfung[1307] deutlich, der zur gemeinsamen Bekämpfung des Terrorismus den Mitgliedstaaten die Schaffung von Kronzeugenregelungen anheimstellt. Gerade Delikte im Bereich des Terrorismus, der organisierten Kriminalität und der Wirtschaftskriminalität haben einen starken Auslandsbezug, sodass diese Deliktsfelder globale Instrumentarien erforderlich machen. Eine Ausdehnung des Anwendungsbereichs ist zudem sinnvoll, weil es derzeit schwierig ist, ausländische Zeugen für eine Aussage zu gewinnen. Problematisch ist diesbezüglich, dass das Kronzeugenprivileg zwangsläufig mit einer Rücknahme des inländischen Strafanspruchs verbunden ist und der Staat insoweit bei grenzüberschreitenden Delikten keinen ausgleichenden „Gewinn" hat. Dieser Aspekt kann jedoch nicht gegen die Ausweitung des Anwendungsbereichs sprechen, da die Anwendung immer noch im Ermessen der Behörden liegt und die Rücknahme des Strafanspruchs insoweit freiwillig erfolgt. Weiterhin erscheint dies auch aufgrund des Grundsatzes der loyalen Zusammenarbeit, Artikel 4 Absatz 3 EUV, geboten, zumal „jede Beteiligung an supranationalen Organisationen die Bereitschaft voraussetzt nationale Abstriche zugunsten der internationalen gemeinsamen Sache zu machen."[1308] Artikel 54 SDÜ impliziert zwingend ein Vertrauen der Vertragsstaaten in ihre jeweiligen Strafrechtssysteme und die gegenseitige Ak-

---

[1304]BGH, StV 2010, 481, 482.

[1305]Zöller, ZIS 2009, 340.

[1306]Gehm, Lage und Lageentwicklung der Organisierten Kriminalität in Deutschland, 53, 66.

[1307]Artikel 6 des Rahmenbeschlusses des Rates vom 13.06.2002 zur Terrorismusbekämpfung (2002/475/JI).

[1308]Zöller, ZIS 2009, 340, 349.

zeptanz der Anwendung des in den anderen Vertragsstaaten geltenden Strafrechts, selbst wenn das eigene nationale Recht in der Anwendung auf den konkreten Einzelfall zu einem anderen Ergebnis führen würde.[1309] Entsprechend hat der BGH in Bezug auf die Anwendung des § 31 BtMG innerhalb des Schengenraums geurteilt, dass es dem Zweck der Regelung zuwiderliefe, wenn eine Anwendung von der Verurteilung im Inland abhinge, zumal eine solche Sichtweise im Gesetz keine Stütze fände.[1310] Vielmehr genügt es, wenn „die Strafverfolgung in einem der Vertragsstaaten abgeschlossen werden kann."[1311] Dem liegt vor allem zu Grunde, dass eine Verurteilung des Dritten in einem anderen Vertragsstaat eine erneute Verurteilung im Inland und damit einen inländischen Aufklärungserfolg nach dem in Artikel 54 SDÜ Verbot der Doppelbestrafung zwingend ausschließt.[1312] Dies überzeugt auch mit Blick auf diejenigen Fälle, bezüglich derer die deutschen Strafverfolgungsbehörden gar nicht verfolgungsbefugt wären. In diesem Fall wäre ein inländischer Aufklärungserfolg von vornherein ausgeschlossen. Somit erscheint es nicht stichhaltig, die Anwendbarkeit der Privilegierung davon abhängig zu machen, ob für die Tat des Dritten grundsätzlich eine Strafverfolgungszuständigkeit bestünde.[1313] Insoweit stellt der BGH noch einmal deutlich heraus, „dass Verurteilungen in den einzelnen Vertragsstaaten grundsätzlich einander gleichstehen sollen."[1314] Innerstaatliche Vorschriften sind unionsrechtskonform auszulegen. Demgemäß ist es legitim, den deutschen Strafverfolgungsbehörden im Vertrauen darauf, dass durch den Strafverfolgungsapparat eines anderen Mitgliedstaates ein Aufklärungserfolg erzielt werde, die Anwendung des Kronzeugenprivilegs und damit in gewisser Weise eine Rücknahme des eigenen Strafanspruchs abzuverlangen. Die grenzüberschreitende Ausweitung des Anwendungsbereichs bringt daher mit sich, dass zum Zeitpunkt des Strafverfahrens gegen den Kronzeugen nicht festgestellt werden kann, ob die Aussage einen Aufklärungserfolg in einem anderen Vertragsstaat bewirken wird. Insofern soll es daher für die Anwendbarkeit des § 31 BtMG genügen, wenn aufgrund der Aussage zur „Überzeugung des erkennenden Gerichtes die Voraussetzungen für eine - im Fall der Ergreifung - voraussichtlich erfolgreiche Durchführung des Strafverfahrens auch im Ausland geschaffen wurde."[1315] Verlangte man die vollständige Aufklärung der Tat des Dritten, so hinge die Anwendung der Kronzeugenregelung von Zufälligkeiten und Unwägbarkeiten wie dem Stand der Rechtshilfebeziehungen, dem An-

---

1309 EuGH, NStZ 2003, 332, 333.

1310 BGH, JR 2003, 480, 481.

1311 BGH, JR 2003, 480, 481.

1312 Aulinger, JR 2003, 480, 482.

1313 Aulinger, JR 2003, 480, 483.

1314 BGH, JR 2003, 480, 481.

1315 BGH, StV 2000, 318.

schluss des jeweiligen Landes an das INPOL-System oder der schlichten Kooperationsbereitschaft des anderen Landes ab.[1316] Aufgrund dessen soll es zur Bejahung der Voraussetzung der Aufklärungshilfe genügen, „daß [sic] die Angaben des Angeklagten an ausländische Ermittlungsbehörden weitergeleitet wurden, Ermittlungsergebnisse von dort jedoch nicht mitgeteilt worden sind."[1317] Vorauszusetzen ist jedoch, dass die gemachten Angaben sich nicht in bloßen Ermittlungsansätzen erschöpfen, sondern vielmehr geeignet sind, den Belasteten zu identifizieren und zur Fahndung auszuschreiben.[1318] Einer Gewährung des Kronzeugenprivilegs ist es auch nicht abträglich, wenn die ausländischen Behörden bereits gegen den Dritten aus eigener Veranlassung ermittelt haben oder aber aufgrund der getätigten Aussage überhaupt nicht ermitteln.[1319] Maßgeblich ist einzig, ob den inländischen Behörden etwas Neues mitgeteilt wird, das wesentlich zur Identifizierung eines Dritten beiträgt.[1320] Die aufgezeigte Rechtsprechung erscheint sinnvoll und sollte zwingend auch im Bereich der deliktsübergreifenden Kronzeugenregelung Berücksichtigung finden.

IV. Missbrauchsschutz

Um einen möglichst hohen Beweiswert der Kronzeugenaussage zu gewährleisten, hat sich der Gesetzgeber dazu entschieden, die Straftatbestände § 145 d und § 164 StGB auszuweiten und an die neue Regelung anzupassen. Demgemäß sieht § 145 d III StGB n.F. vor, dass derjenige, der wider besseren Wissens eine begangene oder bevorstehende rechtswidrige Tat vortäuscht, um Strafmilderung oder ein Absehen von Strafe nach § 46 b StGB oder § 31 BtMG zu erlangen, mit Freiheitsstrafe von drei Monaten bis zu fünf Jahren bestraft wird. Entsprechend sieht § 164 StGB n. F. vor, denjenigen mit Freiheitsstrafe von sechs Monaten bis zu zehn Jahren zu bestrafen, der jemanden falsch verdächtigt, um eine entsprechende Vergünstigung zu erlangen.

V. Kritik

1. Erforderliche Konnexität zwischen Bezugs- und Kronzeugentat

Im Gegensatz zu den „Vorläufern" der heutigen Kronzeugenregelung verzichtete der Gesetzgeber zunächst in der Ursprungsfassung des § 46 b StGB

[1316] Aulinger, JR 2003, 480, 482 ; Weider, NStZ 1985, 481, 483.

[1317] BGH, StV 2000, 318.

[1318] BGH, StV 2000, 318.

[1319] BGH, StV 1986, 435.

[1320] BGH, StV 1986, 435.

trotz vehementer Kritik gänzlich auf eine Konnexität zwischen der Straftat (Kronzeugentat) und der erbrachten Leistung.[1321] Vereinfacht gesagt genügte jede Hilfeleistung, die dazu beiträgt eine Katalogstraftat zu verhindern oder aufzuklären, um in den Genuss einer Vergünstigung in Bezug auf die eigene Tat zu kommen. Die dahinter stehende Problematik veranschaulicht *Salditt* durch seine Übertragung auf das Verwaltungsrecht, indem er darlegt, dass der Antragsteller eine Baugenehmigung nicht durch die Subventionierung der Feuerwehr der Gemeinde erwirken kann.[1322] Ließe sich die zuständige Behörde darauf ein, läge unstreitig ein Verstoß gegen das Kopplungsverbot nach § 56 I 2 VwVfG vor. Wie aber kann das, was im Verwaltungsrecht verboten ist, im Strafprozessrecht zum Regelfall werden? Dieser Gedankengang verdeutlicht, dass die Regelung in ihrer ursprünglichen Fassung nicht nur innerhalb unseres Prozessrechtes einen Fremdkörper darstellte, sondern sich in gleicher Weise nicht in das öffentliche Recht einfügen ließ. Zudem wurde von Kritikern häufig gefragt, wie man es rechtfertigen könne, dass der Mörder, der gegen einen Subventionsbetrüger aussagt, lediglich eine zeitige Freiheitsstrafe bekommt.[1323] Dies ist in der Tat kaum zu rechtfertigen beziehungsweise den Angehörigen des Opfers plausibel darzulegen und offenbart die Schwäche des § 46 b StGB in seiner Ursprungsfassung.

Gleichwohl wird man sich eingestehen müssen, dass „die befürchtete „Flut" moralisch hochproblematischer „Kronzeugen" (symptomatische Beispiels-Bedenken: Strafmilderung für *Sexualstraftäter,* der Kenntnisse über Einbruchsdiebstähle offenbart), nicht [eingetreten ist]."[1324] Dies liegt schon darin begründet, dass die Norm von Anfang an als Kann-Regelung ausgestaltet war.[1325] Der Gesetzgeber hat die allgemeine Kronzeugenregelung trotzdem mit Wirkung zum 01.08.2013 dahingehend eingeschränkt, dass nunmehr eine Konnexität zwischen der Kronzeugen- und der Bezugstat ausdrücklich erforderlich ist.[1326] Diese Änderung soll insbesondere dem Umstand Rechnung tragen, dass Angaben eines Kronzeugen zu einer gänzlich unabhängigen Tat die eigene Tatschuld nicht vermindern, während Angaben zu Taten, die zumindest im Zusammenhang zur eigenen Tat stehen wenigstens den Anschein einer schuldbezogen Einsicht erwecken. Daher erscheint die ursprüngliche Regelung, die auf diesen Zusammenhang

[1321]BT-Drs 16/6268, S.10; Peglau, NJW 2013, 1910; Salditt, StV 2009, 375.

[1322]Salditt, StV 2009, 375.

[1323]Frank/Titz, ZRP 2009, 137, 139; Sahan/Berndt, BB 2010, 647, 648; Salditt, StV 2009, 137, 139; Sander, StraFo 2010, 365, 368.

[1324]Fischer, StGB, § 46 b, Rn. 4 a; vgl. auch Peglau, NJW 2013, 1910, 1911.

[1325]BT-Drs. 16/13094, S. 5; BGH, NJW 2010, 2741, 2742; Schönke/Schröder/Kinzig, StGB, § 46 b Rn. 4; Kaspar, ZRP 2011, 159, 159.

[1326]46. Strafrechtsänderungsgesetz – Beschränkung der Möglichkeit zur Strafmilderung bei Aufklärungs- und Präventionshilfe, BGBl I, 1497.

gerade verzichtete, mit dem Schuldgrundsatz nur schwer vereinbar.[1327] Allein durch diese nunmehr erfolgte Einengung des Anwendungsbereichs würde deutlich, dass es sich um eine Norm handelt, die keine rein kriminalpolitische Strafzumessung ermöglicht, sondern um eine solche, die sich in das allgemeine Strafzumessungsrecht einfügt.[1328] Ferner wird argumentiert, dass es der Kronzeugenregelung nur dort bedürfe, wo es den Ermittlungsbehörden verwehrt sei, Einblick in die abgeschotteten Strukturen zu erhalten. Wenn die Zielsetzung aber allein dahin gehe, erscheine es sinnvoll, eine besondere Nähe des Kronzeugen zur offenbarten Tat zu verlangen.[1329] Derjenige, der über fundiertes Insiderwissen verfüge, sei besser dazu in der Lage, wesentlich zur Verhinderung oder Aufklärung einer Tat beizutragen, als ein Informant, der keinerlei Bezug zu der offenbarten Tat aufweise[1330] Es wird daher in der geltenden Fassung des § 46 b StGB ein Zusammenhang zwischen der Bezugstat und der Kronzeugentat verlangt, wie er etwa auch im Bereich des § 31 BtMG erforderlich ist.[1331]

Die nunmehr erfolgte Gesetzesänderung läuft jedoch der Ausgestaltung der Regelung als allgemeines Instrument zur Verbesserung der Aufklärung und Prävention von gravierenden Straftaten zuwider. So hat der Gesetzgeber den Anwendungsbereich der Norm ursprünglich bewusst weit ausgestaltet.[1332] Insbesondere mit Blick darauf, dass der Strafrabatt eines Kronzeugen im Idealfall dadurch gerechtfertigt ist, dass er zur Aufklärung oder Verhinderung von gravierenden Straftaten beigetragen hat, sollte man keine zu hohen Anforderungen an den Zusammenhang zwischen der Bezugstat und der Kronzeugentat stellen. Der Mehrgewinn an Aufklärung wird nicht dadurch geschmälert, dass sich die Angaben auf Taten beziehen, die nicht mit der Kronzeugentat in Zusammenhang stehen.[1333] Auch rechtfertigt, das Argument, die besondere Nähe des Informanten zur Tat führe zu wesentlich detaillierteren Informationen, die Beschränkung der Norm nicht. Zwar mag es in der Regel zutreffen, dass ein Informant, der eine gewisse Nähe zu der Bezugstat hat in der Lage ist, detailliertere Informationen zu liefern als derjenige, der keinerlei Bezug zu der Tat hat. Diesem Umstand wird jedoch bereits dadurch Rechnung getragen, dass die Regelung einen wesentlichen Aufklärungsbeitrag verlangt. Das Gericht muss daher immer die Qualität des Aufklärungsbeitrages prüfen, so dass kein Bedürfnis besteht, tatfernere Kronzeugen durch das Erfordernis eines Zu-

---

1327 BR-Drs. 172/12, S 1.

1328 BT-Drs. 17/9695, S. 7; BR-Drs. 172/12, S. 4.

1329 BT-Drs. 17/9695, S. 6 f. ; BR-Drs. 172/12, S. 1.

1330 BT-Drs. 17/9695, S. 7.

1331 BR-Drs. 172/12, S. 2.

1332 Maier in: Mako, StGB, § 46 b Rn. 19.

1333 BT-Drs. 16/6268, S.10; Erläuterung Nr. 896 des Bundesrates vom 11.05.2012, S. 30; so auch Kaspar, ZRP 2011, 159.

sammenhangs von vornherein auszuschließen. Die erfolgte Gesetzesänderung war daher weder kriminalpolitisch noch verfassungsrechtlich geboten und hätte zur Verbesserung eines umfassenden Rechtsgüterschutzes unterbleiben sollen.[1334] Die Kronzeugenregelung zielt darauf ab, im Bereich der organisierten Kriminalität und des internationalen Terrorismus, die zunehmend deliktsübergreifend in Erscheinung treten, verbesserte Aufklärungsmethoden zu schaffen.[1335] Dies aber macht es gerade erforderlich eine deliktsübergreifende Vorschrift zu etablieren.[1336] Es muss eine Regelung geschaffen werden, die geeignet ist, möglichst große Aufklärungs- und Präventionserfolge herbeizuführen und sich aber gleichzeitig in das bestehende System einfügt. Zwar trägt die Gesetzesänderung tatsächlich dazu bei, dass sich die Regelung durch das Erfordernis eines Zusammenhangs besser in das System einfügt, jedoch geschieht dies auf Kosten des Gewollten. Wollte man doch eigentlich eine möglichst allgemeine Regelung schaffen, um bessere Aufklärungs- und Präventionserfolge zu erzielen, so hat man jetzt erneut eine Regelung konstruiert, die durch den begrenzten Anwendungsbereich diesem Postulat nicht mehr gerecht wird. Dies zeigt sich schon daran, dass insbesondere der Zeuge vom Hörensagen nunmehr nahezu vollständig aus dem Anwendungsbereich herausfällt, da nur selten überhaupt ein Zusammenhang zwischen Bezug- und Kronzeugentat gegeben sein wird.[1337] Aus der Gesetzesbegründung wird deutlich, dass selbst dem Gesetzgeber dieses Manko bewusst ist. So findet sich in der Begründung der Hinweis, dass „durch die Neuregelung die Möglichkeit unberührt bleibt, eine Aufklärungs- oder Präventionshilfe zu einer Tat, die mit der des „Kronzeugen" in keinem Zusammenhang steht, weiterhin im Rahmen des § 46 StGB als positives Nachtatverhalten strafmildernd zu berücksichtigen."[1338] Eine Regelung der Aufklärungs- und Präventionshilfe war jedoch vor allem deswegen erforderlich, weil die Aufklärungshilfe gerade kein Nachtatverhalten im Sinne des § 46 II StGB ist. Es besteht in aller Regel kein Zusammenhang zwischen der Einstellung des Kronzeugen zur eigenen Tat und der Bereitschaft zur Tataufklärung.[1339] Ein derartiger Zusammenhang, wie ihn eine Berücksichtigung im Rahmen der Strafzumessung gemäß § 46 II StGB erfordern würde, besteht insbesondere dann nicht, wenn Kronzeugen- und Bezugstat in keinem Zusammenhang zueinander stehen.[1340] Nicht zuletzt ist es Aufgabe der Regelung, alle Fälle der Aufklärungs- und Präventionshilfe abzudecken und dabei trotz der Tatsache, dass

[1334]Kaspar, ZRP 2011, 159; Peglau, NJW 2013, 1910, 1911.

[1335]BT-Drs. 16/6268, S. 10; Erläuterung Nr. 896 des Bundesrates vom 11.05.2012, S. 30.

[1336]BT-Drs. 16/6268, S. 10.

[1337]Peglau, NJW 2013, 1910, 1912.

[1338] BT-Drs. 17/9695, S. 7.

[1339]A.A. König, ZRP 2011, 159, 159.

[1340]A. A. BT-Drs 17/9695, S. 7.

die Aufklärungshilfe kein schuldbezogener Umstand ist, dem Schuldgrundsatz Rechnung zu tragen. Hierzu war die vorgenommene Gesetzesänderung nicht erforderlich. Dem Schuldgrundsatz trug bereits die Regelung des § 46 b StGB alter Fassung dadurch ausreichend Rechnung, dass das Gericht bei der vorzunehmenden Ermessensentscheidung hinsichtlich der Strafrahmenverschiebung die Schwere der Kronzeugentat und die Eignung seines geleisteten Aufklärungsbeitrages zu berücksichtigen und gegeneinander abzuwägen hatte.[1341] Es lässt sich empirisch nicht belegen, dass sich die Gerichte nicht der gebotenen Sorgfalt bei der Würdigung von Kronzeugenaussagen bewusst wären und damit hinreichend sorgsam umgehen könnten.[1342]

Auch aufgrund ihrer konkreten Ausgestaltung überzeugt die Regelung nicht. Insbesondere kann die Ergänzung des Wortlautes des § 46 b StGB um die Wörter „die mit seiner Tat im Zusammenhang steht", nicht ernsthaft als weiterführend angesehen werden. Die Einführung eines weiteren unbestimmten Begriffs kann der Norm nur schwerlich eine Struktur geben. Dass es sich letztlich um den verzweifelten Versuch des Gesetzgebers handelt, eine scheinbar zu weit gefasste stark kritisierte Norm zu korrigieren, zeigen auch die weiteren Ausführungen. So scheint es selbst dem Gesetzgeber nicht zu gelingen, festzulegen, welcher Zusammenhang zwischen der Kronzeugentat und der Bezugstat zu fordern ist. Letztlich, so führt er aus, „wird man vor allem darauf abzustellen haben, ob eigene und offenbarte Tat deshalb im Zusammenhang stehen, weil sie Teil eines kriminellen Gesamtgeschehen sind. Erforderlich ist ein innerer oder inhaltlicher Bezug zwischen beiden Taten."[1343] Es erscheint doch mehr als fragwürdig, ob der Rechtsanwender mit dieser Formulierung etwas anfangen kann. Zudem zeigt die Formulierung „vor allem", dass selbst der Gesetzgeber die Unzulänglichkeit dieses Vorschlags erkannt hat. Dies wird auch darin bestätigt, dass er es „aufgrund der Vielgestaltigkeit möglicher Fallkonstellationen [...] letztlich der Rechtsprechung [überlässt], weitere Einzelheiten im Rahmen der konkreten Rechtsanwendung zu entwickeln."[1344] Angesichts der großen Bandbreite der Kriminalität erscheint es jedoch mehr als zweifelhaft, dass es der Rechtsprechung in absehbarer Zeit gelingen wird, eine hinreichende Kasuistik zum Zusammenhangserfordernis zu entwickeln.[1345] Und der Eindruck einer nicht durchdachten Ad-hoc-Gesetzgebung setzt sich fort. So lässt der Gesetzgeber ausdrücklich die Möglichkeit bestehen, die Aufklärungshilfe in denjenigen Fällen, in denen es an der erforderlichen

---

[1341] Peglau, NJW 2013, 1910, 1911.

[1342] Peglau, NJW 2013, 1910, 1911.

[1343] BR-Drs. 172/12, S. 9.

[1344] BR-Drs. 172/12, S. 10.

[1345] Peglau, NJW 2013, 1910, 1913.

Konnexität mangelt, im Rahmen des § 46 StGB zu berücksichtigen.[1346] Die Aufklärungshilfe wird nicht deswegen zu einem tat- und schuldbezogenen Umstand, weil der Gesetzgeber eine Auffangnorm benötigt. Von einer abschließenden klaren Normierung kann keine Rede sein. Die Beschränkung läuft dem Wesen der Kronzeugenregelung als allgemeines Institut zur Verbesserung der Kriminalitätsbekämpfung zuwider. Zudem fördert die Neufassung aufgrund der unbestimmten Formulierung lediglich weitere Diskussionen zu Tage, die schon im Bereich des § 31 BtMG nicht zielführend waren. Indem der Gesetzgeber bewusst davon Abstand genommen hat, das Zusammenhangserfordernis näher auszugestalten und in der Begründung auf die Rechtsprechung zu § 31 BtMG verweist, hat er die Chance nicht genutzt, klare Vorgaben zu machen.[1347] Auch hier wird deutlich, dass dem Gesetzgeber die Unzulänglichkeit der Norm bekannt ist, er sich jedoch außer Stande sieht, eine strukturierte Norm zu schaffen und den Anwendungsbereich klar zu definieren. Der Gesetzgeber verweist sehenden Auges auf eine Rechtsprechung, die letztlich durch permanente Aufweichung des Tatbegriffs zu einer kaum hinzunehmenden Einzelfallkasuistik geführt hat.[1348] Anstatt aus diesem Fehler zu lernen und der Ausdehnung des § 31 BtMG durch Schaffung einer weiten Regelung ein Ende zu setzen, hat der Gesetzgeber durch eine derartige Einschränkung des Anwendungsbereichs diejenige Errungenschaft, die § 46 b StGB als allgemein ausgestaltete Norm bietet, wieder zunichte gemacht.[1349] Allein dem Umstand, dass es eine allgemeine Norm wie § 46 b StGB nicht gab ist es geschuldet, dass § 31 BtMG über seinen Wortlaut hinaus immer weiter ausgedehnt wurde.[1350] § 46 b StGB in seiner alten Fassung hätte dieser Entwicklung ein Ende gesetzt. Auch kann nur eine möglichst allgemein gehaltene Norm die weitere Ausdehnung des § 46 StGB contra legem verhindern.

Beschränkt man den Anwendungsbereich der Regelung hingegen auf Delikte, die der Art nach der Kronzeugentat entsprechen, lässt sich das Ziel umfassenderer Kriminalitätsbekämpfung nicht mehr erreichen, da es beispielsweise demjenigen, dem ein Vermögensdelikt zur Last gelegt wird, an Anreiz fehlen wird, ein Gewaltverbrechen aufzuklären.[1351] Vielmehr sollte man ein solches Privileg nur gewähren, wenn die betroffenen Rechtsgüter mindestens gleichwertig sind oder wenn das Rechtsgut, dessen Verletzung der Bezugstat zu Grunde liegt, dasjenige, das er selbst verletzt hat, wesentlich überwiegt. Denkbar wäre daher eine Güter- und Interessenabwägung auf Tatbestandebene einzuführen. Es würde nicht nur geprüft, ob der

---

[1346] BR-Drs. 172/12, S. 7.

[1347] BT-Drs 17/9695, S. 8.

[1348] Maier in: MüKo, StGB, § 31 BtMG Rn. 64.

[1349] So auch Peglau, NJW 2013, 1910, 1911.

[1350] Patzak in: Körner, Betäubungsmittelgesetz, § 31 Rn. 61.

[1351] BT-Drs. 14/5938, S.13.

Kronzeuge möglicherweise Angaben zu einer Katalogtat machen kann, sondern vielmehr, ob die Angaben zumindest dem Schutz eines mindestens gleichwertigen Rechtsgutes zu dienen geeignet sind. *Jeßberger* spricht anschaulich von einem erforderlichen Unrechtsgefälle zwischen Aufklärungs- und Kronzeugentat.[1352] „Es wäre mit dem Grundsatz der Verhältnismäßigkeit nicht zu vereinbaren, das schwerere von zwei sich gegenüberstehenden Delikten straflos zu lassen."[1353]

Es darf jedoch nicht übersehen werden, dass das Erfordernis eines allzu starren Unrechtgefälles atypische Fallgestaltungen ausgrenzt. Das erforderliche Gefälle kann sich daher sowohl qualitativ mit Blick auf die Schwere der Taten, als auch quantitativ mit Blick auf die Zahl der Taten abzeichnen.[1354] Die Regelung sollte daher auf Tatbestandseite weitgehend flexibel gehalten sein.

Gleichwohl muss bei der Anwendung gewährleistet sein, dass die Gewährung eines Verfolgungsprivilegs nicht als schier unerträgliches Ergebnis empfunden wird. Daher wird regelmäßig eine Privilegierung gemäß § 46 b StGB aus Opferschutzinteressen zu versagen sein, wenn „sie der Täter durch Offenbarung von Wissen zu von dem von ihm begangenen Delikt völlig verschiedenen Straftaten erlangen will."[1355] Die Aussage in Bezug auf Delikte gegen das Vermögen, die Rechtspflege oder die Allgemeinheit sollte grundsätzlich nicht dazu geeignet sein, demjenigen das Kronzeugenprivileg zu ermöglichen, der einer Straftat gegen das Leben oder die sexuelle Selbstbestimmung bezichtigt wird. Das Gericht sollte sich daran orientieren, welche Rechtsgüter betroffen sind und nicht am verwirkten Strafmaß. Eine Orientierung an den entsprechenden Wertvorstellungen des Gesetzgebers würde das Vertrauen der Bevölkerung in eine funktionierende Strafrechtspflege unnötig weiter erschüttern. Zudem sollte im Bereich der organisierten Kriminalität und des Terrorismus in Ausnahmefällen auf ein derartiges Unrechtsgefälle verzichtet werden, wenn ein täterbezogener Zusammenhang als erwiesen anzusehen ist. Dies gilt, wenn der Aussagende Straftaten derer aufklärt, die demselben kriminellen Milieu oder derselben kriminellen Vereinigung angehören. Allerdings wird man dann neben der Zugehörigkeit zu der Gruppe verlangen müssen, dass beide Taten dem verabredeten Gesamtgeschehen zugeordnet werden können.[1356] Als Orientierung können die Bandenabrede beziehungsweise der Vereins- oder Organisationszweck herangezogen werden. So kann dem Ziel entsprochen werden, dass im Bereich der Terrorismusbekämpfung nicht die einzelne Tat im Fokus der Ermittlungen steht, sondern letztlich

---

[1352] Jeßberger, Stellungnahme vor dem Rechtsausschuss vom 07.11.2001, 22, 28.

[1353] Jaeger, Der Kronzeuge, S. 46.

[1354] Vgl. Kneba, Die Kronzeugenregelung, S. 59; Mehrens, Die Kronzeugenregelung, S. 81.

[1355] Peglau, wistra, 2009, 409, 411.

[1356] So auch BR-Drs. 172/12, S. 9.

die Zerschlagung der Gruppierung. Vor diesem Hintergrund ist es in den genannten Ausnahmefällen hinnehmbar, wenn auf das Unrechtsgefälle zwischen Kronzeugentat und Bezugstat verzichtet wird.

Eine detailreiche Normierung ist jedoch nicht erforderlich. Aufgrund dessen, dass dem Richter auf Rechtsfolgeseite Ermessen zusteht, lässt ein grundsätzlich weiter Anwendungsbereich eine Ausuferung der Anwendung jedoch nicht befürchten.[1357] Letztlich handelt es sich um theoretische Fallkonstellationen, die einer Kronzeugenregelung als solcher nicht entgegenstehen.[1358] Zu erwägen wäre zwar die Problematik der Konnexität entweder im Rahmen des Abwägungsmaßstabs auf Rechtsfolgenseite zu normieren oder bereits den Beurteilungsspielraum auf Tatbestandsebene einzuschränken. Letztlich wird jedoch ein guter Jurist ein extremes Ungleichgewicht erkennen und die Anwendung des Kronzeugenprivilegs in derartigen Fällen im Rahmen der Abwägung ohnehin scheitern lassen.[1359] Liegt ein derartiger qualifizierter Unrechtsüberschuss auf Seiten der Kronzeugentat vor, so ist das tatrichterliche Ermessen auf Null reduziert, sodass eine Privilegierung ausscheidet.[1360] Zudem haben die Strafverfolgungsbehörden die Möglichkeit auf die Inanspruchnahme des Kronzeugen zu verzichten, wenn die zu erwartende Offenbarung von vornherein ungeeignet ist, eine Privilegierung zu rechtfertigen. Feststehende Kriterien, wann dies der Fall ist, lassen sich jedoch nicht ausmachen. Es sollte daher Abstand davon genommen werden, sich an einer Restriktion des Anwendungsbereichs durch Normierung eines Konnexitätserfordernisses zu versuchen, sei es auf Tatbestandsseite oder auf Rechtsfolgeseite.

2. Restriktion des internen Kronzeugen

§ 46 b I 3 StGB bestimmt, dass sich der Aufklärungsbeitrag eines tatbeteiligten Kronzeugen über seinen eigenen Beitrag hinaus erstrecken muss. Eine derartige Regelung war im Rahmen des § 31 BtMG schon immer vorgesehen und diente dem Gesetzgeber bei der Schaffung des § 46 b StGB als Vorbild. Demgemäß soll das Einräumen des eigenen Beitrags an der Bezugstat nicht als Aufklärungshilfe gelten. § 31 BtMG verlangt jedoch einen Zusammenhang zwischen der Bezugs- und der Kronzeugentat, sodass die Regelung dort nur klarstellt, dass das Geständnis des eigenen Tatbeitrags an einer eng mit der Kronzeugentat verwobenen Bezugstat jedenfalls nicht ausreicht. Fordert man einen derart engen Zusammenhang zwischen der Kronzeugen- und der Bezugstat, verhindert diese Einschränkung, dass das

[1357] BGH, NJW 2010, 2741, 2742; Schönke/Schröder/Kinzig, StGB § 46 b, Rn. 4; Peglau, NJW 2013, 1910, 1911.

[1358] So auch Fischer, StGB, § 46 b, Rn. 4 a; Jeßberger, Kooperation und Strafzumessung, S. 91 f.

[1359] BT-Drs. 16/13094, S. 5.

[1360] Kneba, Die Kronzeugenregelung, S. 107.

Vorliegen der Voraussetzungen der Aufklärungshilfe durch das Tatgericht umfassend zu prüfen ist, obwohl sich der Aufklärungsbeitrag im Geständnis des eigenen Tatbeitrages an der eng mit der Kronzeugentat verwobenen Bezugstat erschöpft. In aller Regel liegt in diesen Fällen ohnehin kein gravierender zu honorierender Aufklärungsbeitrag vor, so dass es sachgerecht ist, diese Fälle direkt vom Anwendungsbereich der Vorschrift auszunehmen. Steht die Bezugstat jedoch nicht in einem engen Zusammenhang zur Kronzeugentat, wie es regelmäßig im Bereich des § 46 b StGB in seiner Ursprungsfassung der Fall war, macht diese Einschränkung keinen Sinn.[1361] Es ist nicht ersichtlich, weswegen Angaben eines Tatbeteiligten zu bisher unaufgeklärten, von der Kronzeugentat losgelösten Taten nicht reichen, um einen Aufklärungsbeitrag zu begründen. Dies gilt insbesondere, weil vielfach über das Geständnis Tatbeteiligter weitere Ermittlungserfolge erzielt werden können. Zudem stellt die Überführung zumindest eines Tatbeteiligten auch einen Aufklärungserfolg dar. Diese Sichtweise trägt auch dem Umstand Rechnung, dass es auch im angloamerikanischen Rechtskreis im Rahmen der *transactional immunity* durchaus üblich war, weitere eigene Taten zu gestehen, um insgesamt einen Strafrabatt zu erhalten.

Nunmehr hat der Gesetzgeber auch im Rahmen des § 46 b StGB ein Konnexitätserfordernis etabliert und sich damit dem Wortlaut des § 31 BtMG angenähert. Die Einschränkung des § 46 b I 3 StGB hat daher erst durch die Änderung des § 46 b StGB einen Sinn erhalten. Es bleibt jedoch abzuwarten, wie das Konnexitätserfordernis in der Praxis umgesetzt wird. Die Erfahrung mit § 31 BtGB hat gezeigt, dass das Konnexitätserfordernis des § 31 BtMG in der Praxis massiv aufgeweicht wird, so dass vielfach Angaben zu Taten gemacht werden, die gerade nicht mehr in einem engen Zusammenhang zur Kronzeugentat stehen. Die Restriktion der Aufklärungshilfe macht jedoch nur dann sind, wenn das Konnexitätserfordernis streng ausgelegt wird. Legt man das Konnexitätserfordernis hingegen weiter aus, muss auch § 46 I 3 StGB entsprechend weiter ausgelegt werden.

3. Verortung in der Strafzumessung

Problematisch erweist sich diese Regelung vor allem auch, weil sie als Strafzumessungsnorm ausgestaltet wurde, obgleich sie ein Täterverhalten honoriert, das sich gerade nicht auf Tat und Schuld bezieht. „Die Tätigkeit des Kronzeugen als solche ändert zunächst nichts daran, dass er schuldhaft eine Straftat verwirklicht hat und damit ein generalpräventiv schädliches Beispiel zur Tatnachahmung für andere Personen gesetzt hat."[1362] Während *Kaspar/Wengenroth* die Aufklärungshilfe dennoch aufgrund stets zu berücksichtigender präventiver Aspekte als Frage der Strafzumessung begreifen

[1361] Vgl. Fischer, StGB, § 46 b Rn. 13 a.

[1362] Kaspar/Wengenroth, GA 2010, 453, 468.

wollen, fehlt es ihnen insbesondere für den Kronzeugen, der nicht auch selbst Täter oder Teilnehmer der Bezugstat ist, an einer schlüssigen Begründung.[1363] So erscheint es äußert zweifelhaft, dass in der Kooperation eine derartige Reue und Einsicht des Täters zu Tage tritt, aus der sich schließen ließe dass sich der Täter nunmehr der Rechtsordnung zugewandt habe und sich künftig rechtstreu verhalten werde. Dies liegt insbesondere in Bezug auf terroristische Straftäter fern, „da bei ihnen eine ernsthafte innere Auseinandersetzung vor dem Hintergrund der Kategorien von „Gut" und „Böse" infolge des durch Indoktrination erzeugten ideologischen Gegenkonzeptes regelmäßig nicht stattfindet."[1364] Mit Blick auf die generalpräventive Zielsetzung einer schuldangemessenen Strafe fehlt es zudem an sachlichen Gründen, eine Strafe festzusetzen, die der rechtstreue Bürger vor dem geltenden Recht in der Regel als zu niedrig empfinden wird. Die Bereitschaft Straftaten zu begehen, hängt nicht nur von der Entdeckungswahrscheinlichkeit ab,[1365] sondern auch von der zu erwartenden Sanktion, sodass eine niedrige Strafe weniger abschreckend wirkt und zweifellos in der Lage ist, das Rechtsempfinden der Bevölkerung zu erschüttern.[1366] Der Umstand, dass letztlich durch die Gewährung eines Strafrabattes der Anreiz zur Kooperation erhöht und damit die Entdeckungswahrscheinlichkeit gesteigert wird, ist erstrebenswert, hilft jedoch nicht darüber hinweg, dass die Aufklärungshilfe dogmatisch kein tat- oder schuldbezogener Umstand ist, den man im Bereich der Strafzumessung berücksichtigen kann.[1367] Ein solches Vorgehen durchbricht die Dogmatik des Strafrechts. Wenn der Gesetzgeber letztlich zum Zweck der Berücksichtigung spezial- und generalpräventiver Aspekte zulässt, dass die Aufklärungshilfe nunmehr im Rahmen der Strafzumessung honoriert wird, setzt er sich in Widerspruch zu einem Grundsatzurteil des Bundesgerichtshofes. Nach Ansicht des Bundesgerichtshofes gebietet das Rechtsstaatsgebot, ein gerechtes Verhältnis zwischen der festgesetzten Strafe und der Schuld des Täters herzustellen. Dies könne nur erreicht werden, wenn sich die Strafzumessung am angemessenen Schuldausgleich orientiere und erforderliche Kompensationen anderer Art von Fragen des Unrechts, der Schuld und der Strafhöhe abgekoppelt und auf anderer Ebene, namentlich der Vollstreckung, erfolgten.[1368] Ebenso wie „ein Hang-Straftäter für die Allgemeinheit (vom Fall altersbedingten Gefährlichkeitsabbaus einmal abgesehen) nicht allein deswegen weniger gefährlich [wird], weil die Strafverfolgungsbehörden einige Wo-

1363 Kaspar/Wengenroth, GA 2010, 453, 467.

1364 Zöller, Terrorismusstrafrecht, S. 253 f.

1365 So Kaspar/Wengenroth, GA 2010, 453, 467.

1366 Kaspar/Wengenroth, GA 2010, 453, 460.

1367 A.A. Kaspar/Wengenroth, GA 2010, 453, 469.

1368 BGH, NJW 2008, 860, 863.

chen oder Monate das Verfahren nicht hinreichend gefördert haben,"[1369] führt die Kooperation mit den Strafverfolgungsbehörden zwingend zu einem niedrigeren Gefährdungspotenzial. Eine sachgerechte Berücksichtigung der Aufklärungshilfe kann schon vor diesem Hintergrund nicht im Rahmen der Strafzumessung erfolgen.

Verortet man die Honorierung in den Bereich der Strafzumessung kann den Kritikern, die der Regelung pauschal vorwerfen, sie führe zu tat- und schuldunangemessenen Strafen, allenfalls entgegengehalten werden, dass die Regelung in Form des § 46 b II Nr. 2 StGB ein Korrektiv enthält. So ist nach § 46 b II Nr. 2 StGB „bei der Entscheidung die Aufklärungs- beziehungsweise Präventionsleistung auch in Verhältnis zur Schwere der Straftat und Schuld des Täters zu setzen."[1370] Insoweit wird das Maß der Schuld des Täters durchaus bei der Urteilsfindung berücksichtigt, indem zumindest das Maß der Privilegierung von der Schuld abhängt. Problematisch erweist sich die bestehende Regelung trotz dieses Korrektivs, da auch denjenigen kooperationsbereiten Tätern ein gewisses Maß an Privilegierung zugestanden werden muss, die in erhöhtem Maße in Schuld verstrickt sind, um genügenden Anreiz zu Kooperation zu schaffen.[1371] In solchen Fällen müssen regelmäßig die gesetzlichen Mindeststrafen unterschritten werden und das Urteil als solches kann nicht mehr als tat- und schuldangemessen gewertet werden. Zudem bedingt ein derartiger Spielraum des Gerichtes bei der Strafzumessung, dass der Angeklagte nicht mehr abzuschätzen vermag mit welcher Strafe er zu rechnen hat.[1372] Das Strafrecht wird undurchsichtig und auch die Kooperationsbereitschaft potenzieller Zeugen erscheint massiv eingeschränkt. Zu bedenken ist vor allem auch, dass die Regelung dem Tatrichter sowohl einen weiten Beurteilungsspielraum in Bezug auf die Tatbestandsmerkmale als auch ein beträchtliches Ermessen auf Rechtsfolgeseite gibt. Dadurch wird die Revisionskontrolle erheblich erschwert, da letztlich keine Richtigkeitskontrolle erfolgen, sondern die Entscheidung des Tatrichters nur auf Ermessensfehler hin überprüft werden kann. [1373]

Neben der Verortung in der Strafzumessung erscheint auch die konkrete gesetzliche Ausgestaltung bedenklich. So sieht § 46 b I 4 StGB neben der Strafmilderung auch das Absehen von Strafe vor, sofern im konkreten Einzelfall eine Freiheitsstrafe von nicht mehr als drei Jahren zu erwarten ist. Dies wiederum ermöglicht es der Staatsanwaltschaft gemäß § 153 b I StPO, das Verfahren mit Zustimmung des Gerichts einzustellen. Zunächst erscheint es grundsätzlich bedenklich, ganz von Strafe abzusehen. So wird

[1369]Peglau, NJW 2007, 3298, 3299.

[1370]BT-Drs. 16/ 13094, S. 5.

[1371]König, NJW 2009, 2481, 2483.

[1372]Vgl. Jeßberger, Stellungnahme vor dem Rechtsausschuss vom 07.11.2001, 22, 26.

[1373]Maier, NStZ 2011, 151, 153; Salditt, StV 2009, 375, 376.

der vollständige Verzicht auf eine Strafe nur im absoluten Ausnahmefall als die Verhängung einer tat- und schuldangemessenen Strafe zu werten sein, was mit dem Legalitätsprinzip nicht mehr vereinbar ist.[1374] Zudem wird die Kronzeugenregelung dadurch, dass es der Staatsanwaltschaft ermöglicht wird, das Verfahren in einem derart frühen Stadium einzustellen, zu einem rein staatsanwaltlichen Mittel klassifiziert. Zwar muss das Gericht einer Einstellung formal zustimmen, jedoch wird das Gericht zu diesem frühen Zeitpunkt nicht beurteilen können, ob tatsächlich ein Aufklärungserfolg eingetreten ist, der die Einstellung des Verfahrens rechtfertigt. Die Überprüfung des Gerichts wird sich daher in Grenzen halten. Umgekehrt wird auch die Staatsanwaltschaft zu dem Zeitpunkt nicht verlässlich sagen können, ob im konkreten Fall eine Strafe von weniger als drei Jahren Freiheitsstrafe verwirkt ist. Insoweit hat die Staatsanwaltschaft einen weiten Prognosespielraum, so dass es ihr möglich ist, potentielle Informanten gezielt durch die Inaussichtstellung einer Einstellung nach § 153 b StPO zu gewinnen. Dies ist bedenklich, da eine solche Einstellung keine Rechtskraft entfaltet, der Aussagende also Gefahr läuft, dass erneut gegen ihn ermittelt wird.[1375] Vor diesem Hintergrund sollte eine Möglichkeit, von Strafe abzusehen, nicht vorgesehen werden. Zudem darf die Aufklärungshilfe nicht vollständig durch die Möglichkeit einer Einstellung in das nicht öffentliche Vorverfahren verlagert werden. Dies ist weder mit dem Öffentlichkeitsgrundsatz vereinbar, noch mit dem Recht des Belasteten auf ein faires Verfahren.

4. Wertungswiderspruch zu § 138 StGB

Während im Rahmen des § 31 BtMG, an den sich die Neuregelung dogmatisch anlehnt, ein Wertungswiderspruch zu § 138 StGB rein begrifflich nicht denkbar ist, da die Nichtanzeige von Betäubungsmittelstraftaten gerade nicht von diesem Katalog erfasst ist, stellte sich dies im Anbetracht der Neuregelung in § 46 b StGB in seiner Ursprungsfassung anders dar. § 138 StGB verpflichtet den Bürger, strafbewährt bestimmte geplante Straftaten, von denen er Kenntnis erlangt hat, zur Anzeige zu bringen. „Die Mitteilungspflicht nach § 138 I StGB trifft jeden Bürger unabhängig davon, ob er selbst Straftäter ist; ihre Erfüllung führt zur Straffreiheit im Hinblick auf § 138 , nicht aber zu einer „Belohnung" für besondere staatsbürgerliche Pflichterfüllung."[1376] Wird aber der Kronzeuge dafür, dass er zu einer Straftat aussagt, an der er nicht beteiligt war, belohnt, obwohl dies ohnehin seine gesetzliche Pflicht ist, so stellt dies einen Wertungswiderspruch dar.[1377]

[1374]So auch Kneba, Die Kronzeugenregelung; Weigend in: Jescheck- FS, 1333, 1337.

[1375]Schoreit in: KK, § 153 b Rn.3.

[1376]Fischer, StGB, § 46 b Rn. 17.

[1377]Maier in: MüKo, StGB, § 46 b Rn. 129; König, NJW 2009, 2481, 2483.

„Das Nichtbegehen einer Straftat nach § 138 [StGB] oder nach § 323 c [StGB] ist ebenso wenig ein Strafmilderungsgrund wie das Bezahlen gesetzlicher Steuern oder das Nicht-Lügen als Zeuge vor Gericht."[1378] Gleichwohl hat sich der Gesetzgeber entschieden, im Rahmen der Kronzeugenregelung letztlich die Wahrnehmung staatsbürgerlicher Pflichten in Bezug auf bestimmte Straftäter zu honorieren.[1379] Das aufgezeigte Spannungsfeld resultiert daraus, dass sämtliche Angaben zu einer Vielzahl der dort genannten Straftaten die Privilegierung auslösen. Gleichwohl kann ein Ausschluss solcher Delikte, die vom Katalog des § 138 StGB umfasst sind, als Bezugstaten nicht gewollt sein, da sich in dem Katalog eben auch jene Delikte finden, deren verbesserte Verfolgung Ziel der Kronzeugenregelung ist.[1380] Streng genommen liegt in der Tat ein solcher Wertungswiderspruch vor, allerdings missachtet diese Betrachtungsweise den Adressatenkreis der Kronzeugenregelung, da diese bereits straffällig gewordene beziehungsweise beschuldigte Personen anspricht, die vermutlich nicht freiwillig zu den Strafverfolgungsbehörden gehen werden, um etwaige Straftaten anderer zur Anzeige zu bringen. Vielmehr werden sie den Kontakt zu den entsprechenden Behörden scheuen, zumal eine Anzeige wegen Nichtanzeige geplanter Straftaten die meisten Delinquenten sicherlich nicht abschreckt. Daher muss ein zusätzlicher Anreiz zur Kooperation geboten werden.[1381] Der Gesetzgeber geht daher soweit zu sagen, dass eine entsprechende Anzeige trotz bestehender Anzeigepflicht solange freiwillig erfolgt, bis staatliche Zwangsmaßnahmen ergriffen werden.[1382] Es liegt auf der Hand, dass entsprechende Delinquenten „ihr Wissen über fremde Taten für den Fall der Entdeckung instrumentalisieren, um dann [gegebenenfalls] eine nicht mehr schuld- und tatangemessene gemilderte Strafe zu erhalten."[1383] Dies erscheint manchen Kritikern der Kronzeugenregelung als äußerst unangenehm, aber kann nicht ernsthaft gegen das Instrument angeführt werden, da es gerade darum geht, diejenigen zur Aussage zu bewegen, die von sich aus ohne den notwendigen Anreiz gerade nicht auf die Strafverfolgungsbehörden zukommen würden. Es sollen Personen angesprochen werden, die die bestehenden staatsbürgerlichen Pflichten ablehnen und daher nicht anerkennen, sich also gerade nicht als Adressat solcher Pflichten begreifen. Betrachtet man zudem, dass die Aufklärungshilfe primär zur Unterstützung der Strafverfolgungsbehörden gedacht ist, sollte man der Ausgestaltung zuerkennen, auch rein präventiv-polizeiliche Zwecke zu verfolgen. Zudem gehört zu jedem Strafverfahren, dass man bestimmte Informationen

[1378] Fischer, StGB, § 46 b Rn. 17.

[1379] BT-Drs. 16/13094, S. 5; Seebode in: Anwaltkommentar StGB, § 46 b Rn. 14.

[1380] Kaspar/Wengenroth, GA 2010, 453, 456.

[1381] BT-Drs.. 16/13094, 5.

[1382] BGH, StV 2010, 480, 481.

[1383] Frank/Titz, ZRP 2009, 137, 139.

taktisch geschickt in das Verfahren einbringen kann. Die Annahme eines solchen Wertungswiderspruchs verkennt, dass § 46 b II StGB gerade Raum für eine entsprechende Abwägung lässt, innerhalb derer zu prüfen sein wird, „ob der Täter mit seiner Offenbarung im Kern „nur" seine gesetzliche Aufklärungspflicht erfülle und daher nur eine geringere oder womöglich gar keine Strafmilderung verdient habe."[1384] Demnach können solche Wertungswidersprüche lediglich bei Ermessensfehlgebrauch des Gerichtes auftreten, sind der Regelung selbst jedoch nicht immanent. „Dabei ist auch zu berücksichtigen, dass beide Pflichten nicht völlig kongruent sind: Zur Erfüllung der Pflicht nach § 138 StGB genügt auch ein anonym gegebener und allgemein gehaltener Hinweis, während der Kronzeuge, will er sich die Anwendung des § 46 b StGB eröffnen, zum einen hinreichend konkrete Informationen liefern muss, zum anderen seine Identität nicht verbergen kann. Damit drohen hier negative Folgen wie Racheakte. Die Konstellation ist daher vergleichbar mit § 46 a Nr. 2 StGB, wo die Erfüllung der ohnehin bestehenden zivilrechtlichen Ansprüche den Anwendungsbereich der Norm eröffnet, sofern dies mit „erheblichen persönlichen Leistungen" oder „persönlichem Verzicht" verbunden ist."[1385] Überdies erscheint diese Diskussion vor allem mit Blick darauf müßig, dass der Gesetzgeber sich im Rahmen des § 46 b StGB nicht zum ersten Mal aus vergleichbaren Motiven heraus zur Honorierung einer ohnehin strafbewährten Pflicht hinreißen ließ. Gemäß § 371 IV AO wird ein Dritter, der die in § 153 AO bezeichneten Erklärungen nicht oder nicht ordnungsgemäß abgegeben hat, strafrechtlich nicht verfolgt, wenn ein anderer die nach § 153 AO vorgesehene Anzeige rechtzeitig erstattet. Obwohl die Verletzung der in § 153 AO normierten Erklärungspflichten als Steuerhinterziehung durch Unterlassen gemäß § 370 I Nr. 2 AO selbstständig strafbar ist, werden sowohl der Erklärende selbst, als auch derjenige, der zuvor einer ihm obliegenden Erklärungspflicht nicht nach gekommen ist, strafrechtlich nicht verfolgt, wenn die Erklärung rechtzeitig nach Erkennen der Unrichtigkeit abgegeben wird. Der Gesetzgeber sieht damit einen Strafverfolgungsverzicht vor, da ein bereits entstandener Strafverfolgungsanspruch gegen denjenigen, der seiner Erklärungspflicht nicht nachgekommen ist, deswegen nicht mehr durchgesetzt werden kann, weil ein Dritter, den dieselbe Pflicht kraft Gesetzes trifft, dieser Verpflichtung nachgekommen ist. Anders als im Rahmen des § 46 b StGB wird hier zwar letztlich nicht nur derjenige nicht strafrechtlich verfolgt, der seiner Erklärungspflicht nachkommt, sondern auch derjenige, der es zuvor versäumt hat. Gleichwohl führt in beiden Fällen die Wahrnehmung einer gesetzlichen Pflicht dazu, dass die Wahrnehmung jener Pflicht mit Strafverzicht/Rabatt für den Aussagenden oder sogar einen Dritten honoriert wird. „Zweck des § 371 Abs. 4 [AO] ist es […] den Anzei-

[1384] BT-Drs. 16/13094, S. 5; BGH, StV 2010, 480, 481.

[1385] Kaspar/Wengenroth, GA 2010, 453, 456.

genden aus steuerpolitischen Gründen von Hemmungen zu befreien, die ihn davon abhalten könnten, durch Erstattung der in § 153 [AO] vorgeschriebenen Anzeige dem Staat eine bisher verborgene Steuerquelle zu erschließen."[1386] Entsprechend bezweckte der Gesetzgeber im Rahmen des § 46 b StGB, potentiellen Informanten die Hemmung zu nehmen, dem Staat Kenntnis von unbekannten Straftaten zu geben.

Aufgrund dessen, dass die geltende Fassung des § 46 b StGB nunmehr einen Zusammenhang zwischen der Kronzeugen- und der Bezugstat fordert, relativiert sich die Relevanz des aufgezeigten Wertungswiderspruchs erheblich. § 138 StGB sieht eine Verpflichtung zur Anzeige nur dann vor, wenn es sich für den Betroffenen bei der nichtangezeigten Tat um eine fremde Tat handelt.[1387] Ist der Kronzeuge an der Bezugstat beteiligt, besteht für ihn keine Anzeigepflicht gemäß § 138 StGB. Verlangt man daher als Konnexitätserfordernis das Vorliegen eines engen Zusammenhangs zwischen der Kronzeugen- und der Bezugstat ist ein Wertungswiderspruch in vielen Fällen nicht denkbar. Macht der Kronzeuge zu einer Tat an der er selbst beteiligt war über seinen eigenen Tatbeitrag hinaus Angaben, kommt er gerade nicht einer ohnehin bestehenden Verpflichtung zur Anzeige nach § 138 StGB nach. Macht er Angaben zu gänzlich unabhängigen Taten Dritter, ist § 46 b StGB aufgrund des Konnexitätserfordernisses nicht anwendbar. Ein Wertungswiderspruch, sofern man einen solchen bejaht, ist lediglich denkbar, wenn der Kronzeuge Angaben zu Taten macht, die zwar eng mit der eigenen Tat verwoben sind, an denen er aber nachweislich nicht beteiligt ist.

5. Die Präklusionsregelung

Zu beleuchten ist ferner die Präklusionsregelung, die letztlich den Zeitraum für die Aufklärungshilfe auf den Zeitraum vor Eröffnung des Hauptverfahrens gegen den Kronzeugen begrenzt. Dadurch, dass nur der spätmöglichste Zeitpunkt zur Offenbarung festgelegt ist, bleibt es möglich, dass sich derjenige, der lediglich die Entdeckung seiner Tat fürchtet, mit hilfreichen Angaben an die Strafverfolgungsbehörden wendet. Zudem kann der Aufklärungsgehilfe, der zur Manifestation seiner Kronzeugenaussage weitere Straftaten begeht, *Peglau* nennt beispielhaft die Beschaffung besonders gesicherter Geschäftspapiere, auch bezüglich dieser Taten in den Genuss der Regelung kommen.[1388] Demnach ist es durchaus legitim, die Aufklärungshilfe schon dann zuzulassen, wenn noch kein konkretes Ermittlungsverfahren gegen den Kronzeugen eingeleitet wurde. Teilweise wird hingegen befürwortet, die Offenbarungsmöglichkeiten auch dahingehend zu begren-

---

[1386] Kohlmann, Steuerstrafrecht, § 371 Rn. 213.

[1387] Ziemann/Ziethen, HRRS 2010, 477.

[1388] Peglau, wistra, 2009, 409, 410.

zen, dass eine Offenbarung erst dann möglich sein soll, wenn gegen den Aussagenden als Beschuldigten ermittelt wird.[1389] Dies wird damit begründet, dass Offenbarungen vor diesem Zeitpunkt zwar allgemein staatsbürgerlich lobenswert seien, jedoch allenfalls die Pflicht aus § 138 StGB erfüllten, nicht aber strafmildernd in einem Strafverfahren berücksichtigt werden könnten, das noch gar nicht begonnen hat.[1390] Diese Sichtweise überzeugt nicht, da § 46 b StGB dazu dient, einen erhöhten Anreiz zur Offenbarung zu schaffen.[1391] Es erscheint widersinnig, diejenigen aus dem Anwendungsbereich auszunehmen, die freiwillig zur Kooperation bereit sind, ohne dass bereits gegen sie ermittelt wird. Niemand handelt freiwilliger als derjenige, gegen den noch gar nicht ermittelt wird. Es sollte daher dem Kronzeugen möglich sein, zunächst Angaben über Taten zu machen, an denen er nicht beteiligt war und erst im Anschluss daran seine eigene bislang möglicherweise noch unentdeckte Straffälligkeit zu offenbaren.[1392] Nach Sinn und Zweck einer Kronzeugenregelung ist es sogar geboten, eine Aussage dann als Kronzeugenaussage zu werten, wenn der Kronzeuge selbst im Zeitpunkt der ersten Aussage gar nichts zu seiner eigenen Straffälligkeit sagt, jedoch nachfolgend gegen ihn ermittelt wird.[1393] Im Rahmen des § 46 b StGB auf die Tatentdeckung oder eine bereits eingeleitetes Ermittlungsverfahren abzustellen, erscheint auch mit Blick auf § 371 AO systemwidrig, der eine Kooperation sogar nur in frühen Verfahrensstadien vor der Entdeckung der Tat zulässt. Erforderlich ist nur, dass die eigene Tat zum Zeitpunkt der Offenbarung bereits begangen worden war.[1394] Zur Aufklärung beitragen kann im Sinne des § 46 b StGB nach seinem Wortlaut nur derjenige, der Täter oder Teilnehmer einer dort näher bezeichneten Straftat ist, was zwingend eine bereits begangene Tat voraussetzt.

Zu klären bleibt jedoch, ob nicht auch die zeitliche Begrenzung auf den Zeitraum vor Eröffnung des Hauptverfahrens (Präklusionsregelung) zu streichen wäre. Dies ist anzunehmen, wenn die damit verbundenen Einschränkungen der Beschuldigtenrechte deren Nutzen überwiegen.

So erscheint es befremdlich, dass es nicht möglich ist, demjenigen das Kronzeugenprivileg umfassend zu gewähren, gegen den mehrere Strafverfahren laufen, jedoch bereits in einer Sache das Hauptverfahren eröffnet wurde. Dann kann die getätigte Aussage nur noch im Hinblick auf das zweite Verfahren berücksichtigt werden.[1395] Dies offenbart jedoch bereits

[1389] Fischer, StGB, § 46 b Rn. 23; Maier in: MüKo, StGB, § 46 b Rn. 43.

[1390] Fischer, StGB, § 46 b Rn. 23.

[1391] Vgl. Seebode in: Anwaltkommentar StGB, § 46 b Rn. 23.

[1392] Seebode in: Anwaltkommentar StGB, § 46 b Rn. 23.

[1393] Seebode in: Anwaltkommentar StGB, § 46 b Rn. 23.

[1394] Seebode in: Anwaltkommentar StGB, § 46 b Rn. 23.

[1395] Peglau, wistra, 2009, 409, 412.

den ersten Schwachpunkt der Präklusionsregelung. Schließlich wird nicht deutlich, wie zu verfahren ist, wenn die Staatsanwaltschaft im Rahmen der Hauptverhandlung das zweite angeklagte Verfahren gemäß § 154 StPO einstellt. In diesem Fall liefe die bereits getroffene Kronzeugenaussage ins Leere, obwohl noch das erste Verfahren anhängig ist.[1396] Dies wäre treuwidrig und insoweit muss es möglich sein, dem Aussagenden die Vergünstigung im Rahmen des ersten, bereits eröffneten Verfahrens zu gewähren.[1397]

Demgegenüber wird mit der Präklusionsregelung bezweckt, einem inflationären Gebrauch der Regelung durch zur Verfügungsstellung eines längeren Überprüfungszeitraums entgegenzuwirken, damit der Strafrabatt tatsächlich nur für werthaltige Aussagen gewährt wird.[1398] Zudem soll mit der Ermöglichung einer Überprüfung der getätigten Aussage präventiv derart auf mögliche Kronzeugen eingewirkt werden, dass sie im Bewusstsein der besseren Kontrolle durch die Strafverfolgungsorgane davon Abstand nehmen, eine fadenscheinige, möglicherweise einen Dritten belastende Aussage zu tätigen.[1399] Letztlich macht jedoch auch die Zielsetzung dieses Regelungsbestandteils deutlich, dass es sich insoweit nur um eine Regelung handelt, die auf der bloßen Prognose basiert, man könne durch längere Überprüfungszeiträume den Wahrheitsgehalt der Aussagen steigern. Faktisch offenbart sich jedoch bereits anhand dieser Regelung die Angst des Gesetzgebers vor zu Unrecht gewährten Strafrabatten, denen man dadurch vorbeugen will, dass die Überprüfung der Aussage gewährleistet wird. Zunächst erscheint es zweifelhaft, ob es hierzu einer Präklusionsregelung bedarf, da manche Strafverfahren Monate andauern, sodass je nach Einzelfall ohnehin hinreichende Überprüfungsmöglichkeiten bestehen.[1400] Zudem werden auf diese Art und Weise das Zwischenverfahren zweckentfremdet und der Fortgang des Verfahrens verzögert. Die Frage, ob es zu einer Anwendung des § 46 b StGB als Strafzumessungsvorschrift kommt, hat mit der Frage, ob hinreichender Tatverdacht besteht, nichts zu tun.[1401] Die Überprüfung derjenigen Angaben, die ausschließlich die Anwendung des § 46 b StGB betreffen, vor Entscheidung über die Eröffnung des Hauptverfahrens, hat mit Blick auf den Beschleunigungsgrundsatz keinen Sinn. Tatsächlich müsste der Richter im Zwischenverfahren die Akten an die Staatsanwaltschaft zur weiteren Ermittlung zurücksenden, um Fragen zu klären, die die Eröffnung des Hauptverfahrens gar nicht betref-

---

[1396] Peglau, wistra, 2009, 409, 412.

[1397] Peglau, wistra, 2009, 409, 412.

[1398] BT-Drs. 16/ 13094, S. 14;.Bußmann in: Matt/Renzikowski, StGB,§ 46 b Rn. 8; Peglau, wistra, 2009, 409, 411.

[1399] Peglau, wistra 2009, 409, 413.

[1400] BT-Drs. 16/ 13094, S. 6.

[1401] Maier in: MüKo, StGB, § 46 b Rn. 32.

fen.[1402] Aufgrund dessen, dass der Richter im Zwischenverfahren gehalten ist, frühzeitig über die Eröffnung des Hauptverfahrens zu entscheiden, wird er in der Regel von dieser Überprüfungsmöglichkeit keinen Gebrauch machen. Dies gilt insbesondere, weil es der Beschleunigungsgrundsatz in Haftsachen verbietet, das Verfahren beziehungsweise die Eröffnung der Hauptverhandlung durch Aufklärung des Drittverfahrens künstlich in die Länge zu ziehen.[1403] Insoweit erscheint die Ansicht, aus der erweiterten Überprüfungsmöglichkeit resultiere eine erweiterte Überprüfungspflicht seitens der Strafverfolgungsbehörden, die sich für die Staatsanwaltschaft aus § 160 II StPO und die Polizei aus der Schutzpflicht des Staates für Leib und Leben seiner Bürger ergebe,[1404] praxisfern. Dies gilt insbesondere mit Blick darauf, dass der Beschuldigte im Ermittlungsverfahren keine Möglichkeit hat, auf die Überprüfung dieser Angaben hinzuwirken, da ihm kein Beweisantragsrecht zusteht.[1405] Lehnt die Staatsanwaltschaft einen Beweisantrag oder eine Beweisanregung ab, stehen dem Beschuldigten keine Rechtsmittel zur Verfügung.[1406] Es würde daher regelmäßig über die frühzeitig gemachten Angaben des Kronzeugen erst im Hauptverfahren ohne vorherige Überprüfung entschieden. Die Präklusionsregelung stellt daher faktisch eine reine Ausschlussfrist dar, um das Hauptverfahren von sachfremden Ermittlungen freizuhalten und die Beweisaufnahme entsprechend zu straffen. Diese Intention wird dadurch bestätigt, dass sich insgesamt innerhalb der Rechtsprechung Bestrebungen finden, die Beweisaufnahme beispielsweise durch Restriktion des Beweisantragsrechts zu straffen. Ferner rechtfertigt sich die Vorverlagerung auch insoweit nicht, als unter Zugrundelegung dessen, dass kein Aufklärungserfolg zu fordern ist, eine vollständige Überprüfung der Angaben nicht von Nöten ist.[1407] Die Präklusionsregelung stellt einen nicht zu unterschätzenden Eingriff in das Schweigerecht des Beschuldigten dar,[1408] sofern er sich eigentlich vorbehalten möchte sich im Rahmen der Hauptverhandlung zu einem Sachverhalt zu äußern, an dem er selbst beteiligt war, um in den Genuss der Kronzeugenregelung zu kommen. Der Beschuldigte müsste bereits vor Eröffnung des Hauptverfahrens abschätzen, ob weiteres Schweigen oder eine weitgehende Kooperation im Sinne der Kronzeugenregelung für ihn günstiger ist, ohne dass zu diesem führen Zeitpunkt bereits mit der Staatsanwaltschaft oder dem Gericht konkret über das Strafmaß verhandelt werden kann.[1409] Je

---

[1402] Maier in: MüKo, StGB, § 46 b Rn. 32.

[1403] König, NJW 2009, 2481, 2483.

[1404] Peglau, wistra, 2009, 409, 412.

[1405] Grießbaum in: KK, § 163 a Rn. 8; Rieß in: Löwe-Rosenberg, § 163 a Rn. 117.

[1406] Rieß in: Löwe-Rosenberg, § 163 a Rn. 117.

[1407] König, NJW 2009, 2481, 2483.

[1408] Frank/Titz, ZRP 2009, 137, 139.

[1409] Wesemann in: Anwaltshandbuch Strafverteidigung, § 46 Rn. 209.

enger der Zusammenhang zwischen der Bezugstat und der Kronzeugentat ist, desto schwieriger würde eine strikte Trennung der Angaben zu den Taten innerhalb eines einheitlichen Lebenssachverhalts.[1410] Zum Teil wird eine solche Einschränkung der Einlassungsfreiheit auch in denjenigen Fällen befürchtet, in denen zwar eine Aussage über voneinander trennbare Sachverhalte getroffen wird, der Aussagende aber gezwungen wird, eine Aussage über seine Quelle zu treffen.[1411] Dies zwingt somit den Aussagenden de facto zu einer Selbstbelastung im frühen Verfahrensstadium und stellt streng genommen einen Verstoß gegen den Nemo- tenetur-Grundsatz dar.[1412] Dies alles wird vom Gesetzgeber hingenommen, lediglich um möglicherweise zu gewährleisten, dass die Angaben theoretisch ohne erhebliche Verfahrensverzögerung überprüft werden können.[1413]

Eine derartige Vorverlagerung führt auch dazu, dass die Kronzeugenabsprache in der Regel ohne Beteiligung eines Richters abläuft und ist infolgedessen als reines polizeiliches Instrument zu klassifizieren ist.[1414] Dadurch aber ist für den Kronzeugen, der sich auf eine derartige Kooperation einlässt, überhaupt nicht mehr gewährleistet, dass das Aussageverhalten tatsächlich honoriert wird.[1415] Schließlich muss die Staatsanwaltschaft, die selbst auch nicht zwingend an der Absprache beteiligt ist, zunächst einmal auf den bislang unbeteiligten Tatrichter einwirken.[1416] Sicherlich ist zu erwägen, eine frühzeitige Rücksprache mit dem zuständigen Richter zu halten, allerdings sind unter Umständen in einem derart frühen Verfahrensstadium die Zuständigkeiten noch unklar. Ferner muss der Richter allein auf Grundlage des Polizeivortrags Zusagen machen, die die Entscheidungsmöglichkeiten des Richters in der Hauptverhandlung zumindest faktisch einschränken.[1417] Problematischer gestaltet sich die Sachlage zudem, wenn in der Hauptverhandlung Laienrichter bestellt sind, was eine strafprozessuale verbindliche Absprache im Vorfeld streng genommen ausschließt.[1418] Dies ist bei Verfahren bezüglich schwererer Kriminalität jedoch üblich. „Die Präklusionsregelung konterkariert das mit der gesetzlichen Regelung der Verständigung im Strafverfahren nach § 257 c StPO verfolgte Bemühen, Absprachen transparent und verbindlich zu ma-

---

1410 Salditt, StV 2009, 375.

1411 Salditt, StV 2009, 375, 377.

1412 Salditt, StV 2009, 375, 377.

1413 Salditt, StV 2009, 375, 377.

1414 Schönke/Schröder/Kinzig, StGB § 46 b Rn. 20; Seebode, Anwaltkommentar StGB, § 46 b Rn. 22; König, NJW 2009, 2481, 2483; Salditt, StV 2009, 375, 377.

1415 Vgl. Heintschel-Heinegg, StGB § 46 b Rn. 22; Seebode, Anwaltkommentar StGB, § 46 b Rn. 22.

1416 Salditt, StV 2009, 375, 377.

1417 Frank/Titz, ZRP 2009, 137, 139; Salditt, StV 2009, 375, 377.

1418 König, NJW 2009, 2481, 2483; Leipold, NJW- Spezial 2009, 776.

chen."[1419] Die Präklusionsregelung lässt zudem außer Acht, dass gerade im Bereich komplexer Wirtschaftskriminalität auch dem Beschuldigten und seinem Verteidiger ausreichend Raum gegeben werden sollte, die entsprechende Aussage mit Beweismaterial zu untermauern und die vielfach komplexen Sachverhalte zu durchdringen. Schließlich besteht ein berechtigtes Interesse daran, die Aussage so stichhaltig wie möglich auszugestalten, um den Richter von der Werthaltigkeit der Aussage zu überzeugen. Demnach erweist sich eine zeitliche Befristung insbesondere im Bereich der Wirtschaftskriminalität als kontraproduktiv.[1420] Zudem erscheint es auch schwierig, den Mandanten im Rahmen einer interessengerechten Verteidigung zu einer Kronzeugenaussage zu bewegen, wenn es dem Verteidiger nicht möglich ist, „eine verlässliche Prognose zu erteilen, wie das Gericht die erhaltenen Informationen bewertet und ob es diese als ausreichend für eine Strafmilderung erachtet."[1421] Weiterhin läuft eine derartige Vorverlagerung auch dem Ziel der Regelung, namentlich der Verbesserung der Strafverfolgung, zuwider,[1422] da gerade die Situation der Hauptverhandlung vielfach derart auf den Angeklagten einwirkt, dass er aus der Situation heraus dazu geneigt ist, mit dem Strafverfolgungsapparat zu kooperieren. Dieser Anreiz entfällt jedoch, wenn eine über ein eigenes Geständnis hinausgehende Aussage nicht mehr zur Strafrahmenverschiebung gemäß §§ 46 b, 49 StGB führt, sondern lediglich contra legem im Rahmen der allgemeinen Strafzumessung Berücksichtigung findet.[1423] Zudem schließt die Präklusion „eine (jedenfalls) formelle Verbindung von Kronzeugenaussage und Verständigung i. S. d. neuen § 257 c StPO aus, denn die Kronzeugenaussage muss zu einem Zeitpunkt erfolgt sein, zu dem eine formelle Verständigung, die erst in der Hauptverhandlung erfolgen kann, noch gar nicht möglich ist."[1424] Durch diese Regelung distanziert sich die deutsche Aufklärungshilfe von ihren angloamerikanischen Vorbildern, die regelmäßig die Aufklärungshilfe als Gegenstand der Absprache begreifen. Dies ist jedoch kontraproduktiv, da ein Angeklagter, der ohnehin gewillt ist, umfassend auszusagen, sicherlich gegen eine entsprechend niedrigere Festsetzung der ausgehandelten Strafe geneigt sein wird, eine über seinen eigenen Tatbeitrag hinaus gehende Aussage zu treffen. Demnach wäre es sachgerecht, auch die Aufklärungshilfe zum Gegenstand der Verständigung ma-

[1419]Heintschel-Heinegg, StGB, § 46 b Rn. 28.

[1420]Göpfert/Merten/Siegrist, NJW 2008, 1704.

[1421]Leipold, NJW- Spezial 2009, 776.

[1422]Peglau, wistra, 2009, 409,411, der diese Abstriche für hinnehmbar und nicht übermäßig groß erachtet.

[1423]Wesemann in: Anwaltshandbuch Strafverteidigung, § 46 Rn. 209; Frank/Titz, ZRP 2009, 137, 139.

[1424]Kneba, Die Kronzeugenregelung, S. 162; Peglau, wistra, 2009, 409, 411.

chen zu können.[1425] Dies wird teilweise als problematisch erachtet, da die getroffene Verständigung das Gericht bindet, sodass auch die Honorierung der Aufklärungshilfe bindender Bestandteil der Absprache würde[1426], ohne dass der Kerngehalt der Aussage faktisch hinreichend geprüft werden könnte. Diese Argumentation überzeugt nicht, da das Gericht von der Absprache abweichen kann, wenn Umstände auftreten, die das Festhalten an der Absprache unmöglich machen. Als ein solcher Umstand wäre die unzutreffende Kronzeugenaussage zu werten.

Andererseits würde ein vollständiger Verzicht auf die Präklusionsregelung unter Umständen dazu führen, dass der Angeklagte im Bewusstsein der erkennbaren Aussichtslosigkeit seiner Lage mit Hilfe seines Verteidigers immer neue Aussagen betreffend anderer Taten in das Verfahren einzubringen sucht und dadurch das Verfahren verzögert.[1427] Eine solche Ausuferung wird im Hinblick auf § 31 BtMG dadurch vermieden, dass man dem Kronzeugen einen Anspruch auf Aussetzung der Hauptverhandlung versagt.[1428] Ist die Aussetzung allerdings aus Sicht des Tatgerichts erforderlich, um das Vorliegen eines Aufklärungserfolges zu überprüfen, so hat diese auch zu erfolgen.[1429] Diese Eingrenzung erscheint sinnvoll, wohingegen die Beschneidung der Beschuldigtenrechte durch die aktuelle Präklusionsregelung nicht zu rechtfertigen ist, zumal deren Nutzen unklar ist. Dies gilt insbesondere mit Blick darauf, dass lediglich die Offenbarungshandlung vor Eröffnung des Hauptverfahrens erfolgt, nicht aber der Aufklärungserfolg bereits eingetreten sein muss.[1430] Weitere Ermittlungen und eine umfassende Beweiserhebung darüber, ob die Offenbarungshandlung geeignet ist, wesentlich zur Aufklärung beizutragen, würden daher ohnehin nicht zwingend vermieden.[1431] Vergegenwärtigt man sich, dass letztlich die Inanspruchnahme des § 46 b StGB praktisch immer mit einer erweiterten Beweisaufnahme verbunden ist, die wiederum maßgeblich von Beweisanträgen des Verteidigers mitbestimmt wird, so wird faktisch für den Bereich der Kronzeugen eine Präklusion innerhalb des Beweisantragsrechts eingeführt, die im gesamten Beweisantragsrecht aufgrund des § 246 I StPO absolut undenkbar ist und insoweit einen Fremdkörper darstellt. Schließlich dürfen der Beschuldigte und sein Verteidiger Beweistatsachen und entsprechende Beweismittel, die aufgrund des § 46 b StGB maßgeblichen

---

[1425] So auch Maier in: MüKo, StGB, § 46 b Rn. 9.

[1426] Vgl. Peglau, wistra, 2009, 409, 411.

[1427] Peglau, wistra 2009, 409, 413.

[1428] Hügel/Junge/Lander/Winkler, Deutsches Betäubungsmittelrecht, § 31 Rn. 3.5; Maier in: MüKo, StGB, § 46 b Rn. 92.

[1429] Maier in: MüKo, StGB, § 46 b Rn. 92.

[1430] Fischer, StGB, § 46 b Rn. 21; Maier in: MüKo, StGB, § 46 b Rn. 33.

[1431] Fischer, StGB, § 46 b Rn. 21; Maier in: MüKo, StGB, § 46 b Rn. 33; Schmidt, NJW 2005, 3250, 3255.

Einfluss auf das Strafmaß haben, nach der Eröffnung der Hauptverhandlung nicht mehr einbringen. Vielmehr obliegt es dem Gericht, im Rahmen der Amtsaufklärung entsprechende „Beweisanträge, die nicht das unmittelbare Tatgeschehen sondern Randbereiche betreffen und etwa den Nachweis der Unrichtigkeit der Angaben des Belastungszeugen zu anderen Punkten zum Gegenstand haben" zur Gewährleistung eines fairen Verfahrens in angemessenem Umfang zuzulassen.[1432] Da es sich bei den Beweistatsachen, die der Verifizierung der Aussage dienen, letztlich um Umstände zu Gunsten des Angeklagten handelt, sollten entsprechende Beweisanträge ebenso gehandhabt werden, wie diejenigen, die erhoben werden, um den Tatvorwurf zu entkräften. Eine erhebliche sinnentleerte Verfahrensverzögerung dadurch, dass vermehrt Beweisanträge zu Randtatsachen gestellt werden, ist schon deshalb nicht zu befürchten, weil der Tatrichter nicht verpflichtet ist, solchen Beweisanträgen nachzugehen, die dazu dienen, einen vagen Verdacht zu untermauern, um erst einen Aufklärungserfolg in der Hauptverhandlung zu erzielen. Vielmehr muss ein Aufklärungserfolg schon vorher vorgelegen haben.[1433] Ein gesetzlicher Ausschluss entsprechender Anträge, die der Untermauerung eines Aufklärungserfolgs dienen, stellt einen massiven Eingriff in das Recht des Angeklagten auf rechtliches Gehör dar, der nur durch regelmäßig nicht vorliegende sachliche Gründe gerechtfertigt wäre.

Insbesondere vor dem Hintergrund, dass es durchaus Wissen geben kann, das dem Kronzeugen erst nach Eröffnung der Hauptverhandlung bekannt wird, erscheint die Präklusion sachwidrig. Zwar besteht grundsätzlich die Möglichkeit, entsprechende Aussagen im Rahmen der allgemeinen Strafzumessung zu berücksichtigen, gleichwohl wird man aber dort an die formalen Grenzen stoßen, wo die individuelle Strafzumessung beispielsweise im Falle der Androhung lebenslänglicher Freiheitsstrafe erst durch die Anwendung des § 46 b StGB eröffnet würde.[1434] „Einem wegen Mordes Angeklagten, der vier Monate nach Anklageerhebung und *kurz nach* Eröffnung des Hauptverfahrens von einem weiteren geplanten Mord *erfährt* und durch alsbaldige Offenbarung dessen Ausführung verhindert, jede Strafmilderung mit der Begründung zu versagen, er habe eben *„Pech gehabt"*, dass die Kammer zufällig noch am Tag vor seiner Mitteilung den Beschluss nach § 204 StPO noch unterschrieben habe, dürfte weder mit dem Schuldgrundsatz noch mit dem Verhältnismäßigkeitsgrundsatz vereinbar sein."[1435] Dieses Beispiel verdeutlicht auch, dass die aktuelle Regelung nicht nur der Sache nach fehl geht, sondern auch die Umsetzung fragwürdig ist.

1432 Weider in: Anwaltshandbuch/Strafverteidigung, Rn. 190.

1433 BT-Drs. 16/6268, S. 12; BGH, NStZ 1998, 90; Bußmann in: Matt/Renzikowski, StGB,§ 46 b Rn. 14; Maier in: MüKo, StGB, § 46 b Rn. 91.

1434 Fischer, StGB, § 46 b Rn. 24.

1435 Fischer, StGB, § 46 b Rn. 24.

Maßgeblicher Zeitpunkt ist nicht die Zustellung des Eröffnungsbeschlusses an den Angeklagten, sondern der Zeitpunkt, in dem der Beschluss unterschrieben in den Geschäftsgang gegeben wird.[1436] Der Angeklagte macht daher möglicherweise Angaben bei der Staatsanwaltschaft oder der Polizei, ohne selbst zu wissen, dass er damit bereits präkludiert ist. Weder die Staatsanwaltschaft noch der Angeklagte wissen, dass der Eröffnungsbeschluss bereits unterschrieben im Postlauf ist. Auf diese Art und Weise läuft der Angeklagte Gefahr, seine eigene Position zu verschlechtern, ohne dafür den Lohn zu bekommen. Im gesamten Rechtssystem ist es vollkommen undenkbar, dass eine Ausschlussfrist zu einem Zeitpunkt abläuft, von dem man keine Kenntnis hat. Zwar kann im Zivilprozess gegen einen Mahnbescheid solange Widerspruch eingelegt werden, solange der Vollstreckungsbescheid nicht verfügt, also unterschrieben in den Geschäftsgang gegeben wurde, gleichwohl ist der Betroffene vor negativen Folgen derart geschützt, dass der verspätete Widerspruch nach § 694 II ZPO als Einspruch gegen den Vollstreckungsbescheid behandelt wird. Es handelt sich daher nicht um eine Ausschlussfrist, die den Betroffenen rechtlos stellt. Im Rahmen der Präklusionsregelung des § 46 b StGB kann der Angeklagte mit seinem Vorbringen, das sich möglicherweise positiv auf sein Strafmaß auswirken würde, nicht mehr gehört werden, obwohl er zu dem Zeitpunkt, in dem er seine Angaben macht, nichts vom Fristablauf weiß. Eine derartige Ausschlussfrist muss zu einem für den Betroffenen klar erkennbaren Zeitpunkt ablaufen, damit sich der Betroffene darauf einstellen kann. Dies gilt im Zusammenhang mit § 46 b StGB insbesondere mit Blick darauf, dass der Angeklagte zu keiner Zeit auf diese Frist hingewiesen und über die Folgen der Fristversäumnis belehrt wird.[1437] Auch ein Blick in § 371 AO verdeutlicht, dass grundsätzlich derjenige Zeitpunkt, ab dem bestimmte Angaben, nicht mehr gemacht werden können, dem Täter bekannt sein muss. So sieht § 371 II AO diverse Ausschlusstatbestände vor, die alle entweder auf die direkte Bekanntgabe gegenüber dem Täter abstellen, ein Erscheinen beim Täter voraussetzen oder aber auf die dem Täter bekannte Tatentdeckung abstellen. Die Kenntnis der Ausschlussfrist ist wesentlich, da der Betreffende sich ansonsten möglicherweise selbst belasten würde, ohne letztlich in den Genuss der Straflosigkeit zu kommen. Auch die Kronzeugenaussage kann mit der Selbstbelastung einhergehen, so dass bereits der Nemo-tenetur-Grundsatz der aktuellen Ausgestaltung widerspricht. Dies kann auch durch den äußerst zweifelhaften Zweck der Regelung nicht gerechtfertigt werden. Vielmehr verdeutlicht diese Ausgestaltung einer Ausschlussfrist, von der der Betreffende gar nichts weiß und deren Ablauf ohne Kenntnis des Betreffenden erfolgt, einmal mehr, dass es sich letztlich um

---

[1436] Hügel/Junge/Lander/Winkler, Deutsches Betäubungsmittelrecht, § 31 Rn. 3.5.2; Maier in: MüKo, StGB, § 46 b Rn.31; Patzak in: Körner. Betäubungsmittelgesetz, § 31, Rn. 27.

[1437] Maier in: MüKo, StGB, § 46 b Rn.31.

eine Frist handelt, die sicherstellen soll, dass die Regelung faktisch nur in denjenigen Fällen zur Anwendung gelangt, in denen die Strafverfolgungsbehörden explizit darauf hinwirken. Dann aber kann von einer allgemeinen Regelung keine Rede mehr sein. Das Institut der Kronzeugenregelung wird ad absurdum geführt und als reines polizeitaktisches Strafverfolgungsinstrument enttarnt.

Nimmt man den Anspruch der Kronzeugenregelung als allgemeines Mittel zur Verbesserung der Strafverfolgung ernst, kann deren Anwendung einem Aussagenden nicht sachgerecht versagt bleiben, wenn sich die erst in der Hauptverhandlung getätigte Aussage noch im Rahmen der Beweisaufnahme bestätigt.[1438] Teilweise wird eine solche Versagung für legitim gehalten, da dadurch gegenüber der früheren Rechtslage keine Schlechterstellung bewirkt werde. Schließlich könne die Strafe immer noch nach den allgemeinen Vorschriften gemildert werden.[1439] Wie bereits festgestellt, ermöglichen die allgemeinen Regelungen in vielen Fällen jedoch nur einen erheblich niedrigeren Strafrabatt und umfassen dogmatisch betrachtet nicht die Aufklärungshilfe, da diese weder tat- noch schuldbezogen ist. Insoweit ist die Annahme, dass die Neuregelung ein austariertes, abgestuftes und an sachlichen Kriterien ausgerichtetes System darbietet, um Kronzeugenaussagen zu honorieren,[1440] nicht zutreffend, weil die Divergenz zwischen der Anwendung des § 46 b StGB und der allgemeinen Strafzumessungsregeln, vielfach insbesondere im Hinblick auf massive Freiheitsstrafen in keinem Verhältnis dazu stehen wird, dass die entsprechende Aussage lediglich in einem anderen Verfahrensstadium erfolgte. Durch diese Ausgestaltung wird es „Kronzeugen 1. und 2. Klasse geben: Diejenigen, die ihre Aufklärungshilfe vor der Eröffnung des Hauptverfahrens erbringen und dafür einen besonderen Bonus aus [...] § 46 b StGB erhalten. Und diejenigen, die sich dazu erst später entschließen mit einer etwas geringeren, dennoch spürbaren Gratifikation bei der Strafzumessung."[1441] Faktisch handelt es sich im Hinblick auf die Präklusionsregelung um eine normierte teleologische Reduktion zu Ungunsten des Angeklagten, die allein deswegen unzulässig ist, weil eine derartige Beschränkung dem Telos der Gesamtregelung zuwiderläuft. Es muss eine Möglichkeit bestehen, besonderes Täterwissen auch zu späteren Verfahrenszeitpunkten zu honorieren.[1442] „Im Interesse der materiellen Wahrheit muss [...] eine Aussage sowohl im Ermittlungs-, Zwischen- und Hauptverfahren [...] möglich sein, die zur Aufklärung oder Verhütung einer Tat beiträgt und mit einer Strafmilderung honoriert wer-

[1438]Vgl. Leipold, NJW-Spezial 2009, 776; Stern, StraFo 2002, 185, 189.

[1439]Peglau, wistra 2009, 409, 413.

[1440]Peglau, wistra 2009, 409, 413.

[1441]Stellungnahme des Deutschen Anwaltsvereins, Nr. 39/2006, II.

[1442]A. A. Kneba, Die Kronzeugenregelung, S. 116.

den kann."[1443] Entgegen der aktuellen Gesetzesfassung beinhaltet der niedersächsische Vorschlag sogar eine Ausweitung in das Vollstreckungsverfahren, sodass letztlich die Aufklärungshilfe auch im Rahmen der Aussetzung der Vollstreckung der Strafe zur Bewährung oder der Gewährung von Vollzugslockerungen Berücksichtigung finden sollte.[1444] Aufgrund dessen, dass Straftäter dazu neigen, innerhalb des Strafvollzuges über ihre Taten zu sprechen und sich zwischen den Gefangenen vollzugsbedingt ein Vertrauensverhältnis aufbaut, erscheint diese Erwägung aus Sicht der Strafverfolgungsbehörden sinnvoll. Vielfach gewinnen Verurteilte erst in der Strafhaft die notwendige Distanz zu Mittätern oder der kriminellen Vereinigung, der sie vormals zugehörten.[1445] Eine Ausweitung des Anwendungsbereichs auf die Strafvollstreckung beinhaltet zudem einen massiven Verunsicherungseffekt, sodass mögliche Mittäter oder Mitglieder einer kriminellen Vereinigung stets weitere Aufklärung fürchten müssen, zumal der potentielle Kronzeuge innerhalb der Haft teilweise äußeren Einflüssen entzogen ist.[1446] Berücksichtigt werden könnte die Kooperation im Rahmen des § 57 StGB.[1447] Allerdings würde auf diese Weise der Strafvollzug instrumentalisiert und den Gefangenen ein wesentliches Mittel zur Bewältigung der eigenen Tat genommen, das Gespräch mit dem Mithäftling. Schließlich wäre der Alltag in der Haftanstalt davon geprägt, möglichst viele Informationen zu erlangen, um sich eigene Vorteile zu erkaufen.[1448] Das aber kann nicht durch eine solche Regelung bezweckt werden, da der rechtsstaatliche Strafgesetzgeber Bespitzelung innerhalb des Strafvollzuges nicht fördern sollte.[1449] Zu erwägen wäre allenfalls für die Aufklärungshilfe im Vollstreckungsverfahren einen strengen Konnexitätszusammenhang derart zu fordern, dass lediglich Aussagen zu den Mittätern beziehungsweise zu denjenigen Taten, die in räumlich-zeitlichen Zusammenhang zur Tat des Kronzeugen stehen, zuzulassen sind.

Zusammenfassend ist festzuhalten, dass dem Missbrauch einer Kronzeugenregelung nicht durch eine zeitliche Beschränkung begegnet werden sollte. Vielmehr genügt es, den Zeitpunkt der Offenbarung maßgeblich innerhalb der zu treffenden Abwägung gemäß § 46 b II StGB zu berücksichtigen.[1450] Zudem wären anstelle einer Präklusionsregelung hinsichtlich der Missbrauchsgefahr nachträgliche Kontrollmechanismen zu erwägen, wo-

---

[1443]BR-Drs. 896/02, S. 7.

[1444]BR-Drs. 896/02, S. 7.

[1445]Breidling, Stellungnahme vor dem Rechtsausschuss vom 07.11.2001, 1, 8.

[1446]Breidling, Stellungnahme vor dem Rechtsausschuss vom 07.11.2001, 1, 8.

[1447]Breidling, Stellungnahme vor dem Rechtsausschuss vom 07.11.2001, 1, 8.

[1448]Vgl. BRAK-Stellungnahme-Nr. 23/2006, S. 7.

[1449]Vgl. BRAK-Stellungnahme-Nr. 23/2006, S. 7.

[1450]Peglau, wistra, 2009, 409, 411.

durch letztlich eine gründlichere Kontrolle möglich würde, die außerhalb der Hauptverhandlung stattfände. Ferner darf nicht ausgeblendet werden, dass an die Beweiswürdigung durch das Gericht sehr hohe Anforderungen gestellt werden, deren Einhaltung ein zusätzliches Sicherungsmittel gegen den Missbrauch solcher Regelungen darstellt.[1451]

6. Ausgrenzung der einfachen Kriminalität

Die getroffene Eingrenzung des Täterkreises begünstigt Delinquenten der Schwerkriminalität, da die einfache Kriminalität nicht erfasst wird. Auf den ersten Blick erscheint dies sachgerecht, da dadurch scheinbar allgemeines Denunziantentum vermieden wird.[1452] Zudem wird insoweit eine mögliche Ungleichbehandlung des verteidigten und des unverteidigten Angeklagten, die im Rahmen der Prozessabsprache beklagt wird,[1453] vermieden, da eine hinreichende Verteidigung in nahezu allen Fällen gemäß § 140 I Nr. 2. StPO gewährleistet ist.

Die Ausgrenzung der einfachen Kriminalität führt zu einer Ungleichbehandlung. Hiergegen wird vielfach eingewendet, dass Täter der einfachen Kriminalität in der Regel entsprechende Vergünstigungen über die allgemeinen Regelungen (§ 46 StGB, § 153 StPO) erhalten.[1454] Dogmatisch ist dieses Argument jedoch nicht stichhaltig, da die Aufklärungshilfe als Verhalten, das weder tat- noch schuldbezogen ist, nicht von den genannten Normen umfasst wird. „§ 46 II StGB eröffnet gerade kein Absehen von Strafe, sondern lediglich eine gemilderte Strafe; die folgenlose Einstellung gemäß § 153 StPO wiederum, die allein als Pendant zum völligen Absehen von Strafe in Frage kommt, ist mit ihrem von vornherein beschränkten Anwendungsbereich auf Fälle von geringer Schuld und fehlendem öffentlichen Interessen an der Verfolgung nicht geeignet, sämtliche Konstellationen abzudecken."[1455] Ferner sieht § 46 II StGB auch keine Strafrahmensenkung vor, so dass der Privilegierung auch insoweit Grenzen gesetzt sind.[1456] Eine derartige Differenzierung bedarf eines sachlichen Grundes, der sich nicht finden lässt. Schon nach der Ratio dieser Regelung ist die Differenzierung ein Schritt in die falsche Richtung. Schließlich soll gerade erreicht werden, dass Insiderwissen an die Strafverfolgungsbehörden gelangt, um eine flächendeckend bessere Strafverfolgung insbesondere im Bereich der

---

1451 Maier in: MüKo, StGB, § 46 b Rn. 5.

1452 Salditt, StV 2009, 375, 377.

1453 Murmann, ZIS 2009, 526, 535.

1454 Kneba, Die Kronzeugenregelung, S. 121; Peglau, wistra 2009, 409, 412; Salditt, StV 2009, 375, 377.

1455 Kaspar/Wengenroth, GA 2010, 453, 459.

1456 Fischer, StGB, § 46 b Rn. 6 a, der diesbezüglich eine analoge Anwendung des § 46 b StGB im Rahmen des § 46 II StGB anregt; Kaspar/Wengenroth, GA 2010, 453, 459.

schweren Kriminalität zu gewährleisten. Vor diesem Hintergrund ist eine Eingrenzung des Kriminalitätsfeldes, dem der Kronzeuge entstammt, nicht angemessen, da es der Wahrheitsfindung dienlich ist, wenn ein Delinquent der leichteren Kriminalität die Identität eines sogenannten Schwerkriminellen offenbart. Die Ausgrenzung der leichteren Kriminalität ist nicht nur unnötig, sondern führt auch dazu, dass den Strafverfolgungsbehörden möglicherweise zur Aufklärung oder Verhinderung schwerer Straftaten relevante Informationen verborgen bleiben.[1457] Eine Regelung, die zu einer umfassenden Aufklärung beitragen soll, muss gewährleisten, dass jeder, der wesentlich zur Aufklärung schwerwiegender Straftaten beitragen kann und will, in jedem Stadium seines Verfahrens für seine Kooperation belohnt wird.[1458] Es ist folglich nicht nur eine Beschränkung in zeitlicher Hinsicht verboten, sondern auch die Ausgrenzung potentieller Informanten. Zudem würden durch diese Beschränkung die Zusammenhangtaten (Begleittaten und Beschaffungsdelikte) aus dem Anwendungsbereich herausfallen. Vergegenwärtigt man sich in diesem Kontext, dass faktisch im Bereich der Betäubungsmittelstraftaten diejenigen als Kronzeugen fungieren, die kleinere Strafen verwirkt haben, sollte man im Rahmen der großen Kronzeugenregelung diese potentiellen Informanten nicht von vornherein ausgrenzen. Dies gilt vor allem mit Blick darauf, dass Personen, die noch nicht allzu weit in die kriminellen Strukturen verstrickt sind, die Umkehr in die Legalität und damit auch die Kooperation mit den Ermittlungsbehörden leichter fallen wird. Mithin sollte das Institut, gerade weil es als allgemeine Norm ausgestaltet ist, nicht ohne sachgerechten Grund auf einen bestimmten Delinquentenkreis beschränkt werden. Verglichen mit dem alten Kronzeugengesetz fehlt es an einem sachlichen Grund vor allem, weil die damalige Regelung darauf abzielte, gefestigte, abgeschottete Strukturen von innen zu schwächen und zu zerstören. Dazu war es erforderlich, diese Regelung denjenigen zugutekommen zu lassen, die bereit waren, sich aus der terroristischen Vereinigung zu lösen. Eine Regelung, die als allgemeines Strafverfolgungsinstrument ausgestaltet ist, verfolgt einen solchen Zweck nicht, sodass sich eine Ausgrenzung aus dem Täterkreis kriminalpolitisch nicht rechtfertigen lässt. Gleiches zeigt auch ein Vergleich mit dem Betäubungsmittelstrafrecht, da auch dort neben dem Ziel der allgemeinen Strafverfolgung eine Schwächung der kriminellen Organisation erzielt werden soll.

Daher sollte auf die Eingrenzung des Täterkreises verzichtet werden. Dies gilt vor allem mit Blick auf den Gleichheitsgrundsatz, der eine Ungleichbehandlung ohne sachlichen Grund untersagt.[1459]

[1457]Jeßberger, Stellungnahme vor dem Rechtsausschuss vom 07.11.2001, 22, 25.

[1458]Kunert/Bernsmann, NStZ 1989, 455, 457.

[1459]Jeßberger, Stellungnahme vor dem Rechtsausschuss vom 07.11.2001, 22, 25.

Letztlich ist auch im Bereich der einfachen Kriminalität bei vergleichbarem Offenbarungspotential ein entsprechender Strafrabatt zu gewähren.[1460] Dies gilt umso mehr, weil bei einem stark ausgeprägten Unrechtsgefälle das Absehen von Strafe beziehungsweise eine vergleichsweise niedrige Strafe besser begründbar ist.[1461]

Die Öffnung des Kronzeugenprivilegs für alle Delinquenten führt jedoch dazu, dass der unverteidigte Angeklagte dadurch benachteiligt wird, dass er die notwendigen Verteidigungsstrategien zur Gewinnung des Kronzeugenprivilegs nicht kennt. Insoweit sollte der bereits im Rahmen der Prozessabsprachen gemachte Vorschlag, einen Fall der notwendigen Verteidigung auch dann anzunehmen, wenn das Gericht grundsätzlich verständigungsbereit ist,[1462] vom Grundsatz her auf die Anwendung des § 46 b StGB übertragen werden, sodass dann, wenn die Anwendung der Kronzeugenregelung im Raum steht, der Angeklagte ein Recht auf notwendige Verteidigung hat. Dies gilt umso mehr, da der Verteidiger gehalten ist, den Mandaten bereits früh über die bestehende Möglichkeit des Kronzeugenprivilegs sowie dessen Gefahren in Kenntnis zu setzen und die bestehende Bereitschaft des Mandanten dem Gericht anzuzeigen, um auf den Aufschub des Eröffnungsbeschlusses, beispielsweise durch Fristverlängerung zur Stellungnahme im Zwischenverfahren über den Zeitpunkt der Vernehmung des Angeschuldigten hinaus hinzuwirken.[1463] Der juristische Laie vermag vielfach nicht einzuschätzen, inwieweit bestimmte Angaben eher selbstbelastend als hilfreich sind. Entsprechend obliegt es der Verteidigung, den potentiellen Kronzeugen zumindest ein Stück weit zu desillusionieren und ihn entsprechend darauf hinzuweisen, dass die Möglichkeit der Belastung auch den von ihm möglicherweise Belasteten offen steht, denen er höchstwahrscheinlich im Gericht als Zeuge begegnen wird.[1464] Auf die ordnungsgemäße Wahrnehmung seiner diesbezüglichen Interessen würde sich die Beiordnung vor allem deswegen auswirken, weil der Verteidiger stets Gefahr liefe „sich wegen Schlechterfüllung seiner anwaltlichen Pflichten schadensersatzpflichtig zu machen."[1465] Zudem erfordert der Grundsatz des fairen Verfahrens den Beschuldigten „sowohl im Ermittlungs- und Zwischenverfahren als auch im gerichtlichen Hauptverfahren über die mit der Aufklärungshilfe [...] verbundenen Möglichkeiten und Risiken zu belehren, um ihm eine abgewogene Entscheidung zu ermöglichen."[1466] Insoweit wären die Vorschriften in den §§ 136, 243 StPO zu

---

[1460] Sahan/Berndt, BB 2010, 647, 648.

[1461] Kaspar/Wengenroth, GA 2010, 453, 460.

[1462] Murmann, ZIS 2009, 526, 535.

[1463] Vgl. Malek, StV 2010, 200, 204.

[1464] Vgl. Malek, StV 2010, 200, 204, der von einem "Bumerang- Effekt" spricht.

[1465] Malek, StV 2010, 200, 206.

[1466] BR-Drs., 896/02, S. 9.

ändern, obwohl das Gericht die Aufgabe der Verteidigung nicht im Ansatz zu übernehmen vermag. Die Beiordnung eines Verteidigers ist vor allem erforderlich, um zu gewährleisten, dass das Gericht in der Hauptverhandlung Beweis über die Voraussetzungen der Aufklärungshilfe erhebt.[1467]

Die Ausgrenzung der einfachen Kriminalität ist nicht sachgerecht, allerdings erfordert die Öffnung der Kronzeugenregelung auch für den in der Regel unverteidigten Angeklagten, eine umfassende Belehrung über die mit der Aufklärungshilfe verbundenen Risiken. Eine entsprechende Unterrichtung ließe sich beispielsweise durch die notwendige Beiordnung eines Verteidigers bewerkstelligen.

7. Bezugnahme auf den Katalog des § 100 a II StPO

Die Beschränkung im Hinblick auf die Bezugstaten ist hingegen zwingend erforderlich, um den Anwendungsbereich der Regelung nicht ausufern zu lassen. Schließlich soll nur derjenige in den Genuss des Strafrabattes kommen, der besondere Verdienste möglicherweise unter Aufbürdung erheblicher Gefahren geleistet hat.[1468] Insbesondere sollte insoweit beachtet werden, dass eine Kronzeugenregelung mit einer Honorierung verbunden ist, sodass es sich um einen Ausnahmetatbestand handelt. Schafft man einen Anreiz zur Aufklärung einfacher Kriminalität, kann dies eine derartige Honorierung regelmäßig nicht rechtfertigen.

Vereinzelt wird jedoch die Beschränkung der Bezugstaten, zu denen der Kronzeuge Angaben macht, auf solche Taten, die im Katalog des § 100 a II StPO abschließend aufgeführt sind, kritisiert. Insbesondere wird vorgebracht, dass der Katalog Delikte enthält, die nicht deswegen nicht aufklärbar sind, weil sie in abgeschotteten Bandenstrukturen verübt werden, beispielsweise § 176 StGB oder aber solche Delikte, die nur mit einer Mindeststrafe von einem Monat belegt sind.[1469] Diese Kritik überzeugt jedoch vor dem Hintergrund nicht, dass die neue Kronzeugenregelung nicht mehr darauf ausgerichtet ist, ausschließlich einen erweiterten Zugriff auf verschlossene Bandenstrukturen zu ermöglichen, sondern vielmehr als allgemeines Instrument der umfassenden Aufklärung von Straftaten dienen soll. Gerade der sexuelle Missbrauch von Kindern kommt häufig nicht zur Anzeige, weil niemand diese Delikte anzeigt. Insoweit erscheint es mehr als sinnvoll, jedem, der über derartige Verbrechen informiert ist, Anreize zu schaffen, sein Wissen kundzutun. Auch ist das Argument nicht tragfähig, dass der Missbrauch nicht in abgeschotteten Strukturen stattfindet, da Missbrauch häufig in der Familie stattfindet und der Familienzusammenhalt vielfach verhindert, dass entsprechende Informationen nach außen

[1467] Vgl. Malek, StV 2010, 200, 205.

[1468] Peglau, wistra 2009, 409, 413.

[1469] Seebode in: Anwaltkommentar StGB, § 46 b Rn. 15; König, NJW 2009, 2481, 2482.

dringen. Vor diesem Hintergrund und der herausgearbeiteten Zielsetzung erscheint daher die Beschränkung auf den Katalog des § 100 a II StPO sachgerecht, zumal dadurch sichergestellt ist, dass die Aufklärung einer Tat von einigem Gewicht durch den Kronzeugen gefördert werden wird. Zwar trifft es zu, dass der Katalog auch Straftaten enthält, die im Mindestmaß mit nur einem Monat Freiheitsstrafe oder Geldstrafe bedroht sind, jedoch macht dies die Bezugnahme auf die Katalogstraftaten nicht von vornherein sachwidrig.[1470] Die Kronzeugenregelung soll dazu dienen, Straftaten aufzuklären, die in abgeschotteten Strukturen ablaufen und deswegen mit den bestehenden Methoden schwer verfolgbar sind. Eine ähnliche Zielsetzung liegt auch dem Katalog des § 100 a StPO zu Grunde. Zudem ist es geradezu typisch für den Bereich der Wirtschaftskriminalität, dass die entsprechenden Straftaten erst aufgrund des immensen Schadens als schwerwiegend empfunden werden, wenngleich der jeweilige gesetzliche Strafrahmen eher gering ist. Letztlich erscheint daher die Bezugnahme auf den Katalog des § 100 a StPO sinnvoll, da dieser gerade diejenigen Delikte umfasst, die besonderer Strafverfolgungsmethoden bedürfen.

8. Die Rechtsfolge

Auf Rechtsfolgeseite sieht die Regelung eine Milderung nach § 49 I StGB beziehungsweise bei Straftätern, die Freiheitsstrafen unter drei Jahren verwirkt haben, das Absehen von Strafe vor. Steht eine Gesamtstrafenbildung an, so führt der Umstand des fehlenden Zusammenhangs der Bezugstat mit den Kronzeugentaten dazu, dass ein einheitlicher Abschlag hinsichtlich jeder einzelnen Tat gewährt werden muss, der sich letztlich in der Gesamtstrafe niederschlägt.[1471] Der vorgenannte Regelungsmechanismus bringt jedoch mit sich, dass die gesetzlich vorgesehenen Mindeststrafen vielfach durch die Strafrahmenverschiebung aufgrund von weder tat- noch schuldbezogenen Aspekten unterschritten werden. Besonders augenscheinlich wird dieser Umstand, wenn man bedenkt, dass § 46 b I 1 2. HS StGB vorsieht, dass bei Verwirkung einer lebenslänglichen Freiheitsstrafe eine Freiheitsstrafe nicht unter zehn Jahren festgesetzt werden kann. Eine mit der Anwendung des § 49 I StGB verbundene Strafrahmenverschiebung kann auch dazu führen, dass die formellen Voraussetzungen der Sicherungsverwahrung (§§ 66 ff. StGB) nicht mehr vorliegen und gegen den Täter deswegen diese Maßregel nicht mehr angeordnet oder vorbehalten werden kann.[1472] Diese Konsequenz ist kaum tragbar, da sich entsprechend dem Meinungstand in Bezug auf die Entschädigung eines erlittenen überlangen

---

[1470] Fischer, StGB, § 46 b Rn. 9; a.A. Seebode in: Anwaltkommentar StGB, § 46 b Rn. 15.

[1471] BGH, StV 2010, 480, 481.

[1472] Peglau, NJW 2007, 3298, 3299.

Verfahrens,[1473] auch hinsichtlich der Aufklärungshilfe nicht feststellen lässt, weswegen ein Straftäter allein deswegen weniger gefährlich sein soll, weil ihm ein weder tat- noch schuldbezogener Umstand zugutekommt.

Zur Vermeidung dieser Friktion zwischen gesetzlicher Mindeststrafe und der tatsächlich festgesetzten Strafe sah der Entwurf des Landes Niedersachsen vor, dass die Milderungsmöglichkeit grundsätzlich nur nach § 49 II StGB bestehen soll, da so sichergestellt werde, dass es trotz der geleisteten Aufklärungshilfe bei einem Unwerturteil über die Tat verbleibt.[1474] Eine Abkehr von der absoluten Strafandrohung bei Verwirkung einer lebenslangen Freiheitsstrafe sah der Entwurf aber auch vor, indem festgesetzt werden sollte, dass in diesen Fällen auf eine Freiheitsstrafe nicht unter fünf Jahren erkannt werden sollte.§ 49 II StGB liefert jedoch im Wesentlichen keine Lösung, da regelmäßig die gesetzliche Mindeststrafe einer hinreichenden Honorierung der Aufklärungshilfe entgegenstehen wird. Zudem erscheint es innerhalb einer Regelung inkonsequent, eine Abkehr von der gesetzlichen Mindeststrafe nur im Bereich der lebenslänglichen Freiheitsstrafe zuzulassen. Zusammenfassend bietet daher das System der Strafzumessung keine praktikable Möglichkeit zur Honorierung der Aufklärungshilfe.[1475]

9. Änderung der §§ 145 d und 164 StGB

Nicht nur die Ausgestaltung des § 46 b StGB erscheint bedenklich, sondern auch die mit dem Gesetzgebungsverfahren einhergehende Änderung der § 145 d und § 164 StGB. Der gesetzgeberische Zweck, der dieser Änderung zu Grunde liegt, scheint einerseits generalpräventiver Natur zu sein, da diese Regelung dem Kronzeugen vor Augen führt, dass eine Falschaussage mit härteren Strafen bedroht wird. Auf der anderen Seite scheint die Änderung dadurch motiviert zu sein, dass über die Hintertür der härteren Bestrafung der Falschaussage ein Ausgleich für die zu Unrecht erhaltene Vergünstigung geschaffen werden soll. Die Abschreckungswirkung einer solchen erhöhten Strafandrohung erscheint jedoch zweifelhaft, da letztlich eine neue Strafe verhängt würde, die allenfalls „den Gewinn wieder aufzehrt."[1476] „Der eines Delikts aus dem Bereich der mittleren und schweren Kriminalität Beschuldigte wird sich von unzutreffenden Belastungen Dritter angesichts der ihm drohenden hohen Sanktionen auch nicht durch das vom Gesetzgeber parallel zur Einführung des § 46 b StGB erhöhte Strafmaß der Straftatbestände des Vortäuschens einer Straftat (§ 145 d StGB) und der

---

[1473]Vgl. Peglau, NJW 2007, 3298, 3299.

[1474]BR-Drs., 896/02, S. 8.

[1475]A.A. Kneba, Die Kronzeugenregelung, S. 165, der § 46 b StGB als Fremdkörper sieht, der aber nicht zu unhaltbaren Ergebnissen führt.

[1476]König, NJW 2009, 2481, 2483.

falschen Verdächtigung (§ 164 StGB) abhalten lassen."[1477] Zudem ist zu bedenken, dass die erhöhten Strafandrohungen eher einen gegenteiligen Effekt hervorrufen, da dem Aussagenden viel daran gelegen sein werde, den Gewinn zu behalten und er infolgedessen an seiner Aussage unter allen Umständen festhalten wird.[1478] Ferner erscheint der präventive Zweck auch insoweit verfehlt, als der Aussagende grundsätzlich davon ausgehen wird, dass seine falschen Angaben nicht aufgeklärt werden.[1479] „Dort ,wo erhebliche Tatanreize geschaffen werden, nützen harte Strafen wenig."[1480]Auch der Ausgleichsgedanke ist fragwürdig, da eine Bestrafung wegen falscher Verdächtigung oder dem Vortäuschen einer Straftat, niemals mit der angemessenen Bestrafung für das ursprünglich angeklagte Delikt gleichzusetzen sein kann. Eine rein mathematische Aufrechnung der zu verbüßenden Strafe kann und darf nicht Ziel eines rechtsstaatlich organisierten Strafverfahrens sein, dessen wesentliche Prämisse die Verurteilung des Delinquenten zu einer tat- und schuldangemessenen Strafe ist. Zudem ermöglicht der Ausgleich auch nicht in allen Fällen rein mathematisch betrachtet eine der Höhe nach angemessene Bestrafung, da § 46 b StGB auch eine Abkehr von der lebenslänglichen Freiheitsstrafe für Mord beinhaltet, die auch über die Hintertür der §§ 145 d und 164 StGB nicht mehr erreicht werden kann. Es wird vielfach schwer sein, den Vorsatz nachzuweisen,[1481] sodass eine entsprechende Ahndung überhaupt nicht mehr möglich ist. „Wem eine vieljährige oder gar lebenslange Haftstrafe droht, den dürften kaum Skrupel wegen einer falschen Belastung eines Unschuldigen überkommen. Auch die erhöhten Strafrahmen der §§ 145 d, 164 StGB wirken in einem solchen Fall wohl kaum abschreckend."[1482] Im Ergebnis eignet sich die Strafrahmenerhöhung nicht einmal ansatzweise dazu, die Reichweite der Kronzeugenregelung zu regulieren und der Gefahr von Falschbelastungen vorzubeugen.[1483]

VI. Eigener Lösungsansatz

Die hinter der Neufassung des § 46 b StGB stehende Überlegung, in gewisser Weise ein Korrektiv für einen zu Unrecht gewährten Strafrabatt zu schaffen, erscheint überzeugend. Dies gilt vor allem, weil das Gericht viel-

---

1477 Sahan/Berndt, BB 2010, 647, 649.

1478 König, NJW 2009, 2481, 2483; derselbe in ZRP 2011, 159; Mushoff, KritV 2007, 369, 372.

1479 Frank/Titz, ZRP 2009, 137, 139; Mushoff, KritV 2007, 369, 372.

1480 Mushoff, KritV 2007, 369, 372 f.

1481 BRAK-Stellungnahme-Nr. 23/2006, S. 8; Mehrens, Die Kronzeugenregelung, S. 314.

1482 Malek, StV 2010, 200, 206.

1483 Bußmann in: Matt/Renzikowski, StGB,§ 46 b Rn. 2; Wesemann in: Anwaltshandbuch Strafverteidigung, § 46 Rn. 209; Stöckel in: Böttcher-FS, 616, 632.

fach aufgrund der gebotenen Konzentration des Verfahrens und dem Bestreben, ein revisionssicheres Urteil zu erlangen, geneigt ist, Privilegien eher großzügiger zu handhaben und auf an sich gebotene Beweiserhebungen diesbezüglich zu verzichten.[1484] In den Fällen, in denen letztlich der Strafrabatt nur erschlichen wurde, bietet jedoch das aktuelle System keine Möglichkeit, nach eingetretener Rechtskraft eine adäquate Strafe zu verhängen,[1485] sofern nicht ein Wiederaufnahmeverfahren gemäß § 362 StPO ausnahmsweise zulässig ist. Der Weg über ein Wiederaufnahmeverfahren ist jedoch schwerfällig und prozessökonomisch kaum sinnvoll, da dieses zwangsweise mit einer kostspieligen und gleichsam zeitaufwendigen neuen Hauptverhandlung verbunden ist. Ein solches Verfahren durchzuführen, obwohl die Beweislage sich nicht wesentlich geändert hat, sollte vermieden werden. Zudem ermöglicht die derzeitige Fassung des § 362 StPO ein Wiederaufnahmeverfahren zuungunsten des Angeklagten nur in den dort abschließend genannten Fällen. Der Fall, dass sich herausstellt, dass ein Kronzeugenprivileg zu Unrecht gewährt wurde, ist nicht umfasst.

Daher wird teilweise diskutiert, einen weiteren Wiederaufnahmegrund für den Fall der fehlerhaften Kronzeugenentscheidung mit der Maßgabe einzuführen, dass im Rahmen der Hauptverhandlung nur über die Frage der Strafzumessung neu befunden wird.[1486] Es wird sich jedoch im Wiederaufnahmeverfahren vielfach gar nicht klären lassen, „ob jemand eine falsche Aussage aufrechterhält oder eine richtige widerruft aus Angst vor Bestrafung oder aus Angst vor denen, die er belastet."[1487] Weiterhin lässt sich ein Verfahren nicht sinnvoll auf die reine Strafzumessung beschränken. Die Ausweitung der Wiederaufnahmegründe ist daher schon in der praktischen Umsetzung zweifelhaft. Auch gebietet der Gedanke der Rechtssicherheit, dass nicht unter Berufung auf die materielle Gerechtigkeit eine beliebige Erweiterung der Wiederaufnahme erfolgen kann.[1488] Daher sollte nicht aufgrund von Einzelfällen derart in das Wiederaufnahmerecht eingegriffen werden, dass dieses nunmehr vor dem Hintergrund des Artikel 103 III GG nicht mehr tragbar ist.[1489] Die Achtung unserer Verfassung „hat zur notwendigen Kehrseite, dass kriminalpolitisch möglicherweise unbefriedigende Ergebnisse in Kauf genommen werden."[1490] Aus diesem Grund können nur Wege beschritten werden, die die Rechte des Beschuldigten achten. Eine Wiederaufnahme des Verfahrens mit neuer Hauptver-

---

[1484] Vgl. BR-Drs. 896/02, S. 7.

[1485] BR-Drs. 896/02, S. 9.

[1486] Etwa Weise, Stellungnahme vor dem Rechtsausschuss vom 07.11.2001, S. 15.

[1487] Kintzi, DRiZ 2004, 100, 101.

[1488] Marxen/Tiedemann, ZIS 2008, 188, 192.

[1489] Marxen/Tiedemann, ZIS 2008, 188, 194.

[1490] Marxen/Tiedemann, ZIS 2008, 188, 194.

handlung stellt immer auch eine erhebliche Belastung für den Angeklagten dar. Entsprechend sah der Gesetzesantrag des Landes Niedersachsen vom 06.12.2002[1491] eine Änderung der Vorschriften zur Wiederaufnahme mit der Maßgabe des Verzichtes auf eine neue Hauptverhandlung vor. Demnach sollte fortan ein Wiederaufnahmeverfahren zuungunsten des Angeklagten gemäß § 362 I Nr. 5 StPO-E möglich sein, wenn der Angeklagte einen Strafrabatt aufgrund geleisteter Aufklärungshilfe gemäß § 46 b StGB erhalten hat und

der Angeklagte in einem Strafverfahren, das in Bezug auf den aufgedeckten Tatbeitrag oder die aufgedeckte oder verhinderte Tat geführt wird, bei einer richterlichen oder staatsanwaltlichen Zeugenvernehmung

> *a) nicht erscheint, obwohl er ordnungsgemäß geladen wurde und sein Ausbleiben nicht genügend entschuldigt ist oder*
>
> *b) das Zeugnis oder die Eidesleistung ohne gesetzlichen Grund verweigert oder*
>
> *c) sich bei seinem Zeugnis zu wesentlichen Tatsachen anders äußert als in dem Strafverfahren, in dem das Urteil gegen ihn ergangen ist, oder*
>
> *d) sich bei seinem Zeugnis zu wesentlichen Tatsachen einer vorsätzlichen oder fahrlässigen Verletzung der Eidespflicht oder einer vorsätzlichen falschen uneidlichen Aussage schuldig macht.*

Dem Umstand, dass sich an der eigentlichen Beweisaufnahme hinsichtlich des reinen Tatvorwurfs dadurch nichts ändert, dass sich die Gewährung des Kronzeugenprivilegs als unrechtmäßig herausstellt, wird in dem Regelungsvorschlag durch die Einführung der sogenannten Verwirkungsstrafe Rechnung getragen. Demnach sieht der Entwurf vor, dass gemäß § 260 IV 4 StPO-E, wenn § 46 b StGB zur Anwendung kommt, im Urteil auch diejenige Strafe festzusetzen ist, die ohne Anwendung der Vorschrift verwirkt worden wäre. Innerhalb des Wiederaufnahmeverfahrens ist dann gemäß § 370 II StPO-E zwingend auf die bereits im Urteil festgesetzte Strafe zu erkennen, sodass es nach dem Entwurf einer erneuten Hautverhandlung nicht bedarf.[1492]

Dieser Vorschlag erscheint auf den ersten Blick sinnvoll, da so gewährleistet ist, dass letztlich trotz eines in Rechtskraft erwachsenen Urteils im Nachhinein ohne größeren prozessualen Aufwand eine angemessene Strafe gefunden werden kann. Zudem verstärkt die Festsetzung der Verwirkungsstrafe den angestrebten Abschreckungseffekt, da dem Beschuldigten so verdeutlicht wird, „welche Nachteile er konkret zu erwarten hat, wenn sich herausstellen sollte, dass seine Aussage falsch war oder er zu Unrecht

---

[1491] BR-Drs. 896/02, S. 10.

[1492] BR-Drs. 896/02, S. 10.

von seiner Aussagebereitschaft abrückt."[1493] Dogmatisch überzeugt dieser Ansatz jedoch nicht, da letztlich eine Wiederaufnahme eines Verfahrens normiert würde, das faktisch überhaupt nicht wieder aufgenommen wird. Die so festgesetzte Strafe liefe auf eine Fiktion hinaus, die innerhalb eines rechtsstaatlichen Sanktionssystems keinen Raum hat.[1494] „Schließlich erscheint der Vorschlag, im Wiederaufnahmeverfahren gegen den Kronzeugen quasi „automatisch" die Strafe festzusetzen, die ohne Anwendung der Kronzeugenregelung verwirkt wäre, zu schematisch: Da gerade die Umstände und das Verhalten des Angeklagten, die im Sinne einer Kronzeugenregelung einen Aufklärungsbeitrag darstellen können, auch solche sind, die nach den allgemeinen Strafzumessungsregelungen zu berücksichtigen sind, dürfte hier eine eindeutige Zuordnung im Sinne eines „sauberen Sezierens" - Strafzumessung mit/ohne Kronzeugenregelung - [...] kaum möglich sein."[1495] Zudem geht eine solche Regelung erheblich zu Lasten des Angeklagten und der Verteidigung, da es nicht mehr möglich ist, sich auf die geänderten Verhältnisse einzustellen. Die Verteidigung wäre gehalten, bereits im ersten Prozess alle Karten auszuspielen und könnte gerade nicht mehr auf das Kronzeugenprivileg vertrauen. Vielmehr müsste der Angeklagte bereits zu diesem Zeitpunkt erwägen, auch seinen eigenen Tatbeitrag zu gestehen, um eine entsprechende Milderung zu erhalten oder eine Absprache zutreffen. Ein solch strategisch ungünstiges und kaum noch zu bewerkstelligendes Prozessverhalten kann weder dem Angeklagten noch der Verteidigung zugemutet werden. Verzichtet man im Sinne einer Verwirkungsstrafe auf eine erneute Hauptverhandlung, sind bei der Festsetzung der Strafe das Maß und die Intensität der Irreführung durch den Kronzeugen sowie dessen Beweggründe unbekannt.[1496] Diese Bedenken führen dazu, dass auch der Weg über die Verwirkungsstrafe, die ohne erneute Verhandlung festgesetzt wird, nicht gangbar ist. Ferner dürfte eine zuvor festgesetzte Strafe schon allein deswegen nicht automatisch zur Anwendung kommen, weil sich inzwischen strafzumessungsrelevante Umstände geändert haben könnten oder neue nunmehr zu berücksichtigen sind, beispielsweise weil eine Therapie erfolgreich beendet worden ist.[1497] Faktisch würde die Einführung einer Verwirkungsstrafe die schuldangemessene Bestrafung dem Zufall überlassen.[1498]

Die Problematik, dass sich nicht explizit feststellen lassen wird, ob ein Widerruf gerechtfertigt ist, zeigt, dass solche Kriterien nicht geeignet sind, über die tatsächliche Strafhöhe zu entscheiden. Eine Kriminalstrafe sollte,

---

[1493] Heister-Neumann, DRiZ 2004, 102.

[1494] Vgl. Zypries, Recht und Politik 2006, 5.

[1495] BT-Drs. 14/5938, S.14.

[1496] Weise, Stellungnahme vor dem Rechtsausschuss vom 07.11.2001, 15.

[1497] Nack, Stellungnahme vor dem Rechtsausschuss vom 07.11.2001, 30, 41.

[1498] Weise, Stellungnahme vor dem Rechtsausschuss vom 07.11.2001, 15.

soweit möglich, anhand plausibler Kriterien bemessen werden und aus Gründen des Vertrauensschutzes mit Rechtskraft des Urteils feststehen. Demnach ist der Katalog des § 362 StPO restriktiv zu halten. Zudem würde der Kronzeuge auf unbestimmte Zeit zum Werkzeug der Justiz, da er bei zukünftig versagter Kooperation, die ihm die Kronzeugenregelung tatbestandlich gerade nicht abverlangt, immer um seine Privilegierung fürchten müsste.[1499] Ferner ist zu bedenken, dass ein drohendes Wiederaufnahmeverfahren aufgrund des Nemo-tenetur-Grundsatzes zwangsweise zur Gewährung eines Auskunftsverweigerungsrechtes für denjenigen Kronzeugen führen müsste, der in seinem Verfahren zwar gelogen, jedoch dadurch gerade nicht die Privilegierung erschlichen hat.[1500] Die Einführung einer solchen Verwirkungsstrafe erscheint auch mit Blick auf die Rechtsmittel schwierig, da letztlich zwei Strafen im Urteilstenor stehen, gegen die ein Rechtsmittel zulässig sein muss. Demnach wäre der Weg eines Rechtsmittels für eine fiktive Straffestsetzung zu eröffnen, die eventuell nie verhängt würde. Dies wiederum erfordert eine enorme Mehrarbeit der Justiz.[1501] Sieht der Angeklagte seine Aufklärungshilfe als nicht hinreichend berücksichtigt an, so müsste in der Rechtsmittelinstanz die Strafzumessung vollständig wiederholt werden, sodass der Angeklagte um sein ansonsten für ihn günstiges Urteil fürchten müsste. Dem will man zum Teil dadurch begegnen, dass der Richter die tragenden Erwägungen zur Festsetzung der Verwirkungsstrafe im Urteil ausweisen muss.[1502] Faktisch führt das jedoch zu einer erheblichen, kaum noch zu bewältigenden Mehrbelastung der Justiz, da es nunmehr dem Richter obliegt, zwei Straffestsetzungen in einem Urteil revisionsfest zu begründen. Dieser erhöhte Begründungsaufwand macht das Urteil fehleranfällig und führt zur vermehrten Einlegung von Rechtsmitteln, womit erhebliche Verfahrensverzögerungen einhergehen.[1503] Zudem wird dadurch auch ein höherer Verwaltungsaufwand erforderlich, da letztlich die Verurteilung zur ersten Strafe, die in das Vorstrafenregister eingetragen wird, nicht mehr als endgültig begriffen werden kann. Letztlich sind diese Erwägungen jedoch nicht zielführend. Dies gilt insbesondere, weil sie sich nicht in das bestehende System einfügen. Endet ein Verfahren mit einem Urteil, so wird der Angeklagte entweder freigesprochen oder zu einer bestimmten Strafe verurteilt.

Insoweit wird teilweise gefordert, im Urteil neben der anerkannten Strafe auch diejenige auszuweisen, die das Gericht ohne Aufklärungs- oder Präventionshilfe verhängt hätte, um zumindest eine gewisse Transparenz

[1499] Jeßberger, Stellungnahme vor dem Rechtsausschuss vom 07.11.2001, 22, 27.

[1500] Weise, Anhörung des Rechtsausschusses des Deutschen Bundestages am 07.11.2001, 16.

[1501] BT-Drs. 14/5938, S.14.

[1502] BR-Drs. 896/02, S. 10.

[1503] Weise, Anhörung des Rechtsausschusses des Deutschen Bundestages am 07.11.2001, 15.

zu gewährleisten, jedoch auf die Verwirkungsstrafe zu verzichten.[1504] Man solle auch im Bereich der Aufklärungshilfe in den Urteilsgründen „so wie es die Rechtsprechung für die Strafzumessung in Fällen rechtsstaatswidriger Verfahrensverzögerung verlangt hatte", zweierlei Strafen kenntlich machen, diejenige, die das Gericht ohne Anwendung des § 46 b StGB verhängt hätte und diejenige, die unter Privilegierung verhängt wird.[1505] Die notwendige Transparenz im Strafverfahren kann nur dadurch erzielt werden, dass derjenige Teil der Strafe, der der Belohnung entspricht, explizit ausgewiesen wird.[1506] Im Schuldspruch selbst ist nur die unter Berücksichtigung der Aufklärungshilfe zu verhängende Strafe auszuweisen. Die Berücksichtigung der Aufklärungshilfe findet letztlich ebenso wie es § 46 b StGB vorsieht im Wege der Strafzumessung statt. Es ist nach dieser Auffassung lediglich zur Verbesserung der Transparenz erforderlich, zwei Strafen zu ermitteln und entsprechend auszuweisen. Auf diese Art und Weise sei es möglich, die Glaubhaftigkeit der Zeugenaussage anhand der Höhe des Strafnachlasses besser bemessen zu können.[1507] Sicherlich ist dieser Ansatz ein Schritt in Richtung mehr Transparenz, vermag aber das Problem, dass die Aufklärungshilfe kein Umstand ist, der sachgerecht im Rahmen der Strafzumessung berücksichtigt werden kann, nicht zu lösen.

Die Regelung sollte so ausgestaltet werden, dass wie bisher im ersten Verfahren nur eine tat- und schuldangemessene Strafe durch Urteil verhängt wird. Dies aber zwingt dazu, das Kronzeugenprivileg nicht als Frage der Strafzumessung zu begreifen. Die Verortung der Aufklärungshilfe im Bereich der Strafzumessung ist ohnehin ein Systembruch. Alle anerkannten Strafzumessungskriterien orientieren sich an dem Inhalt des gegen einen Beschuldigten/Angeklagten geführten Strafverfahrens wie beispielsweise der Tat, den konkreten Tatumständen, seinem Prozessverhalten und der Täterpersönlichkeit (z.B. Geständnis, Opferschonung, Verfahrensabkürzung, Schadenswiedergutmachung), während die Offenbarung des Wissens über Taten Anderer nicht im Zusammenhang mit dem dem Kronzeugen gemachten Vorwurf" steht.[1508] Grundsätzlich müssen die schuld- und strafmildernden Gründe geeignet sein, den Schuldvorwurf in gewisser Weise auszugleichen.[1509] Dies ist hinsichtlich der Kronzeugenaussage nicht der Fall. Die Regelung des § 46 b StGB steht daher im Widerspruch zum Bemühen, „eine Lösung zu suchen, die sich - bei Wahrung der verfassungsrechtlichen Vorgaben - besser in das gesetzliche System der Rechtsfolgen-

---

[1504] König, NJW 2009, 2481, 2484.

[1505] König, NJW 2009, 2481, 2484.

[1506] König, ZRP 2011, 159.

[1507] König, NJW 2009, 2481, 2484.

[1508] BRAK-Stellungnahme-Nr. 23/2006, S. 5.

[1509] Kutzner, StV 2002, 277, 283.

bemessung einfügt."[1510] Auch stellt die aktuelle Regelung eine für den Angeklagten nicht zufriedenstellende Lösung dar, da die Anwendung der Kronzeugenregelung als Teil der Strafzumessung isoliert mit einem Rechtsmittel nicht angegriffen werden kann.[1511] Die Überprüfung würde daher vielfach allein deswegen unterbleiben, weil der Angeklagte um sein ansonsten für ihn günstiges Urteil fürchten müsste. Dann aber wäre nicht mehr gewährleistet, dass das Kronzeugenprivileg überhaupt noch zur Anwendung kommt. Das Kronzeugenprivileg kann daher nicht im Bereich der Strafzumessung berücksichtigt werden.

Es empfiehlt sich insbesondere zur Sicherung der gesetzlichen Mindeststrafen, lediglich einen Strafrabatt auf Vollstreckungsebene zu gewähren, sofern sich der Aussagende nicht durch die Aussage einer falschen Verdächtigung oder des Vortäuschens einer Straftat schuldig macht. So könnte beispielsweise im Urteil derjenige Teil der Strafe als verbüßt erklärt werden, der letztlich die Belohnung darstellt.[1512] Diese Sichtweise kommt einer Übertragung der Rechtsprechung zum Ausgleich eines Verstoßes gegen Artikel 6 EMRK im Hinblick auf die überlange Verfahrensdauer auf § 46 b StGB gleich, wonach als Kompensation der überlangen Verfahrensdauer in der Urteilsformel ein bezifferter Teil der verhängten Strafe als vollstreckt auszuweisen ist.[1513] Betrachtet man diese Rechtsprechung im Detail wird deutlich, dass das Maß der Schuld unangetastet bleibt, während sich ein Teil der schuldangemessenen staatlichen Reaktion erledigt.[1514] Zudem bietet die Vollstreckungslösung den Vorteil, dass regelmäßig der Strafausspruch und die Kompensationsentscheidung, sprich der gewährte Strafrabatt, selbständig nebeneinander stehen und getrennt voneinander zu beurteilen sind.[1515] Demgemäß könnte ein Rechtsmittel in Bezug auf die Anwendung des § 46 b StGB eingelegt werden, ohne dass sich am Strafausspruch etwas ändert. Umgekehrt würde ein Rechtsmittel im Hinblick auf den Schuldspruch oder den Strafausspruch den abgeurteilten Vollstreckungsrabatt unberührt lassen, da dieser als Teil des Rechtsfolgeausspruchs der horizontalen Teilrechtskraft fähig ist.[1516] Zudem bringt diese Methodik für den Betroffenen den Vorteil mit sich, „dass durch die Anrechnung bei der Strafzeitberechnung die Halbstrafe und der Zwei- Drittel- Zeitpunkt regelmäßig schneller erreicht werden, sodass es früher als bisher möglich ist, einen Strafrest zur Bewährung auszusetzen."[1517] Allerdings bleibt dem

[1510]BGH, NJW 2007, 3294, 3295.

[1511]Fischer, StGB, § 46 b Rn. 33.

[1512]So nun wohl auch König, ZRP 2011, 159.

[1513]BGH, NJW 2008, 860, 866; Tsambikakis, Praxis Steuerstrafrecht 2008, 75.

[1514]Börgers, JR 2004, 139, 144.

[1515]BGH, NJW 2009, 3734; BGH, StV 2009, 638, 639; Beulke, Strafprozessrecht, Rn. 26.

[1516]BGH, NJW 2009, 3734.

[1517]Tepperwien, NStZ 2009, 1, 4.

Beschuldigten auf der anderen Seite die Strafaussetzung zur Bewährung durch entsprechende Rabattierung der Strafe verwehrt, da diese maßgeblich an die anerkannte Strafe anknüpft.[1518] Dadurch wird zusätzlich bedingt, „dass man in einigen Fällen zu einer vom Gesetz (vgl. § 47 StGB) unerwünschten kurzzeitigen Strafvollstreckung kommt."[1519] Dies aber wird gerade der Prämisse gerecht, den Beschuldigten tat- und schuldangemessen zu bestrafen und zollt der Tatsache Tribut, dass eine Strafaussetzung zur Bewährung denjenigen vorbehalten bleiben soll, die unter Berücksichtigung von Tat und Schuld eine Freiheitsstrafe nicht über zwei Jahre verwirkt haben. „Es gäbe auch keine Begründung dafür, warum dem Angeklagten [...] nicht nur eine Reduzierung des zu vollstreckenden Teils der Strafe zukommen soll, sondern zusätzliche weitere Vorteile, die nur als faktische, aber für die Verteidigungspraxis hoch bedeutsame Nebenfolgen der Strafzumessungslösung gehandelt wurden."[1520] Das Modell der Vollstreckungslösung stellt sicher, dass die gesetzlichen Mindeststrafen nicht mehr unterschritten werden müssen, sodass „durch die Trennung von Strafzumessung und Entschädigung [...] die verhängte Strafe vielmehr auch im denkbar mildesten Fall noch einen angemessenen Schuldausgleich darstellt."[1521] Aufgrund dessen, „dass die Festsetzung der unrechts- und schuldangemessenen Strafe beginnend mit der Wahl der Strafart und des Strafrahmens bis hin zu ihrer konkreten Bemessung [...] unberührt bleibt,"[1522] erweist sich die Übertragung dieses Modells auf die Aufklärungshilfe, die vergleichbar der Duldung eines überlangen Verfahrens einen Umstand darstellt, der weder tat- noch schuldbezogen ist, als durchaus praktikabel. Insbesondere stellt die Vollstreckungslösung gerade kein Institut dar, das ausdrücklich nur für ein singuläres Problem entwickelt wurde, sondern eignet sich grundsätzlich zur Bewältigung unterschiedlichster Unregelmäßigkeiten im Verfahrensrecht.[1523] Freilich wäre in Bezug auf eine entsprechende Regelung zu klären, ob das Vollstreckungsmodell lediglich an die Gesamtstrafe anknüpft oder vielmehr an die jeweiligen Einzelstrafen. „So müsste gegebenenfalls für den Fall einer nachträglichen Auflösung beziehungsweise Bildung von Gesamtstrafen ein Berechnungsweg gefunden werden, in welcher Höhe der als vollstreckt geltende Teil einer Gesamtstrafe mit den aus ihr herausgelösten Einzelstrafen auf die neu gebildete Gesamtstrafe übergeht."[1524] Überdies könnte auf diese Weise auch im Bereich der lebenslänglichen Freiheitsstrafe Raum für eine Entschädi-

---

1518 Tepperwien, NStZ 2009, 1, 4; Tsambikakis, Praxis Steuerstrafrecht 2008, 75.

1519 Peglau, NJW 2007, 3298, 3299.

1520 Bußmann, NJW 2008, 236, 236 f.

1521 Valerius, BeckOK StPO, EMRK, Artikel 6, Rn. 27.1.

1522 BGH, NJW 2007, 3294, 3297.

1523 Reichenbach, NStZ 2009, 120.

1524 Peglau, NJW 2007, 3298, 3299.

gung/Honorierung durch Anrechnung auf die Mindestverbüßungsdauer im Sinne des § 57 a I Nr. 1 StGB geschaffen werden.[1525] Zudem erhöht dieses System die Transparenz, da aus dem Urteil deutlich wird, in welchem Umfang ein Strafrabatt gewährt wurde und welche Strafe der Höhe nach für tat- und schuldangemessen erachtet wurde.[1526]

Problematisch erweist sich jedoch zum einen, dass die Gewährung eines Vollstreckungsrabattes aufgrund überlanger Verfahrensdauer (vorbehaltlich einer abweichenden Entscheidung in nächster Instanz) unwiderruflich erfolgt, das Gericht also gehalten ist, die den Rabatt rechtfertigenden Faktoren zum Zeitpunkt der Urteilsverkündung abschließend zu würdigen. Zum anderen hat der Gesetzgeber die Vollstreckungslösung, obwohl sie mittlerweile gelebte Praxis ist,[1527] bisher nicht in Gesetzesform gefasst und ins Strafgesetzbuch eingestellt, sodass es an einer zu ändernden beziehungsweise analogiefähigen Norm fehlt.[1528] Betrachtet man zunächst das Reglement im Kontext der überlangen Verfahrensdauer, so erscheint das Fehlen eines Widerrufsvorbehaltes einleuchtend. Schließlich hat der Beschuldigte das Verfahren bereits erlitten und die Gewährung des Strafrabattes hängt anders als bei der Aufklärungshilfe gerade nicht vom Verhalten des Angeklagten ab. Vielmehr lässt sich der zu gewährende Rabatt anhand objektiver Kriterien festmachen. Bezüglich der Aufklärungshilfe verhält es sich jedoch anders, da der Wert der geleisteten Aufklärungshilfe vom Gericht nur anhand einer Prognoseentscheidung festgestellt werden kann. In den Fällen, in denen der Zeuge das einzige verfügbare Beweismittel darstellt, wird es kaum objektive Kriterien geben, anhand derer sich ein sachgerechter Strafrabatt bemessen ließe. Insbesondere „wenn die Informationen zu dem Verfahren gegen den Belasteten wegen Gefährdung des Ermittlungszwecks gesperrt werden [...] wird dem Gericht jegliche Tatsachengrundlage genommen, die Anwendung von § 46 b StGB [...] zu prüfen."[1529] Dieser Umstand bedingt nicht etwa, dass eine Anwendung des § 46 b StGB mangels Überprüfbarkeit in zahlreichen Fällen von vornherein ausgeschlossen ist,[1530] sondern verleiht der Forderung nach einer Widerrufsmöglichkeit der aufgrund einer vagen Prognose getroffenen Entscheidung des Gerichts Nachdruck. Dass es eines entsprechendes Korrektivs bedarf, wenn das Gericht vorzeitig eine Prognoseentscheidung treffen muss, wurde im Rahmen der Debatte um die Prozessabsprache gesehen

---

[1525] BGH, NJW 2008, 234, 235; BGH, NJW 2007, 3294, 3297.

[1526] BGH, NJW 2007, 3294, 3297; Bußmann, NJW 2008, 236.

[1527] BGH, NJW 2007, 3294, 3298; Schlothauer, StraFo 2011, 459, 467.

[1528] Letztlich stellt § 199 III GVG lediglich klar, dass die Staatsanwaltschaft oder das Strafgericht die unangemessene Dauer des Verfahrens zu Gunsten des Beschuldigten berücksichtigen kann. Wie dies erfolgen kann bleibt hingegen offen.

[1529] BRAK-Stellungnahme-Nr. 23/2006, S. 9.

[1530] Vgl. BRAK-Stellungnahme-Nr. 23/2006, S. 9.

und diesbezüglich in § 257 c IV StPO auch normiert. Das Gericht darf sich von der getroffenen Absprache lösen, wenn entweder *rechtlich oder tatsächlich bedeutsame Umstände übersehen worden sind oder sich neu ergeben und das Gericht deswegen zur Überzeugung gelangt, dass der in Aussicht gestellte Strafrahmen nicht mehr tat- und schuldangemessen ist* oder *das Prozessverhalten des Angeklagten nicht der gerichtlichen Prognose entspricht.*

Dem Grunde nach regelt die genannte Vorschrift genau den Fall, dass eine Vergünstigung zu Unrecht versprochen wurde, weil der Angeklagte entweder seinen Teil der Absprache schuldig bleibt oder aber nach Abwägung seine Leistung weniger schwer ins Gewicht fällt als zuvor gedacht. Das Gericht hat somit die Möglichkeit, sich von der Absprache zu lösen, wenn das zugesagte Strafmaß aus Sicht des Gerichtes nicht tragbar ist.[1531] Der Gesetzgeber hat bewusst zum Ausdruck gebracht, dass im Bereich der Absprachen der Vertrauensschutz des Angeklagten auf das Zustandekommen der Absprache hinter der Entscheidungsfreiheit des Gerichtes zurücksteht.[1532] Auf diese Art und Weise wird der Grundsatz der Schuldangemessenheit der Strafe gewahrt.[1533] Wäre daher die Kronzeugenregelung, wie es im angloamerikanischen Rechtskreis praktiziert wird, Bestandteil der Absprache, fände sich bereits ein richterliches Korrektiv in unserem Gesetz. Diese Betrachtung zeigt, dass das Inaussichtstellen einer Vergünstigung nach erfolgter Verständigung unter Gewährung einer Lösungsmöglichkeit durch das Gericht durchaus Raum in unserer Rechtsordnung hat. Allerdings stellt die Öffnungsklausel des § 257 c IV StPO lediglich ein Korrektiv dar, das im Rahmen der laufenden Verhandlung eingreift, nicht jedoch über das Verfahren hinaus. Das angestrebte Ziel, die entgegenstehende Rechtskraft zu überwinden, wenn sich erst im Prozess gegen den Belasteten herausstellt, dass die damalige Entscheidung nach neueren Erkenntnissen nicht mehr tragbar wäre, kann daher durch die Übertragung des aufgezeigten Regelungsgedanken nicht erzielt werden. Dies aber ist Folge dessen, dass sich die Verständigung im Bereich der Strafzumessung abspielt, wohingegen die Berücksichtigung der Kronzeugenaussage richtigerweise eine Frage der Vollstreckung ist. Nichtsdestotrotz zeigt die Regelung der Absprache, dass auch konsensuale Verfahrensmethoden derart auszugestalten sind, dass das Gericht etwaige Prognoseentscheidungen korrigieren kann.

Erforderlich wäre daher ein *Vollstreckungsrabatt unter Widerrufsvorbehalt.* Auf den ersten Blick scheint eine solche Konstruktion nicht mit dem Vertrauensgrundsatz vereinbar zu sein und mit dem Bestimmtheitsgrundsatz zu kollidieren, da der Beschuldigte nicht weiß, wie lang seine Strafe tatsächlich andauert beziehungsweise unter welchen Voraussetzungen der Strafnachlass widerrufen werden kann. Allerdings gewährleistet die Veror-

---

[1531] Velten in: SK-StPO § 257 c, Rn. 41.

[1532] Velten in: SK-StPO § 257 c, Rn. 41.

[1533] Velten in: SK-StPO § 257 c, Rn. 41.

tung der Vergünstigung in den Bereich der Vollstreckung, dass die im Urteil rechtskräftig festgestellte Strafe unwiderruflich feststeht, lediglich über die tatsächlich noch zu verbüßende Strafe Unklarheit besteht. Eine Ungewissheit über die tatsächliche Dauer der zu verbüßenden Strafe ist jedoch jeder Haftstrafe immanent. Dass eine solche Konstruktion unserem Rechtssystem nicht fremd ist, zeigen die §§ 56, 59 StGB, die im Grunde faktisch eine widerrufliche Begünstigung des Angeklagten vorsehen. § 56 f StGB ermöglicht ausdrücklich den Widerruf der Strafaussetzung zur Bewährung. Entsprechend kann das Gericht bei der Verwarnung unter Strafvorbehalt nach § 59 StGB gemäß § 59 b i. V. m. § 56 f StGB unter den dort genannten Voraussetzungen zur vorbehaltenen Strafe verurteilen. Diese Systematik lässt erkennen, dass eine Verurteilung, bei der letztlich eine schärfere Bestrafung in Aussicht gestellt wird, die nicht zwingend verbüßt werden muss, durchaus Raum in unserem Rechtssystem hat. Bei genauerer Betrachtung dieser Regelungen finden sich sogar weitere Anknüpfungspunkte, die eine Eingliederung der Aufklärungshilfe in diesem Normenkomplex begünstigen, sodass zu erwägen ist, die Aufklärungshilfe dort einzugliedern und den Vollstreckungsrabatt in Form einer Strafaussetzung zur Bewährung zu gewähren.

Schließlich normiert § 56 StGB die Strafaussetzung zur Bewährung, *wenn zu erwarten ist, daß der Verurteilte sich schon die Verurteilung zur Warnung dienen lassen und künftig auch ohne die Einwirkung des Strafvollzugs keine Straftaten mehr begehen wird. Dabei sind namentlich die Persönlichkeit des Verurteilten, sein Vorleben, die Umstände der Tat, sein Verhalten nach der Tat, seine Lebensverhältnisse und die Wirkungen zu berücksichtigen, die von der Aussetzung für ihn zu erwarten sind.*

Hier fügt sich die Aufklärungshilfe deswegen ein, weil ausdrücklich das Nachtatverhalten des Verurteilten als maßgebliches Kriterium benannt ist. Insoweit wäre entsprechend dem Vorschlag der niedersächsischen Landesregierung § 56 I 2 StGB zu modifizieren und die Aufklärungshilfe als ein die Strafaussetzung zur Bewährung begünstigender Umstand zu begreifen.[1534] Will man jedoch den gesamten Regelungskomplex der Aufklärungshilfe dort integrieren, wird schnell deutlich, dass die Strafaussetzung zur Bewährung nach der aktuellen Rechtslage nur für diejenigen Delinquenten in Betracht kommt, die eine Freiheitsstrafe verwirkt haben, die zwei Jahre nicht übersteigt. Zu Recht hat *Zipf* angemerkt, dass gerade „im Bereich von längerfristiger Freiheitsstrafe über zwei Jahren" Alternativen fehlen und „als kriminalpolitischer Weg nur die Verkürzung der effektiven Vollzugsdauer" verbleibt, der beispielsweise über die Teilaussetzung gangbar wäre.[1535] Diese ist nach geltendem Recht gemäß § 56 IV StGB jedoch ausgeschlossen. Somit stellt sich erneut das Problem, dass die Haupt-

[1534] BR-Drs. 896/02, S. 8; Maier in: MüKo, StGB, § 46 b Rn. 126.

[1535] Zipf in: Jescheck-FS, 977, 978 f.

zielsetzung einer Kronzeugenregelung nicht erreicht werden kann, da in der Vielzahl der Anwendungsfälle eine höhere Freiheitsstrafe im Raum stehen wird.

Festzuhalten bleibt, dass sich die Honorierung der Aufklärungshilfe im Regelungsbereich der §§ 56, 59 StGB nicht allein dadurch bewerkstelligen lässt, dass man die genannten Vorschriften auf Tatbestandsseite entsprechend ausgestaltet, sondern es müsste vielmehr auch die Rechtsfolge angepasst werden. Dies gilt umso mehr, weil derzeit gerade keine Möglichkeit vorgesehen ist, von vornherein nur einen Teil der verhängten Strafe zu vollstrecken und die Reststrafe vorzubehalten beziehungsweise zur Bewährung auszusetzen. Der Gesetzgeber hat in § 56 IV 1 StGB vielmehr eine solche Teilaussetzung zur Bewährung für unzulässig erklärt.

Zu klären wird daher sein, ob sich diese Vorschrift kriminalpolitisch überhaupt rechtfertigen lässt beziehungsweise ob nicht die Teilaussetzung eine flexiblere Handhabung der längeren Freiheitsstrafe ermöglicht und dadurch Raum für Täterprivilegierungen unter Wahrung der gesetzlichen Mindeststrafen geschaffen werden kann. Problematisch ist insoweit, dass sich kaum Auseinandersetzungen mit der genannten Vorschrift finden und sie als gegeben hingenommen wird.[1536] Einzig *Zipf*, der sich dieser Problematik angenommen hat, sieht eine teilbedingte Freiheitsstrafe als möglichen Vorstoß über die Zweijahresgrenze hinaus an, die bei Vorliegen einer günstigen Sozialprognose und besonderer Privilegierungswürdigkeit von Tat und Täter greifen könnte.[1537] Aus kriminalpolitischer Sicht kann so erreicht werden, dass letztlich bei Bewährung des Täters ein Großteil der Vollstreckung entfällt und „der Verurteilte wegen der aushaftenden Strafe einer besonders nachdrücklichen Warnung vor erneuter Straffälligkeit ausgesetzt ist."[1538] Diese Argumentation lässt zunächst einmal jedoch nicht erkennen, weswegen neben der gesetzlich normierten nachträglichen Aussetzung der Reststrafe zur Bewährung nach §§ 57 f. StGB die Schaffung der teilbedingten Freiheitsstrafe erforderlich sein sollte, da letztlich ähnliche Ergebnisse auch über die nachträgliche Aussetzung der Reststrafe erzielbar wären.[1539] Aufgrund dessen, dass bei näherer Betrachtung massive Unterschiede in den Anwendungsvoraussetzungen der genannten Instituten bestehen, wie etwa die unterschiedliche effektive Vollzugsdauer und vor allem der Zeitpunkt der Prognose, die im Hinblick auf die teilbedingte Freiheitsstrafe bereits zum Urteilszeitpunkt getroffen werden muss, erscheint es kriminalpolitisch sinnvoll, ein selbstständiges Rechtsinstitut zu begründen.[1540] Während die nachträgliche Strafaussetzung zur Bewährung

[1536]Zipf in: Jescheck-FS, 977.

[1537]Zipf in: Jescheck-FS, 977, 987.

[1538]Zipf in: Jescheck-FS, 977, 988.

[1539]Zipf in: Jescheck-FS, 977, 988.

[1540]Zipf in: Jescheck-FS, 977, 988.

die besondere persönliche Entwicklung während des Strafvollzuges honoriert, will die teilbedingte Freiheitsstrafe bereits eine günstige Prognose im Urteilszeitpunkt berücksichtigen. Ein Anreiz zur frühzeitigen Kooperation für potentielle Kronzeugen kann jedenfalls nur dadurch erzielt werden kann, dass ihnen in Aussicht gestellt wird, ihren Lohn spürbar bereits im eigenen Urteil zu erhalten. Die nachträgliche Reststrafaussetzung bietet insoweit keinen Raum für die Honorierung der Aufklärungshilfe, zumal zwischen der tatsächlichen Entscheidung über die Aussetzung zur Bewährung und der geleisteten Aufklärungshilfe Jahre vergehen können, in denen der Verurteilte in Ungewissheit darüber bleibt, ob die Aussetzungsentscheidung positiv ausfällt. Die Ungewissheit und die Auswirkungen des Strafvollzugs bedingen sicherlich auch eine gewisse gleichgültige Haltung des Verurteilten, was sich wiederum in einer negativeren nachträglichen Prognoseentscheidung niederschlagen kann. Wird hingegen im Wege der teilbedingten Freiheitsstrafe dem Verurteilten bereits zum Urteilszeitpunkt in Aussicht gestellt, dass er nur einen gewissen Teil der Strafe verbüßen muss, so wird der Verurteilte alles daran setzen, dass der bereits gewährte Bonus nicht widerrufen wird. Letztlich könnte daher durch die Zulassung der teilbedingten Freiheitsstrafe Raum für die Honorierung derjenigen privilegierungswürdiger Täter, die sich im Rahmen der Aufklärung von schweren Straftaten, kooperativ gezeigt haben, geschaffen werden. Während *Zipf* allerdings die teilbedingte Freiheitsstrafe auf eine Obergrenze von vier oder fünf Jahren verhängter Freiheitsstrafe reduzieren will,[1541] erscheint dies mit Blick auf die Kronzeugenregelung nicht sachgerecht, da gerade im Bereich der organisierten Kriminalität, des Terrorismus und der schweren Wirtschaftskriminalität allenfalls kooperative Delinquenten finden werden, die entsprechend hohe Freiheitsstrafen verwirkt haben. Es empfiehlt sich daher, keine starren Obergrenzen zu normieren, sondern abhängig vom Grad des Aufklärungsbeitrags auch höhere Freiheitsstrafe zum Teil auszusetzen.

In Bezug auf den Kronzeugen erscheint die Zulassung einer teilbedingten Freiheitsstrafe, deren tatsächliche Aussetzung widerruflich ist, zumindest ein Weg zu sein, der gegenüber der unwiderruflichen Gewährung eines Strafrabattes im Bereich der Strafzumessung basierend auf einer unsicheren Prognose vorzugswürdig erscheint, zumal dadurch aktiv die gesetzlichen Mindeststrafen nicht unterschritten werden. Aufgrund der damit einhergehenden massiven Änderungen innerhalb unserer Sanktionssystems, das hier freilich nicht vollumfänglich behandelt werden kann, stellt die Eingliederung in das Bewährungssystem jedoch keine Lösung dar, die sich sauber in unser Sanktionssystem eingliedert. Die Ausgestaltung als Bewährungsstrafe erscheint zudem schwierig, wenn man bedenkt, dass verschiedene Widerrufsgründe gleichzeitig greifen könnten, sodass ein

[1541] Zipf in: Jescheck-FS, 977, 987.

Aufklärungsgehilfe faktisch überhaupt nicht mehr entlohnt würde, weil sein restliches Verhalten einen Widerruf erforderlich macht. Weiterhin kann die Aufklärungshilfe allenfalls als ein die Bewährungsstrafe begründender Umstand begriffen werden. Er trägt eine solche Entscheidung jedoch nicht allein, da maßgeblicher Faktor weiterhin die positive Sozialprognose des Täters sein sollte. Der Kronzeuge bewährt sich nicht allein dadurch, dass er aus egoistischen Motiven heraus mit den Strafverfolgungsbehörden kooperiert, selbst wenn man die Aufklärungshilfe als tätige Reue begreift.[1542] Demnach ist auch die Begrifflichkeit nicht passend. Ferner stellt die Strafaussetzung zur Bewährung auch insoweit ein unpassendes Institut dar, als der zugrunde liegende Gedanke ein anderer ist. Während die Strafe in der Hoffnung, dass sich der Täter bewährt, zur Bewährung ausgesetzt wird, findet im Rahmen der Aufklärungshilfe eine Honorierung statt, weil sich der Täter (zumindest scheinbar) bereits bewährt hat. Die Sozialprognose des Täters ist daher für die Honorierung dem Grunde nach irrelevant. Auch die geforderte Widerrufsmöglichkeit soll gerade nicht daran anknüpfen, sondern ebenfalls an die zuvor erbrachte Leistung, die sich lediglich aufgrund nachträglicher Umstände als unzureichend herausgestellt hat. Mithin erweist sich die Normierung der Aufklärungshilfe im Wege der teilbedingten Freiheitsstrafe im Ergebnis als impraktikabel.

Gleichwohl wäre aufgrund der aufgezeigten Nähe zu den dortigen Vorschriften zu überlegen, die Neuregelung im Bereich der Vollstreckung im allgemeinen Teil des Strafgesetzbuches zu verorten. Aufgrund des zwingend erforderlichen Widerrufs lässt sich der gewünschte Effekt gerade nicht, wie es Gegenstand der Vollstreckungslösung ist, durch eine unwiderrufliche Fiktion erreichen. Das Gericht kann daher nicht im Urteil aussprechen, dass ein bestimmter Teil der Freiheits- oder Geldstrafe als vollstreckt gilt. Vielmehr sollte bereits im Urteil zum Ausdruck kommen, dass das Gericht letztlich auf die Vollstreckung eines bestimmten Teils der Strafe verzichtet, wenn nicht innerhalb einer zu bestimmenden Frist diese Erklärung widerrufen wird. Dadurch würde zudem verdeutlicht, dass es sich um eine Art der konsensualen Verständigung handelt. Wesentlich ist jedoch, dass der Strafanspruch vollständig durch das Urteil entsteht, lediglich ein gewisser Teil nicht vollstreckt wird. Zivilrechtlich gesprochen ließe sich diese Konstruktion mit einem *pactum de non petendo* vergleichen. Der staatliche Vollstreckungsanspruch ist nicht aufschiebend bedingt, sondern ist lediglich in einer bestimmten Höhe nicht durchsetzbar, obwohl er vollständig entstanden ist. Dieser Verzicht kommt dadurch zum Ausdruck, dass hinsichtlich eines Teils der Strafe die *Erfüllung* in Form der bereits erfolgten Vollstreckung fingiert wird. Der eingeräumte Widerruf würde letztlich zu einem Widerruf eben jener Abrede führen, sodass nunmehr der gesamte Anspruch auch geltend gemacht werden kann. Nach Ablauf der

[1542]BR-Drs. 896/02, S. 2.

Widerrufsfrist bleibt der Anspruch zwar bestehen ist jedoch aufgrund der fingierten Vollstreckung nicht mehr durchsetzbar. Die fingierte Vollstreckung stellt ein Vollstreckungshindernis dar. Der Sache nach handelt es sich daher nicht um eine teilbedingte Freiheitsstrafe, da der Straf- und Vollstreckungsanspruch in voller Höhe entsteht.

Gegenüber der aktuellen Regelung bietet diese Ausgestaltung auch den Vorteil, dass die Maßregeln der Besserung und Sicherung an die abgeurteilte Strafe anknüpfen könnten, da die Privilegierung erst auf der Ebene der Vollstreckung greift, sodass insoweit keine Wertungswidersprüche zu befürchten stehen. Verständlicherweise muss eine entsprechende Norm so ausgestaltet sein, dass sie dem Bestimmtheitsgrundsatz entspricht. Der Verurteilte muss wissen, unter welchen Umständen ein Widerruf des Vollstreckungsverzichts droht, damit er sein Verhalten entsprechend ausrichten kann. So wäre beispielsweise ein Widerruf der Vergünstigung angezeigt, wenn sich herausstellt, dass der Kronzeuge zur Erlangung des Strafrabattes jemanden gemäß § 164 StGB falsch verdächtigt hat oder eine Straftat aus demselben Grund gemäß § 145 d StGB vorgetäuscht hat. Aufgrund dessen, dass jene Delikte jedoch nur vorsätzliches Verhalten unter Strafe stellen, das nur selten nachgewiesen werden kann, wird es bei der genannten Widerrufsmöglichkeit jedoch nicht sein Bewenden haben. Es bietet sich an, die Tatbestandsvoraussetzungen des diskutierten Wiederaufnahmegrundes[1543] in den neuen Regelungstatbestand zu implementieren, da diese Konstellationen umfassen, die letztlich den Entzug der Privilegierung rechtfertigen. Die hiergegen vorgebrachte Kritik, man würde „über die dort vorgesehene Alternative, dass sich der Kronzeuge bei seinem (späteren) Zeugnis zu wesentlichen Tatsachen anders äußert als in dem Strafverfahren, in dem das Urteil gegen ihn ergangen ist, eine Wahrheitspflicht für den Beschuldigten beziehungsweise Angeklagten statuieren, die dem deutschen Strafprozess fremd ist“ ,[1544] geht ersichtlich fehl. Zwar steht es dem Angeklagten grundsätzlich frei, sich mit einer Lüge zu verteidigen, jedoch findet dieses Recht seine Grenzen, wenn der Angeklagte durch die unrichtigen Angaben gegen allgemeine Strafgesetze wie z.B. §§ 164, 145 d StGB verstößt.[1545] Dieselben Grundsätze gelten auch hinsichtlich der getätigten Kronzeugenaussage. Der Angeklagte darf keinen Dritten durch falsche Angaben belasten, sodass diesbezüglich eine Wahrheitspflicht für den Angeklagten besteht. Selbstverständlich umfasst die Wahrheitspflicht nicht die Darstellung eigener Tatbeiträge. Daher muss sich der Kronzeuge im späteren Verfahren zu wesentlichen Tatsachen anders äußern. So etwa, wenn diese nicht ausschließlich den eigenen Tatbeitrag betreffen, da insoweit

---

1543 BT-Drs. 14/5938, S. 9.

1544 BT-Drs. 14/5938, S. 13; Jeßberger, Stellungnahme vor dem Rechtsausschuss vom 07.11.2001, 22, 25.

1545 BT-Drs. 14/5938, S. 13.

tatsächlich keine Wahrheitspflicht bestand. Dieser Umstand ist innerhalb der Auslegung und der Ermessensentscheidung zu bewerten. Stellt der Zeuge seinen eigenen Tatbeitrag anders dar, so rechtfertigt dies gerade keinen Widerruf, solange er nicht auch die Angaben den Dritten betreffend wesentlich abändert. Insbesondere ist bei der Abwägung zu bedenken, dass es letztlich um die Abweichung von einer früheren Aussage geht und gerade nicht um die Abweichung von der vielfach unbekannten Wahrheit, sodass zu entscheiden ist, ob der Widerspruch geeignet ist, den zuerkannten Aufklärungsbeitrag vollständig zu entwerten. Der Maßstab ist hoch anzusetzen, da der Kronzeuge zur Erlangung der Privilegierung letztlich nichts weiter schuldig ist als die bloße Information. Nur dann, wenn sich die Information nachträglich aufgrund des gezeigten Verhaltens des Zeugen als Finte erweist, rechtfertigt dies den Widerruf. Das bloße Nichterscheinen beziehungsweise Nichtaussagen genügt daher nicht, wenn die Information des Kronzeugen letztlich dennoch wesentlich zur Überführung des Täters beigetragen hat. Maßgeblich ist, dass der Kronzeuge kausal für den Aufklärungserfolg geworden ist. Ferner können nur solche Angaben als „wesentlich" angesehen werden, auf die sich tatsächlich das Kronzeugenprivileg stützt. Hat der Kronzeuge in seinem Verfahren falsch ausgesagt, ohne sich dadurch das Privileg zu erschleichen, darf dies gerade nicht zum Widerruf führen. Aus Vertrauensschutzgründen sollte der Widerruf durch das Gericht zeitlich begrenzt werden, so dass der Widerruf nach rechtskräftigem Abschluss des Verfahrens gegen den Dritten ausgeschlossen ist.

Dem Problem der lebenslangen Freiheitsstrafe könnte im Wege der modifizierten Vollstreckungslösung auch adäquat begegnet werden, indem beispielsweise fünf Jahre von vornherein nicht vollstreckt würden, sodass der Überprüfungszeitpunkt des § 57 a StGB faktisch bereits nach zehn Jahren eintritt, der Verurteilte also die Aussicht erhält, bereits nach zehn Jahren aus der Haft entlassen zu werden. Dogmatisch würde zur Bemessung des Überprüfungszeitraums die bereits erfolgte Vollstreckung des nicht vollstreckbaren Teils fingiert. Dadurch würde die Neuregelung dem Postulat[1546] gerecht, die absolute Strafandrohung von lebenslanger Freiheitsstrafe für Mord wegen des überragenden Schutzes des Lebens nicht durch eine weder tat- noch schuldbezogene Strafmilderung zu relativieren. Zudem erscheint es grotesk, die lebenslange Freiheitsstrafe für Mord nur für ausgewählte Beschuldigte einer Abwägung zugänglich zu machen, zumal jemand, der des Mordes beschuldigt wird, alles daran setzen wird, sich eine glaubhafte Aussage einfallen zu lassen, um durch die Inanspruchnahme der Aufklärungshilfe die Verhängung einer lebenslangen Freiheitsstrafe zu verhindern.[1547]

[1546] Kintzi, DRiZ 2004, 101.

[1547] BT-Drs. 16/ 13094, S. 5.

Auf Tatbestandsebene sollte die Aufklärungshilfe prinzipiell jedem zugänglich sein. Allerdings erscheint die Beschränkung derjenigen Delikte, zu deren Aufklärung der Kronzeuge beiträgt, auf einen der Zielsetzung entsprechenden Katalog sachgerecht. Insoweit bietet sich der Katalog des § 100 a StPO an, wobei zu erwägen wäre, diesen um § 266 StGB zu erweitern, da bisher aus dem Bereich der Wirtschaftskriminalität lediglich Delikte wie (jeweils im besonders schweren Fall) Betrug, Subventionsbetrug, Bankrott, Bestechung (sowohl im geschäftlichen Verkehr als auch gegenüber Amtsträgern) sowie Steuerhinterziehung erfasst werden. Zwar trifft es zu, dass es sich um eine rein an Strafverfolgungsgesichtspunkten ausgerichtete Vorschrift handelt,[1548] jedoch kann der Einwand, dass sich der Anwendungsbereich einer materiell rechtlichen Kronzeugenregelung daher gerade nicht an dieser jederzeit abänderbaren Vorschrift orientieren soll, nicht überzeugen. Letztendlich verfolgt die Kronzeugenregelung, die lediglich im Hinblick auf die Kronzeugentat materiell-rechtlich Auswirkungen hat, hinsichtlich der Bezugstat prozessuale Ziele, namentlich Schaffung massiver Anreize zur Kooperation mit den Strafverfolgungsbehörden. Sie soll nach ihrer Zielsetzung die Möglichkeiten in den Bereichen erweitern, in denen die bisherigen Aufklärungsmethoden nicht ausreichen. Daher liegt die Übernahme des Katalogs des § 100 a StPO auch insoweit nahe, weil beide Normen faktisch die verfügbaren Methoden zur Verfolgung schwerwiegender Straftaten, die anders nicht oder nur wesentlich erschwert aufzuklären wären, erweitern sollen.[1549] Gerade diejenigen Deliktsbereiche, die besonders schneidiger Methoden bedürfen, weil sie häufig innerhalb abgeschotteter Strukturen begangen werden, finden sich aber in § 100 a StPO[1550], sodass die Kronzeugenregelung als prozessuales Instrumentarium durchaus dem Katalog des § 100 a StPO angegliedert werden kann. „Die Praxis wird nicht mit einer weiteren umfänglichen Einzelaufzählung der erfassten Delikte belastet, sondern kann sich auf einen dem Grunde nach seit vielen Jahren vertrauten Katalog stützen."[1551] Insbesondere „wegen des größeren Interesses aktueller oder potenzieller Opfer an der Aufklärung oder Verhinderung solcher Taten erscheint der „Wert" der Ermittlungshilfe in dieser Konstellation erhöht, sodass auch die (im Vergleich zu § 46 II StGB) weitergehende Strafmilderung für den Ermittlungsgehilfen sachlich begründet werden kann."[1552] Begreift man die Aufklärungshilfe als einen allein die Vollstreckung betreffenden Umstand, kommt ein darauf gestütztes Absehen von der Strafverfolgung nicht in Betracht. Sicherlich geht mit der Verortung der Aufklärungshilfe in den Bereich der Vollstreckung ein Verlust

[1548] Malek, StV 2010, 200, 201.

[1549] BT-Drs. 16/6268, S. 10

[1550] BT-Drs. 16/6268, S. 10; Schönke/Schröder/Kinzig, StGB § 46 b Rn. 7.

[1551] BT-Drs. 16/6268, S. 10

[1552] Kaspar/Wengenroth, GA 2010, 453, 459.

an Anreizwirkung einher, gleichwohl wird man nicht verkennen können, dass dies für den Delinquenten, der ohnehin eine erhebliche Freiheitsstrafe verwirkt hat, keinen wesentlichen Unterschied macht, da für ihn einzig die Dauer der tatsächlich zu verbüßenden Strafe relevant sein wird.[1553]

[1553]Vgl. zum Grundgedanken Jeßberger, Kooperation und Strafzumessung, S. 71.

SCHLUSSBETRACHTUNG

A. Schlusswort

Eine Kronzeugenregelung unter Beachtung der verfassungsrechtlichen Grenzen ist notwendig, um langfristig eine effektive Strafverfolgung sicherzustellen. Eine nachhaltige Strafverfolgung macht es erforderlich, den modernen Verbrechensstrukturen auf Augenhöhe zu begegnen. Es wäre daher verfehlt, an althergebrachten Prinzipien festzuhalten und sich neueren konsensualen Strafverfolgungsmethoden zu verschließen. Insbesondere im Bereich des Terrorismus, der organisierten Kriminalität sowie der Wirtschaftskriminalität sind die Strafverfolgungsbehörden in hohem Maße auf Insiderwissen angewiesen, das mit den bisherigen Instrumentarien nicht erlangt werden kann. Gerade in diesen Bereichen sind potentielle Informanten vorhanden, die man durch ein in sich stimmiges Kronzeugensystem zur Kooperation ermutigen kann. Eine Bereitschaft zur Kooperation findet sich jedoch nur dann, wenn eine verlässliche gesetzliche Grundlage besteht, auf die die Informanten vertrauen können. Dies macht eine gesetzliche Regelung zwingend erforderlich. Zudem kann man die Kooperation nicht allein durch das Inaussichtstellen von Strafrabatten bewirken, sondern sollte sensibilisiert sein für das besondere Schutzbedürfnis des Einzelnen. Andernfalls überwiegt vielfach die Angst vor Repressalien den Anreiz der von den Strafverfolgungsbehörden offerierten Honorierung.

Obgleich die Normierung der Aufklärungshilfe daher unabdingbar ist, hat die Untersuchung zahlreiche Schwächen der konkreten Ausgestaltung im Rahmen des § 46 b StGB aufgezeigt. Der Anspruch, eine Regelung zu schaffen, die in ihrem Anwendungsbereich möglichst weit reicht, macht es erforderlich, diese im Allgemeinen Teil des Strafgesetzbuches zu normieren. Der Gesetzgeber hat sich dafür entschieden, die Kronzeugenregelung im Bereich der Strafzumessung zu verorten, obgleich diese nicht mit den allgemeinen Grundsätzen der Strafzumessung im Einklang steht. Der Regelungsgehalt der Kronzeugenregelung ist im Rahmen der Strafzumessung ein Fremdkörper, den der Gesetzgeber dort ohne Not verortet hat. Die Aufklärungshilfe ist gerade kein Umstand, der tat- oder schuldbezogen ist.

Überdies ist es dem Gesetzgeber nicht gelungen, Wege zu eröffnen, dem Missbrauch wirksam zu begegnen. Vielmehr offenbart die normierte Präklusion im Rahmen des § 46 b StGB, dass der Gesetzgeber aus Angst vor falschen, nicht mehr zu korrigierenden Urteilen den Anwendungsbereich der Norm eingegrenzt hat. Die Präklusion wird diesem Ziel nicht gerecht und läuft dem eigentlichen Zweck, möglichst in jedem Verfahrensstadium darauf hinzuwirken, kooperative Informanten zu gewinnen, zuwider. Ein effektiver Schutz vor Missbrauch kann auch nicht dadurch erlangt werden, dass das Strafmaß der §§ 164 und 145 d StGB für den Fall der zu Unrecht erlangten Honorierung im Rahmen des § 46 b StGB erhöht wird. Ein entsprechender Vorsatz wird sich regelmäßig nicht nachweisen lassen. Überdies erscheint die damit einhergehende Abschreckungswirkung marginal. Gleichwohl erfordert die daher immer noch gegebene Missbrauchsgefahr gerade nicht ein panikartiges unüberlegtes „Zurückrudern" des Gesetzgebers. Die erfolgte Eingrenzung des Anwendungsbereichs durch ein Konnexitätserfordernis war weder sinnvoll noch erforderlich.[1554] Trotz aller Kritik ist der Kronzeuge eine notwendige Erscheinung unseres Zeitgeistes, deren Normierung längst überfällig war. Wenngleich der Gesetzgeber daher im Rahmen des § 46 b StGB den längst erforderlichen Weg geebnet hat, sodass zahlreiche Umwege beispielsweise über eine extensive Ausweitung des § 46 StGB nunmehr obsolet geworden sind, so hat er dadurch, dass er die Aufklärungshilfe im Bereich der Strafzumessung verortet hat, weit über das Erforderliche hinaus geschossen. Die Aufklärungshilfe muss für den Aussagenden aufgrund der damit einhergehenden Honorierung attraktiv sein, gleichwohl darf der Staat keinen Raum dafür zu schaffen, dass der staatliche Strafverfolgungsanspruch ohne Not unwiderruflich auf derart unsicherer Grundlage ganz oder teilweise aufgegeben wird. Um es mit den treffenden Worten *Schünemanns* zusagen: „Alle diese Gesichtspunkte zusammengenommen, halte ich es für unbestreitbar, daß [sic] das hier analysierte Absprachen-Rudiment keine gerechte und ausgewogene Verfahrensgestaltung bescheren kann, sondern – zivilrechtlich gesprochen – dem Kunstprodukt einer Kautelarjurisprudenz gleicht, welches um die speziellen Normen und Gewährleistungen herumlaviert, dafür aber mit den allgemeinen Anforderungen von Treu und Glauben […] *unvereinbar* ist."[1555] Gleichwohl wird man nicht umhin können, den Schritt des Gesetzgebers vom Grundsatz her zu begrüßen. „Man muß [sic] sich von der Vorstellung lösen, die gerechte Strafe sei nur die, die alles Geschehene erfasse, die alle Schuld ausgleiche."[1556] In Zeiten, in denen das Verbrechen strukturell fortschreitet, während die Justiz zunehmend überlastet ist, müssen Kompromisse zugunsten des Schutzinteresses der Bürger gemacht werden. Gleich-

---

[1554]Vgl. auch Peglau, NJW 2013, 1910.

[1555]Schünemann in: Verhandlungen des 58. deutschen Juristentages, B 9, B 117.

[1556]Wolfslast, NStZ 1990, 409, 414.

wohl dürfen die strafprozessualen Grundsätze nicht vollkommen ausgehöhlt werden. „§ 46 b StGB gleicht in seiner jetzigen Fassung einem Testballon mit noch unbekannter Flugrichtung. Man muss ihn im Auge behalten, um im Absturzfall schnell reagieren zu können."[1557] Diese Einschätzung *Danns* erscheint auf den ersten Blick zutreffend, jedoch muss man aufgrund der weitreichenden Folgen eines „Absturzes" präventiv tätig werden. Der Gesetzgeber ist aufgerufen, die Schwachstellen des „Ballons" rechtzeitig auszubessern. So kann der Gefahr zahlreicher unwiderruflich falsch gewährter Strafrabatte beispielsweise dadurch begegnet werden, dass man die Aufklärungshilfe nicht als Frage der Strafzumessung begreift, sondern als Frage der Vollstreckung. Es empfiehlt sich, die Grundsätze der Rechtsprechung zur Berücksichtigung der überlangen Verfahrensdauer auf die Fälle der geleisteten Aufklärungshilfe zu übertragen. Dies jedoch mit der Maßgabe, dass entsprechend gewährte Vollstreckungsrabatte unter einen Widerrufsvorbehalt gestellt werden. Vom Ende der Ära Kronzeuge kann daher nicht die Rede sein.

[1557] Dann, NJW 2009 Editorial Heft 34.

B. Regelungsvorschlag

Die Arbeit hat aufgezeigt, dass eine Kronzeugenregelung zur Verbesserung der Strafverfolgung insbesondere im Bereich der organisierten Kriminalität, des Terrorismus und der Wirtschaftskriminalität sinnvoll ist. Zudem konnte herausgearbeitet werden, dass die mit der Normierung des § 46 b StGB ursprünglich verfolgte Intention, eine deliktsübergreifende Kronzeugenregelung im Allgemeinen Teil des Strafgesetzbuches zu normieren, die einen möglichst großen Anwendungsbereich hat, zielführend ist. Gleichwohl kann die Regelung des § 46 b StGB in der jetzt geltenden Fassung nicht bestehen bleiben. Dies gilt insbesondere mit Blick darauf, dass es sich um eine Strafzumessungsregelung handelt, die keinen ausreichenden Schutz vor Missbrauch und darauf basierenden Fehlurteilen bietet. Auch hat sich gezeigt, dass die Bemühungen des Gesetzgebers zahlreichen Fehlentscheidungen durch die Schaffung einer Präklusionsregelung und eines Zusammenhangserfordernis zwischen der Kronzeugen- und der Bezugstat vorzubeugen, nicht zielführend sind. Sowohl die Präklusionsregelung als auch das Zusammenhangserfordernis schränken den Anwendungsbereich der Kronzeugenregelung massiv ein. Insbesondere die Auslegung des Zusammenhangserfordernisses ist in der Praxis kaum händelbar. Die Intention eine deliktsübergreifende Kronzeugenregelung zur Verbesserung der Strafverfolgung zu schaffen, ist mit der Normierung des § 46 b StGB nicht zufriedenstellend umgesetzt worden.

Vielmehr hat sich herausgestellt, dass sich eine entsprechende Regelung wesentlich besser in den §§ 56 ff. StGB einfügen lässt. Dadurch ist gewährleistet, dass es sich um eine Vorschrift handelt, die auf Vollstreckungsebene angesiedelt ist. Die Verortung im Allgemeinen Teil des StGB stellt einen möglichst weiten Anwendungsbereich sicher. Sowohl auf die Präklusionsregelung als auch auf ein Zusammenhangserfordernis soll verzichtet werden. Zur Einschränkung des Anwendungsbereichs soll weiterhin nur die Aufklärungshilfe in Bezug auf Taten aus dem Katalog des § 100 a II StPO honoriert werden. Zum Schutz vor Missbrauch und Fehlentscheidungen ist eine Widerrufsmöglichkeit zu etablieren. Die Widerrufsmöglichkeit ist jedoch zum Schutz des Beschuldigten und zur Schaffung von Rechtssicherheit zeitlich zu begrenzen. Aufgrund dessen, dass zum Zeitpunkt des Urteils gegen den Kronzeugen jedoch nicht immer absehbar ist, ob und wann das Verfahren gegen den Belasteten beendet werden kann, sollte die Möglichkeit bestehen, die Widerrufszeit im Bedarfsfall nachträglich bis auf das Höchstmaß zu verlängern.

Nachfolgend findet sich ein entsprechender Regelungsvorschlag.

I. Änderung des StGB

§ 58 a StGB

Wenn der Täter oder Teilnehmer einer Straftat.....

1. durch freiwilliges Offenbaren seines Wissens wesentlich dazu beigetragen hat, dass eine Tat nach § 100 a II der Strafprozessordnung, die sich entweder gegen ein mindestens gleichwertiges Rechtsgut wie die gegenständliche Tat richtet oder aber demselben organisierten Täterkreis zuzurechnen ist, aufgedeckt werden konnte oder
2. freiwillig sein Wissen so rechtzeitig einer Dienststelle offenbart, dass eine entsprechende Tat nach § 100 a II StPO, von deren Planung er weiß, noch verhindert werden kann,

kann das Gericht einen angemessenen Teil der verhängten Strafe widerruflich für vollstreckt erklären.

(2) Bei der Entscheidung nach Absatz 1 hat das Gericht insbesondere zu berücksichtigen:

1. die Art und den Umfang der offenbarten Tatsachen und deren Bedeutung für die Aufklärung oder Verhinderung der Tat, den Zeitpunkt der Offenbarung, das Ausmaß der Unterstützung der Strafverfolgungsbehörden durch den Täter und die Schwere der Tat, auf die sich seine Angaben beziehen, sowie
2. das Verhältnis der in Nummer 1 genannten Umstände zur Schwere der Straftat und Schuld des Täters.

§ 58 b Widerrufszeit

Das Gericht bestimmt die Dauer der Widerrufszeit. Sie darf fünf Jahre nicht überschreiten und ein Jahr nicht unterschreiten.

Die Widerrufszeit beginnt mit der Rechtskraft der Entscheidung. Sie kann nachträglich vor ihrem Ablauf mit Zustimmung der Staatsanwaltschaft bis auf das Höchstmaß verlängert werden.

§ 58 c Widerruf der Erklärung

Das Gericht darf die Erklärung innerhalb der Widerrufszeit widerrufen,

wenn die Information des Angeklagten tatsächlich nicht geeignet ist zur Aufklärung einer Straftat beizutragen und dies dem Angeklagten bekannt war oder er dies zumindest hätte erkennen können.

Die ist in der Regel anzunehmen, wenn

der Angeklagte in einem Strafverfahren, das in Bezug auf den aufgedeckten Tatbeitrag oder die aufgedeckte oder verhinderte Tat geführt wird,

bei einer richterlichen oder staatsanwaltlichen Zeugenvernehmung

a) nicht erscheint, obwohl er ordnungsgemäß geladen wurde und sein Ausbleiben nicht genügend entschuldigt ist oder

b) das Zeugnis oder die Eidesleistung ohne gesetzlichen Grund verweigert oder

c) sich bei seinem Zeugnis zu wesentlichen Tatsachen anders äußert als in dem Strafverfahren, in dem das Urteil gegen ihn ergangen ist, oder

d) sich bei seinem Zeugnis zu wesentlichen Tatsachen einer vorsätzlichen oder fahrlässigen Verletzung der Eidespflicht oder einer vorsätzlichen falschen uneidlichen Aussage schuldig macht.

und keine weiteren Beweise die ursprüngliche Angaben des Angeklagten derart stützen, dass gleichwohl der gewünschte Aufklärungserfolg erzielt werden konnte oder im Folgeprozess als Angeklagter sein Geständnis widerruft und keine weiteren Beweismittel den Anklagevorwurf stützen.

Zudem kann das Gericht die Erklärung widerrufen, wenn der Angeklagte aufgrund seiner Kronzeugenaussage wegen einer Straftat gemäß §§ 164, 145 d StGB verurteilt wird.

Der Widerruf ist ausgeschlossen, wenn die Widerrufszeit abgelaufen oder nicht festgesetzt worden ist.

§ 58 d Straferlass

Widerruft das Gericht nicht, so beschließt es den endgültigen Vollstreckungsverzicht für den Teil der festgesetzten Strafe, der vorläufig als vollstreckt galt.

II. Änderung der StPO

§ 136 I 5

Soweit eine Anwendung des § 58 a des Strafgesetzbuches in Betracht kommt, ist der Beschuldigte über den Inhalt dieser Vorschrift, sowie über die Möglichkeit des Widerrufs zu belehren.

§ 243 IV 2

§ 136 I 5 gilt entsprechend.

C. Zusammenfassung der Ergebnisse

Die Betrachtung der historischen Wurzeln der Kronzeugenregelung hat gezeigt, dass das Kronzeugenwesen seinen Ursprung im angloamerikanischen Rechtskreis nimmt. Bereits um 1600 haben sich in England erste Bestrebungen herauskristallisiert, Zeugen durch das Versprechen etwaiger Begünstigungen zu einer Aussage zu motivieren. Mittlerweile ist das Kronzeugenwesen weit verbreitet und lässt sich auch kaum mehr aus den Strafverfahren zahlreicher europäischer Länder hinwegdenken. So ist es unabhängig von bestehenden gesetzlichen Grundlagen selbst in Deutschland in den Gerichtssälen längst gängige Praxis, Zeugen oder Mitbeschuldigten durch das Versprechen etwaiger Begünstigungen zu einer Aussage zu motivieren. Diesem Umstand ist es geschuldet, dass die Kronzeugenregelung beständig ein vieldiskutiertes Thema in der Strafrechtswissenschaft, aber auch in der Politik ist. Dies spiegelt sich auch in den zahlreichen Kronzeugenregelungen oder kronzeugenähnlichen Instituten innerhalb unserer Rechtsordnung wider. Kronzeugeneffekte lassen sich in den unterschiedlichsten Deliktsfeldern erzielen. Auch ist man grundsätzlich im Bereich der Vergünstigungen nicht beschränkt.

Während das umstrittene Kronzeugengesetz von 1989 als befristetes Artikelgesetz kodifiziert wurde und letztlich 1999 auslief, schuf man mit § 31 BtMG eine Kronzeugenregelung, die sich trotz großer Skepsis bis heute im Bereich des Betäubungsmittstrafrechts bewährt hat. Auch die kleineren Kronzeugenregelungen im Bereich der Geldwäsche (§ 261 X StGB) und der Beteiligung an kriminellen und terroristischen Vereinigungen (129 VI; 129 a VII StGB) sind etablierter Bestandteil unseres Strafrechtssystems.

Dass dies keine Selbstverständlichkeit ist, hat die kritische Würdigung des Kronzeugenwesens vor dem Hintergrund bestehender Prozessgrundsätze gezeigt. Eine Kronzeugenregelung, die beispielsweise mit der Gewährung eines Strafrabattes unterhalb der gesetzlichen Mindeststrafen verbunden ist, oder die es den Strafverfolgungsbehörden sogar ermöglicht, von der Verfolgung abzusehen, kollidiert zwingend mit dem Legalitätsprinzip. Schließlich ist es Wesen unseres Strafverfahrens, jede verfolgbare Straftat zu verfolgen und gemäß der gesetzlich vorgesehenen Strafen zu sanktionieren. Auch wird vielfach ein Ansehensverlust der Strafrechtspflege befürchtet, da sich die Strafverfolgungsbehörden auf einen Handel mit Verbrechern einließen. Die Strafverfolgungsbehörden geben in gewissen Umfang einen bestehenden Strafanspruch preis, um Informationen zu erhalten, deren Werthaltigkeit nur anhand einer vagen Prognoseentscheidung beurteilt werden kann. Das Kronzeugenwesen birgt somit immer die Gefahr des Missbrauchs und damit verbunden die Gefahr einer irreparablen Fehlentscheidung. Dies ist wiederum dem Umstand geschuldet, dass es der Beschleunigungsgrundsatz nicht zulässt, innerhalb eines laufenden Strafverfahrens umfassende Ermittlungen hinsichtlich der Werthaltigkeit einer Kronzeugenaussage durchzuführen.

Auf der anderen Seite hat die vorliegende Untersuchung gezeigt, dass es sich insbesondere in den Bereichen der organisierten Kriminalität, der Wirtschaftskriminalität und auch im Bereich der Terrorismusbekämpfung um ein sinnvolles Instrument zur Steigerung der Effizienz der Kriminalitätsbekämpfung handelt. Die bestehen Ermittlungsmethoden, wie der Einsatz eines Verdeckten Ermittlers oder verdeckt operierender Personen, eignet sich schon aufgrund der schwerfälligen Verfahrensvoraussetzungen, wie beispielsweise dem Beschaffen einer Legende, nicht in gleichem Maße zur Informationsbeschaffung. Überdies setzt der gezielte Einsatz von verdeckten Ermittlungspersonen einen Anfangsverdacht voraus, der aber vielfach insbesondere im Bereich des Terrorismus nicht gegeben sein wird.

Auch ermöglichten die bestehenden Regelungen im Bereich der Strafzumessung (§§ 46 ff. StGB) beziehungsweise im Bereich zulässiger Opportunitätserwägungen (§§ 153 ff. StPO) bislang nicht die Berücksichtigung geleisteter Aufklärungshilfe im erforderlichen Umfang. Die gewährte Vergünstigung kann nur im Rahmen dessen erfolgen, was rechtlich zulässig ist. Das Unterschreiten der gesetzlichen Mindeststrafen aufgrund von geleisteter Aufklärungshilfe war bislang nicht möglich, so dass es für Straftäter, die eine höhere Freiheitsstrafe verwirkt haben, kaum einen Anreiz gibt, sich kooperativ zu zeigen.

Vor diesem Hintergrund ist der Gesetzgeber aktiv geworden und hat mit der Kodifizierung des § 46 b StGB eine eigene Grundlage für das Kronzeugenwesen geschaffen. Tatsächlich bietet die Regelung die Möglichkeit, die Aufklärungshilfe in großem Umfang zu honorieren, da sich der Gesetzgeber für eine möglichst breite Regelung entschieden hat. Neben der Unterschreitung der gesetzlichen Mindeststrafen ist auf Rechtsfolgenseite sogar das Absehen von der Strafverfolgung möglich. Um Missbrauch vorzubeugen, hat der Gesetzgeber die §§ 145 d und 164 StGB modifiziert und verschärft. Auch die zeitliche Präklusion soll dazu beitragen, dass die Honorierung der Aufklärungshilfe auf weitgehend gesicherter Grundlage erfolgt. Schließlich stellt die Präklusion sicher, dass den Strafverfolgungsbehörden ausreichend Raum zur Verifizierung der Angaben verbleibt.

Tatsächlich hat sich allerdings gezeigt, dass die neue Kronzeugenregelung zwar ein Weg in die richtige Richtung ist, jedoch in der konkreten Umsetzung nicht zu überzeugen vermag. Mit einer Kronzeugenregelung, die als Strafzumessungsvorschrift ausgestaltet ist, erlaubt der Gesetzgeber einen erheblichen Eingriff in das Legalitätsprinzip. Die aktuelle Regelung macht nicht nur das Unterschreiten der gesetzlichen Mindeststrafen möglich, sondern erlaubt auch das gänzliche Absehen von einer Strafe bzw. von der Strafverfolgung. Dies ist jedoch aufgrund dessen, dass die Aufklärungshilfe bereits zu einem Zeitpunkt stattfindet, in dem sich nicht vollständig absehen lässt, welchen Wert die Aussage tatsächlich hat, nicht zu rechtfertigen. Dies gilt auch vor dem Hintergrund der Präklusionsregelung, die sicherstellen soll, dass zumindest eine Überprüfungsmöglichkeit besteht. Auch bei Angaben bis zum Beginn der Hauptverhandlung kann eine vollständige Überprüfung nicht erfolgen. Zudem ist die Präklusion kriminalpolitisch verfehlt. Die Kronzeugenregelung soll ein Mittel sein, möglichst viele Informanten zur Kooperation zu bewegen. Dies aber kann nur erreicht werden, wenn die Möglichkeit der Honorierung möglichst lange offengehalten wird. Vielfach führt erst der Druck der Hauptverhandlung zu einer gesteigerten Kooperationsbereitschaft.

Mit der vorliegenden Untersuchung wurde herausgearbeitet, dass sich eine Kronzeugenregelung sinnvoller Weise erst auf Vollstreckungsebene realisieren lässt. Eine derartige Ausgestaltung führt zwar zu einem geringfügigen Anreizverlust, lässt aber die gesetzlichen Mindeststrafen unberührt. Dadurch kann erreicht werden, dass eine Kronzeugenregelung mit einem möglichst weiten Anwendungsbereich mit dem Schuldgrundsatz vereinbar bleibt. Zudem kann dem Missbrauch der Kronzeugenregelung durch den Widerruf entsprechender Vergünstigungen wirksam begegnet werden.

LITERATURVERZEICHNIS

Albrecht, Peter-Alexis — Schriftliche Äußerung zur Anhörung des Rechtsausschusses des Deutschen Bundestages zu Drucksache 16/6268.

Ambos, Kai — Internationales Strafrecht, 4. Auflage, München 2014
(zitiert: Ambos, Internationales Strafrecht).

Aulinger, Susanne — Anmerkung zu Urteil des BGH vom 19.11.2002 – 1 StR 346/02
In: JR 2003, S. 481 ff.

Bachmann, Gregor — Compliance – Rechtsgrundlagen und offene Fragen
In: Gesellschaftsrecht in der Diskussion, herausgegeben von VGR, 2007, S. 65 ff.
(zitiert: Bachmann in: Gesellschaftsecht in der Diskussion).

Barton, Stephan — Die Reform der Nebenklage: Opferschutz als Herausforderung für das Strafverfahren
In: JA 2009, S.753 ff.

Baumann, Jürgen — Von der Grauzone zur rechtsstaatlichen Regelung - Ein Vorschlag zur Einführung des Rechtsgesprächs in § 265 StPO
In: NStZ 1987, S. 157 ff.

Behrendt, Hans-Joachim — Überlegungen zur Figur des Kronzeugen im Umweltstrafrecht - zugleich ein Beitrag zur Lehre vom Prozessvergleich
In: GA 1991, S. 337 ff.

Beulke, Werner — Strafprozessrecht, 12. Auflage, München 2012
(zitiert: Beulke, Strafprozessrecht).

Blake, Stephen
Schnichels, Dominik

Schutz der Kronzeugen im neuen EG-Wettbewerbsrecht
In: EuZW 2004, S. 551 ff.

Börgers, Niclas

Zeitige Freiheitsstrafe für Mord
In: JR 2004, S. 139 ff.

Bocker, Uwe

Der Kronzeuge, Pfaffenweiler 1991
(zitiert: Bocker, Der Kronzeuge).

Breidling, Ottmar

Stellungnahme zur Anhörung des Rechtsausschusses des Deutschen Bundestages vom 07.11.2001 zum Gesetzentwurf BT - Drs. 14/5938.

Breucker, Mathias

Die Bewährung der Kronzeugenregelung in der gerichtlichen Praxis, Tübingen, 1997
(zitiert: Breucker, Die Bewährung der Kronzeugenregelung in der gerichtlichen Praxis).

Bruns, Hans-Jürgen

Der Beschluss des Großen Senats zum strafprozessualen V-Mann-Problem – Anfang oder Ende einer notwendigen Neuorientierung der Rechtsprechung?
In: MDR 1984, S. 177.

Bubnoff, von Eckhart

Terrorismusbekämpfung – eine weltweite Herausforderung
In: NJW 2002, 2672 ff.

Bussmann, Kai-D.
Salvenmoser, Steffen

Internationale Studie zur Wirtschaftskriminalität
In: NStZ 2006, S. 203 ff.

Bußmann, Heike

Anmerkung zum Beschluss des BGH vom 17.01.2008 – GSSt 1/07 (Kompensation rechtsstaatswidriger Verfahrensverzögerung – Vollstreckungslösung)
In: NStZ 2008, S. 236 ff.

Dahs, Hans

Das Verbrechensbekämpfungsgesetz vom 28.10.1994 – ein Produkt des Superwahljahres
In: NJW 1995, S. 535 ff.

Dann, Mathias

Die neue Kronzeugenregelung: ein Störfaktor aus Compliance-Sicht?
In: CCZ 2010, S. 30 ff.

Denny, Mark | Der Kronzeuge unter besonderer Berücksichtigung der Erfahrungen mit Kronzeugen in Nordirland
In: ZStW 103 (1991), S. 269 ff.

Diebitz, Stefan | Versuch über den Begriff des Terrors
In: ARSP 91 (2005), S. 558 ff.

Diemer, Herbert | Zeugenschutz und Unmittelbarkeitsprinzip bei der gerichtlichen Sachaufklärung im Bereich der Organisierten Kriminalität
In: Strafrecht und Justizgewährung; Festschrift für Kay Nehm zum 65. Geburtstag, herausgegeben von Grießbaum, Rainer, Hannich, Rolf, Schnarr, Karl Heinz, Berlin, 2006, S. 257 ff.
(zitiert: Diemer in: Nehm-FS).

Duttge, Gunnar | Strafprozessualer Einsatz von V-Personen und Vorbehalt des Gesetzes
In: JZ 1996, 556 ff.

Eisenberg, Ulrich | Anmerkung zum Beschluss des BGH vom 18.02.1993.
In: StV 1993, S. 624 ff.

Engels, Dieter | Konsequenzen der BGH-Rechtsprechung zur Vernehmung von V-Männern
In: NJW 1983, 1530 ff.

Entorf, Horst | Islamistischer Terrorismus - Analysen, Entwicklungen und Anti-Terrorpolitik aus der Sicht ökonomischer Forschung, Darmstadt, 2005
(zitiert: Entorf, Islamistischer Terrorismus).

Epping, Volker
Hillgruber, Christian | Beck`scher Online-Kommentar, Grundgesetz Edition 25, München 2015
(zitiert: Bearbeiter in: BeckOK GG).

Ferrell, O.C.
Le Clair, Debbie Thorne
Ferrell, Linda | The Federal Sentencing Guidelines for Organizations: A Framework for Ethical Compliance
In: Journal of Business Ethics 17: 1998, S. 353 ff.

Fezer, Gerhard | Kronzeugenregelung und Amtsaufklärungsgrundsatz
In: Festschrift für Theodor Lenckner, herausgegeben von Eser, Albin, Schittenhelm, Ulrike, Schumann, Heribert, München 1998, S. 681 ff.
(zitiert: Fezer in: Lenckner-FS).

	Inquisitionsprozess ohne Ende? – Zur Struktur des neuen Verständigungsgesetzes – In: NStZ 2010, S. 177 ff.
Fischer, Thomas	Strafgesetzbuch und Nebengesetze, 62. Auflage, München 2015 (zitiert: Fischer, StGB). Gesetzliche Regelung der Verständigung im Strafverfahren In: StraFo 2009, 177 ff.
Frank, Christoph Titz, Andrea	Die Kronzeugenregelung zwischen Legalitätsprinzip und Rechtsstaatlichkeit In: ZRP2009, S.137 ff.
Franke, Ulric	Zeugenschutz versus Aufklärungspflicht – Aufklärung durch Zeugenschutz In: StraFo 2000, 295 ff
Franzen, Klaus Gast-de Haan, Brigitte Joecks, Wolfgang	Steuerstrafrecht, 7. Auflage, München 2009 (zitiert: Bearbeiter in: Steuerstrafrecht).
Fröba, Christian	Die Reichweite des § 129a StGB bei der Bekämpfung des transnationalen islamistischen Terrorismus, Frankfurt, 2009 (zitiert: Fröba, Die Reichweite des § 129 a StGB).
Gaede, Karsten	Schranken des fairen Verfahrens gem. Artikel 6 EMRK bei der Sperrung verteidigungsrelevanter Informationen und Zeugen In: StV 2006, 599 ff.
Gatzweiler, Norbert	Anmerkung zum Beschluss des OLG Koblenz vom 06.07.1995 – 2 Ws 390/05 In: StV 1996, S. 475 f.
Gehm, Volker	Lage und Lageentwicklung der Organisierten Kriminalität in Deutschland In: BKA - Forschungsreihe Band 43 herausgegeben vom Bundeskriminalamt, Wiesbaden 1997, S. 229 ff. (zitiert: Gehm, Lage und Lageentwicklung der Organisierten Kriminalität in Deutschland).
Gercke, Björn, Julius, Karl-Peter, Temming, Dieter, Zöller, Mark A.	Strafprozessordnung (Heidelberger Kommentar), 5. Auflage, München 2012 (zitiert: Bearbeiter in: HK)

Graf, Peter — Beck'scher Online-Kommentar, Strafprozessordnung, Edition 21, München 2015
(zitiert: Bearbeiter in: BeckOK StPO).

Grießbaum, Rainer — Der gefährdete Zeuge – Überlegungen zur aktuellen Lage des Zeugenschutzes im Strafverfahren
In: NStZ 1998, S. 433 ff.

Göpfert, Burkard
Merten, Frank
Siegrist, Carolin — Mitarbeiter als „Wissensträger" - Ein Beitrag zur aktuellen Compliance-Diskussion
In: NJW 2008, S. 1703 ff.

Günther, Hans-Ludwig — Anmerkung zum Beschluss des BGH vom 05.05.1983 – 2 StR 792/82 (Kommissarische Vernehmung eines V-Mannes)
In: NStZ 1984, S. 33 ff.

Gropp, Walter
Schubert, Liane
Wörner, Mathias — Deutschland
In: Rechtliche Initiativen gegen organisierte Kriminalität, herausgegeben von Gropp, Walter; Huber, Barbara, Freiburg, 2001, S. 69 ff.
(zitiert: Gropp/Schubert/Wörner in: Rechtliche Initiativen gegen organisierte Kriminalität).

Gusy, Christoph — Verfassungsverwirklichung durch Verwendung und Nichtverwendung von Informationen im Strafprozess - Zugleich eine Anmerkung zu BGH 3 StR 552/08 – Urteil vom 14. August 2009
In: HRRS 2009, S. 489 ff.

Hamm, Rainer
Leipold, Klaus — Beck'sches Formularbuch für den Strafverteidiger, 5. Auflage, München 2010
(zitiert: Bearbeiter in: Formularbuch).

Hannich, Rolf — Karlsruher Kommentar zur Strafprozessordnung: StPO, 7. Auflage, München 2013
(zitiert: Bearbeiter in: KK).

Hassemer, Winfried — Kronzeugenregelung bei terroristischen Straftaten – Thesen zu Artikel Nr. 3 Entwurf eines Gesetzes zur Bekämpfung des Terrorismus
In: StV 1986, 550 ff.

Pacta sunt servanda – auch im Strafprozeß?
In: JuS 1989, 890 ff.

Hauschka, Christoph E. — Das Wirtschaftsstrafrecht hat in unseren Tagen Konjunktur. *Interview*
In: ZRP 2009, S. 221 f
Corporate Compliance; Handbuch der Haftungsvermeidung im Unternehmen, 2. Auflage, München 2010 (zitiert: Bearbeiter in: Hauschka, Corporate Compliance).

Hefendehl, Roland — Außerstrafrechtliche und strafrechtliche Instrumentarien zur Eindämmerung der Wirtschaftskriminalität
In: ZStW 2007, S. 817 ff.

Heintschel- Heinegg, Bernd von — Strafgesetzbuch, München 2010
(zitiert: Heintschel-Heinegg, StGB).

Beck`scher Online-Kommentar StGB, Edition 27, München, 2015
(zitiert: Bearbeiter in: BeckOK StGB).

Heister-Neumann, Elisabeth — Ja zur Kronzeugenregelung!
In: DRiZ 2004, S. 102.

Hetzel, Philipp — Die Vielzahl kartellrechtlicher Kronzeugenregelungen als Hindernis für die Effektivität der europäischen Kartellbekämpfung
In: EuR 2005, 735 ff.

Hilger, Hans — Die „Kronzeugenregelung bei terroristischen Straftaten"
In: NJW 1989, S. 2377 ff.

Hohnel, Andreas — Audiovisuelle Zeugenvernehmung trotz Zeugenschutzprogramm?
In: NJW 2004, S. 1356 ff.

Hoyer, Andreas — Die Figur des Kronzeugen
In JZ 1994, S. 233 ff.

Hügel, Herbert
Junge, K Wilfried
Lander, Carola
Winkler, Karl-Rudolf — Deutsches Betäubungsmittelrecht – Kommentar, Loseblatt, 12. Ergänzungslieferung, Stuttgart 2013
(zitiert: Bearbeiter in: Deutsches Betäubungsmittelrecht).

Ignor, Alexander — Die Zukunft des Strafverfahrens – Abschied vom Rechtsstaat?
In: BRAK-Mitt. 2/2008, S. 50 ff.

Jaeger, Michael — Der Kronzeuge unter besonderer Berücksichtigung von § 31 BtMG, Frankfurt, 1986
(zitiert: Jaeger, Der Kronzeuge).

Jahn, Matthias
Müller, Martin

Das Gesetz zur Regelung der Verständigung im Strafverfahren – Legitimation und Reglementierung der Absprachenpraxis
In: NJW 2009, S. 2625 ff.

Jahn, Matthias,
Klett-Straub, Gabriele

Die Verständigung vor dem Schwurgericht - Zur Zulässigkeit von Absprachen über die Schuldschwereklausel des § 57 a Abs. 1 S. 1 Nr. 2 StGB
In: StV 2010, 271

Jarvers, Konstanze
Kinzig, Jörg

Organisierte Kriminalität und Zeugenschutz. Eine vergleichende Betrachtung der italienischen und deutschen Situation
In: MschrKrim 2001, S. 439 ff.

Jeßberger, Florian

Kooperation und Strafzumessung, Berlin, 1999
(zitiert: Jeßberger, Kooperation und Strafzumessung).
Stellungnahme zur Anhörung des Rechtsausschusses des Deutschen Bundestages vom 07.11.2001 zum Gesetzentwurf BT - Drs. 14/5938.

Jung, Heike

Straffreiheit für den Kronzeugen? Köln, 1986
(zitiert: Jung, Straffreiheit für den Kronzeugen).
Der Kronzeuge – Garant der Wahrheitsfindung oder Instrument der Überführung?
In: ZRP 1986, S. 38 ff.
Neues zum Konfrontationsrecht?
In: GA 2009, S. 235 ff.

Kanther, Manfred

Die Bekämpfung der organisierten Kriminalität in Deutschland
In: BKA – Forschungsreihe Band 43 herausgegeben vom Bundeskriminalamt, Wiesbaden 1997, S. 39 ff.
(zitiert: Kanther, Die Bekämpfung der organisierten Kriminalität in Deutschland).

Kaspar, Johannes

Kronzeugenregelung?
In ZRP 2011, S. 159.

Kasper, Johannes
Wengenroth, Lenard

Die neue „Kronzeugenregelung" in § 46 b StGB: Voraussetzungen, Kritikpunkte und straftheoretische Bedeutung
In: GA 2010, S. 453 ff.

Kempf, Eberhard
Der geliebt/gehaßte Kronzeuge und sein Verteidiger.
In: StV 1999, S. 67 f.

Kempf, Eberhard
Gesetzliche Regelung von Absprachen im Strafverfahren? Oder: Soll Informelles formalisiert werden?
In: StV 2009, S. 269 ff.

Kindhäuser, Urs
Neumann, Ulfried
Paeffgen, Hans-Ullrich
Strafgesetzbuch, 5. Auflage, Baden-Baden 2013
(zitiert: Bearbeiter in: NK, StGB).

Kintzi, Heinrich
Gesetzentwürfe zur Kronzeugenregelung in der Diskussion
In: DRiZ 2004, S.100 f.

Klimke, Olaf
Der Polygraphentest im Strafverfahren
In: NStZ 1981, S. 433 ff.

Kneba, Nicolas
Die Kronzeugenregelung des § 46 b StGB, Berlin, 2011
(zitiert: Kneba, Die Kronzeugenregelung).

Koch, Jens
Compliance- Pflichten im Unternehmensverbund?
In: WM 2009, S. 1013 ff.

Kohlmann, Günter
Steuerstrafrecht, Köln 2014
(zitiert: Kohlmann, Steuerstrafrecht).

Kölbel, Ralf
Wirtschaftskriminalität und unternehmensinterne Strafrechtsdurchsetzung
In: MschrKrim 91. Jahrgang- Heft 1- 2008, S. 22 ff.

König, Stefan
Wieder da: Die „große“ Kronzeugenregelung
In: NJW 2009, S. 2481 ff.

Kronzeugenregelung?
In ZRP 2011, S. 159.

Körner, Harald Hans
Patzak, Jörn
Volkmer, Mathias
Betäubungsmittelgesetz: BtMG, 7. Auflage, München 2012
(zitiert: Bearbeiter in: Körner, Betäubungsmittelgesetz).

Kort, Michael
Verhaltensstandardisierung durch Corporate Compliance
In: NZG 2008, S. 81 ff.

Krause, Daniel M. — Was bewirkt Compliance?
In: StraFo 2011, S. 437 ff.

Krekeler, Wilhelm — Strafrechtliche Grenzen der Verteidigung
In: NStZ 1989, S. 146 ff.

Kreuzer, Arthur — Die Lockspitzelfalle – Kriminologische, strafrechtliche und rechtsvergleichende Betrachtungen, insbesondere zum V-Leute-Einsatz gegen Unbescholtene
In: Strafrecht – Biorecht - Rechtsphilosophie: Festschrift für Hans-Ludwig Schreiber zum 70. Geburtstag, herausgegeben von Amelung, Knut, Beulke Werner, Lilie, Hans, Heidelberg 2003, S. 225 ff.
(zitiert: Kreuzer in: Schreiber-FS).

Krey, Volker
Esser, Robert — Deutsches Strafrecht Allgemeiner Teil, 5. Auflage, Stuttgart 2012
(zitiert: Krey/Esser, AT).

Krey, Volker — Zum Zeugenschutz im Strafverfahrensrecht.
In: Gedächtnisschrift für Karlheinz Meyer, herausgegeben von Geppert, Klaus, Dehnicke, Diether, Berlin 1990, S. 242 ff.
(zitiert: Krey in: Meyer-FS).
Rechtsprobleme beim Einsatz Verdeckter Ermittler einschließlich der elektronischen Überwachung (Lauschangriff) zu ihrem Schutz und als Instrument der Strafverfolgung in Deutschland
In: JR 1998, S. 1 ff.

Kriminalitätsbekämpfung um jeden Preis?
– Innere Sicherheit durch kontinuierliche Ausweitung des Bereichs verdeckter Ermittlungen – In: Rechtspolitisches Forum / Legal Policy Forum, herausgegeben von: Institut für Rechtspolitik an der Universität Trier, Heft 9, 2003, S. 1 ff.
(zitiert: Krey, IRP-Rechtspolitisches Forum, Nr. 9 (2003).

Kühl, Kristian — Neue Gesetze gegen terroristische Straftaten
In: NJW 1987, S. 737 ff.

Kühne, Hans- Heiner — Die Instrumentalisierung der Wahrheitsfindung im Strafverfahren
In: GA 2008, 361 ff.
Strafprozessrecht, 8. Auflage, Heidelberg 2010
(zitiert: Kühne, Strafprozessrecht).

Kunert, Karl- Heinz Bernsmann, Klaus	Neue Sicherheitsgesetze - mehr Rechtssicherheit? – Zu dem Gesetz zur Änderung des Strafgesetzbuches, der Strafprozeßordnung und des Versammlungsgesetzes und zur Einführung einer Kronzeugenregelung bei terroristischen Straftaten vom 9. 6. 1989 (BGBl I, 1059) – In: NStZ 1989, S. 449 ff.
Kutzner, Lars	Bemerkungen zur Vereinbarkeit der sog. Strafzumessungs-Lösung des BGH mit den Grundsätzen des Strafzumessungsrechts In: StV 2002, 277 ff.
Lackner, Karl Kühl, Kristian	Strafgesetzbuch, 28. Auflage, München 2014 (zitiert: Lackner/Kühl, StGB).
Lammer, Dirk	Terrorbekämpfung durch den Kronzeugen In: ZRP 1989, S. 248 ff.
Landau, Herbert	Die Pflicht des Staates zum Erhalt einer funktionstüchtigen Strafrechtspflege In: NStZ 2007, 121 ff.
Leipold, Klaus	„Es soll Ihr Schaden nicht sein!" – Die neue Kronzeugenregelung In: NJW- Spezial 2009, S. 776.
Leipold, Klaus, Tsambikakis, Michael, Zöller, Mark A.	Anwaltkommentar StGB (Heidelberger Kommentar), 2. Auflage, München 2014 (zitiert: Bearbeiter in: Anwaltkommentar StGB)
Lesch, Heiko	Zu den Rechtsgrundlagen des V-Mann-Einsatzes und der Observation im Strafverfahren In: JA 2000, 725 ff.
Löwe, Ewald Rosenberg, Werner	StPO, Erster Band: Einleitung; §§ 1 – 47, 26. Auflage, Berlin 2006; StPO, Zweiter Band: §§ 72 -136a, 25. Auflage, Berlin 2004; StPO, Dritter Band: §§ 137 – 212 b, 25. Auflage, Berlin 2004. StPO, Sechster Band: §§ 374-495; EGStPO, 25. Auflage, Berlin 2001 (zitiert: Bearbeiter in: Löwe-Rosenberg).
Maier, Stefan	Anmerkung zu BGH, Beschluss vom 19.5.2010 - 5 StR 182/10 (LG Dresden) In: NStZ 2011, S. 151 ff. Aus der Rechtsprechung des BGH zu § 46 b StGB In: NStZ-RR 2014, S.161 ff.

Malek, Klaus — Die neue Kronzeugenregelung und ihre Auswirkungen auf die Praxis der Strafverteidigung
In: StV 2010, S. 200 ff.
Abschied von der Wahrheitssuche
In: StV 2011, S. 559 ff.

Martin, Andrea — Prozessualer Zeugenschutz – Wege praktischer Konkordanz, Aachen 2003
(zitiert: Martin, Prozessualer Zeugenschutz).

Marxen, Klaus
Tiemann, Frank — Aus Wissenschaft und Praxis:
Die geplante Reform der Wiederaufnahme zuungunsten des Angeklagten
In: ZIS 2008, S. 188 ff.

Matt, Holger
Renzikowski, Joachim — Strafgesetzbuch, Kommentar, 1. Auflage, München 2013
(zitiert: Bearbeiter in: Matt/Renzikowski, StGB).

Maunz, Theodor
Dürig, Günther — Grundgesetz, Kommentar,
73. Ergänzungslieferung, München 2014
(zitiert: Bearbeiter in: Maunz/Dürig, GG).

Mehrens, Stefanie — Die Kronzeugenregelung als Instrument zur Bekämpfung organisierter Kriminalität
Ein Beitrag zur deutsch-italienischen Strafprozeßrechtsvergleichung, Freiburg, 2001
(zitiert: Mehrens, Die Kronzeugenregelung).

Meyer-Goßner, Lutz
Schmitt, Bertram — Strafprozessordnung: StPO, 58. Auflage, München 2015
(zitiert: Meyer-Goßner, StPO).

Michalke, Regina — Untreue – neue Vermögensbetreuungspflichten durch Compliance-Regeln
In: StV 2011, 245 ff.

Middendorff, Wolff — Der Kronzeuge
Historisch-kriminologisches Gutachten
In ZStW 85 (1973), S. 1102 ff.

Montag, Jerzy — Angebot zum Verrat
In: DRiZ 2004, S.103.

Mühlhoff, Uwe
Mehrens, Stefanie — Das Kronzeugengesetz im Urteil der Praxis, Baden Baden, 1999
(zitiert: Mühlhoff/Mehrens, Das Kronzeugengesetz im Urteil der Praxis).

Mühlhoff, Uwe
Pfeiffer, Christian
Der Kronzeuge - Sündenfall des Rechtsstaats oder unverzichtbares Mittel der Strafverfolgung?
In: ZRP 2000, 121 ff.

Mushoff, Tobias
Die Renaissance der Kronzeugenregelung
In: KritV 2007, 366 ff.

Murmann, Uwe
Reform ohne Wiederkehr? - Die gesetzliche Regelung der Absprachen im Strafverfahren
In: ZIS 2009, S. 526 ff.

Nack, Armin
Stellungnahme zur Anhörung des Rechtsausschusses des Deutschen Bundestages vom 07.11.2001 zum Gesetzentwurf BT - Drs. 14/5938.

Oehler, Dietrich
Kronzeugen und Erfahrungen mit Kronzeugen im Ausland
In ZRP 1987, S. 41 ff.

Peglau, Jens
Überlegungen zur Schaffung neuer „Kronzeugenregelungen"
In: ZRP 2001, S. 103 ff.
Neues zur „Kronzeugenregelung" – Beschränkung auf Zusammenhangstaten
In: NJW 2013, 1910 ff.
Die neue „Kronzeugenregelung" (§ 46 b StGB)
In: wistra 2009, S. 409 ff.

Peters, Karl
Eine Antwort auf Undeutsch: Die Verwertbarkeit unwillkürlicher Ausdruckserscheinungen bei der Aussagewürdigung
In: ZStW 87 (1975), S. 663 ff.

Pfahl-Traughber, Armin
Gewaltbereiter und gewalttätiger politischer Extremismus in Deutschland
In: Kriminalistik 2004, S. 202 ff.

Pfeiffer, Gerd
Strafprozessordnung, Kommentar, 5. Auflage, München 2005
(zitiert: Pfeiffer, StPO).

Pflieger, Klaus
Striewisch, Armin
Neue Kronzeugenregelung?
In: Die Kriminalpolizei 2006, 93 ff.

Pieroth, Bodo
Schlink, Bernhard
Kingreen, Thorsten
Poscher, Ralf
Grundrechte Staatsrecht II, 30. Auflage, München 2014
(zitiert: Pieroth/Schlink, Grundrechte).

Pöppelmann, Christina — Ausübung und Durchsetzung von Zeugenrechten, Konstanz 2005
(zitiert: Pöppelmann, Ausübung und Durchsetzung von Zeugenrechten).

Preussner, Joachim
Pananis, Panos — Risikomanagement und strafrechtliche Verantwortung – Corporate Governance am Beispiel der Kreditwirtschaft
In: BKR 2004, S. 347 ff.

Prittwitz, Cornelius — Der Lügendetektor im Strafprozess
In: MDR 1982, 886 ff.

Putzke, Holm
Scheinfeld, Jörg
Klein, Gisela
Undeutsch, Udo — Polygraphische Untersuchungen im Strafprozess – Neues zur faktischen Validität und normativen Zulässigkeit des vom Beschuldigten eingeführten Sachverständigenbeweises
In: ZStW 121 (2009), 607 ff.

Ransiek, Andreas — Zur Urteilsabsprache im Strafprozess: ein amerikanischer Fall
In: ZIS 2008, S. 116 ff.

Rebmann, Kurt
Schnarr, Karl Heinz — Der Schutz des gefährdeten Zeugen im Strafverfahren. Möglichkeiten de lege lata, Erfordernisse de lege ferenda
In: NJW 1989, S. 1185 ff.

Reichenbach, Peter — Vollstreckungslösung und lebenslange Freiheitsstrafe beim Mord
In: NStZ 2009, S. 120 ff.

Rothärmel, Stefan — Abhörmaßnahmen und Kronzeugenregelung zur Bekämpfung organisierter Kriminalität in Deutschland und Italien, Neuried, 2002
(zitiert: Rothärmel, Abhörmaßnahmen und Kronzeugenregelung).

Roxin, Claus
Schünemann, Bernd — Strafverfahrensrecht, 28. Auflage, München, 2012
(zitiert: Roxin/Schünemann, Strafverfahrensrecht).

Rudolphi, Hans Joachim
Horn, Eckard
Samson, Erich — Systematischer Kommentar zum Strafgesetzbuch, 141. Ergänzungslieferung, Köln 2014
(zitiert: Bearbeiter in: SK-StGB).

Sahan, Oliver
Berndt, Thomas — Neue Kronzeugenregelung – aktive Beendigung von Korruptionssystemen durch effiziente Compliance-Strukturen alternativlos
In: BB 2010, S. 647 ff.

Safferling, Christoph

Anmerkung zum Beschluss des BVerfG vom 08.10.2009, Az.: 2 BvR 547/08 (Verletzung des Konfrontationsrechts bei gesperrten V-Leuten)
In: StV 2010, S. 339 ff.
Audiatur et altera pars – die prozessuale Waffengleichheit als Prozessprinzip?
Qui statuit alliquid parte inaudita altera, Aequm liquet statuerit haud aequs fuit
In: NStZ 2004, S. 181 ff.

Salditt, Franz

Möglichkeiten eines Konsensualsprozesses nach deutschem Strafprozessrecht
In: ZStW 115 (2003), S. 570 ff.

Sanden, Joach

Allgemeine Honorierung besonderer Aufklärungshilfe
In: StV 2009, S. 375 ff.
Öko-Audit und Umweltstrafrecht
In: wistra 1995, 283 ff.

Schäfer, Gerhard
Sander, Günther M.
Gemmeren, van, Gerhard

Praxis der Strafzumessung, 5. Auflage, München 2012
(zitiert: Schäfer, Praxis der Strafzumessung).

Schaefer, Hans- Christoph

Organisierte Kriminalität aus Sicht der Justiz
In: BKA - Forschungsreihe Band 43 herausgegeben vom Bundeskriminalamt, Wiesbaden 1997, S. 107 ff.
(zitiert: Schaefer, Organisierte Kriminalität aus Sicht der Justiz).
Zu einer möglichen Neuauflage der Kronzeugenregelung
In: NJW 2000, S. 2325 f.

Schlothauer, Reinhold

Die Rechtsprechung zum Verständigungsgesetz – eine Zwischenbilanz
In: StraFo 2011, 487 ff.

Schlothauer Reinhold,
Weider, Hans-Joachim

Der »Deal« nach »alter Schule« im Lichte des Verständigungsgesetzes – eine strafrechtliche Risikoanalyse
In: StV 2009, 600 ff.

Schmidt, Detlef

Die Entwicklung des Betäubungsmittelstrafrechts bis Mitte 2005
In: NJW 2005, S. 3250 ff.

Schnarr, Karl Heinz

Zeugenschutz im Strafprozessrecht.
Möglichkeiten und Reformerfordernisse
In: Kriminalistik 1990, S. 293 ff.

Schneider, Hans Joachim	Internationales Handbuch der Kriminologie Band 2, Berlin 2009 (zitiert: Berabeiter in: Internationales Handbuch der Kriminologie II).
Schneider, Hartmut	Grundprobleme des Rechts der Akteneinsicht des Strafverteidigers In: Jura 1995, S. 337 ff.
Schönke, Adolf Schröder, Horst	Strafgesetzbuch Kommentar, 29. Auflage, München 2014 (zitiert: Schönke/Schröder/Bearbeiter, StGB).
Schroeder, Friedrich-Christian	Darf die StPO von „Tätern" sprechen? In: NJW 2000, S. 2483 ff.
Schroth, Klaus	2. Opferrechtsreformgesetz – Das Strafverfahren auf dem Weg zum Parteienprozess? In: NJW 2009, S. 2916 ff.
Schünemann, Bernd	Zur Stellung des Opfers im System der Strafrechtspflege In: NStZ 1986, 193 ff.
	Absprachen im Strafverfahren? Grundlagen, Gegenstände und Grenzen, Gutachten B zum 58. Deutschen Juristentag, München, 1990 (zitiert: Schünemann in: Verhandlungen des 58. Juristentages).
	Zur Entstehung des deutschen »plea bargaining In: Festschrift für Andreas Heldrich zum 70. Geburtstag, herausgegeben von Lorenz, Stefan, Trunk, Alexander, Eidenmüller, Horst, Wendehorst, Christiane, Adolff, Johannes, München 2005, S. 1177 ff. (zitiert: Schünemann in: Heldrich-FS).
	Zeugenbeweis auf dünnem Eis – Von seinen tatsächlichen Schwächen, seinen rechtlichen Gebrechen und seiner notwendigen Reform In: Festschrift für Lutz Meyer-Goßner zum 65. Geburtstag, herausgegeben von Eser, Albin, Goydke, Jürgen, Maatz, Kurt R., Meurer, Dieter, München 2001, S. 385 ff. (zitiert: Schünemann in: Meyer-Goßner-FS).
Schuster, Frank Peter	Anmerkung zum Beschluss des BGH vom 19.07.2006 In: StV 2007, S. 507 ff.

Schwabe, Jürgen — Rechtsprobleme des „Lügendetektors“
In: NJW 1979, S. 576 ff.

Sieber, Ulrich — Die Logistik der Organisierten Kriminalität. Erkenntnisse eines interdisziplinären Forschungsansatzes
In: BKA - Forschungsreihe Band 43 herausgegeben vom Bundeskriminalamt, Wiesbaden 1997, S. 229 ff.
(zitiert: Sieber, Die Logistik der Organisierten Kriminalität).

Sieber, Ulrich
Bögel, Marion — Logistik der Organisierten Kriminalität, Wiesbaden, 1993
(zitiert: Sieber/Bögel, Logistik der Organisierten Kriminalität).

Siegismund, Christian — Der Schutz gefährdeter Zeugen in der Bundesrepublik unter besonderer Berücksichtigung des Gesetzes zur Harmonisierung des Schutzes gefährdeter Zeugen (Zeugenschutz-Harmonisierungsgesetz ZSHG), Osnabrück 2009
(zitiert: Siegismund, Der Schutz gefährdeter Zeugen).

Sielaff, Wolfgang — „Aussageverbot“ vom Täter
In: Kriminalistik 1986, S. 58 ff.

Soiné, Michael
Engelke, Hans-Georg — Das Gesetz zur Harmonisierung des Schutzes gefährdeter Zeugen (Zeugenschutz-Harmonisierungsgesetz – ZSHG)
In: NJW 2002, S. 470 ff.

Stern, Steffen — Heute Beschuldigter - morgen „Kron“- Zeuge
In StraFo 2002, S. 185 ff.

Stöckel, Heinz — Gedanken zur Reform des Sanktionenrechts
In: Recht gestalten – dem Recht dienen; Festschrift für Reinhard Böttcher, herausgegeben von Schöch, Heinz; Helgerth, Roland; Dölling, Dieter, König, Peter, Berlin 2007, S. 616 ff.
(zitiert: Stöckel in: Böttcherr-FS).

Taubald, Claudia — Konsensuale Erledigung von Strafverfahren in Deutschland und Frankreich; Tübingen 2009
(zitiert: Taubald, Konsensuale Erledigung).

Tepperwien, Ingeborg — Beschleunigung über alles?
Das Beschleunigungsgebot im Straf- und Ordnungswidrigkeitenverfahren
In NStZ 2009, S. 1 ff.

Thamm, Berndt Georg — Al-Qaida
Das Netzwerk des Terrors, München 2005
(zitiert: Thamm, Das Netzwerk des Terrors).

Trüg, Gerson — Erkenntnisse aus der Untersuchung des US-amerikanischen *plea bargaining*-Systems für den deutschen Absprachendiskurs
In: ZStW 120 (2008), S. 331 ff.

Tsambikakis, Michael — „Vollstreckungslösung" bei überlanger Verfahrensdauer
In: Praxis Steuerstrafrecht 2008, S. 75

Vogt, Volker — Compliance und Investigation – Zehn Fragen aus Sicht der arbeitsrechtlichen Praxis
In: NJOZ 2009, S. 4206 ff.

Volk, Klaus — Kronzeugen praeter legem?
Vernehmungspraxis, Vorteilsversprechen, Verdunkelungsgefahr
In: NJW 1996, S. 879 ff.

Wagner, Norbert — V-Personen und Zeugenschutz.
Das Zeugenschutzgesetz und seine Auswirkungen auf den Einsatz von V-Personen
In: Kriminalistik 2000, S. 167 ff.

Weber, Klaus — Betäubungsmittelgesetz: BtMG, 4. Auflage, München 2013
(zitiert: Weber, Betäubungsmittelgesetz).

Weidenfeld, Werner — Herausforderung Terrorismus – Die Zukunft der Sicherheit, Wiesbaden 2004
(zitiert: Bearbeiter in: Herausforderung Terrorismus – Die Zukunft der Sicherheit).

Weider, Hans-Joachim — Die neue Rechtsprechung zum Aufklärungsgehilfen nach § 31 BtMG
In: NStZ 1985, S. 481 ff.

Weigend, Thomas — Anmerkungen zur Diskussion um den Kronzeugen aus der Sicht des amerikanischen Rechts
In: Festschrift für Hans-Heinrich Jescheck zum 70. Geburtstag, herausgegeben von Vogler, Theo, Berlin 1985, S. 1333 ff.
(zitiert: Weigend in: Jescheck-FS).

Weise, Norbert — Stellungnahme zur Anhörung des Rechtsausschusses des Deutschen Bundestages vom 07.11.2001 zum Gesetzentwurf BT - Drs. 14/5938.

Widmaier, Gunther
Münchener Anwaltshandbuch Strafverteidigung, 2. Auflage, München, 2014
(zitiert: Bearbeiter in: Anwaltshandbuch Strafverteidigung).

Wolfslast, Gabriele
Absprachen im Strafprozeß
In: NStZ 1990, S. 409 ff.

Wolter, Jürgen
Systematischer Kommentar zur Strafprozessordnung (Mit GVG und EMRK): Band I (§§ 1-93 StPO), 4. Auflage, Köln, 2013
Systematischer Kommentar zur Strafprozessordnung (Mit GVG und EMRK.): Band II (§§ 94-136a StPO), 4. Auflage, Köln, 2010
Systematischer Kommentar zur Strafprozessordnung: Band III (§§ 137-197 StPO), 4. Auflage, Köln, 2010
Systematischer Kommentar zur Strafprozessordnung (Mit GVG und EMRK): Band V (§§ 246a-295 StPO), 4. Auflage, Köln, 2012.
(zitiert: Bearbeiter in: SK-StPO)

Ziemann, Sascha,
Ziethen, Jörg
Die Nichtanzeige geplanter Straftaten (§ 138 StGB) im Spannungsverhältnis von Gefahrenabwehr und Selbstbelastungsfreiheit – Zugleich eine Besprechung des Urteils des 5. Strafsenats des BGH vom 19. Mai 2010
In: HRRS 2010, S. 477 ff.

Zimmer, Mark
Heymann, Robert
Beteiligungsrechte des Betriebsrats bei unternehmensinternen Ermittlungen
In: BB 2010, S. 1853 ff.

Zipf, Heinz
Teilaussetzung bei Freiheits- und Geldstrafen
In: Festschrift für Hans-Heinrich Jescheck zum 70. Geburtstag, herausgegeben von Vogler, Theo, Berlin 1985, S. 977 ff.
(zitiert: Zipf in: Jescheck-FS).

Zöller, Mark A.
Terrorismusstrafrecht, Ein Handbuch, Heidelberg, 2009
(zitiert: Zöller, Terrorismusstrafrecht).

Europäische Strafgesetzgebung
In: ZIS 2009, S. 340 ff.

Zehn Jahre 11. September – Zehn Jahre Gesetzgebung zum materiellen Terrorismusstrafrecht in Deutschland – Versuch einer Bilanz
In: StV 2012, S. 364 ff.

Zypries, Brigitte — Rechtspolitik im Dienst der Freiheit - Das rechtspolitische Programm der Großen Koalition In: RuP 2006, S. 5 ff.

FSC
www.fsc.org
MIX
Papier | Fördert gute Waldnutzung
FSC® C083411

Kolibri 360 GmbH
Ferdinand-Jühlke-Straße 7
99095 Erfurt, Deutschland
produktsicherheit@kolibri360.de